Gross National Talent:

A quantitative analysis of amazing Japanese

Soft Power

Discover

日本人も知らなかった

日本の国力《ソフトパワー》

まえがき Introduction

本書は、さまざまな専門分野における才人たちの活躍ぶりについて国籍別に定量分析を行うことにより、日本の「お国柄の可視化」を試みた、まったく新しい日本文化論です。

科学技術の世界から文学やスポーツ、音楽から芸術、ファッションや料理人の世界など、各界で超一流と呼ばれる達人たちのパフォーマンスを数値で捉えることで、日本の得意分野や苦手な分野が一目で理解できるようになっています。網羅性や定量性をもったデータブックでもあり、また日本人の気質や先人たちが過去積み上げてきたソフトパワーに関しての歴史的解説もふんだんに盛り込まれた、教養書でもあるといえるでしょう。

日本の「お国柄」について議論をするとき、そのアプローチには大きくふたつの道があります。

ひとつは「外国人から見た日本の印象」について、海外市場で話題となった日本の商品、サービスや訪日する外国人の感想などをコンテンツ化し紹介するという定性的なものです。以前は上から目線の外国人が日本を批判するものが多かったのですが、訪日観光客数も伸びてきたここ数年は、逆に日本を褒めたたえるものが増えています。これらは、コンテンツとしては面白いものの、どうしても分析が恣意的なものにならざるをえないという限界を抱えています。

もうひとつ、経済指標や企業業績、人口動態や価値観調査といった類のマクロな統計数値を定量的に分析するアプローチもあります。精緻な数値解析を好むビジネス系の人々にはこの種の体裁のレポート形式が好まれます。しかし、たしかにこの種の手法は論理的で正しくはあるのですが、私はいつも腑に落ちない思いを抱えてきました。扱う数字が枯れた統計値ばかりで、人文科学的な視点が考慮されていないからです。

生活の質とか人間の幸福という感性の世界を含めて定量化し分析するためには、生身の人間が心で感じた美しさや感動によって評価された結果を取り入れる必要があります。「あの店の料理は美味しい」とか、「あの人は器が大きい」とか、「あのボクサーのパンチをもう一度見たい」とか、具体的な幸福や感動のすべては観客やユーザーがハートで感じるものであって、これらはマクロな統計値には反映されません。統計的な数値からは、最も重要な人の「感性」が抜け落ちてしまっています。

感性のアウトプットを量に変換する作業はとても大変でした。さまざまなコンテストの表彰歴を探す作業に始まって、ある時はウェブでの評判を見たり、選手の年収を比較したり、格付け機関によるレイティングリストを集めて統計処理をするなど、四苦八苦してランク付けをせざるをえませんでした。アスリートからアーティスト、政治家やゲーマーまでありとあらゆる特殊な業界のタレントたちを個人単位で特定し、いちいち身元(国籍)調査を行う羽目になりました。

しかし、この膨大な作業を通して見えてきた日本人の姿は、とてもチャーミングなものでした。穏やかでありながら、若々しい好奇心を感じさせ、同時に「粋」や「雅」を解する上品さにも満ちています。たしかに派手さはなく、歳もとりましたが、健全に成熟のライフサイクルを歩んでいる様子が見て取れる結果となりました。

この日本の姿とは、霞が関官僚の描く国家戦略や、大企業の思惑といったような壮大な意図のもとに作られたものではありません。恣意的に変えようもない、また変える必要もない、本当の意味でのありのままの日本です。

本書の目的は、このような分析結果から、どこを強化すべきだとか、どの弱点を改善すべきかといった提言を導き出すことにはありません。シンプルに日本の形を知ること、私たちの得手不得手を素直に認識することこそが重要なのです。

才能は社会を映す鏡

ここ最近、野球のメジャーリーグやサッカーのプレミアリーグはもちろんのこと、科学者もダンサーも、ファッションデザイナーから料理人まで、日本人のトップアスリートやアーティストたちが世界の舞台で活躍する機会が増えました。一昔前に比べると、まさに隔世の感があります。彼らの活躍は、日本社会に元気や誇らしさを与えると同時に、世界の人々に対する広告塔としての役割も担っています。

彼らが生まれ育った社会環境をデフォルメしてわかりやすく投影したアイコンとして解釈することができます。ノーベル物理学賞を輩出する社会というのは、育成に時間のかかる基礎科学分野に対して敬意を払う土壌があることを意味しているでしょう。トップクラスのF1ドライバーを生み出すということは、命知らずの勇敢な戦士を讃えるような価値観がその裏にあることを想像させます。頂点を極めるような才人が生み出された背景には、必ずそれを裏打ちする価値観や裾野があるはずなのです。だからこそ、国籍別にトップアスリートやアーティストたちの活躍する分野をプロットすることで、裾野たるそれぞれの国や地域の国情やお国柄というものが見えてきます。

学校での成績を思い出してみても、生徒にはそれぞれの特徴がありました。音楽が得意だけれど体育はだめとか。足は速いけれど、意外に球技のセンスはないなど、それぞれに個性があって、それが成績表では5段階で格付け評価されました。単位が国の場合にもまったく同様に、国民の集合体としての得手不得手があります。

ジャマイカやケニアからは抜群に足の速い人が次々に生み出されていますが、言い換えると、足が速いことで特別な暮らしや社会的な地位が約束されるほどに、俊足という才能に重きが置かれているということです。それはノーベル賞しかり、グラミー賞しかりで、社会全体が愛でる特別なタレントとは、その社会自身の価値観や嗜好性を凝縮したアイコンなのです。さまざまな分野においてこれら代表選手たちの勝敗状況を星取表にまとめることで、母国のお国柄が見えてきます。

明治維新から日露~太平洋戦争や朝鮮特需、バブル景気にデフレ不況も経験し、そして迎えた社会全体の少子高齢化という流れの中で、今や日本は世界の先頭を走る課題先進国という位置づけになっています。家族や地域、国を豊かにするために、時代時代の先輩たちが努力を積み重ね、今日に至りました。それぞれの時代背景に則して、人々の興味のベクトルは変化し、社会全体の余剰のエネルギーを先行投資あるいは趣味の活動に回してきました。

学者から芸能人、アスリート、アーティストたちを支援する「パトロン」とは、中世ならば貴族階層が担っていたものでしたが、近代社会では企業や地域社会全体がその役割を果たしています。

長く内戦が続いたり、構造的な貧困に苛まれたりする不遇の地域においては、生き延びることにエネルギーを使い果たし、この種の趣味人を養う余力は生まれません。古来よりスポーツや芸術は貴族の道楽でした。より多くのパフォーマーやクリエーターたちを侍らせることが貴族の習わしだったのです。科学者でさえも貴族お抱えの錬金術師に端を発しています。

社会全体の余力を投入して、何をしたいと思うのか？　そこにこそ、その国の形が明確に映し出されるのです。

大の大人がまじめに趣味の世界を突き詰めて生業となるほどに熟達すると「プロ」と呼ばれるようになるわけですが、彼らは大きく、「パフォーマー」と「クリエーター」にわけることができます。パフォーマーたちとクリエーターたちが活躍するカテゴリーの分け方は、実は小学校で教わる学習科目の分け方や部活動の内容とほとんど変わりません。初等・中等教育の学習課程とは、算数や国語、図工のようにコンテンツを生み出すクリエーター系の教科と、音楽や体育のように心身を使いこなすパフォーマー系に関する基礎教育からできています。

学校で習う教科とは、実際の仕事を因数分解した要素技術です。実社会ではその要素技術を少しずつ引き出して、適宜応用することで価値を生み出します。たとえば営業の仕事で、お客さんにアピールするためには、巧みなプレゼンや演説の能力が求められます。ときには、俳優や舞台歌手のような演技力も威力を発揮するでしょう。説得するために効果的な資料を作成するには、デザインのセンスや小説家のような編集能力も必要になります。因数分解した個々の能力でとびぬけた優秀さが求められるわけではないのですが、一通りまんべんなく基礎能力を備えていないと、営業という一般的な仕事もうまくこなすことはできません。

逆にいうと、本書で取り上げる異能の人々とは、個々の学習教科に取り憑かれ、若いうちから一本に絞り込んで極限にまで磨き上げた専門家たちともいえます。卒業しても相変わらず「体育」や「算数」にのめり込んでその道を極め、いつしか大学の研究室やプロリーグ、ショービジネスといった雅な世界で食っていくことになった人たち。彼らは、走り専門、それも直線100M走のみの「直線番長」であったり、数学オタク、それも代数的位相幾何学の世界的権威であったり、活躍の領域を極端に絞り込んで、その業界での世界一の座を競ってきました。彼らはあまりに異能ゆえに、正直なところ実社会ではあまり役に立つことは期待できない場合もあるかもしれません。しかし我々一般人は、彼らに自らの潜在力の代弁者、郷土の誉れとしての魅力を感じ、富や名声を与えます。豊かで成熟した社会では、中世の貴族のように社会全体に包容力が育まれ、その社会が心地よいと感じる専門家を揺籃して讃えるようになります。社会全体の余力で養い愛でる異能の人々の営みの結果とは、その社会の本質を投影することになり、我々日本全体の形を知るための面白い題材となっているのです。

戦後の焼け野原からがむしゃらに働き、見事に高度成長をなしとげて、堂々たる先進国の仲間入りを果たした日本。今や46歳を数える国民の平均年齢は世界でも最高齢の老人国となってしまいました。ことここに至って、ことさらに力んで存在をアピールする必要もない、れっきとした成熟国です。

「衣食足りて礼節を知る」と言います。成熟してこそ、初めて本来のお人柄が浮かび上がってくるというものです。がむしゃらに頑張る高度成長期の振る舞いとは、どこのお国でも似たようなもの。日本人にとって、エコノミックアニマルと呼ばれた70年代も今は昔。荒々しい中国人の振る舞いを見ていると、眉をひそめながらも、若かりし頃の己を見るようで気恥ずかしくなる部分も多々あります。

気づけば日本は豊かになり始めた新興国から多くのお客さんを迎えるようになってきました。日本発の食材やファッションなど、性能だけでない感性の商材が世界で注目されるようにもなっています。しかしその種のクールジャパン的な事例を羅列するだけでは日本の形は見えてきません。かといって貿易輸出入統計や為替指数などをこねくり回していても、本質を見失います。産業や経済活動に精を出した結果として儲けを生み出し、その結果生まれた余裕で何をするのか？　豊かな人生を歩むためには、趣味の世界を愛でるのです。そしてその愛が、社会に才人を生み出すのです。その結果生まれた国全体の才能の総量を本書では「グロスナショナルタレント」と呼んで、打ち出していきたいと思います。

どの分野にもいる頂点を極めた達人とは、何もないところから突然変異的に湧いて出てきたわけではありません。裾野があってこそ必然的に生み出された人たちであって、彼らの活躍は周囲にいるファンや愛好家たちに支えられているのです。社会全体の余暇や余力をわかりやすい形でデフォルメし結晶化した彼らは、私たちの社会の姿を映し出す「鏡」なのです。

もくじ

Contents

I

Talent Map

パフォーマーとクリエーターの関係

II 各論

1 基礎知力系 Cognitive Faculties

2 基礎体力 Locomotive Fitness

3 操縦系競技 Auto Racing Operation

4 格闘技 Martial Arts

5 球技と射的 Ball Games and Target Practice

6　頭脳スポーツ

Mind Sports and eSports

7　スポーツ競技まとめ

Total Sports Performance

11 読み物の世界
Literary Creation

12 総合芸術：動画制作界
Composite Arts : Videography Production

13 美術デザインの世界
Visual Arts and Design

14 味の世界 Culinary Art

15 リーダーの資質 Leadership Eligibility

III まとめ

あとがき Afterword

I

パフォーマーとクリエーターの関係

Talent Map

1 才能を「因数分解」する

私たちが世を渡っていくために求められる能力とは、「パフォーマー」系と「クリエーター」系から成り立っているという話をしました。

パフォーマー系には、ランナーや格闘家のような体育会系から、ダンサーや俳優のような演技・表現者系などが含まれていて、もっぱら人間の身体能力の限界に挑んでいます。

クリエーター系では、科学者から思想家、デザイナーや作曲家などが、独創性の限りを尽くした作品を生み出し、そのできばえを世に問うています。各領域は、完全に独立しているわけではなく、少しずつ重複しながらシームレスにつながっているため、それらの位置的な関係を平面上にプロットして整理すると次の22ページ図1のように表現できます。これを、ここでは「タレントマップ」と呼びましょう。上段にはパフォーマー、下側にはクリエーター、左右軸は、左側ほど論理・技術系、右寄りになるほど感性・芸術性が強いという配置になっています。つまり、陸上競技や重量挙げのように身体の動きを運動する物体として数値モデル化しやすいものほど左寄りになり、逆に歌手や俳優のパフォーマンスのように、数値化しにくい感性の世界ほど右側になるということです。下段のクリエーター界でも同様です。数学や物理のような自然科学の分野が左側になるのに対して、人文科学的な分野は右側に配されています。このようにして、人の才能の世界はグルリと360度、どの方角を見てもその道を極める達人がいて、それぞれの専門領域で人の能力の限界に挑んでいるわけです。

図1

タレントマップ

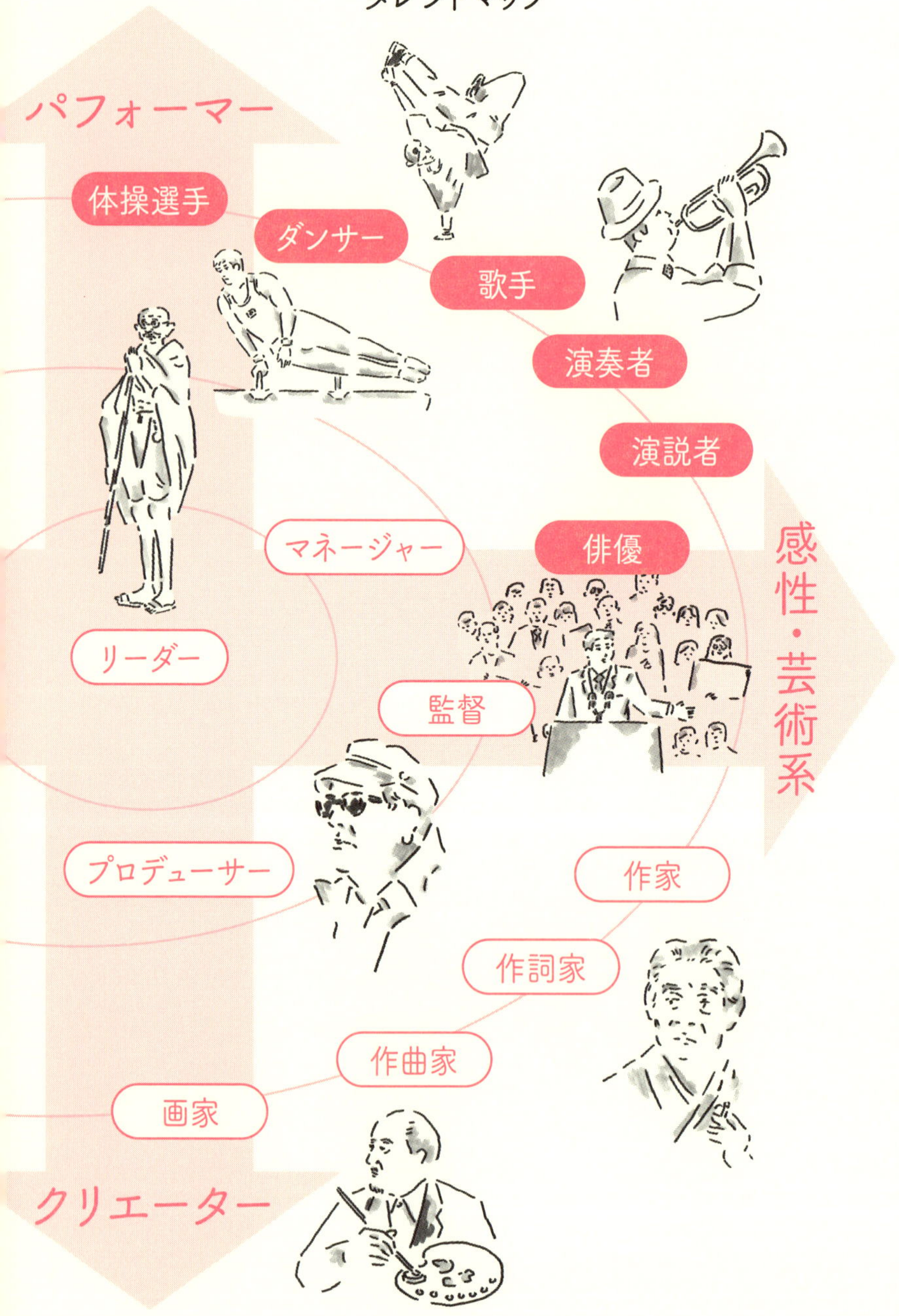
パフォーマー
体操選手
ダンサー
歌手
演奏者
演説者
俳優
マネージャー
リーダー
監督
プロデューサー
作家
作詞家
作曲家
画家
クリエーター
感性・芸術系

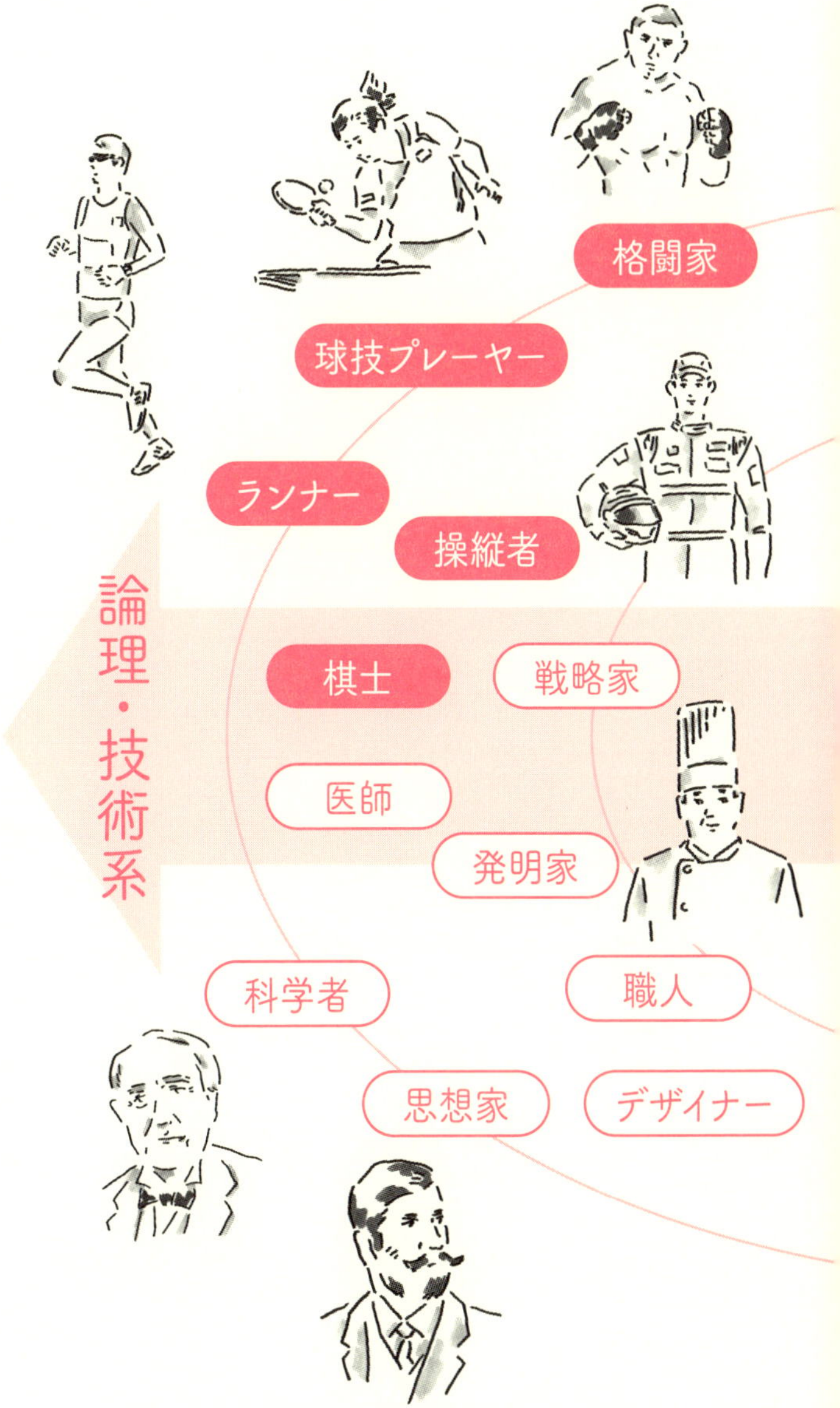
格闘家
球技プレーヤー
ランナー
操縦者
論理・技術系
棋士
戦略家
医師
発明家
科学者
職人
思想家
デザイナー

2 パフォーマーの活躍の場

磨きぬいた身体能力や表現力を競う「パフォーマー」たちの活躍する領域は非常に多岐にわたっています。たとえばスポーツ。競走や競泳はもとより、球技や射的、格闘技ももちろんスポーツです。自動車などマシンを操縦するモータースポーツや、ゲーム機器を操作して運動神経を競うeスポーツも広義のスポーツに含まれます。そのテレビゲーム類の祖先ともいえるパズルやボードゲーム（チェスや将棋など）や、ポーカーなどのカードゲームの類はマインドスポーツとも呼ばれ、これらもさらに広い意味でのスポーツの一種ともいえるでしょう。ちょうど運動神経という言葉の「運動」の部分と「神経」の部分の重み付けが異なるだけで、これらの競技はすべてシームレスにつながっています。どの競技でも世界選手権やワールドグランプリが開催され、その成績によってパフォーマンスはポイントに変換されます。ウェブ上には日々刻々と変化する世界ランキングが可視化され、おかげでどの国の選手がどの程度頑張っているのかを定量的に評価することも容易になりました。

同じスポーツアスリートでも、体操競技やフィギュアスケートの場合には、速さや力強さだけでなく「表現者」としての芸術的センスも求められます。その芸術的因子を高めていくと、活躍の場はスポーツの域を出て、演技者の世界に入っていきます。ダンスや歌劇から演劇や演奏、歌い手へと、活躍の場は体育館からステージに移っていきます。さらに突き詰めて「運動」の部分を完全に削ぎ落とすと、その先にある表現者の世界とは、演台に立って言葉を操る演説やプレゼンテーションの領域に至ります。このように、パフォーマンス能力を競う世界では技術性と芸術性の境界も切れ目なくつながっているのです。

これら一連のパフォーマーの世界では、決められたルールの中で、心身を自在に使いこなす能力や表現する技量を競いあっています。どの分野でも超一流として認められれば、富や名声を手にすることを許されます。時代背景にあわせてルール自体も改訂され、よりエキサイティングでクールな新種目が生み出され続けています。時代に応じて、最もクールなヒーローに求められる才能のスペックも少しずつ変化しているのです。もちろん、日本人が得意な分野もあれば苦手とする種目もあります。しかし詳しく調べてみると、ちょっと気の利いた「イケてる」カテゴリーには、必ずといってよいほど、すでに活躍している世界レベルの日本人がいることに驚かされます。誰が命じたわけでもないのに、世界選手権が行われるようなカテゴリーには広くあまねく日本を代表する選手が、まるで守備隊のように貼り付いていて、結構な順位につけているのです。

3 クリエーターの活躍の場

さて、これら「パフォーマー」とはまったく別系統の才能を競う種族がいます。ステージで華やかに喝采されるパフォーマーたちと双璧を成すもうひとつの種族、それは「クリエーター」と呼ばれる人たちです。彼らは、ステージやスタジアムで脚光を浴びるよりは、部屋にこもって「作品」を作り込む作業の方を得意としています。パフォーマーをサービス産業の体現者とするならば、クリエーターは製造業を象徴する存在ともいえるでしょう。彼らクリエーターたちが創造するイノベーティブなアイディアは、さまざまな様式で作品化されます。自然科学の領域であれば、学術論文となり、文学ならば小説として形になります。絵画やファッションデザイン、動画、音楽、コンピュータプログラムのようなソフトウェアの作品は、近年ではデジタル形式で加工されることも多くなっています。一方で、料理や工芸品のようなハード系の場合にはアイディアだけでは不十分で、それらを作り込むための熟練の技も才能としてカウントされることになります。

たとえば場面が国際映画祭であれば、パフォーマーたる役者たちは主演賞を得ることで名俳優として評価され、作品の作り手となるクリエーターたちは監督賞や美術賞を獲得することで名声を得るという関係になっています。チェスや囲碁の世界王座を目指す者たちは、従来は棋士と呼ばれるパフォーマーたちのことを意味しましたが、その座を脅かすコンピューターチェスのプログラムを創作するプログラマーたちはクリエーターです。学者や文筆家、芸術家や職人などと、呼び名が様々に変化するように、こちらクリエーターの世界も競い合う領域は多岐にわたっています。ただ、パフォーマーの場合とまったく同様に、世間は彼らをランク付けし、最高の作品を生み出した才人に栄誉を与えています。国際学会から国際映画祭、料理コンテストから技能オリンピックなどの最終審査の後には、成績優秀者に「金メダル」や「金賞」が授与され、その名は後世に刻まれます。パフォーマーの場合と同様に、こちらクリエーターの世界でも、世界の一流が集う場面には必ずといってよいほどに日本を代表する巨匠や職人が名を連ね、存在感をみせています。

4 日本のしのぎ方9パターン

世界の国々にはそれぞれのお国柄というものがあって、得意な分野と不得手な分野がありま す。タレントマップを360度見渡せば、その活躍のデコボコ具合が、お国柄を映し出します。本書では各国の持つブランドイメージを裏打ちするこのデコボコの様子を定量的に描出することも、目的のひとつです。そして、そのデコボコは、もうひとつ重要なアウトプットを生み出します。それは、日本の「処し方」に関する学びです。必ずしも得意でない分野において、世界の強豪を相手にどのように工夫して生き延びるのか。この逆風のしのぎ方にも、お国柄が顕れてくるのです。詳しくは本書を読み進めるなかでご説明しますが、ここでは「日本らしい9つの特徴的な処し方」について、あらかじめ紹介しておきましょう。

1 非力ゆえ正面対決を避ける：「柔能く剛を制す」作戦

パワーやスピードでは不利なので、あれこれ条件付きの種目にすることで勝機を見出す。

2　前に出ず、裏方さんの「大道具役」を担う：「草鞋を作る」作戦

スポットライトを浴びるパフォーマー役ではなく、裏方に回って道具づくり系の役割を担うことでチームの勝利に貢献する。

3　外国語の不利を、言語価値を希釈することで解決する：「非言語化」作戦

とにかく英語が苦手なので、画像を取り入れるなど、言語以外の表現手段で補う。

4　競合が少ないうちに早期参入する：「サブカル流行先取り」作戦

古典的な領域では歴史ある西洋諸国が有利なので、「ストリート系」のように伸び盛りの最新カテゴリーにいち早く目を付けて参入する。

5　金儲け色が強くなると食傷気味になって撤退：独り遊びに走る「オタク趣味人」作戦

稼ぐための手段ではなく、あくまで趣味の延長として楽しむことを目的化してしまう。

6　勝ち方や競技自体の趣旨に美学を求める：「武士道」作戦

紳士的なプレイスタイルにこだわり、趣旨や目的が美しい競技で勝機を見出す。

7 エリートよりも一般市民のレベルの高さで勝つ：「民度で勝負」作戦

一握りの超エリート同士の戦いで敵わない場合でも、国民全体のボトムレベルの高さで勝つ。

8 けん制しあう欧州と米国の両方で活躍してポイントを稼ぐ：「ノンポリ二股」作戦

ヨーロッパと米国が独自規格の種目に固執しているケースでは、両方に選手を派遣し、それぞれで点数を稼ぐ。

9 どの分野にも首を突っ込み総合成績で勝つ：「子供のような好奇心」作戦

さまざまな分野にあまねく人材が貼り付いて活躍し、落穂拾いのように点数を細かく拾い集め、総合点でいつの間にか順位を浮上させる。

ここに紹介した9つの「処し方」は、タレントを発揮する分野や種目にかかわらない共通した「日本の勝ちパターン」であり、よしんば勝てないとしても「負けないでしのぐパターン」です。読み進めるにあたって頭の隅に置いていただければ、より楽しく理解が進むと思います。ではいよいよここから各論に入ってまいりましょう。

II
各論

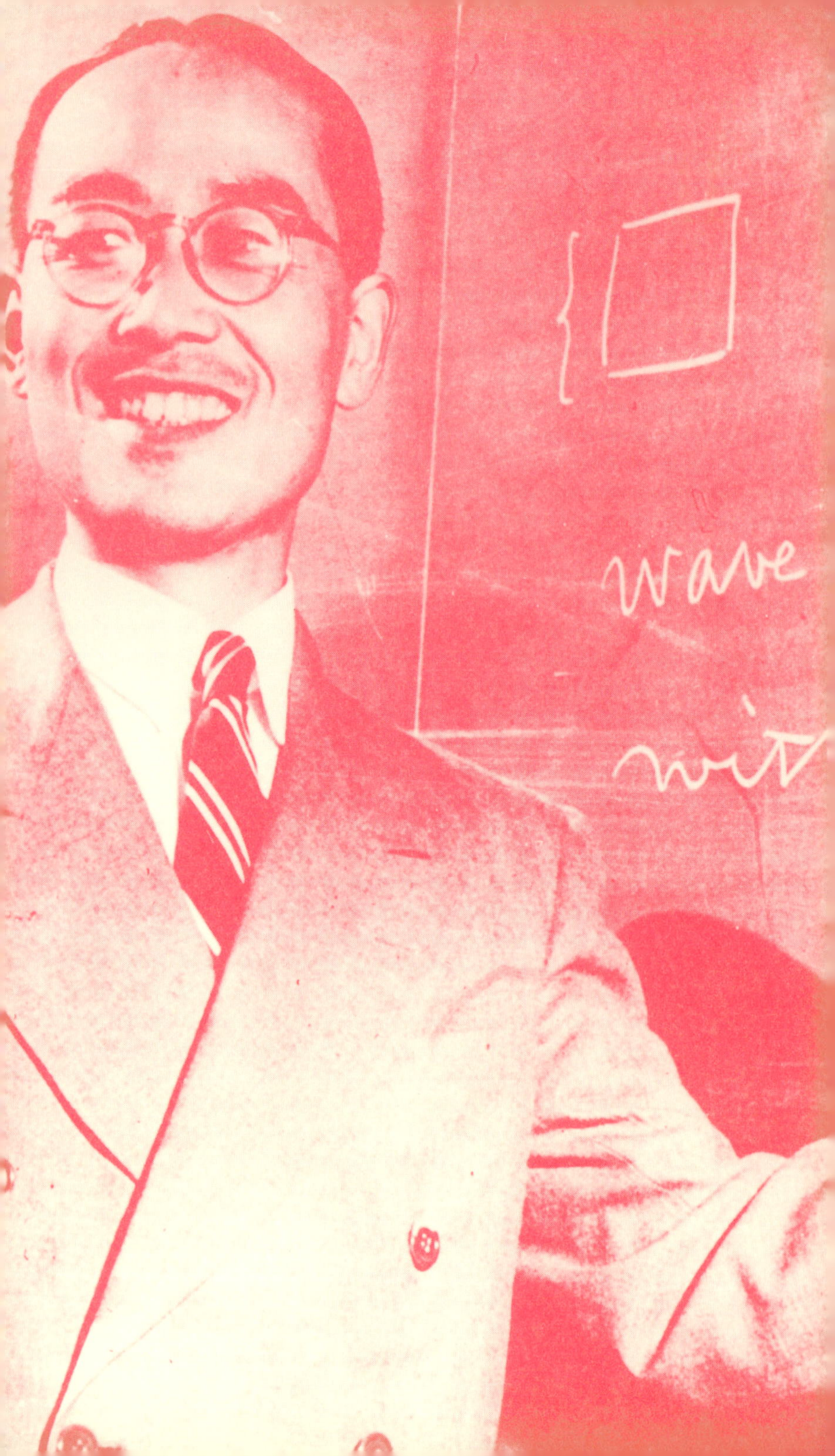
wave

1 基礎知力系 Cognitive Faculties

ノーベル科学賞での躍進

毎年10月の第一週はノーベル賞ウィークです。毎年のように「今年は誰か？」と予想する記事が紙面を賑わします。近年は、多くの日本人が受賞を果たすようになり、年末の季節行事のようになってきました。

1901年に始まったノーベル賞の歴史は、既に115年にも及びます。しかし世界の大半の国々にとって、ノーベル科学3賞（物理学賞、化学賞、医学生理学賞）とは、手の届きそうな気のしない雲上人の世界でした。あらためて数えてみると、この3賞は、これまでの歴史の中でわずか31カ国しか獲れていません。21世紀以降の15年間に絞ると、その数は18カ国に限られてし

Photo/Getty Images

図2

ノーベル科学3賞受賞結果シェア推移

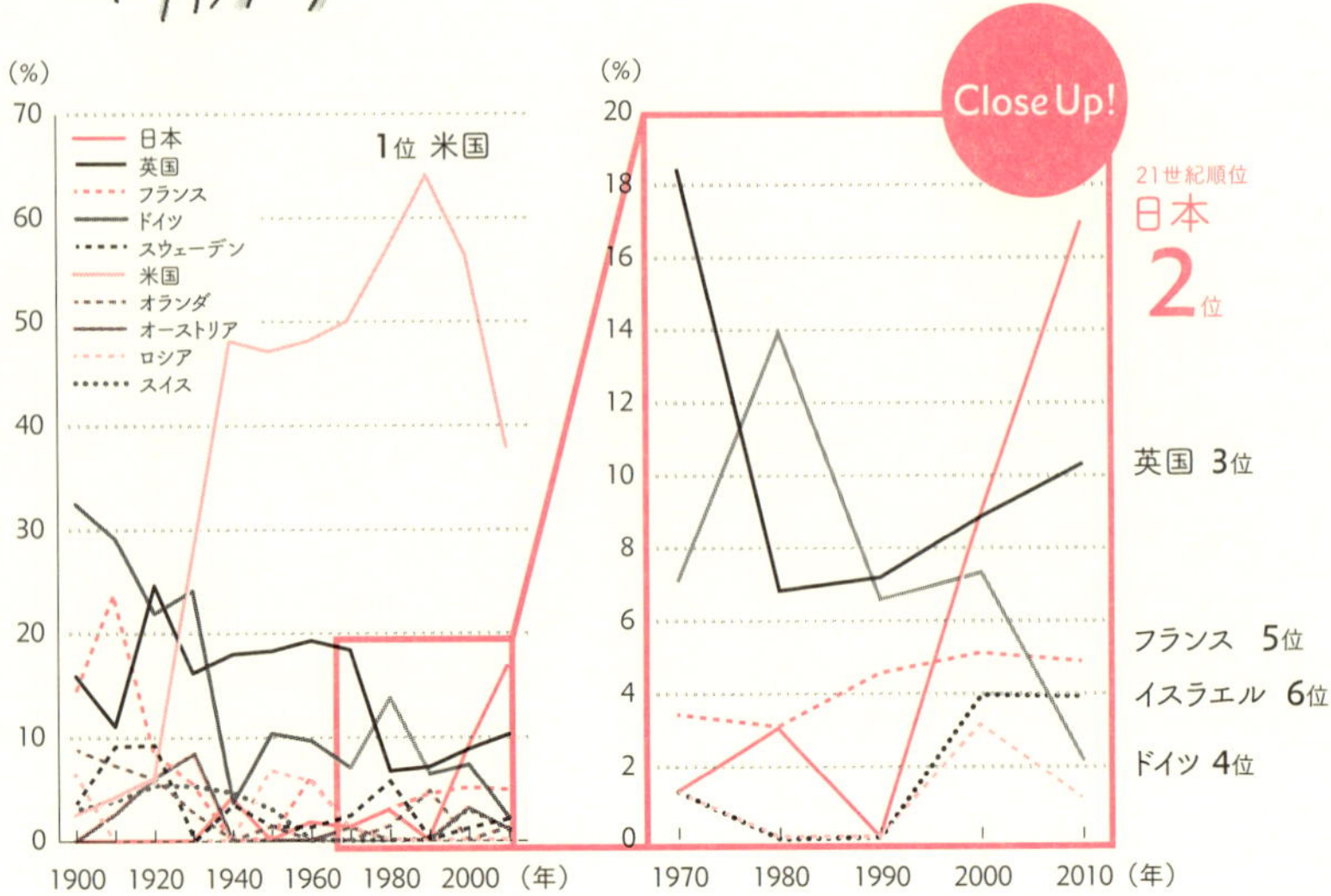

まいます。ここでは、1901年から10年単位で各国獲得数のシェアを算出し、これまでのノーベル賞獲得の経過を図にまとめてみました（図2）。

当初はドイツ、英国、フランスが主導的でしたが、戦前の1930年代には早くも米国が逆転し、以降ダントツの強さを保ち続けています。日本は戦後1949年に湯川秀樹が本邦初となる物理学賞を獲得したところから歴史が始まります。50年代にはぽつぽつと受賞者が出始め、近年は急激にそのペースを上げています。21世紀に入ってからの15年間でみれば（図3）、古豪の英・仏・独を一気に抜き去ってシェア12%。米国に次いで堂々の2位にランクされるという大躍進です。一方欧州の凋落は著しく、中でもドイツの後退ぶりは、見る影もあり

2）データ出所：nobelprize.org

図3

ノーベル科学3賞
20世紀と21世紀の受賞結果
シェア比較

20世紀

順位	受賞国	総計	シェア(%)
1	米国	193	42.0
2	英国	67	14.6
3	ドイツ	61	13.3
4	フランス	25	5.4
5	スイス	16.5	3.6
6	スウェーデン	15	3.3
7	オランダ	13	2.8
8	ロシア	10	2.2
9	デンマーク	9	2.0
10	イタリア	6.5	1.4
10	オーストリア	6.5	1.4
12	カナダ	6	1.3
13	日本	5	1.1
	イスラエル	0	

21世紀

順位	受賞国	総計	シェア(%)
1	米国	61	50.3
2	日本	14	11.6
3	英国	11	9.4
4	ドイツ	7	5.8
5	フランス	6	5.0
6	イスラエル	5	4.0
7	オーストリア	3	2.5
7	ロシア	3	2.5
7	カナダ	3	2.5
10	スウェーデン	2	1.5
10	ノルウェー	2	1.7

ません。

日本の躍進の原因はどこにあるのでしょうか。GDPの増加に伴っての自然な成り行き……といった単純な話ではありません。20世紀と21世紀の上位ランクの国々の顔ぶれを照らし合わせてみると、それがはっきりわかります。前世紀も今世紀も、上位メンバーはいわゆる欧米先進国に占められ、大きな変化はありません。しかし、例外がふたつだけあります。日本とイスラエルです。この二カ国だけがランクアップに成功し、勢力図を塗り替えました。

イスラエルは、受賞者の多くが米国との二重国籍で、具体的な研究活動も米国内で行われています（受賞者が二重国籍の場合には半分にしてカウント）。よって、実質的には戦後逆転して、成り上がることに成功したの

3）データ出所：nobelprize.org

図4

ノーベル各賞21世紀シェア

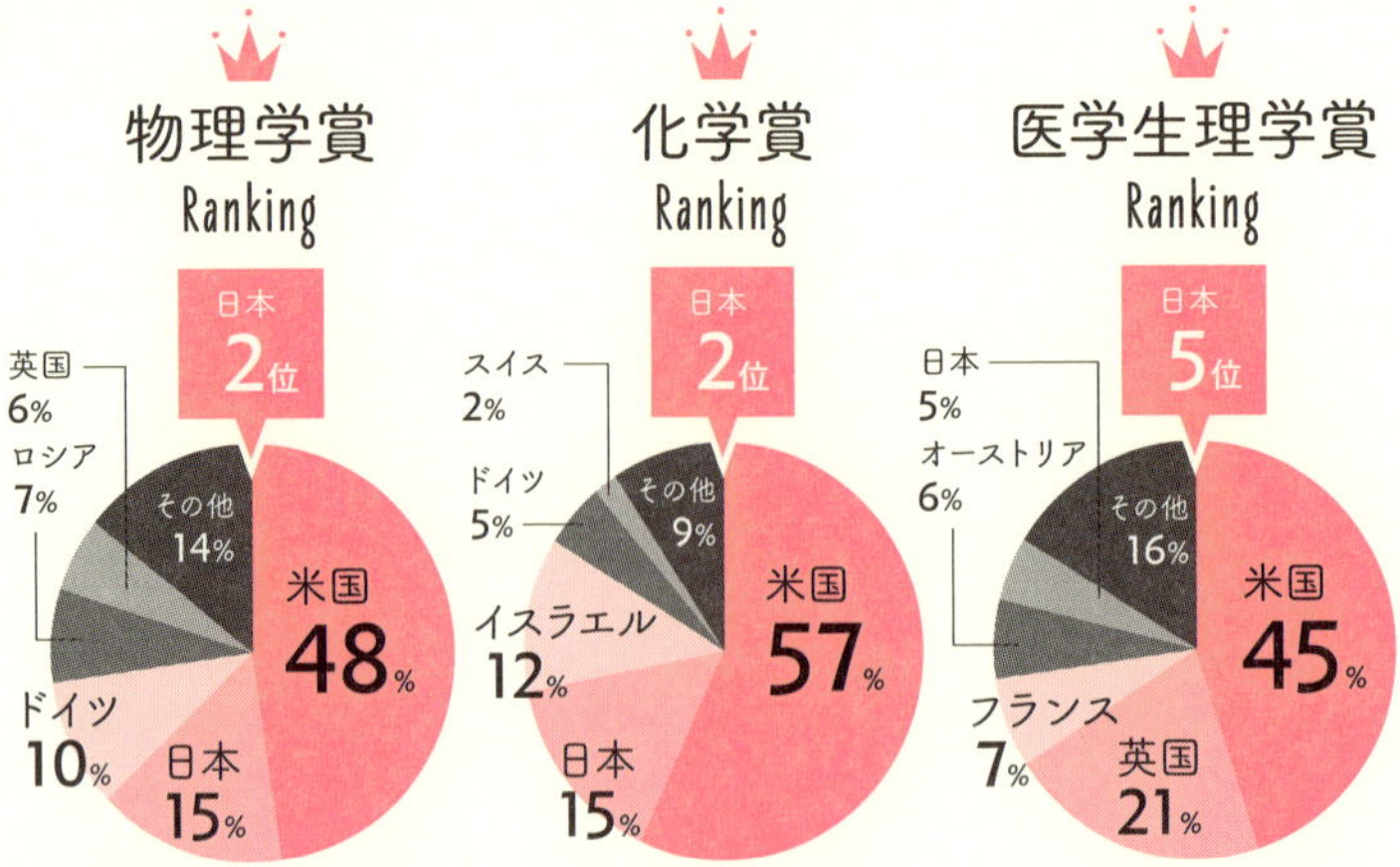

は、日本が唯一の例外的な存在といってもいいでしょう。世界のビジネスのスピードはどんどん速まり、短期間で成果回収を求められる風潮は強まる一方です。このような環境下、強い信念を保ちリソースを投じ続けることが求められる基礎研究の分野で存在感を高めたという事実は大変なことです。これは、まさに世界史的な偉業といってもよいのではないでしょうか。

図4のように分野別にみると、とくに物理と化学が強く、科学超大国の米国にも比肩しうるほどです。日本は戦後長らく「基礎研究タダ乗り論」[1]に苛まれてきたわけですが、もはやそのような時代は卒業したといえます。世界に冠たる基礎研究大国と、胸を張ってもよいでしょう。一方で時代を牽引する主役技術は、今後モノの理《コトワリ》たる物理の世界から、生命の理《コトワリ》たる生理の分野へと移行していきます。今後は日本も、生理学分野でのさらなる活躍が期待されます。

4）データ出所：nobelprize.org

＊1-1 とくに1980年代に日米貿易摩擦が顕在化した時期に、米国の基礎研究結果が半導体に代表される日本企業のハイテク製品開発につながったとされ、国際政治問題となった

＊1-2 Programme for the International Assessment of Adult Competenciesの略。具体的には温度計の読み方や新聞の内容理解など、基本的な「読み書きそろばん」の能力をみるもので、常識的なテストである

ずば抜けたレベルの一般人の教養

この目を見張るような基礎研究分野での貢献により、世界へのコンプレックスは克服した日本ですが、それだけで十分でしょうか。ノーベル賞は、選ばれたエリートによる特別な世界の話です。「知力」分野での最高峰「ノーベル賞」の反対に位置する「一般人の教養レベル」を考えてみましょう。この分野での国際的なテストがＰＩＡＡＣ[2]です。日本語では国際成人力調査と呼ばれ、ＯＥＣＤが取りまとめて各国でサンプリングテストを行っています。「数的思考力」と「読解力」及び「ＩＴを活用した問題解決能力」の三部門が設けられており、各国16〜65歳の一般成人を任意抽出して試験が行われます。２０１１年に行われたこの試験の結果を図5にまとめてみました。

図の横軸は「読解力」と「数的思考力」の平均点を示しています。いわゆる「読み書きそろばん」の能力が高いほど右寄りにプロットされることになります。

縦軸は結果のばらつきの大小を示しています。「上位5％に入る好成績の人と下位5％の人の差」を表す指標で、グラフの下側に位置するほど、上位と下位の成績のばらつきが少ないことを意味しています。この結果は驚くべきものです。日本は縦横両軸ともに2位に大きく差を

図5

PIAAC各国別結果

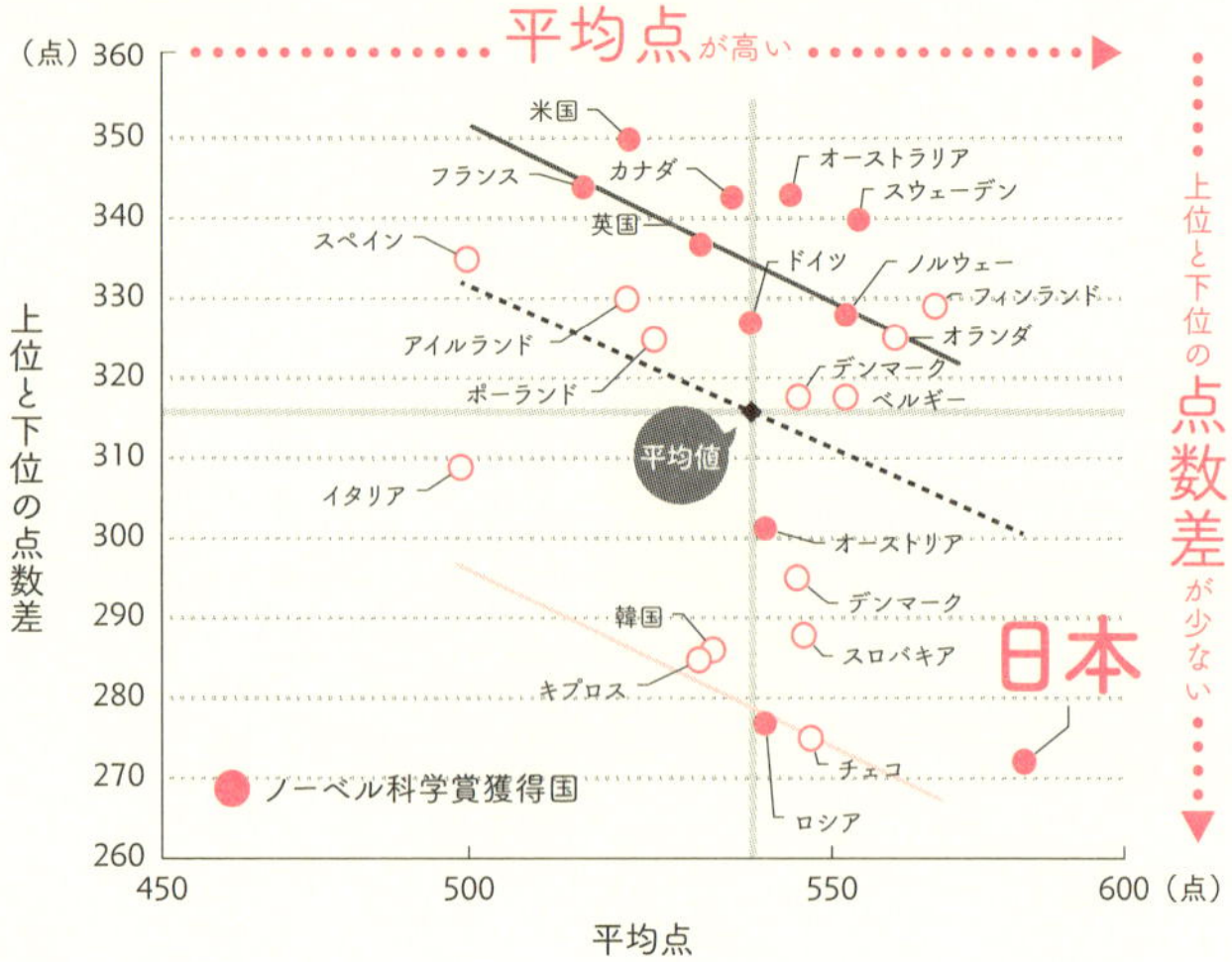

得点 Ranking

1位	日本
2位	フィンランド
3位	オランダ
4位	スウェーデン
5位	ノルウェー

点数の上下差の少なさ Ranking

1位	日本
2位	チェコ
3位	ロシア
4位	キプロス
5位	韓国

つけて、最も右下に位置しています。

平均点で高得点を占めた（右寄り）国はフィンランド、オランダ、スウェーデンなど北欧ですが、それらを抑えて抜きん出たのが日本でした。しかし、日本の大きな特徴はその平均点の高さではなく、「上下差が極めて少ない」という点にこそあります。これは平均点を上げているのが一部の優等生ではなく、ボトムの高さだということを意味しています。

筆者の知り合いのフランスの記者は、新宿のホームレスを取材したときに、彼らが新聞を読んでいる姿を見て目を丸くしていました。ほかの国では、なかなかこのような光景は見られません。数値で示されているように、私たちの民度は、世界標準と比べてべらぼうに高いのです。

5）データ出所：文部科学省OECD国際成人力調査

＊1-3 Programme for International Student Assessmentの略。OECDが主宰する国際調査で、15歳の児童を対象とした学習到達度を評価する。2012年の調査では65の国と地域から約51万人の子供たちが参加した

このような社会環境は一朝一夕にできるものではないでしょう。江戸時代においても日本人の識字率の高さは世界でも類を見ないものでした。読み書きそろばんや、読書の習慣を重んじる風習とは何とありがたいものであったかをこのデータはよく示しています。実は図中ピンクでプロットした国々は、ノーベル科学賞受賞国です。米国を始めとし、大半は左上に位置することがわかります。これが何を意味するのか。ようするに、彼らはエリートを育てる風土だということです。逆に日本に近いのはロシアやチェコなど旧社会主義の地域。日本は、全体のレベルが高い上にエリートも育てられている、理想的な形といえるでしょう。はからずも社会主義の目指した形が実現されている、珍しい社会といえるのかもしれません。

世界に冠たる初等教育のレベル

成人一般の知的レベルをすみずみまで高めるには、世代単位の長い年月を要します。それゆえに新興諸国は、先進国に追いつくためにまず初等教育の充実を図ることになります。その様子を最も端的に見ることができるのがＰＩＳＡ[3]の結果です（図6）。

ここでは、「数学的リテラシー」と「読解力」「科学的リテラシー」という3科目の合計得点について経年変化をまとめてみました。

国際的に見た中学生の学力レベル比較では、日本も含めた東アジアの強さが際立っています。

図6

PISAテストの3科目合計点の推移

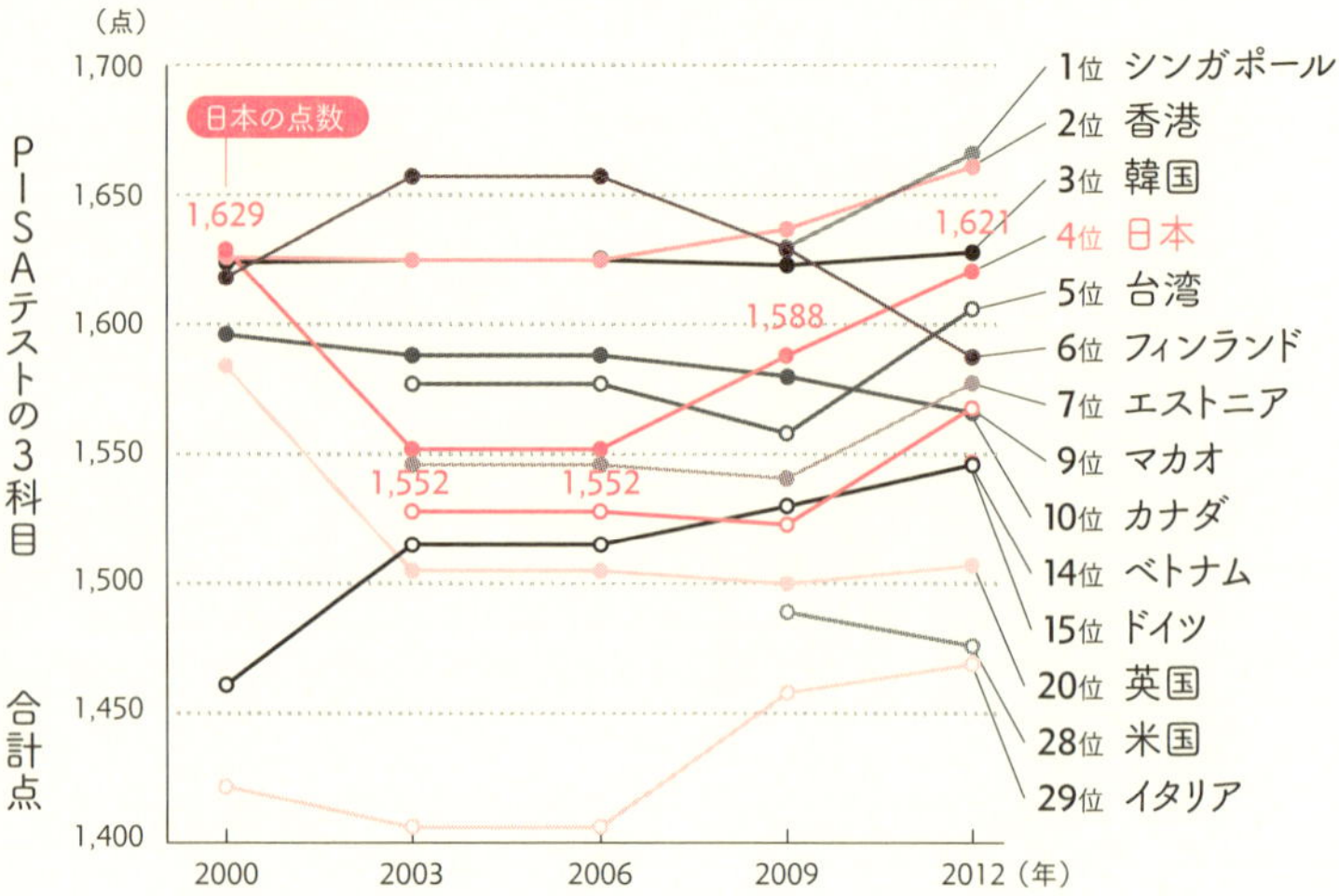

*本結果では上海市がトップですが、これだけが例外的に市の単位なのでランキングでは除外しました。

総合教育で知られるフィンランドやIT教育に力を入れるエストニアなどは良質な教育を提供しているイメージがありますが、それらを抑えて上位を独占するのは中国文化圏あるいは漢字圏の地域です。同じ東アジアでもタイ（49位）やマレーシア（55位）が伸び悩んでいるのとは対照的で、教育熱心ぶりがよく表れています。一方、科学技術の強国ドイツは15位、英国が20位、フランスが23位で、米国は28位と欧米は目立たない位置につけています。

苦戦する大学ランキング

高等教育の方はどうでしょうか。昨今話題となる機会が多くなってきた「国際的な大学のランキング」を詳しく見てみましょう。

世界の学校関係者たちが常々気にする大学のランキング評価指標に「QSランキング」というものがあ

6）データ出所：oecd.org/pisa/

＊1-4 Higher Education Evaluation and Accreditation Council of Taiwanの略

＊1-5 コモンウェルスは狭義にはイギリス国王を国家元首とする現在の英連邦王国16カ国を指し、広義には旧イギリス帝国に由来する連邦加盟国53カ国を指す

ります。英国の世界大学評価機関、クアクアレリ・シモンズが毎年発表する指標で、論文の引用数や企業の評判などさまざまな視点で学部別に世界中の大学をランク付けしています。英語圏の機関だけでは不平等かもしれないので、同様の指標として台湾高等教育評鑑中心基金会HEEACT[4]のまとめたランキング結果と併せて整理しました（図7）。

この種の大学ランキングは他にもいくつかありますが、どれも大体似たような結果になります。

まず、上位の大半をドカンと米国が持って行き、その次にコモンウェルス系[5]（英国、カナダ、オーストラリア）がランクされ、残りの中位以下を西欧と東アジアが取り合うという構図です。図では米国、英国、オーストラリア、カナダなどの英語圏と、非英語圏の西欧諸国、日本と日本以外の東アジア諸国（インド含む）の7系統に分けて表記してあります。

程度の違いはあるものの、このふたつのランキング結果からは同じ傾向が見て取れます。日本が一番得意な分野は、ノーベル科学賞のとおり、物理や化学の基礎自然科学の分野です。これが、一番右側の応用工学系分野になると、アジア系が台頭している様子がよくわかります。これまで日本が得意としていた応用技術の領域では急速に勢力図が変化しています。

逆に左側は生化学系から人文科学や社会科学と、人間のハードやソフトに関する学問領域になります。こちらは昔から日本が苦手とする領域です。経済学や政治学、MBAといったような組織経営に関する分野では、最上位層は完全に米英系の独占状態です。しかも、20位から50

図7

QSとHEEACT トップ校の国籍内訳

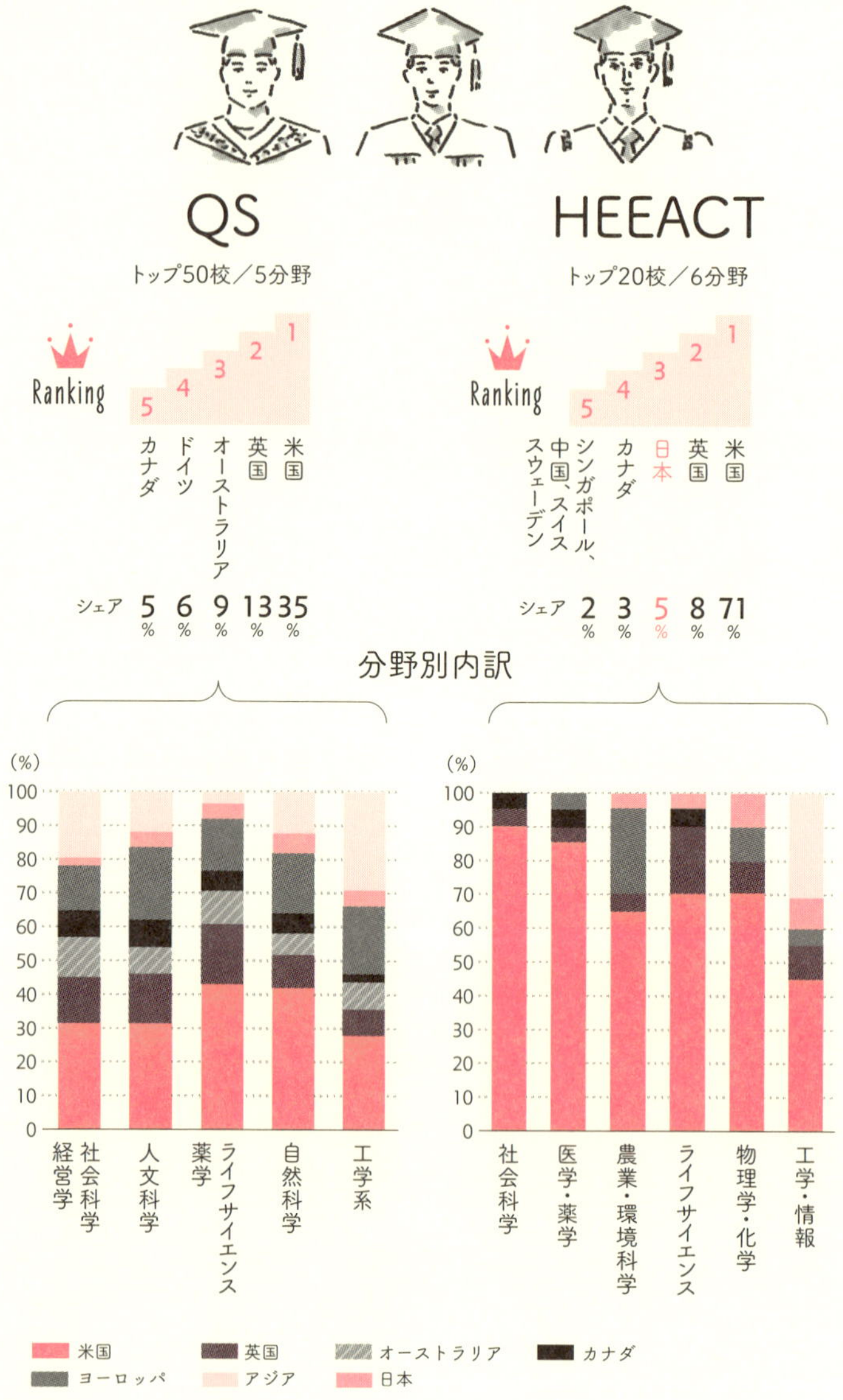

7）データ出所：topuniversities.com

図8

ノーベル経済学賞とノーベル文学賞

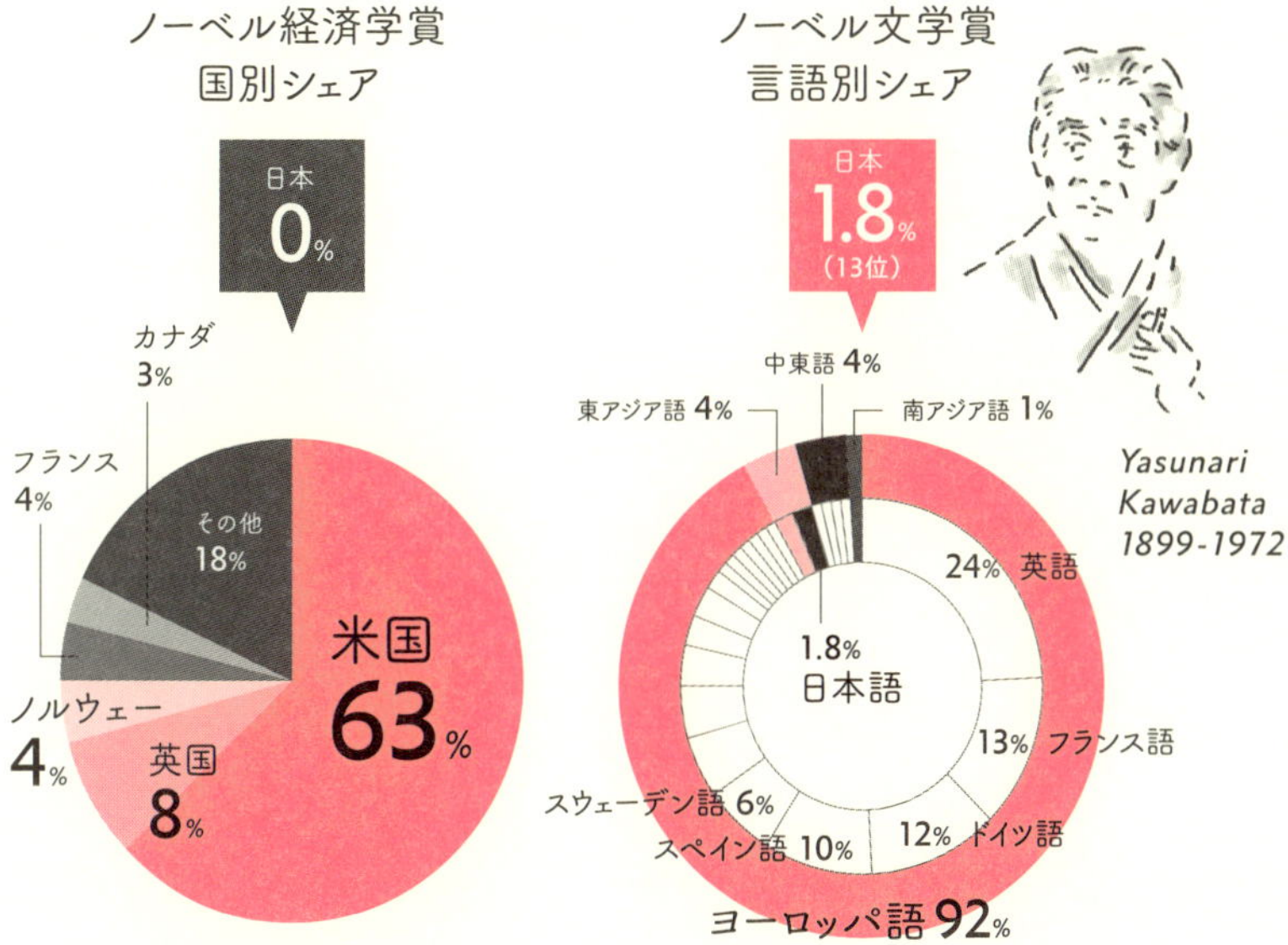

位あたりの中位以下では、アジア系の方が日本を抜いて先を行く状況になっています。

　ノーベル科学賞の分野では飛ぶ鳥を落とす勢いの日本でしたが、社会科学系はどうも鬼門なのかもしれません。数式や化学式を扱う自然科学者の普遍的な世界とは異なり、政治学や経済学の分野は西洋的な価値観や社会規範を前提としています。異なる文明を出自とする日本の社会科学者たちに世界論壇の主座を求めるのは酷な部分があるかもしれません。

　ノーベル経済学賞は1969年にスウェーデン国立銀行によって追加創設され、これまで約80名が受賞していますが、日本からはまだ一度も受賞者が出ていません（図8）。世界のGDPに占める日本の割合が8％程度あり、米中に次ぐ第3位であることを考

8）データ出所：nobelprize.org

えると、やはり寂しい状況と言わざるをえません。経済学賞は、米英2カ国だけで総数の7割以上をもっていくという寡占市場になっています。

一方のノーベル文学賞の方は、これまで112名の受賞者のうち2名が日本人（川端康成1968年と大江健三郎1994年）です。シェアに換算すると1.8％の13位。世界の総人口67億人に占める日本の割合が1・9％程度ですので、こちらはある意味順当な数値といえるかもしれません。ただ、全体の割合でいえば、ヨーロッパ語の作品が受賞数の92％も占めているのが文学賞の実態です。

経営学のオピニオンリーダー

理論的側面を重視する「経済学」の分野と密接な関係を持つ学問に、実学として機能する「経営学」があります。この経営学の世界についても、分析を加えてみましょう。

経営に関しては、偉大なThinker（思想家）をランキングするThe Thinkers 50 Rankingという評価指標があります。ハーバード大MBAの大御所教授やマッキンゼーの有名なコンサルタント、世界的企業で優れた功績を上げた経営者などからトップ50名のオピニオンリーダーが選ばれるリストです（図9）。2001年から隔年で更新されてきましたが、その中で複数回登場した著名人としては、マイケル・ポーター（7回）、ビル・ゲイツやジャック・ウェルチ（4回）、

図9

THINKERS 50

The Thinkers 50 ランキング

トップ50入賞者国別 Ranking

順位	国名	人数	シェア(%)
1	米国	282.5	68.1
2	英国	32	7.7
3	カナダ	22	5.3
4	インド	17	4.1
5	スウェーデン	14	3.4
6	オランダ	11.5	2.8
7	アイルランド	5	1.2
8	日本	4	1.0
8	マルタ	4	1.0
10	韓国	3.5	0.8

日本人は8位、しかし大前研一(2001~2007)は4回登場

トップ10入賞者 Ranking

順位	人名	入選回数
1	マイケル・ポーター ハーバード大学経営大学院教授	7回
2	W・チャン・キム INSEAD(欧州経営大学院)教授	5回
3	レネ・ボルニュ INSEAD(欧州経営大学院)教授	5回
4	ビル・ゲイツ マイクロソフト社創業者	4回
5	C・K・プラハラード ミシガン大学経営大学院教授	4回
6	ゲイリー・ハメル ロンドン・ビジネス・スクール大学客員教授	4回
7	ジャック・ウェルチ ゼネラル・エレクトリック社CEO	4回
8	ジム・コリンズ スタンフォード大学経営大学院教授	4回
9	フィリップ・コトラー ノースウェスタン大学経営大学院教授	4回
10	トム・ピーターズ マッキンゼー社コンサルタント	4回

9) データ出所:thinkers50.com

フィリップ・コトラー（3回）やピーター・ドラッカー（2回）など、輝かしい名が連ねられた、まさに「賢人リスト」です。このトップ50名リストの全15年分、延べ400名を国籍別にまとめてみました。

結果はさらに厳しいものとなってしまいました。日本からランクインしたのは2001年から4回連続で20位あたりに入選した大前研一[6]氏のみです。米英帝国による寡占状況は、驚くほどノーベル経済学賞の結果と相似形になっています。国別順位にすると日本は8位ですが、実質的には「限りなく透明に近い」存在感しか示せていません。逆にいえば、大前さんはそれだけすごい方だったといえます。

*1-6 マッキンゼー・アンド・カンパニーの元日本支社長

外貨を稼ぎ出す特許執筆力

経済学の実学を経営学とすると、自然科学の実学は工業技術です。もう一方の実学、工業サイドに目を移すことにしましょう。

この分野を先ほどの学部別大学ランキングでみれば、アジアに猛追されています。ここではより実践的な指標として、研究・教育機関である大学キャンパスから外に出て、企業が主体となる「特許力」の国際的なパフォーマンスを比較してみましょう（図10）。

2014年にノーベル物理学賞を受賞した中村修二氏が、訴訟問題にまでなったものの8億

図10

各国の特許出願件数と知的資産収支

国際特許出願件数
（2014年）

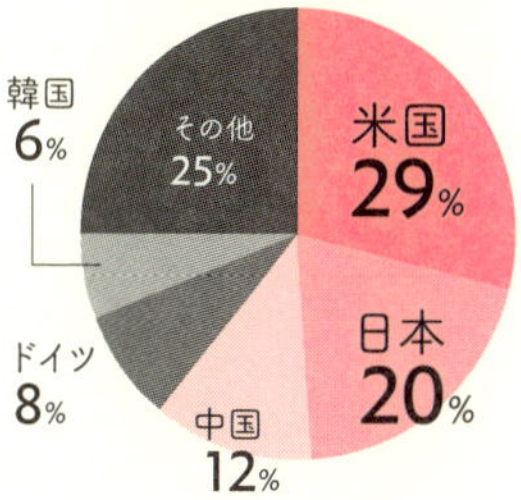

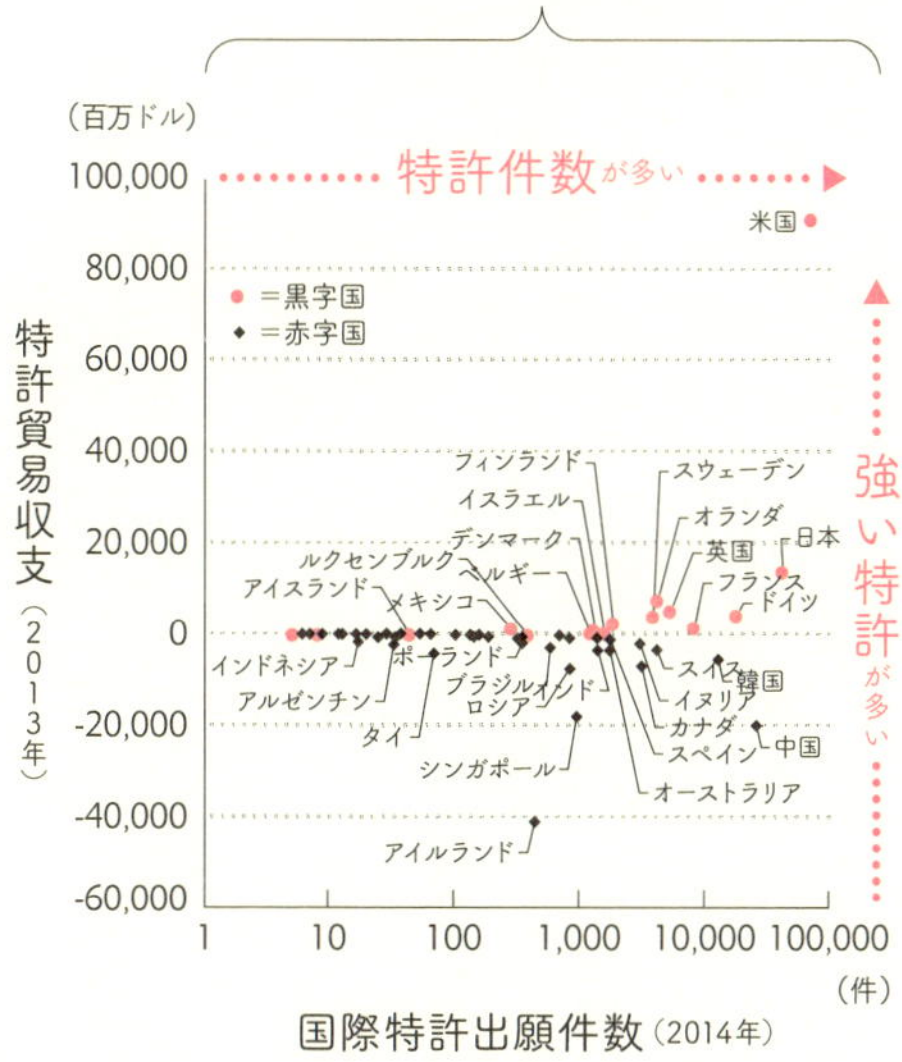

知的資産収支と出願件数
（2013年）

順位	国名	2014年出願件数	2013年知的資産収支（百万ドル）
1	米国	61,101	88,430
2	日本	42,380	13,793
3	オランダ	4,204	7,421
4	英国	5,261	4,774
5	ドイツ	17,968	3,942
6	スウェーデン	3,912	3,781
7	フィンランド	1,810	2,003
8	フランス	8,247	1,337
9	メキシコ	284	820
10	デンマーク	1,299	653
11	イスラエル	1,580	488
12	ベルギー	1,195	190
13	アイスランド	43	24
52	スペイン	1,704	-1,079
53	マレーシア	313	-1,292
54	インドネシア	17	-1,686
55	イタリア	3,057	-1,959
56	アルゼンチン	33	-2,308
57	ポーランド	348	-2,382
58	ブラジル	580	-3,066
59	オーストラリア	1,722	-3,081
60	インド	1,380	-3,459
61	スイス	4,091	-3,519
62	タイ	68	-4,364
63	韓国	13,119	-5,490
64	カナダ	3,064	-7,092
65	ロシア	860	-7,651
66	シンガポール	940	-18,116
67	中国	25,525	-20,082
68	アイルランド	436	-41,082

10）データ出所：（一財）国際貿易投資研究所 国際比較統計

円もの和解金を得、2015年にノーベル医学・生理学賞を受賞した大村智氏の特許収入は250億円にものぼりました。このようなノーベル賞級の超ハイテクはもちろんのことですが、特許技術に代表される洗練された数多の技術は、その権利自体を売買することでロイヤリティ収入を得ることができます。

日本全体の経常収支を見ると、モノの貿易収支では近年輸入超過の赤字体質になりつつありますが、逆に特許を主体とした知的財産権等使用料の収支は年々黒字幅を増やしています。2014年には、日本から約4万2千件に及ぶ国際特許が出願されました。これは米国に次ぐ2位の件数で、世界全体の出願数の20％に相当する膨大な量です。しかしながら、中国（2万5千件）と韓国（1万3千件）が猛追しています。

20年前1994年の出願件数と比較すると、日本がその数字を2・9倍に増やした一方、韓国は14倍、中国にいたっては3500倍と猛烈な勢いで迫ってきています。一方で、特許を主体とする知的財産権等使用料による収支を見てみれば、日本は2013年度に138億ドルと米国に次ぐ世界2位の黒字を記録していますが、中韓は世界でも最大級の赤字国で、その赤字幅も年率2割程度とこちらも猛烈な勢いで拡大中です。そもそも、知的資産で黒字収支の国は世界に13カ国しかありません。件数的には中韓に肉薄されつつある特許の世界ですが、品質的には逆に良質で儲かる特許を増やし、後続を突き放しているようです。基礎研究力の高さがこのような形で技術の世界に反映されているということでホッと一息といったところでしょうか。

熟練技能の世界

科学や技術よりさらに実用的な「技能」の領域にも踏み込んでみることにしましょう。技能とは「身体で覚え、身に付ける熟練スキル」を意味します。何といっても最後に頼りになるのは自分の腕一本。手に職さえつけていれば、どこに行っても食っていけるというものです。

この職人的な技の力を競うイベントとして国際技能競技大会[7]、通称技能五輪大会があります。競技種目は、以前は溶接や機械組み立てなどモノづくり系の男の世界に限られていましたが、近年はウエブデザインや洋菓子調理、美容セラピーから介護技能など、サービス分野の競技も追加されています。この技能五輪大会、時代ごとに主役は移り変わってきました(図11)。1950年代の当初は創設国スペインの時代でしたが、60年代にはドイツが主役の座を奪います。日本は高度成長期の始まった1962年のバルセロナ大会から参戦し、70年代にはメダルを量産する黄金期を迎えます。80年代には韓国が、90年代には台湾が台頭し、スイスと併せて4強の時代が続きました。そして2000年以降はブラジルが、2010年以降は中国が急激に力をつけてきています。日本の成績を1999年からの9大会のメダル累積数で比較すると、123個と韓国、スイスに次ぐ第3位で、さらに直近3大会に限ってみればブラジルに抜かれて4位という結果になりました。

南欧から始まり、北方ヨーロッパを経て日本へ。技能五輪の主役の座は時代により移ってい

*1-7 WorldSkills Competition。1950年にスペインで創設され、今日では世界各国の持ち回りで隔年開催されている。

図11

技能五輪大会結果

主要国の通年経緯

〈3年移動平均〉

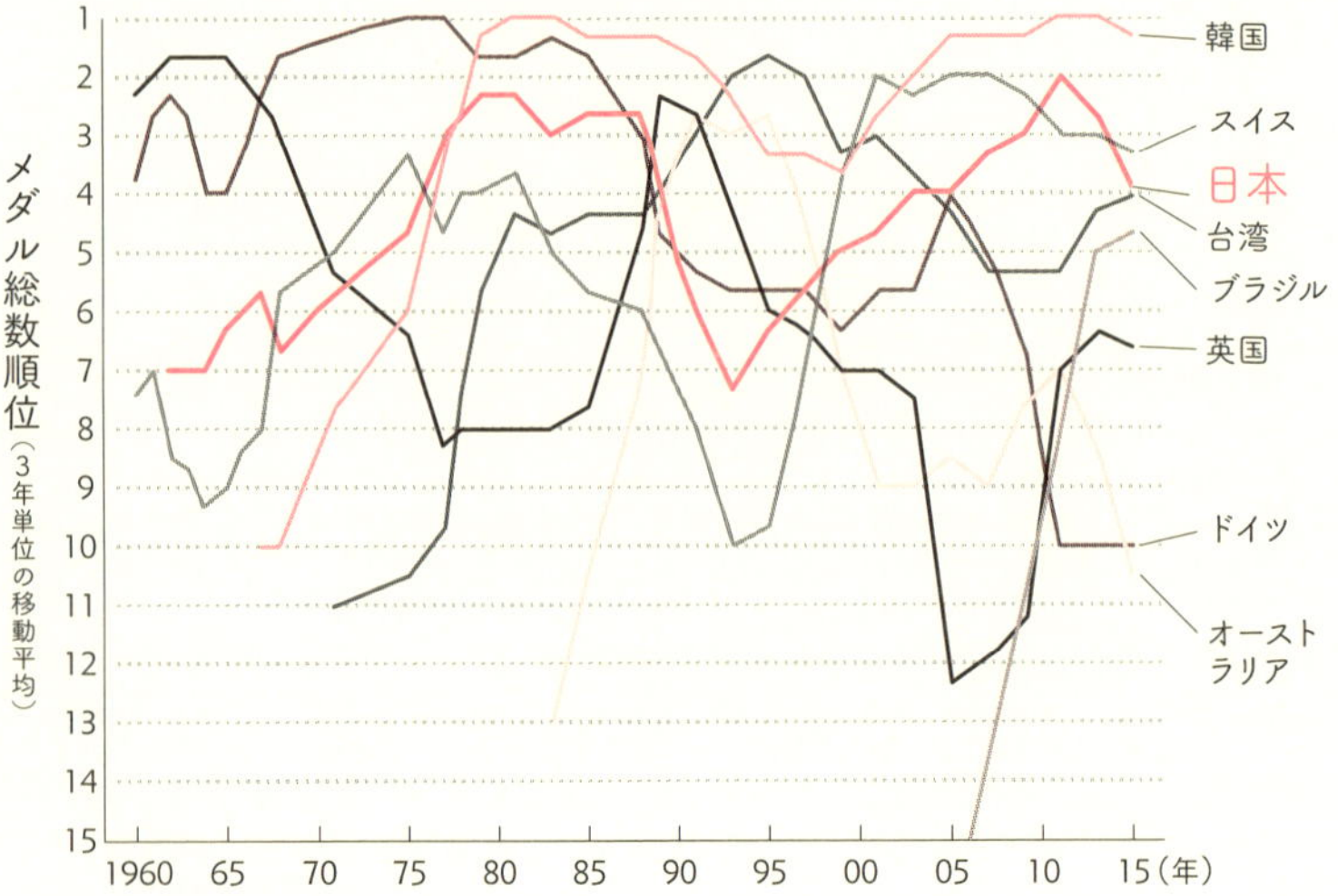

総メダル数ランキング

1999～2015 Ranking

順位	国	総メダル数	シェア（%）
1	韓国	210	15.3
2	スイス	141	10.3
3	日本	123	9.0
4	台湾	111	8.1
5	ブラジル	83	6.1
6	オーストリア	71	5.2
6	フランス	71	5.2
8	ドイツ	66	4.8
9	イタリア（南チロル）	52	3.8
10	オーストラリア	49	3.6

2011～2015 Ranking

順位	国	総メダル数	シェア（%）
1	韓国	72	13.9
2	ブラジル	50	9.7
3	スイス	47	9.1
4	日本	44	8.5
5	台湾	43	8.3
6	英国	26	5.0
7	オーストリア	25	4.8
7	フランス	25	4.8
9	中国	19	3.7
10	ドイツ	18	3.5

11）データ出所：ワールドスキルズインターナショナル（WSI：WorldSkills International）

きました。70年代にはNewly Industrialized Countries（新興工業国）＝NICsと呼ばれた東アジアの旧新興国へ、さらにはＢＲＩＣｓやエマージングと呼ばれる新興勢力へ。まさに工場立地の変遷が凝縮された「時代絵巻」のようにも映ります。

そんな中、スイスや日本は、苦しみながらも長年なんとか上位ポジションを維持し続けています。このあたりのバランス感覚にも、職人文化を貴ぶ日本らしさが表れているようです。

優雅な研究という視点

ここまで、知的能力に関するさまざまなカテゴリーを洗い出してきました。最も王道といえる基礎科学分野に始まり、一般成人の教養度、中学生の学力、大学の格付けや経営でのオピニオンリーダー、最後には実用化につながる特許力や手習いの世界としての技能にいたるまで、それぞれの領域で日本の存在感を可視化しました。

ここで本節の最後に、少し趣向を変えて「粋な研究、優雅な研究とは何か」という命題について考えてみたいと思います。

そもそも学びとは、湧いて出てくる知的好奇心が切り開く世界。人類の健康や省力、利便性向上など、「豊かな暮らし作りに貢献します」というのが研究をする人の名目になってはいますが、学者の本音とは「面白いから探究をしている」というところにあるわけで、どちらかと

★1-8 1991年の創設以来、ハーバード大学で授賞式が開催されている。いまや世界的権威を持つパロディ賞となった

いうと社会還元の話は後付けです。「面白さ」こそが研究の本質であり、その意味では「面白さの追求」とは余裕のある社会のみに許された「貴族の遊び」だともいえるわけです。

遠宇宙を研究する天体物理学者や古生代三葉虫に没頭する生物学者に利益を生み出すことを求めるのは野暮というもの。この文脈を突き詰め、純粋に好奇心を満足させるための「粋な研究者」を探し出して表彰するイベントがあります。「人々を笑わせ、そして考えさせてくれる」風変わりな研究に与えられるイグノーベル賞[8]です。ポイントは、「笑える」だけではなく「笑えて、そして考えさせられる」ことで、ユーモアや独創性のセンスが求められます。実はここで日本は毎年のように受賞者を輩出する強豪国なのです。たとえば、ハトが糞をしない特性を持つ銅像用の金属材の研究者（廣瀬幸雄2003年）や、たまごっち（1997年）やカラオケ（2004年）の発明者にも賞が与えられています。この栄誉あるイグノーベル賞の数を国別にまとめてみました（図12）。

結果は一目瞭然。日本の研究者たちが大活躍しています。ホスト国の米国が1位なのはわかるとして、累積数で日本は堂々の3位入賞です。それも2007年以降のペースアップは目覚ましく、2位の英国に追いつかんとする勢いです。ここで本家ノーベル科学賞とこのイグノーベル賞の上位受賞国を並べて比較してみましょう。最先端をいくシリアスな研究と、愉快なナンチャッテ研究の両分野をこうして横にらみで見ると、上位で活躍するお洒落なメンバーは共

図12

イグノーベル賞とノーベル賞

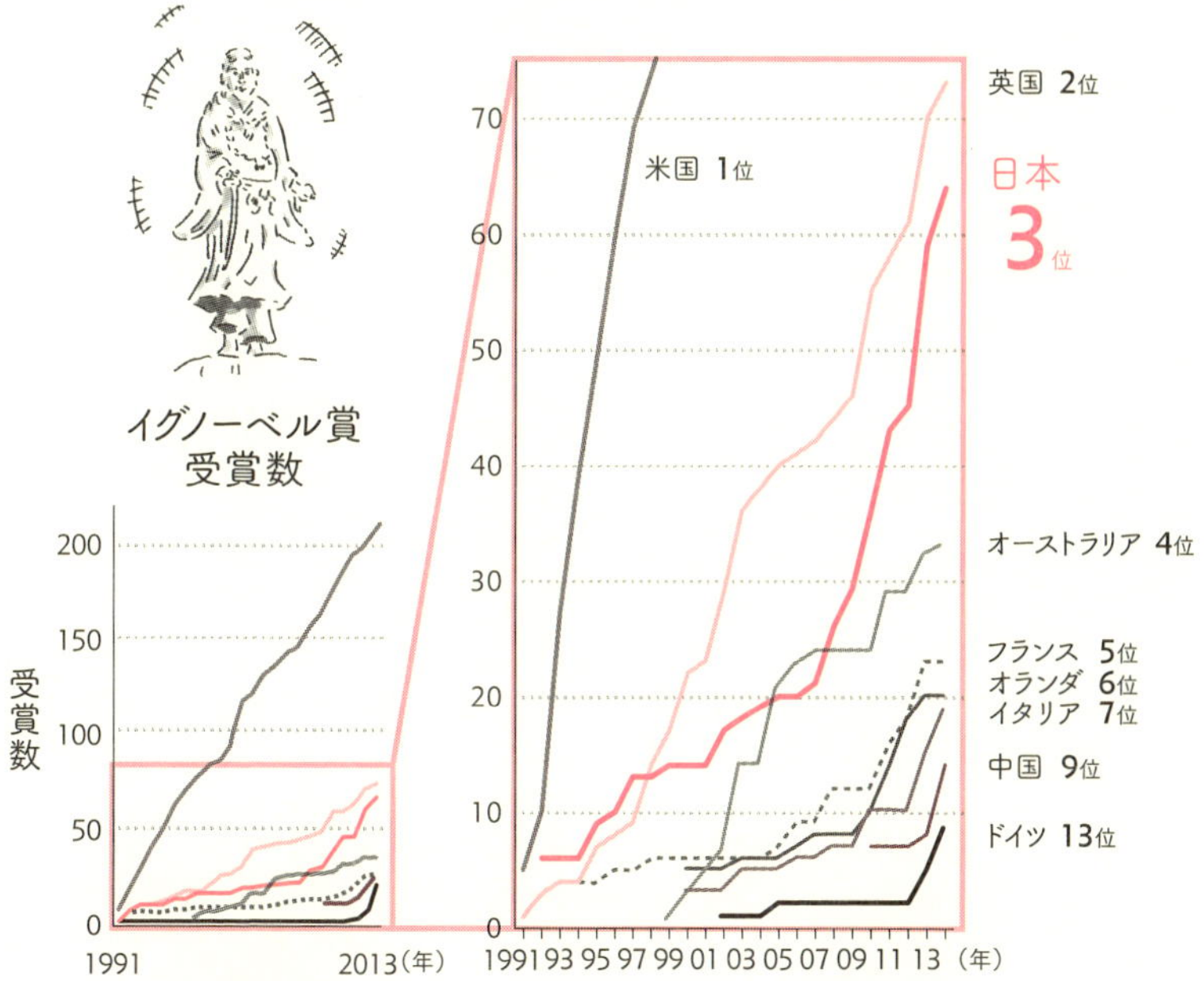

ノーベル賞と
イグノーベル賞比較

ノーベル賞
（2001年～／科学賞）

シェア（%）	受賞数	国	順位
50	61	米国	1
12	14	日本	2
9.4	11	英国	3
5.8	7	ドイツ	4
5.0	6	フランス	5
4.0	5	イスラエル	6
2.5	3	ロシア	7
2.5	3	オーストリア	8
2.1	3	カナダ	9
1.7	2	ノルウェー	10
1.7	2	スウェーデン	11

イグノーベル賞
（1991年～）

順位	国	受賞数	シェア（%）
1	米国	209	33
2	英国	73	12
3	日本	64	10
4	オーストラリア	33	5.2
5	フランス	23	3.6
6	オランダ	20	3.2
7	イタリア	19	3.0
8	カナダ	18	2.8
9	中国	14	2.2
9	チェコ	14	2.2
11	スペイン	13	2.1
12	スイス	12	1.9

12）データ出所：The Ig® Nobel Interactive Database

通していることがわかります。大概の分野で世界のワン・ツーを持っていく米英に食い込んで日本が気を吐いている様子が見えてくるのではないでしょうか？

まじめ一辺倒ではなく、お茶目な部分も持ち合わせた日本の博士たち。基礎科学の研究成果を役に立つ技術として特許権利に結び付け、収益貢献するという方向性でも優秀さを見せる一方、当面役に立ちそうにないけれど好奇心に溢れる奔放な研究分野にも予算を付ける懐の深さを垣間見ることができると思います。

基礎知力総合成績

さまざまな角度から知的能力の分野における日本代表選手たちの活躍ぶりを見てきました。それらの結果をまとめましょう（図13）。上段からイグノーベル賞、ノーベル賞、大学ランキング、初等教育、基礎教養と並べてあります。上の段ほど能天気な研究となっていて、とりあえず食っていくためには必要のない研究テーマを扱っています。下段になるほど、生活力に直結する、つまり明日ではなく今日生きていくために求められる切実な知識の習得になります。

こうしてみると、日本は大学ランキングと経営思想家以外のすべての領域でトップクラスに登場する主要メンバーであることが確認できます。そしてこのような国は非常に珍しい。国民全体として英語が大の苦手なため大学ランキングでは損をしていますが、地頭の優秀さには自

図13

基礎知力 総合成績表

好奇心・趣味化 ▲
実用化・生業化 ▼

遊び心：役に立たない雅な研究
探求心：人類全体の先端的研究
教育：学生の学力 高等教育レベル
技術：実用化するための特許／応用するための技能
教養：子供たちの基礎学力 初等教育レベル／一般人の民度（読み書きそろばん）

評価指標	主役	1位	2位	3位	日本の成績
イグノーベル賞	米英	米国	英国	日本	3位
ノーベル科学賞	米英	米国	日本	英国	理系 2位
経営思想家	米英	米国	英国	カナダ	文系 8位
大学ランキング 理系	米英	米国	英国	ドイツ	4~6位
大学ランキング 文系	米英	米国	英国	オーストラリア	11~12位
特許件数と収入	欧米	米国	日本	オランダ	2位
技能五輪	東アジア	韓国	スイス	日本	3位
中学生PISA	東アジア	シンガポール	香港	韓国	4位
一般成人PIAAC	北欧	日本	フィンランド	オランダ	1位

13）データ出所：著者作成

★1-9 ノーベル賞や大学ランキングではシェアを算出できたのだが、PISAやPIAACなどは国別に出ている平均点数を順位付けしたアウトプットなのでシェアが算出できない。ここでは順位だけに留意して順位の平均による比較を行った。手順としてはまず結果の順位が上位何パーセントに位置しているのかという数字を出して、分野ごとに出るその数字の総合点で比較をした。対象を100カ国とした場合に、↙

信を持ってもよさそうです。

ノーベル賞を量産するようになった今日の姿は、先人たちにとってはまったく夢のような話です。しかしそれだけではありません。ノーベル賞の反対語としての、一般教養や手に職の技能、あるいは高品質な特許や優雅なナンチャッテ研究など、さまざまな方角の反対語の分野においても、日本代表選手たちは、それぞれの持ち場で研鑽を積み、成果をあげています。

全分野を合算した総合力に関する順位付け[9]も行ってみました。ではその結果を見てみましょう（図14）。

なんと日本は総合力で世界1位という結果になりました。大学ランキングやノーベル賞、経済思想家などの領域で圧倒的な強さを誇る米英ですが、一般人や中学生の平均値が悪すぎます。逆に中学生の成績では上位に食い込んだ東アジア勢は、その他がまだまだ未熟です。

日本は平均的に死角がなく、漏れなく点数を稼いだ結果、総合的に見ると世界で最も知的な国となりました。日本型に近い国としては、カナダやオランダが比較的デコボコが少ない方ですが、それでも日本はそのバランスにおいて比類なき存在です。日本の教育環境についてはさまざまに問題点が指摘されていますが、一朝一夕では生まれない実績を築いたことについては、もう少し自分を褒めてあげてもよさそうです。どこでも、隣の芝は青く見えるのでしょう。

1位は100点、2位は99点、100位が1点という形だ。対象国が25カ国なら4点刻みで2位が96点、25位は4点となる。特許と技能五輪の結果については、ここで論じている知力のニュアンスからは若干外れるため除外した。またノーベル経済学賞と文学賞については後段の別節で評価するのでここでは除いてある

図14

基礎知力系総合力ランキング

総合成績 順位	国名	ノーベル賞（科学3賞）	イグノーベル賞	経営思想家	大学ランキング（QS全学部）	中学生学力（PISA）	成人学力（PIAAC）
1	日本	2	3	8	6	5	1
2	英国	3	2	2	2	21	18
3	米国	1	1	1	1	29	22
4	カナダ	9	8	3	5	11	16
5	オランダ	15	6	6	10	13	3
6	ドイツ	4	13		4	16	15
7	オーストラリア	15	4	17	3	18	11
8	スウェーデン	10	15	5	15	38	4
9	中国	12	10	11	8	1	
10	ノルウェー	10	13	12		27	5
11	フランス	5	5		12	24	23
12	韓国		30	10	9	4	17
13	オーストリア	7	21			22	12
14	スイス	12	12	22	12	14	
15	ベルギー	12	26	22	19	19	6
16	チェコ		9			23	7
17	ロシア	7	18	22	19	39	13
18	デンマーク		26	17	14	26	10
19	フィンランド		38		19	7	2
20	アイルランド	15	38	7		17	21

14）データ出所：著者作成

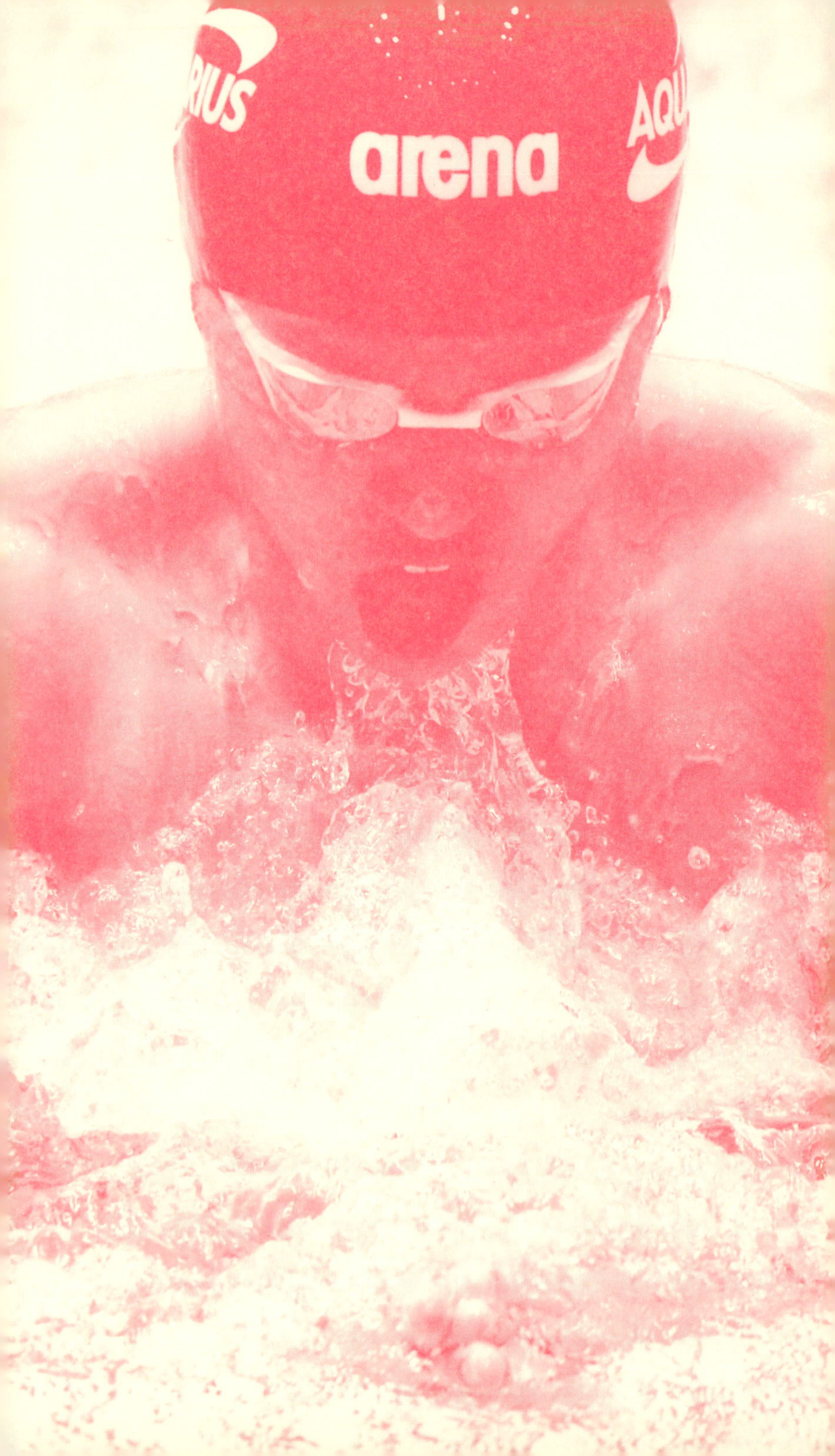
RIUS
arena
AQU

2　基礎体力
Locomotive Fitness

オリンピックの華100M競走

あらゆる活動の基本となる地頭の話題から離れて、ここからしばらくは身体能力の方を見て参りましょう。世にはさまざまなスポーツがありますが、圧倒的な歴史と権威を誇るイベントは、何といってもオリンピックです。今日では400を超える種目がありますが、最もオリンピックらしいスポーツといえばメインスタジアムで行われる陸上競技でしょう。中でも陸上の華、男子100M競走は最も盛り上がる種目です。短距離走は面倒なルールや駆け引きは一切なしにただ直線を駆け抜けるあらゆる競技の基本形です。10秒間、45歩で終わってしまう純粋なる全力疾走の舞台は、まことに儚くもわかりやすい。この100M走の世界において、日本

Photo/朝日新聞社/Getty Images

人の実力とは世界のどのあたりなのでしょうか。昔に比べれば日本人の体格もずいぶん良くなりましたが、世界との差は縮まったのでしょうか。それを知るために、大正時代にまで遡って世界記録と日本記録がどのように推移してきたのかをまとめてみました（図15）。

これまで、日本記録が世界に肉薄した瞬間が二度あります。一度目が１９３０年代で、二度目は１９６０年代。これらには共通点があります。一度目は１９４０年に開催予定だったものの戦争のため中止となった幻の東京オリンピックの直前でした。そして二度目は、１９６４年に開催された東京オリンピックの頃です。2回とも彗星のように現れた名選手が（吉岡隆徳と飯島秀雄）圧倒的な日本記録を出し世界に迫りましたが、祭りが終わると彗星のごとく去ってしまいました。その後世界との差は縮まることなく、今では０・42秒という絶望的な差がありま す。世界各国の国内記録を上から順に並べてみると、10秒00という現在の日本記録は世界の26位に当たります。26位というと世界の舞台では残念ながら幕下レベルで、存在感はありません。女子だと世界の52位と、結果はなお悪くなります。

跳躍種目ならどうかというと、走り高跳びの日本記録は、男子が世界40位で女子が38位。投てき種目はさらに下がって、男子の砲丸投げが81位で女子は41位と、無情にも世界との間には大きな開きがあります。悔しいですが、これがガチンコの体力勝負における日本の立ち位置です。絶対的なパワーやスピードを真正面からぶつけ合う勝負では、頭脳戦の時とは違い、DNAの差の前にうなだれるしかないようです。

図15

男子100M日本記録と世界記録推移

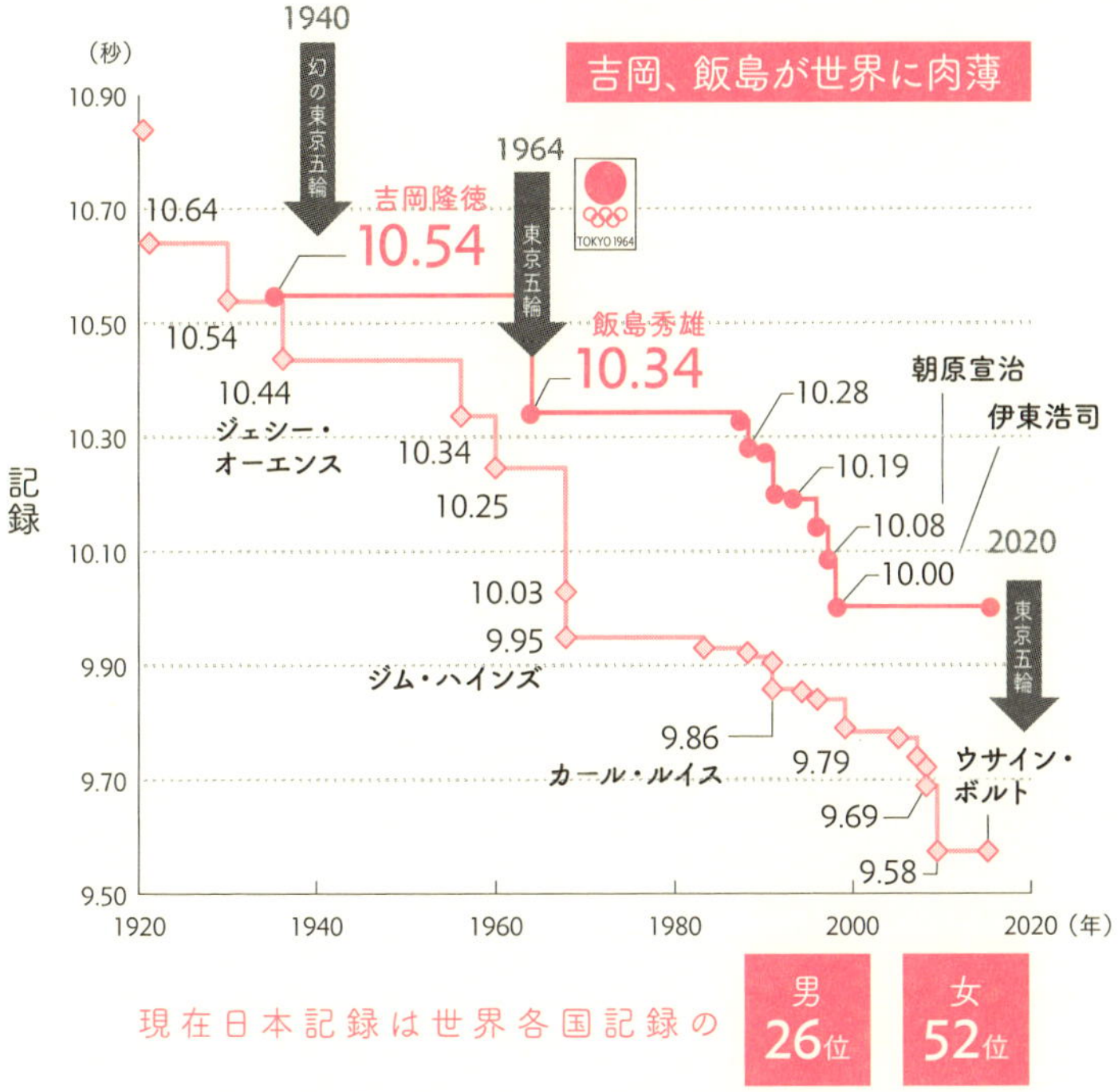

＊1960年代以前の手動計測の記録は＋0.24秒の電動計測補正処理

「走る」「跳ぶ」「投げる」というあらゆるスポーツの基本動作を競うシーンから見えるこのハンディキャップ。しかし、それでも日本の選手たちはしぶとく活躍の場を見つけ出し、実はさまざまに世界のスポーツシーンを牽引しています。本書では次節以降で、球技や格闘技など別のスポーツ競技における彼らの奮闘の様子を検証していきますが、本節ではまず「走る」という基本動作において、体格・体力に劣る日本選手たちがいかに工夫してきたのか、その苦闘の軌跡をみていきたいと思います。

15）データ出所：Wikipedia Men's 100 metres world record progression

図16

100M走　年齢別結果

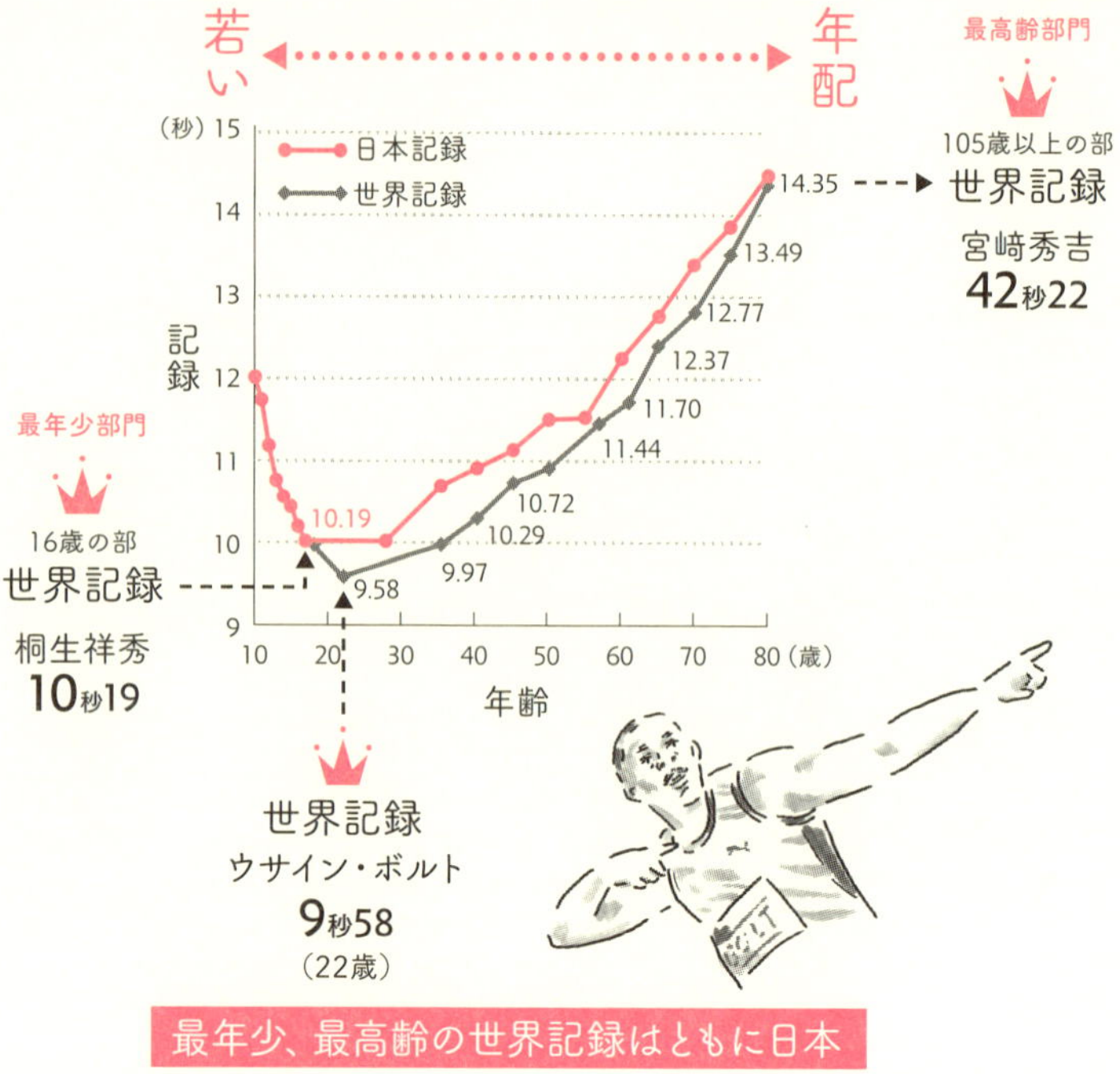

老若男女を駆り出す

最初の「工夫」はまず「年齢をずらす」作戦です。先ほどの100M走ですが、未成年部門とシニア部門について、世界記録と日本記録の違いをまとめてみました（図16）。

シニア部門にはマスターズという国際的な枠組みがあります。35歳を超えると5年ごとに区分され、世代ごとにその健脚を競っています。一方、未成年の方もジュニア（18～19歳）とユース（16～17歳）の部門で世界大会が開かれています。

実は、最も若いユース部門と105歳以上という人類最高齢部門の世界記録保持者は日本人なのです。年齢を追ってまとめた図16をご覧下さい。人生の前半と

16）データ出所：mastersathletics.net

図17

100M走　年齢別シェア

ユース＆ジュニア

1位	米国	44%
2位	ナイジェリア	12%
3位	ジャマイカ	10%
4位	日本	8.5%

シニア一般

1位	米国	44%
2位	ジャマイカ	13%
3位	ナイジェリア	6.7%
⋮		
26位	日本	0.8%

マスターズ平均

1位	米国	35%
2位	ドイツ	11%
3位	日本	8.3%

年齢別100M走歴代上位記録保持者のシェア

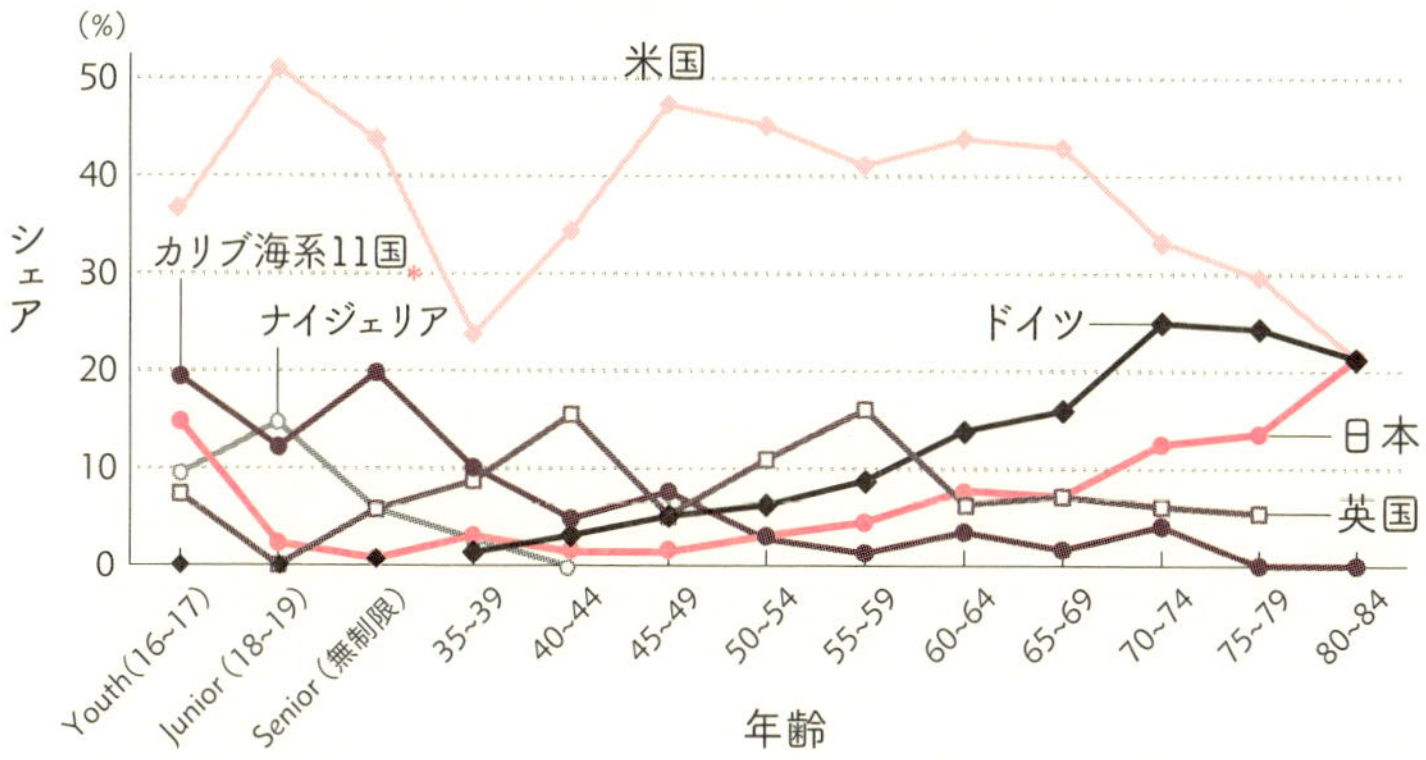

＊カリブ海系とはジャマイカ、プエルトリコ、トリニダード・ドバゴ、バーシン諸島、バルバドス、セントクリストファー・ネービス、アンキラ、バハマ、キューバ、アンティクア・バーブーダ、ケイマン諸島の11か国を指す。

後半では徐々に世界に追いつき追い越していく様がわかるでしょう。最盛期のウサイン・ボルト選手にはまるで歯が立ちませんが、老いるのをじっくり待っていれば、世界のトップ選手を追い越してしまうのです。

老若各年代の100M競走・歴代50〜100傑（年代によって母数は若干ばらつきがあります）に載る選手の数を国籍別にまとめてみました（図17）。19歳以下のユースとジュニアでは米国、ナイジェリア、ジャマイカという3強に次いで4位という驚異の好成績です。桐生祥秀やサニブラウン・ハキーム（日

17）データ出所：mastersathletics.net

＊2-1 差をクリアに可視化するため、データ処理には、順位の重みづけ加工を施している。100名リストの場合、1位は100点、2位は50点、4位は25点と続き100位が1点として各国の選手の得点を集計している

本人）が活躍しています。最も血気盛んな20代〜40代あたりまではパッとしない日本人ですが、50歳を超える頃から頭角を現し、齢80を数える頃には、世界の3強へと返り咲きます。マスターズ35歳以上の各部門の全平均値をとると米国、ドイツに次いで3位に入るという大健闘。日本の高齢者が元気なことはみなさんも薄々気が付いていたと思いますが、ここまでだとはご存じなかったでしょう。ちなみに４００Ｍ走や１５００Ｍ走でも同様の結果となっています。

低速競技で粘り勝つ

絶対的なパワーとスピードでは敵わないので、ある程度練習量とそれに伴う技術の練度でカバーできる長距離走に活路を求めるという手もあります。ハーフマラソンからマラソン、その先には１００kmレースという修行のようなカテゴリーまで存在することをご存じでしょうか。距離が伸び、レースが低速になるほど日本選手の存在感は高まってきます。最短距離の１００Ｍ走から、どんどん距離を伸ばして１００km走までの歴代ランキング表を入手し、上位の約１５０位までの選手の数を国籍別に集計しました[1]（図18）。今度は女子の結果を見ながら解説しましょう。

先に述べたように、女子の場合には１００Ｍの国内記録が世界の52位ということで、世界の歴代記録を下の方まで眺めてみても日本選手の名前は出てきません。この苦しい状況は中距離

図18

各種陸上競技結果

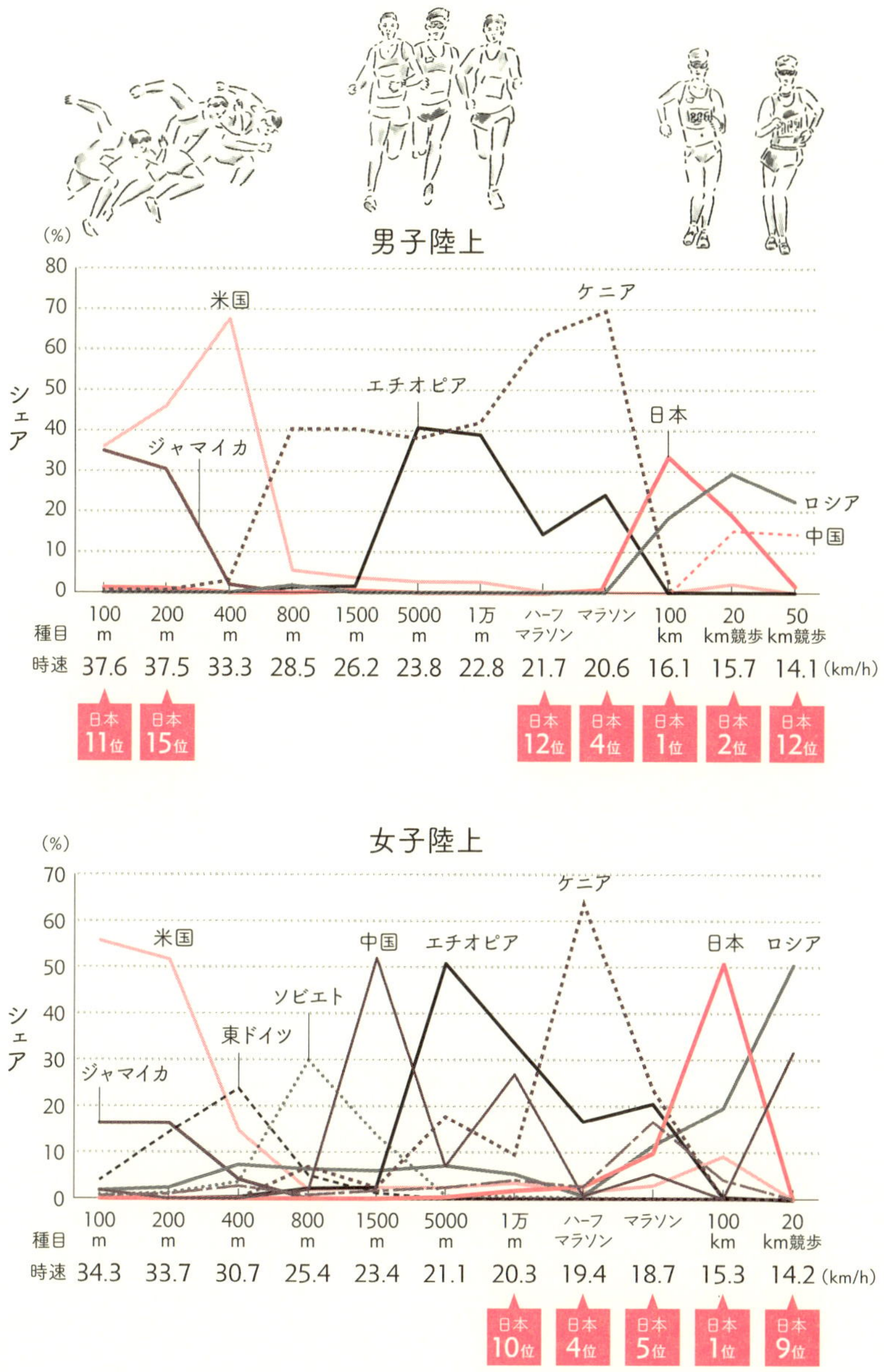

18）データ出所：iaaf.org/home

から長距離5000Mまで伸ばしても同様です。1万M走になるとようやく52位に日本記録保持者の渋井陽子が登場し、150位まで見ると9名がランクインしました。それでも国別対抗カウントにすると、重み付けがあるためシェアは2%で10位です。トラックを出てロードのマラソンまで距離を伸ばすと、ようやく日本人の名が浮上します。アテネ五輪の金メダリスト・野口みずきの日本記録は今でも世界歴代6位に輝いています。そして、最も長距離となるのがウルトラマラソンこと100km走です。

まだまだマイナーな種目ですが、実は男女とも世界記録保持者が日本人という大変なことになっています。女子の場合、歴代10傑になんと4名がランクインと圧倒的な強さです。図を眺めていると、国ごとで見事に棲み分ける「人類二足歩行の生態系」が見えてきます。

短距離系は米国とジャマイカなどカリブ系黒人アスリートの独壇場です。400〜800Mあたりはソビエト・東ドイツという旧東側スポーツ大国の記録がいまだに残っています。薬物疑惑も濃厚な80年代に乱発された驚異的世界記録の残滓です。遅れてきた東のスポーツ大国中国の女子選手団は、90年代に1500M走でメダルを総嘗めにしましたが、その名残もはっきりと映し出されています。そして現代の長距離部門は、アフリカ勢が絶対王者です。よく見ると好敵手のエチオピアとケニアはそれぞれ得意な距離を棲み分けています。彼女たちにとって長距離走とは、家族や親族の生活がかかった、生きるための戦いでもあります。そんな切実な世界的な戦国地図の右側で、ひっそりと花を咲かせているのが日本のアスリート。しかし、マラソンにすらスピード化の波が押し寄せており、そろそろ日本人にはしんどくなってきました。このように厳しい環境をなんとかして生き延びている姿には、高山植物のような儚ささえ感じます。

徒歩の世界を極める

男子１００Ｍ競走の世界記録は９秒58ですが、これを平均時速に換算すると37・６km／ｈになります。これが４００Ｍ走だと時速33・３kmになり、１５００Ｍ走は26・２km／ｈになります。マラソンでは20・６km／ｈまで下がり、日本選手が活躍できる１００km走では16・１km／ｈにまで遅くなりました。もちろん遅くなったといっても１００Ｍを22・４秒の速さで１００kmですから、信じられない速さです。そして、その先にあるのが競歩の世界です。実は、20km競歩の世界記録保持者は15・７km／ｈで歩きます。これは、もはや１００km走に肉薄する速さです。その世界記録を持っているのが日本の鈴木雄介選手。これまで日本ではあまり注目されてこなかった競歩の世界ですが、近年急速に力をつけてきました。

先ほどの図18の一番右端には競歩の結果も載せてあります。スピード化の進む左の領域から押し出されてきた日本のランナーたちの姿がみてとれます。時速16kmあたりの世界なら頂点を取れそうだと察知したわけですね。この「歩き」の世界の住民は長距離ランニングとはまったく別で、アフリカ勢の姿は見えません。男女ともロシアと中国が2トップで、その次に来るのがフランス、イタリア、スペインなど。南欧系や中南米でも人気の高い種目のようです。遅れてきた日本は、まず男子の20㎞からこの分野に挑戦を始め、順調に成果を出しつつあります。前の図でもわかるように、アフリカ勢によるマラソンのスピード化の波が先にやって来た男子の方から、活路を求めて日本選手は歩き始めた感があります。今後より一層のスピード化が予想される女子も、いずれ本格的に参戦するかもしれません。

オフロードを歩み山へ

トラックからロードに出て、遂に歩き始めてしまった日本人。その先にあるのが、オフロードの世界です。もちろんストイックなアスリートですから、野原を散策するわけではなく、目指すのは未踏の山頂です。登山家の世界における金メダルとは何でしょう？

見方はいろいろありますが、最もわかりやすいのが南極も含めた各大陸の最高峰を制する「世界7大陸最高峰征服」でしょう。アジア大陸：エベレスト（8848M）、ヨーロッパ大陸：エルブルス（5642M）、北アメリカ大陸：デナリ（6194M）、南アメリカ大陸：アコンカグア（6959M）、アフリカ大陸：キリマンジャロ（5895M）、オーストラリア大陸：コジオスコ（2228M）、南極大陸：ヴィンソン・マシフ（4892M）が対象となりますが、ニューギニア

図19

世界7大陸
最高峰登頂者数

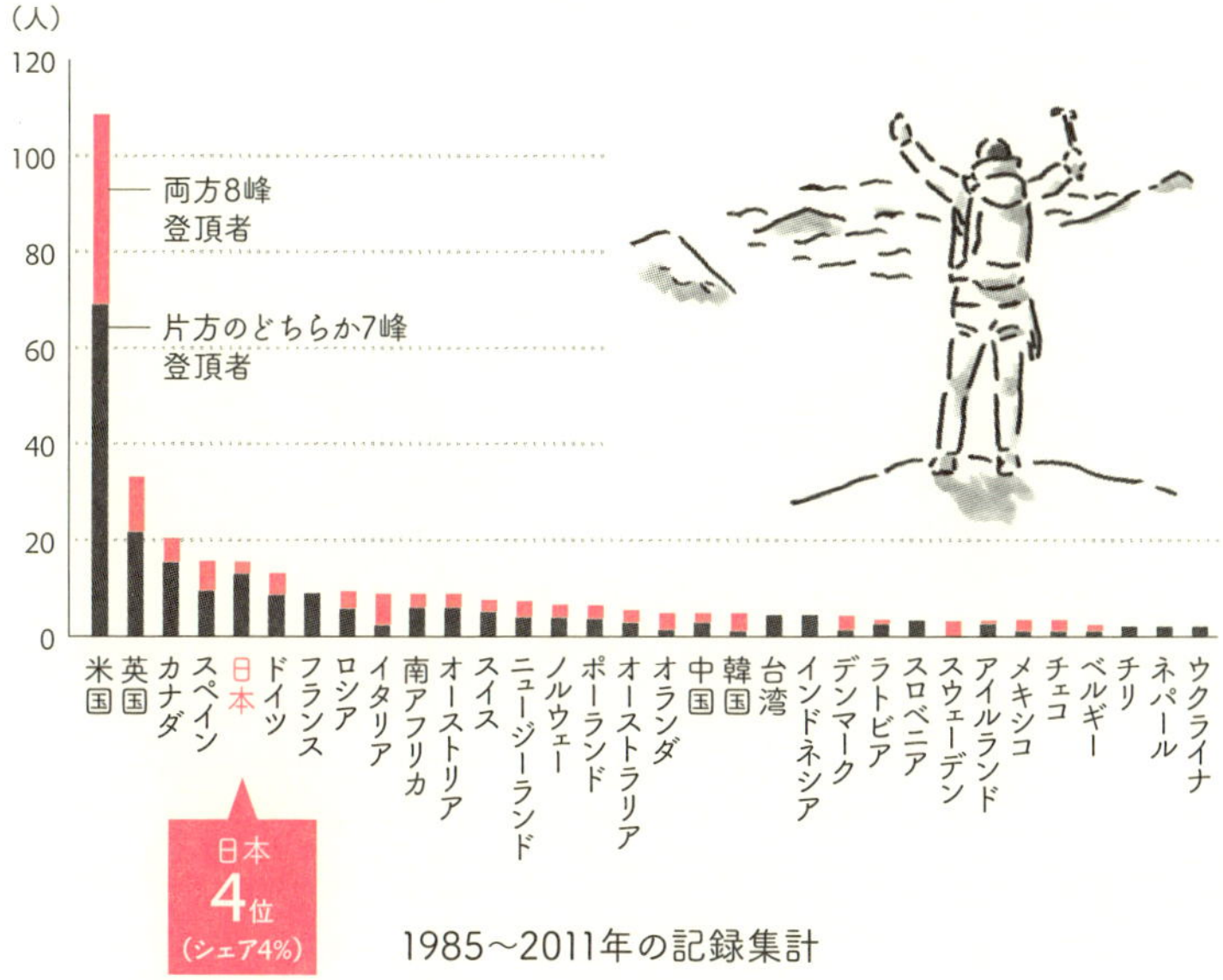

島にあるプンチャック・ジャヤ山（4884M）をオーストラリア大陸に入れるかどうかで7ピークの征服者リストは二説存在します。2011年までに両リストを征服した8峰登頂者は122名、どちらかひとつに成功した人は348名確認されています。この結果を国籍別にまとめてみました（図19）。日本からは世界4位となる延べ15名が成功していて、堂々たる冒険野郎ぶりを見せつけています。国土の7割が山岳の山大国の面目躍如といえそうです。

　歴史的に見ると、人類初の7峰登頂制覇は1985年米国人のリチャード・バスの手により達成されています。その先達に、1978年に6峰を制したイタリア人のラインホルト・メスナー。そして、その前というと1970年に5峰を初めて征服した植村直己

19）データ出所：7summits.com

図20

女性・シニア結果

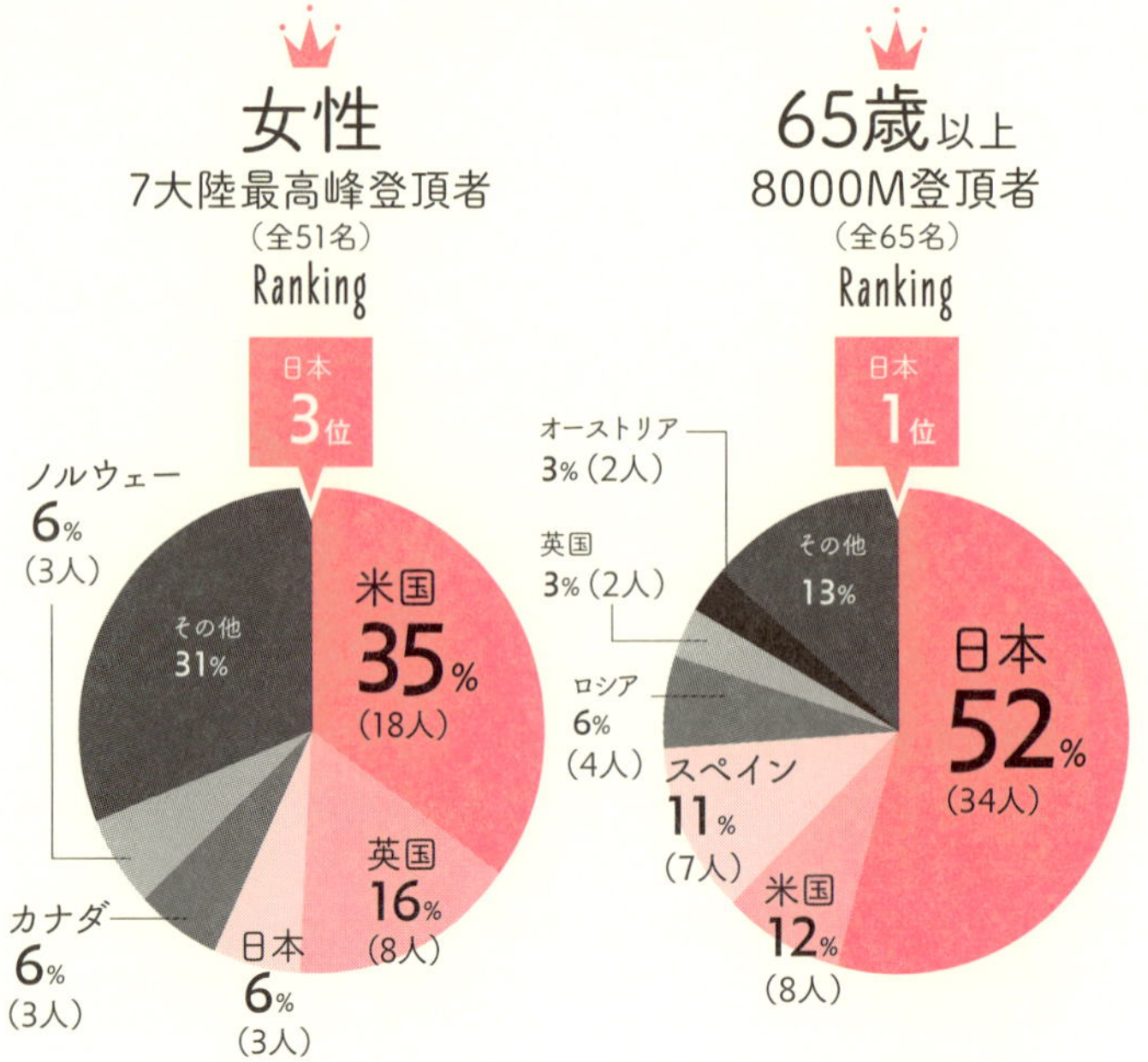

1992～2011年の記録集計　　1997～2011年の記録集計

にたどり着きます。後に国民栄誉賞を得ることとなった植村さんは、この世界大陸最高峰登頂という流れを創り出す嚆矢となった世界的な偉人なのです。ちなみに女性として世界で初めてこの7大陸最高峰を制したのも田部井淳子という日本人でした。

また、陸上競技と同様に、登山界でも日本のシニアは圧倒的な強さを発揮しています。世界には8000Mを超える山が14座ありますが、8000M超級の山に登ったことのある65歳以上のクライマー総勢65名のうち34名、なんと半分以上は日本人なのです（図20）。女性も高齢者も、日本は世界の山登りシーンの牽引役を担っています。

このような素人にもわかりやすい登頂実績とは別に、世界のアルピニストにとって憧れの玄人向けの賞に「ピオレドール賞」があり

20）データ出所：7summits.com, 8000ers.com

図21

ピオレドール賞受賞者数

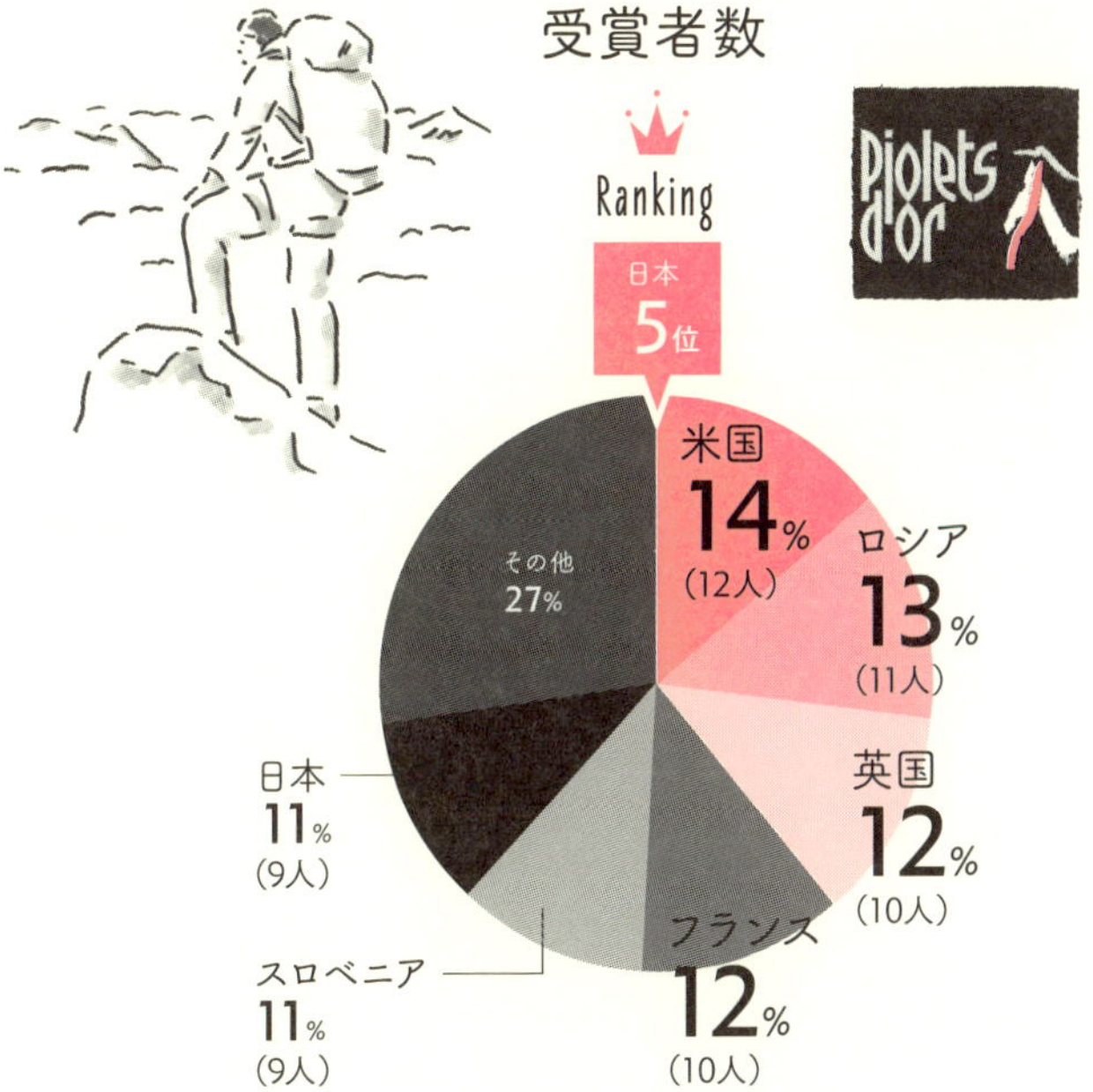

1992〜2015年の記録集計

ます。「登山界のオスカー」とも呼ばれるこの賞は、単に高い山に登ったというだけではなく、「K7南西壁第二登（新ルート初登頂）」とか「難攻不落のダウラギリ南壁登攀」というような新たにチャレンジングなルートを開拓した勇者などに授与されます。1992年に設けられたこのピオレドール賞の受賞者数を国籍別にまとめてみました（図21）。

　これまで90名近い受賞者が選ばれていますが、このうち日本からは9名が受賞。国別対抗戦ではスロベニアと同率の5位です。先ほどとはまた微妙に違う顔ぶれが上位にランクされていますが、ここでも日本は渋く結果を出しています。これらの結果からみても、日本は胸を張って世界のアルピニスト強国だといってよいでしょう。

21）データ出所：7summits.com, 8000ers.com

さらには垂直方向へ崖登り

話が山登りまでできたので、崖登り界の様子も見てみましょう。登山を前提とする伝統的なアルパインクライミングに対して、岩を登ること自体を目的として行われるロッククライミングは、「フリークライミング」と呼びます。これがさらに進化して、人工的に作られた崖を安全に登る競技のことをスポーツクライミングといいます。近年世界的に広まりを見せており、次回の東京五輪では採用される可能性が高いエクストリーム・スポーツの一種です。IFSC（国際スポーツクライミング連盟）がトップ選手のポイントランキングを公開しているので、国別にそのポイントを集計してみました（図22）。この競技は、時間内に登れた高さを競う「リード」と、より難しいルートを登れるかを競う「ボルダリング」、登頂時間を競う「スピード」の3種目からなります。

日本は当初から世界のクライミングシーンをリードしてきた主要国のひとつです。とくにリードとボルダリングを得意としており、平山ユージや、野口啓代などワールドカップで優勝する選手も数多輩出しています。

2015年のIFSCポイントを国別でまとめると3種目合計ポイントでは男子が3位、女子が4位、男女合わせると世界で3位。山登りから崖登りまで、日本代表のオフロード走破力はかなりなもののようです。

図22

IFSCポイント集計結果

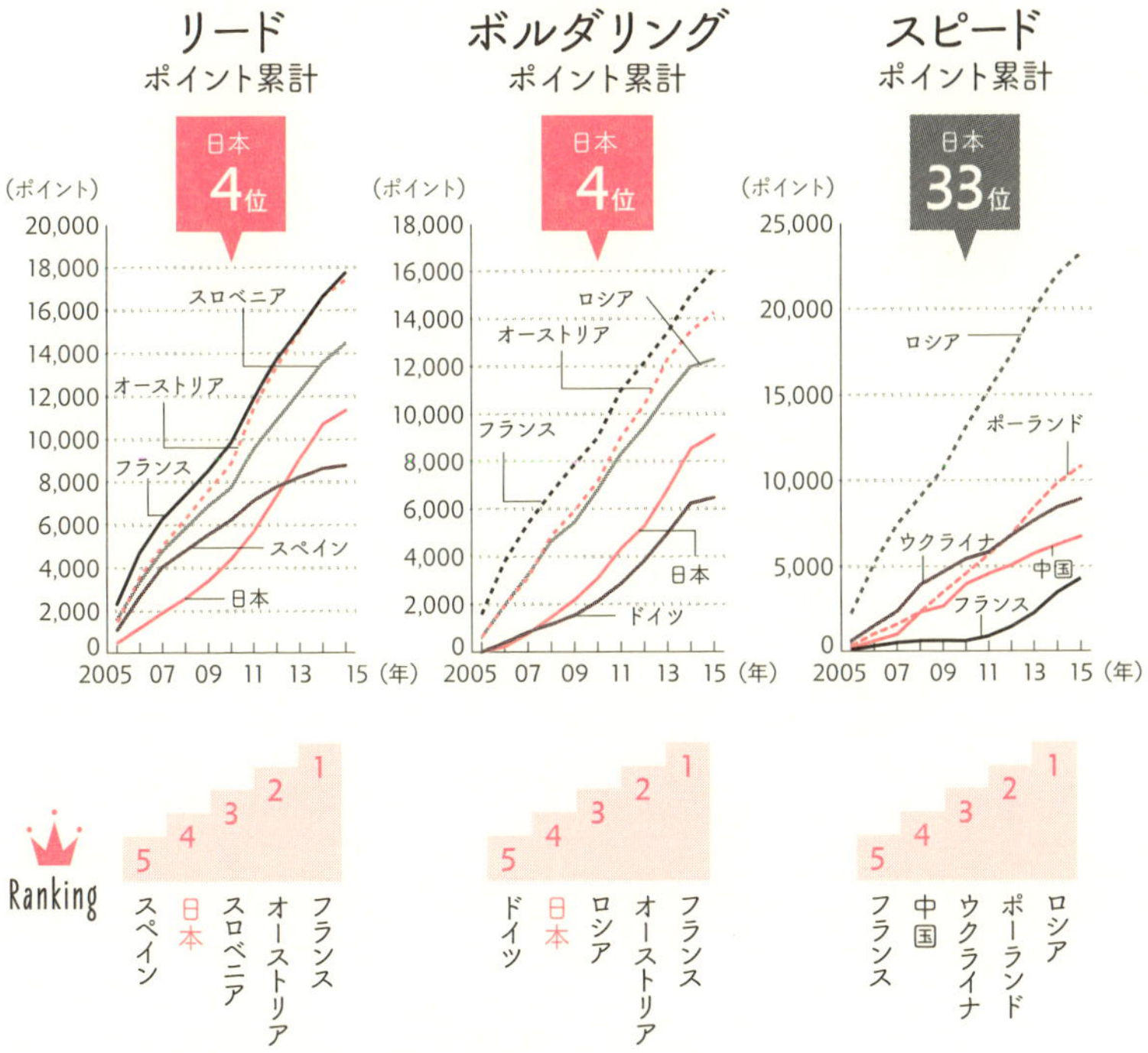

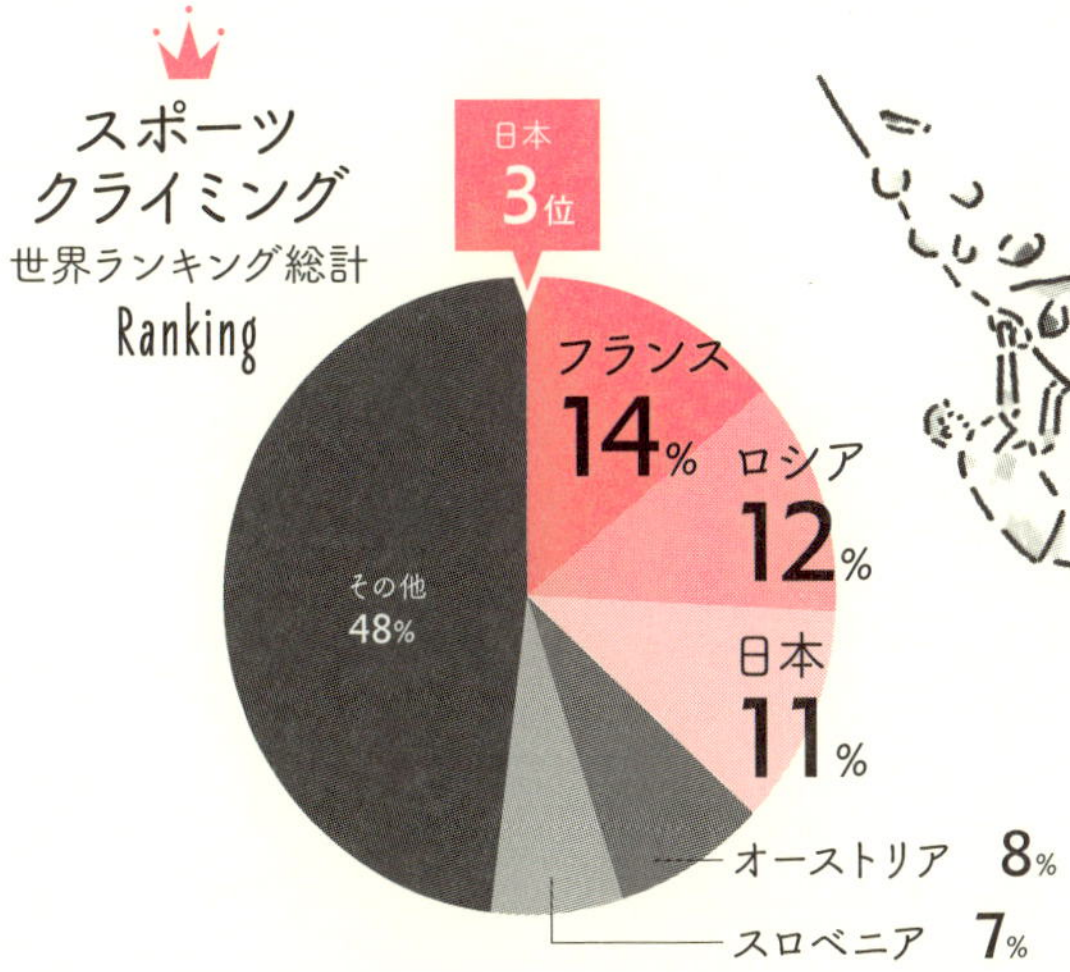

22) データ出所：ifsc-climbing.org

＊2-2 世界記録を時速換算すると、速い順に自由形7.7km/h、バタフライ7.2km/h、背泳ぎ6.9km/h、平泳ぎ6.2km/hとなる

水上や氷上のスプリンターたち

「走り」を極める本節では、短距離走から始まり、トラックからロードに出て、さらには山登りから崖登りまで追いかけてきました。しかし、これら陸の上以外の場所にも大事なスプリンターがいることを忘れてはいけません。水上と氷上です。

　彼ら競泳選手やスピードスケーターたちの活躍ぶりを見てみましょう。まずは競泳。オリンピックの最短距離種目は１００Ｍですので、４つの泳法（自由形、バタフライ、背泳ぎ、平泳ぎ）の男子１００Ｍ競泳の成績について、１９７０年以降の世界選手権とオリンピック大会、すべての金銀銅メダルの合計数を国別に集計しました。総計で３００個以上のメダルを対象としていますが、結果は御覧の通りです（図23）。

　自由形とバタフライでは、日本はいまだひとつもメダルが獲れていません。それに対して背泳ぎではメダル累積5個で世界5位、平泳ぎならメダル7個で3位に浮上します。このパターンには見覚えがありますね。低速種目[2]ほど、日本人に勝ち目があるのは陸上競技と同じようです。おそらく、パワーより技術の寄与度が高まるからなのでしょう。どうしようもない体格や体力上のハンディを、技術でカバーしようとしている様子が伝わってくるようです。

図23

水泳男子100M結果

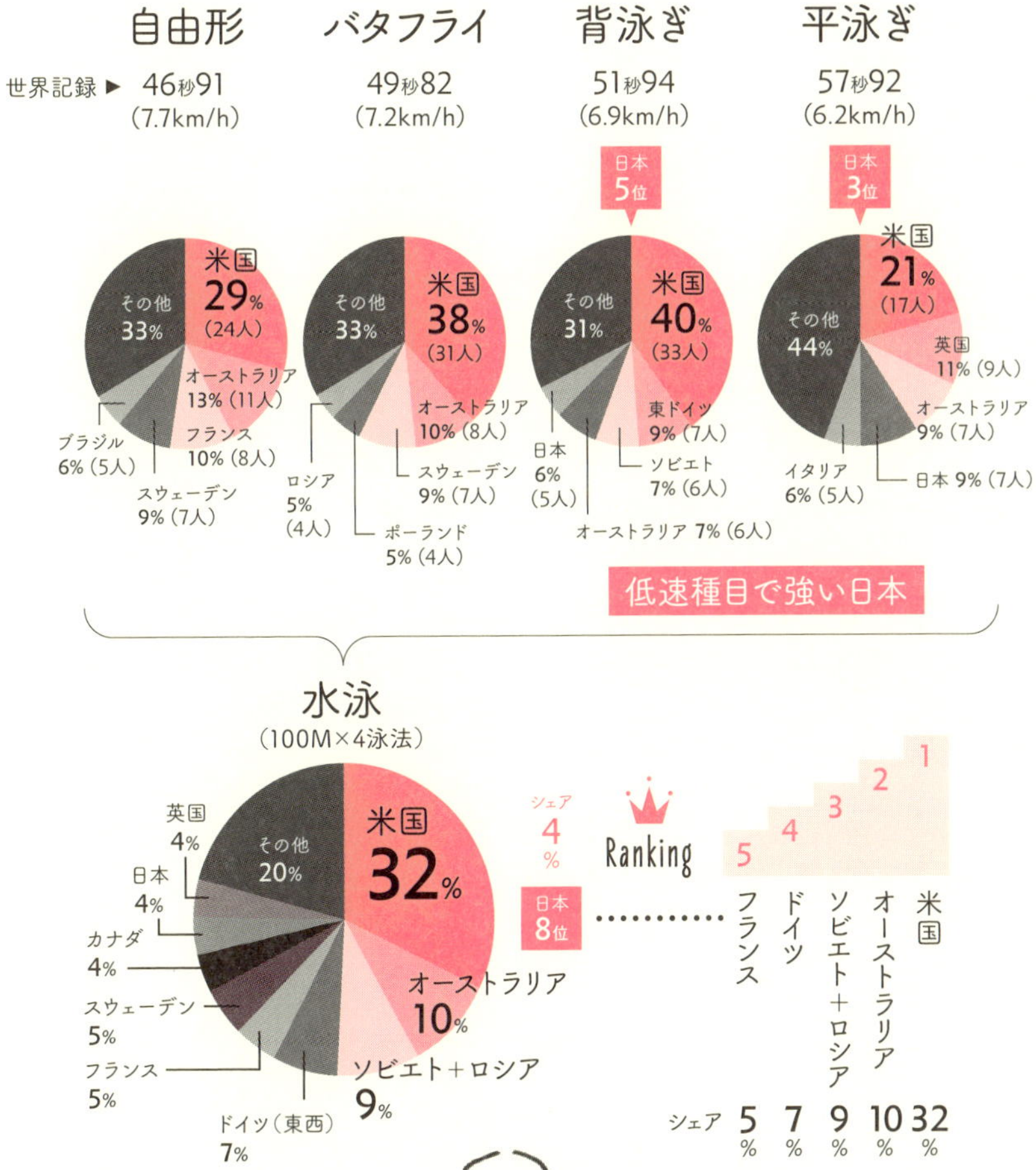

23) データ出所：fina.org

余談ですが、海外の人たちは日本のアニメを見て「小学校にプールがあって水泳の授業がある」シーンに驚くそうです。日本は海洋国家で水に接する機会が多いため、水難事故から身を守るための水泳訓練に力を注いでいます。1953年には8月14日が「国民皆泳の日」に制定されているほどで、ここまで徹底して水泳教育に打ち込む国は世界でも稀です。4泳法の結果を足し合わせると、自由形とバタフライでは苦戦したものの、日本代表スイマーたちの100M・スプリントの総合成績は世界で8位という結果になりました。

氷上での活躍のほどはいかがでしょうか。日本は地理的に縦に長い国なので、屋外で夏は水泳、冬はスケートに勤しむことができる数少ない国のひとつです。さすがに「国民皆スケート」とまではいきませんが、スピードスケート部門では、北陸や北海道出身の選手たちが世界に伍した大活躍を続けています。1980年代の黒岩彰が先鞭をつけ、2000年代の日本の顔・清水宏保に引き継がれ、2010年代には加藤条治選手が世界記録を出すなど、エースの系譜は脈々と続いています。氷上でスプリント選手権といえば500Mと1000M。ここでも水泳と同様に、1970年以降のすべての世界選手権とオリンピックにおけるメダル総数を国別に集計しました（図24）。

45年分のメダル総数カウント結果は、ロシア＋ソビエト、米国に次ぐ3位。同率3位のオランダや5位のカナダなど、大きな体躯を持つ北国の選手たちに交ざり、小兵ながら気を吐いて

図24

氷上男子
500M＋1000M結果

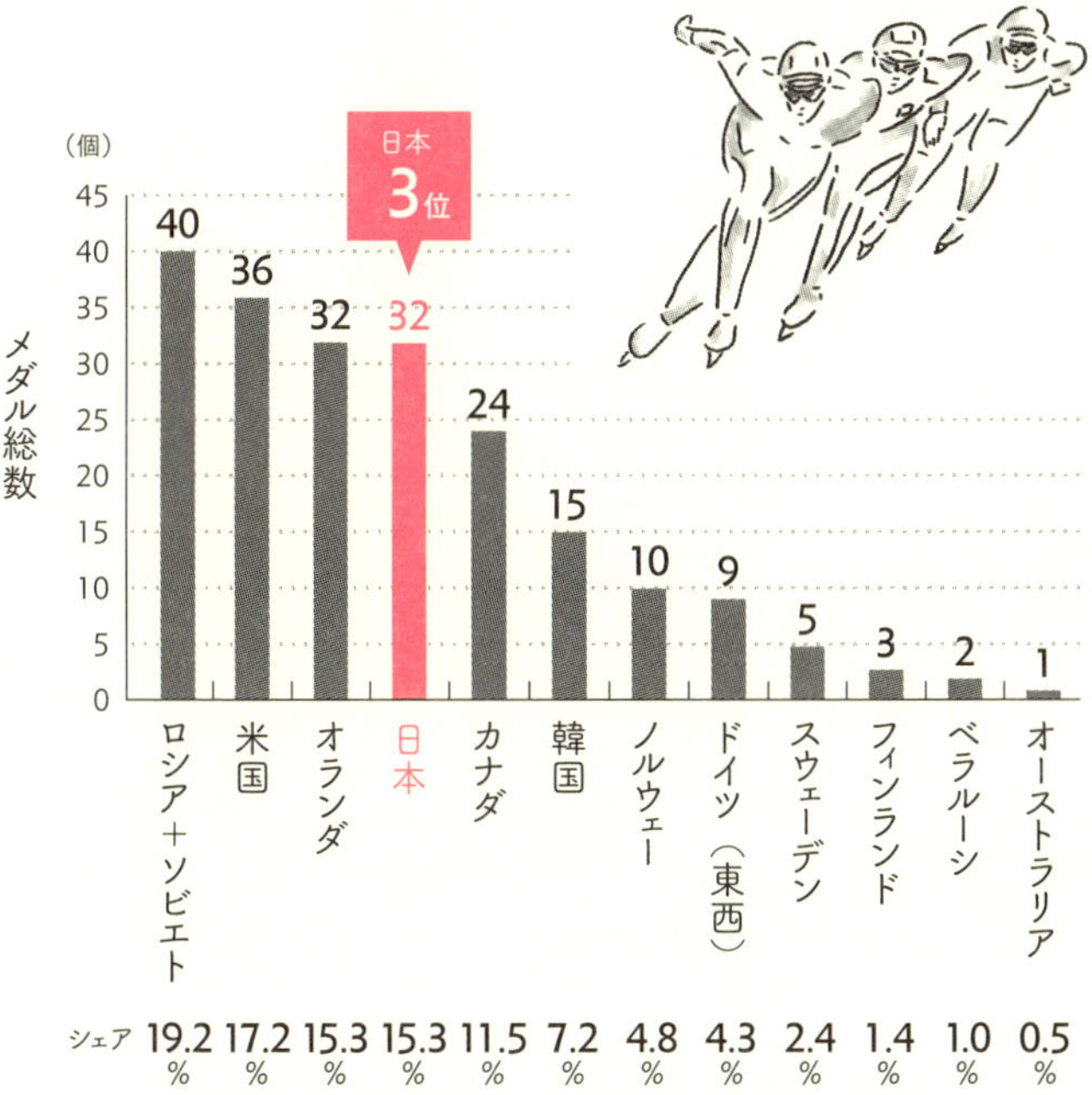

います。実は、同じスピードスケートの500Mでも、1周111・12Mのトラックで、体を大きく内傾させながら滑るショートトラックは小柄な選手が圧倒的に優位になる部門です。こちらは小柄なアジア勢が圧倒的に優位で、韓国と中国だけでオリンピックのメダルの半数近くを持って行ってしまいます。日本も弱いわけではないのですが、これまでのメダル数は総計3個に留まっています。あえて不利なロングトラックで勝負を挑む、このあたりにまた日本の勝負に対する美学が見えるように思います。

　陸上競技の世界選手権100M走と200M走についても同様の分析を行い、陸上、氷上、氷上と、3つのシーンにおける最短距離走の総獲得メダル（1970

24）データ出所：isu.org

図25

全スプリント総合成績

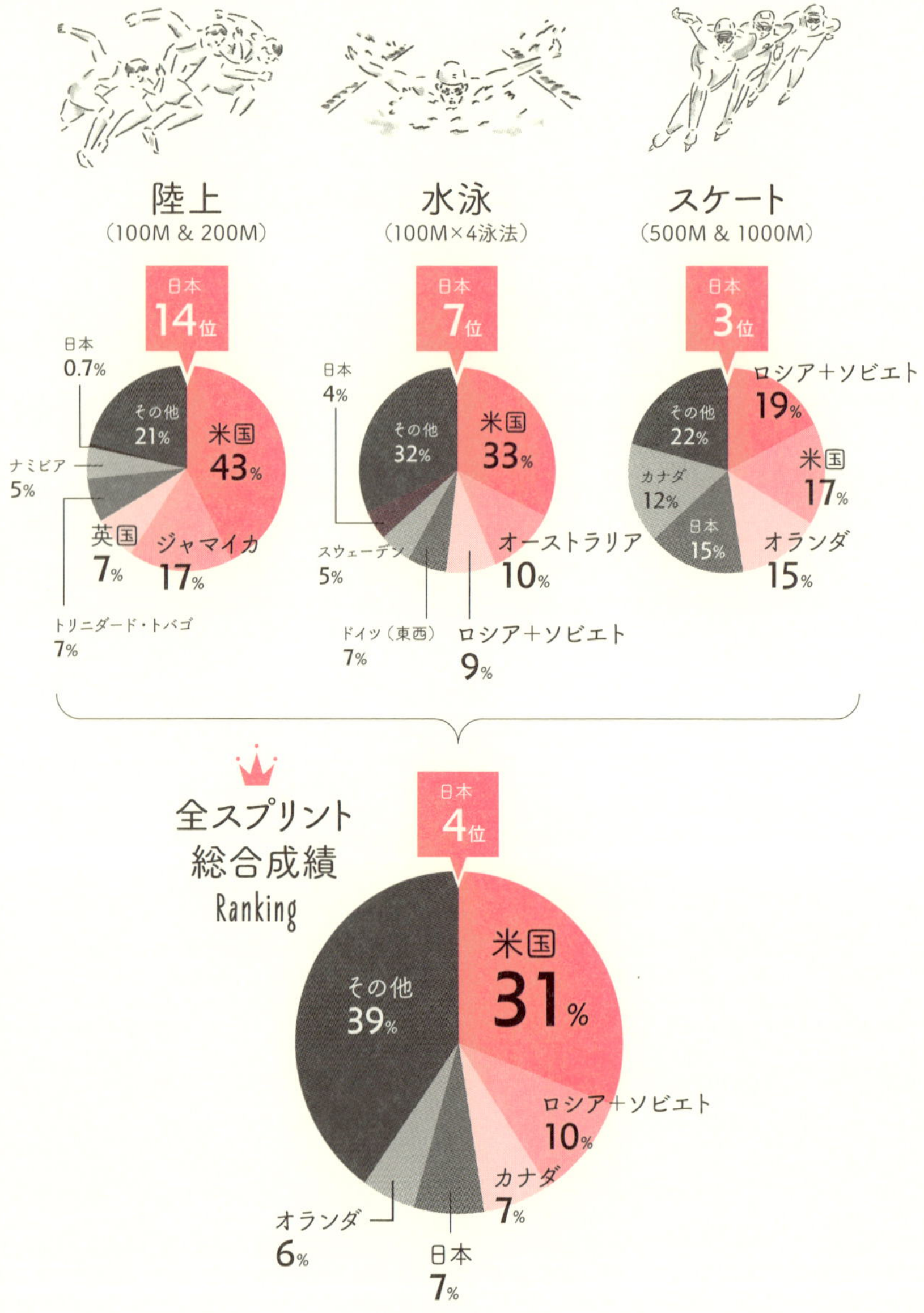

25）データ出所：著者作成

＊2-3 障害度に応じてT11〜T13と分けられる
＊2-4 同T32〜T38
＊2-5 同T42〜T46
＊2-6 同T51〜T54
＊2-7 同T42~T44

年以降）の結果をまとめると、図25のようになります。

3種総合だと、日本は多くの種目でバランス良く拾い集めて、なんと4位に浮上してきました。あらゆるスポーツの中でも最もシンプルな短距離レースですが、陸上、水上、氷上と、すべての場面に世界クラスの選手を出せる国は非常に限られており、日本はその稀な国のひとつなのです。日本はあまり目立ちこそしないものの、隠れた総合スプリント大国なのです。

マイノリティの戦い

ここまでオリンピックや世界選手権の話をしてきましたが、もうひとつ大事なものを忘れていました。障害者のスポーツ大会、パラリンピックです。オリンピックと比べ普段は目にする機会が少ないと思いますが、ここでは身体に障碍を持つ人たちの100M走の世界を覗いてみましょう。

パラリンピックの陸上競技・トラック種目は、大きく4つの部門に分かれます。視覚障害[3]の部門、脳原性麻痺系[4]、切断・機能障害[5]、や脳原性麻痺以外の車椅子使用者[6]の部門などが主な分類です。この中で車椅子と義足[7]部門の結果をまとめてみました（図26）。具体的にはIWAS（国際車椅子切断者競技連盟）の発表する世界ランキングにおいて、上位者に与えられるAまたはB級トップランクに選ばれた選手の数（2011年、2013年と2015年の3年分の延べ人数）をカウン

図26

100Mレース：車椅子と義足のトップアスリートの比率

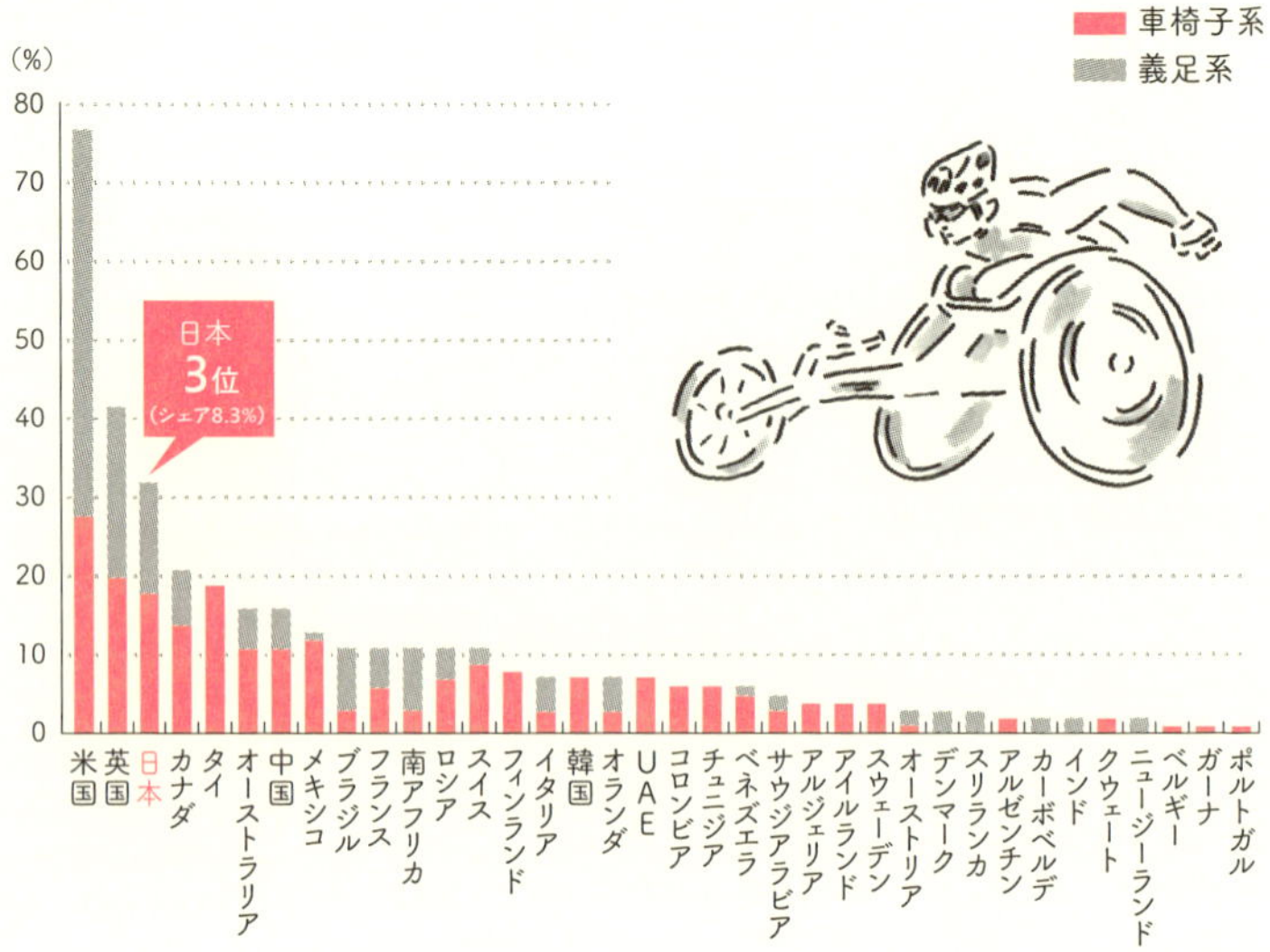

トしています。

結果は驚くべきことに世界の3位。義足系では米英に次ぐ3位で、車椅子系は米英の次がタイ、その次が日本で4位です。両方を合わせると、スプリント系のトップランカーの8・3%が日本人という結果です。未成年や高齢者に強いという流れもありましたが、ここでもメインストリームから離れたところで強さを発揮する日本の特徴が見て取れます。

砂上を走る高貴なスプリンター

マイノリティの後は、数ある種目の中でも「高貴」なスプリンター、人の命を救うために砂の上を走るライフセーバーの世界を見てみましょう。ライフセーバーは、海水浴場など水辺の事故防止活動を担う人たちで、認定

26）データ出所：wasf.com（International Wheelchair & Amputee Sports Federation）

する資格が存在します。人命救助法や応急措置、蘇生術、危機管理などの知識を持ち合わせたプロフェッショナルです。

ライフセービングがスポーツ競技になった歴史は古く、20世紀初頭にはオーストラリア各地のビーチで既に広く行われていたようで、発祥国オーストラリアの国技ともいわれます。最も権威ある国際大会ライフセービング世界選手権（Rescue）は、隔年開催されています。

競技種目はサーフボードを用いるオーシャン系や、砂浜を走るビーチ系に加えて、重いマネキン人形を引揚げるプール系などさまざまです。本節では陸上競技の100M走から話を始めましたので、ここでは、ビーチでの短距離ダッシュ系2種目を取り上げます。ひとつはビーチスプリントで、これは90Mの砂浜ダッシュです。もうひとつはビーチフラッグスで、こちらは20M先のフラッグめがけダッシュし、先に飛び込んで手にした者が勝つ「旗取り競走」です。直近12回分の世界選手権（1992〜2014年）で8位内に入賞した選手を国籍別に集計した結果を見てみましょう（図27）。

結果は、驚くほどの日本選手陣の活躍ぶりでした。スプリント系の成績をまとめると、男子が世界7位で、女子はなんと世界の第2位です。国技ともいわれ、テレビ放映までされるほど人気の高いオーストラリアに迫る勢いのやまとなでしこたちです。

サッカーやF1レースのように優勝することで大金が手に入るわけではありません。ただ、人の命を守るという使命のために砂浜を駆ける訓練を積んだヒーローたち。志で走るこのライ

図27

ライフセービング・ビーチフラッグス結果

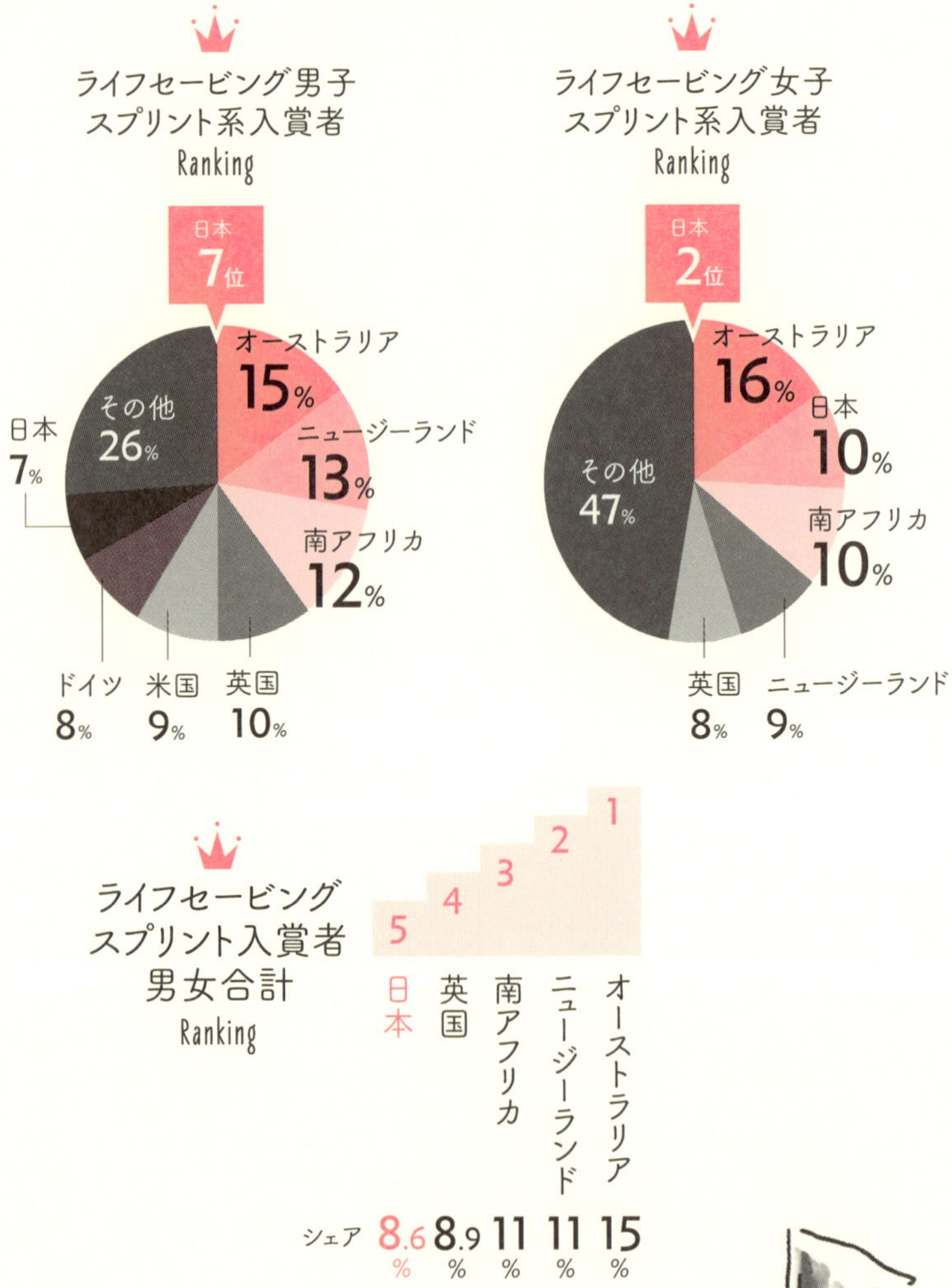

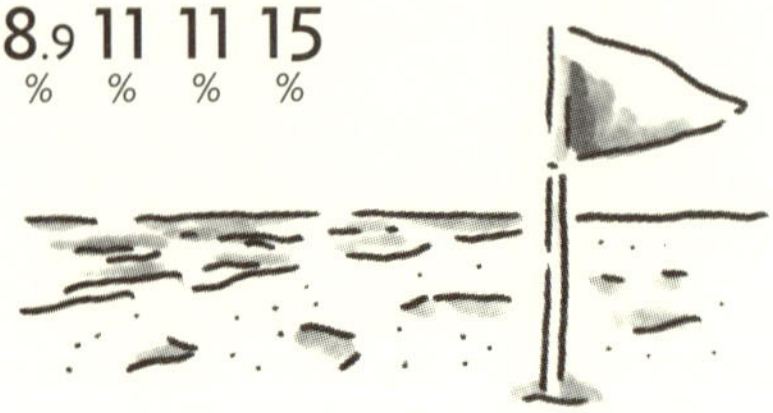

27）データ出所：ilsf.org（International Life Saving Federation）

フセービングの分野でも、いつの間にか頑張っていた日本の若者たちがいたことを知り、清々しい気持ちになりました。

走破力まとめ

さまざまな視点からここまで日本人ランナーたちの活躍ぶりを見てきました。ここで全員、**図28**にまとめてレビューしてみましょう。図の中心部はオリンピックの華100M競走です。最大の激戦区であり、北米やカリブ系の黒人選手たちが圧倒する世界でした。絶対的なパワーとスピードに劣る日本選手にとって正面突破は難しい。そこで、日本人はまず年齢軸をずらしました。ジュニア16歳と最高齢105歳の部であれば世界記録も持っています。距離を伸ばした低速レースで戦うという戦法も有効です。女子ならまだマラソンでもなんとか戦えますが、男子はアフリカ勢によるスピード化の進展が著しく生存が厳しい。

押し出されたかっこうで、100㎞ウルトラマラソンや競歩の世界で世界記録を保有しています。その歩行競技も、オフロードに出て縦方向に攻める登山となると、意外にも世界一級の冒険野郎ぶりを発揮していました。各大陸最高峰登頂者の数では世界第4位です。さらには、直角な崖をよじ登る新分野スポーツクライミングの世界においても、創成期から世界をリード

図28

走破力まとめ

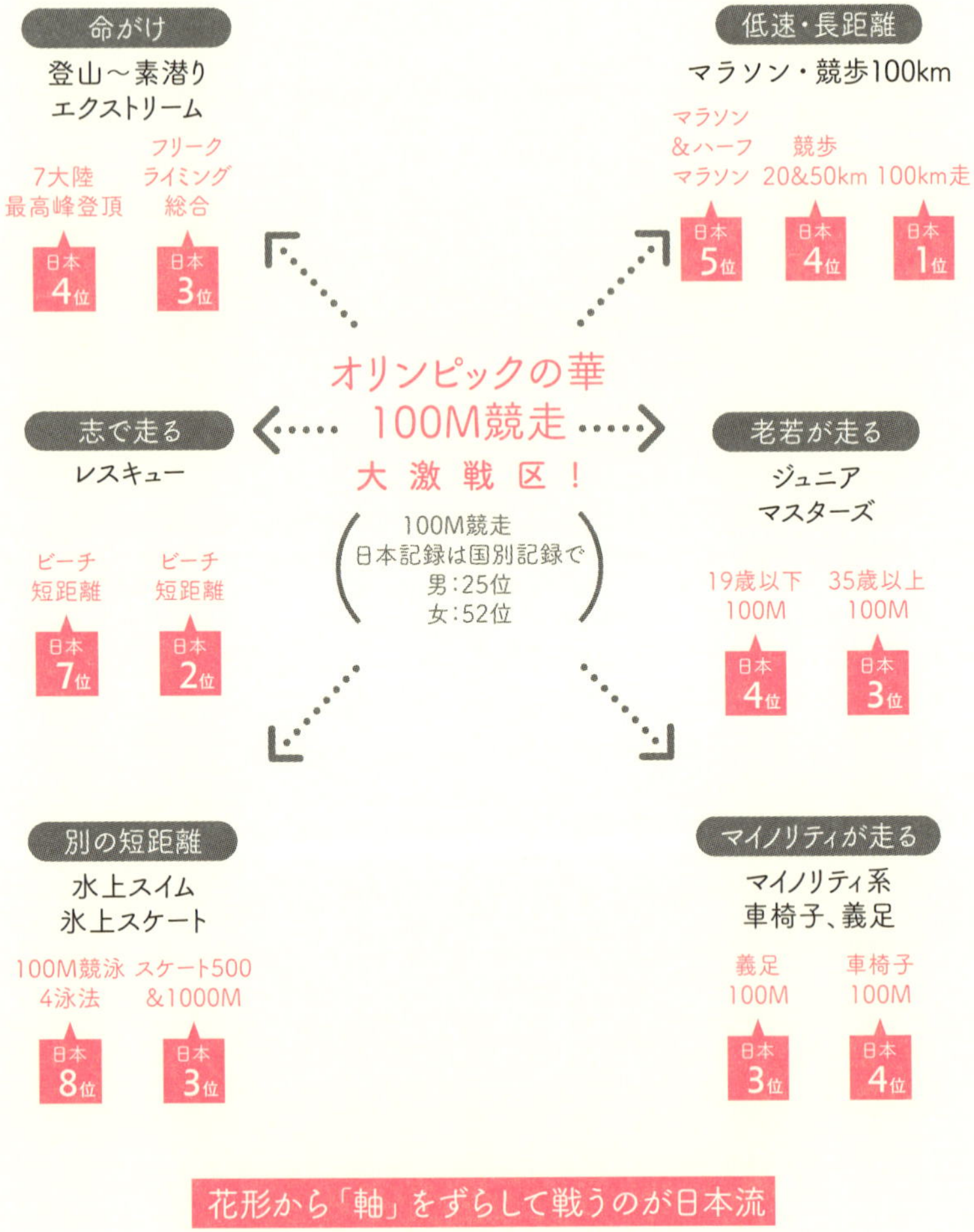

28）データ出所：著者作成

する日本人選手たちが、世界3強の一角を占めています。分の悪い陸上から場面を変え、水上や氷上となればガチンコ勝負でも世界の巨人たちを相手に互角に渡り合っています。

パラリンピックの身体障害者たちも車椅子や義足を使いこなし、世界3位の戦いぶりを見せていました。そして砂上を駆けるのは高貴なライフセーバーたち。目的が賞金や高収入ではない彼らの活躍ぶりには志という別の価値が込められています。

こうして一連の走破能力の世界をまとめてみると、「柔能く剛を制す」というのが日本式のようです。非力な分野を徹底的に迂回し、勝てる活路を見つけ出しています。ひ弱かというとそうでもなく、命がけの登山にチャレンジしたり、不利なロングトラックで勝負を挑んだりと男気も忘れません。また志で走るレスキューには美しさを求める心意気も感じられます。すべての運動競技の基本となる歩行・走行のパフォーマンスを見るだけでも、細部に宿る日本風のあり方が見えてくるのではないでしょうか。

3 操縦系競技

Auto Racing Operation

モータースポーツの最高峰「F1世界選手権」

前節はレース系スポーツの話題でした。滑る、走る、泳ぐというような基本的な身体動作において その速さを比べる競技です。タイムを競うスポーツはボブスレー、ヨット、ボート、自転車、乗馬など、他にもまだまだあります。しかしこれらは、走る動作の延長というよりは、パイロットとして乗り物を操縦する競技です。トップレベルで乗りこなすためには、瞬発力や持久力などの体力もさることながら、動体視力や反射神経など感覚能力がより重要になってきます。また、本人の能力だけでなく車体の性能も結果に大きな影響を及ぼす点が、単純な競走種目とは大きく異なります。

Photo/Getty Images

この方向を突き詰めていくとたどり着くのがモータースポーツの世界です。船や飛行機もありますが、何といっても主役は自動車レース。世の中には実にさまざまな自動車スポーツのイベントがあります。数万馬力のジェットエンジンを搭載したモンスターマシンも登場する直線勝負の「ドラッグレース」や、相手が動けなくなるまでぶつけ合う車の格闘技「デモリッシュ・ダービー」など、気になるサブカテゴリーも数多ありますが、ここでは誰でも聞いたことのある正統的な自動車レース7種目を取り上げて国別対抗戦をしてみたいと思います。

自動車レース界の最高峰といえば文句なしにフォーミュラ1（F1）でしょう。フォーミュラカーとは、オープンコックピットでオープンホイール構造であることを特徴とします。要はドライバーもタイヤもむき出しの露出型です。閉鎖型にした方が安全性や空力特性では有利なのですが、この様式こそがF1の伝統的なルール、というかフォーミュラーカーの定義そのものなのです。

65年もの歴史を持つF1の世界は、英国とイタリアの両国が牽引しブランド価値を維持し続けてきました。F1の世界選手権は、欧州を中心に年間約20戦が行われ、各レースの成績ごとに与えられるポイントを集計して、その年のドライバーズ・ワールド・チャンピオンが選ばれます。ドライバーだけでなく、シャーシ（車体）をまとめ上げてチーム運営をこなすコンストラクターにも同じくらいの栄誉、コンストラクターズ・ワールド・チャンピオンが与えられます。ここでは、1950年発足以来のすべての年間総合優勝者を国籍別にまとめてみました（図29）。

図29

F1世界選手権結果

ドライバー Ranking

順位	ドライバー	通算
1	ミハエル・シューマッハ	91勝
2	アラン・プロスト	51勝
3	ルイス・ハミルトン	43勝
4	セバスチャン・ベッテル	42勝
5	アイルトン・セナ	41勝
6	フェルナンド・アロンソ	32勝

ドライバー

年間総合優勝　全レース通算成績

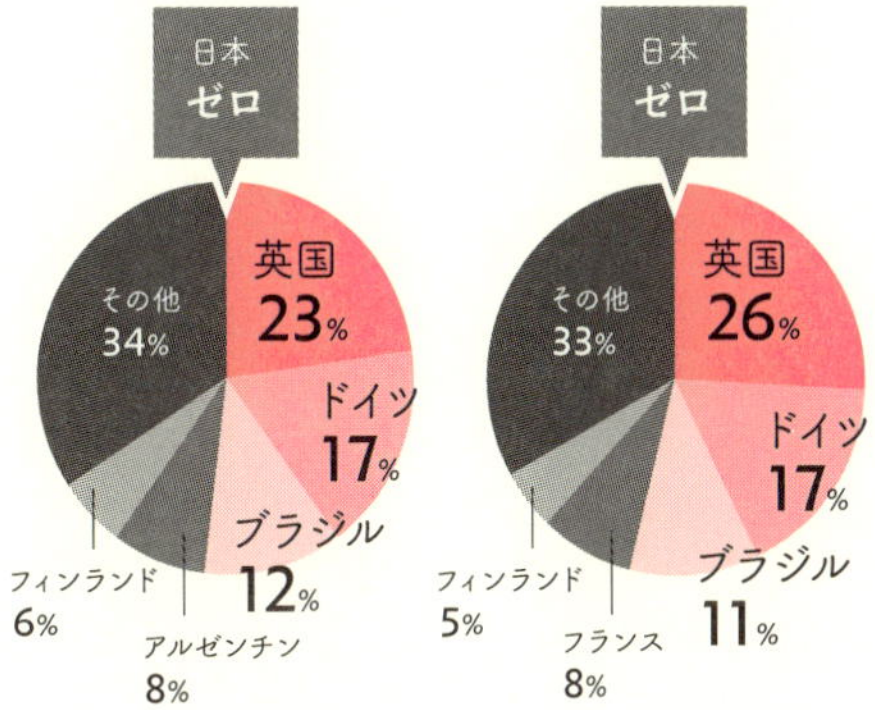

コンストラクター Ranking

順位	コンストラクター	通算
1	フェラーリ	223勝
2	マクラーレン	182勝
3	ウィリアムズ	114勝
4	チーム・ロータス	79勝
5	レッドブル	41勝
6	メルセデス	32勝

コンストラクター

年間総合優勝　全レース通算成績

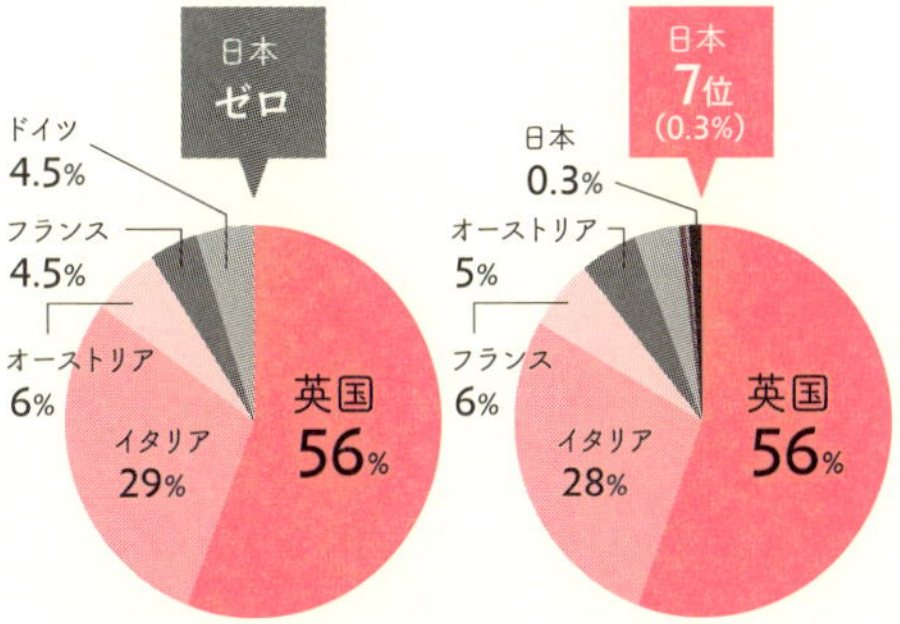

（1950年～2015年の記録集計）

29）データ出所：4mula1.ro

結果はご覧の通りで、年間総合優勝者を対象として探すと、ドライバーでもコンストラクター部門でも日本人はまったく登場しません。敷居を少し下げて、年に20回程度行われる全レースを対象にした通算成績を調べてみました。それでも相変わらずドライバーに日本人は出てきません。延べ900回を超えるグランプリレースで、日本人ドライバーはまだ一度も勝てていないのです。ただコンストラクターの方は通算成績にするとほんの少しだけ出てきます。唯一、ホンダチームがこれまで3勝を挙げています。命がけの運転手よりは裏方の車体づくりの方が性に合っているのでしょうか。ということで、部品供給者の歴史も洗ってみました。図30はこれまですべての年間総合優勝車両に搭載されていたエンジンと、履いていたタイヤメーカーの履歴です。

その結果は、勝った車の7・6%に日本製（ホンダ製）エンジンが搭載され、16%が日本製（ブリヂストン製）のタイヤを履いていました。このあたりが、日本らしさかもしれません。F1で名を成したドライバーとは、すべてのスポーツのトップアスリートの中でもずば抜けて高額な報酬を得る特別なエリートです。一方、日本人はドライバーのようにレースクイーンに囲まれた表彰台で、ど派手にシャンパンファイトするのではなく、裏方の大道具さんとしてチームの勝利を演出するエンジニアの方が性に合っているようです。

図30

Formula 1

優勝チームが使用した部品の生産国

大道具

コンストラクター Ranking

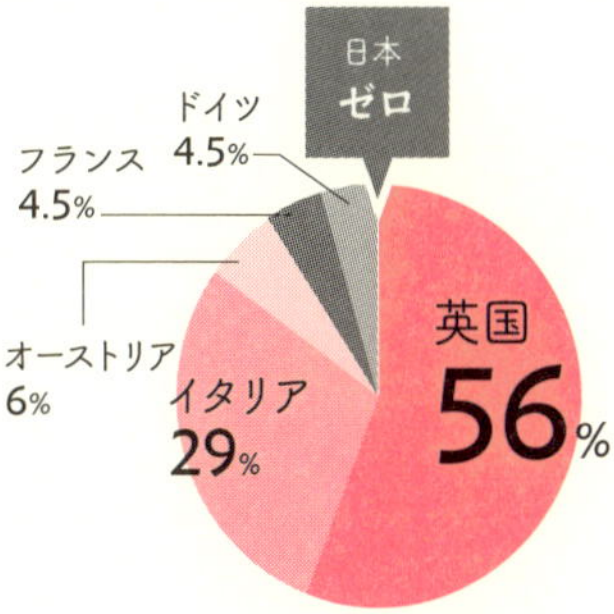

エンジン Ranking

順位	メーカー	受賞数
1	フェラーリ	15回
2	フォード	13回
3	ルノー	11回
4	メルセデス	7回
5	ホンダ	5回

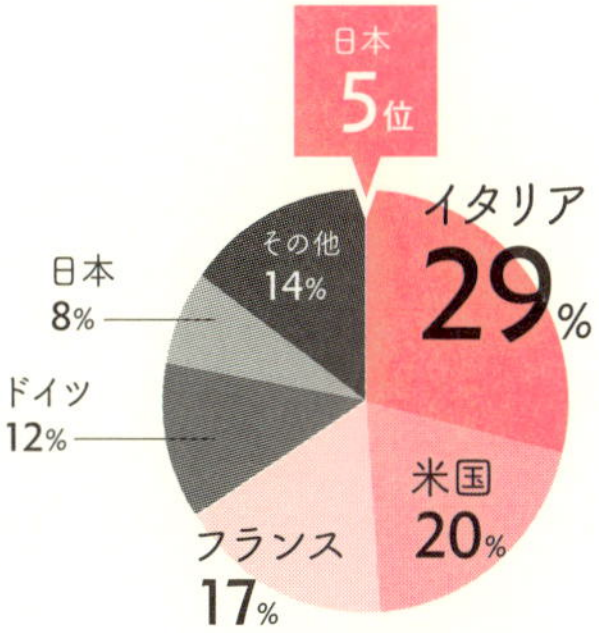

小道具

タイヤ Ranking

順位	メーカー	受賞数
1	グッドイヤー	24回
2	ブリヂストン	11回
3	ピレリ	10回
4	ダンロップ	8回
5	ミシュラン	6回

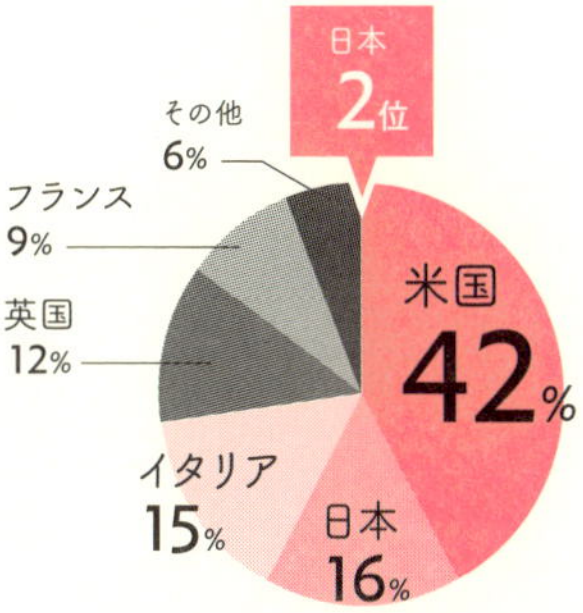

30）データ出所：Wikipedia List of Formula One World Drivers' Champions

★3-1　1911年から毎年インディアナポリス・モーター・スピードウェイで開催されている

新大陸のＦ１「インディ５００」

実は、Ｆ１シーンには自動車大国・米国勢の名前がほとんど出てきません。自分たちの方が最初に自動車社会を実現したのだという自負のあるアメリカ人は、欧州人に仕切られるのが気に入らないのか、独自規格の競技会を開いています。それが、欧州のＦ１に相当するレース「インディ５００」[1]です。マシンの規格としてはＦ１に近いのですが、こちらはオーバルコースと呼ばれる楕円形の周回コースをぐるぐる回る様式です。Ｆ１のようにコーナリング技術を競うというよりは、加減速なく高速を維持したままでの勝負です。速度ではＦ１を上回っており、最高速は時速３５０㎞にも及びます。いかにも大味でアメリカらしい、このインディ５００の全結果をまとめてみました（図31）。

結果を一言でまとめると、ドライバーもコンストラクターもエンジンも、まず米国勢が７割持って行き、残りをＦ１メンバーが分かち合う、といった感じになっています。ドライバーの国籍を見ると、米国以外には旧英連邦系諸国と中南米が並びます。Ｆ１系グループとインディ系グループはお互いにプライドが高く、まるで別の生態系の住民のようです。日本の立ち位置はＦ１の時と相似形で、地道にエンジン供給役として活躍しています（ホンダ11回、トヨタ1回）。欧州系と米州系の意地の張り合い構造の中で、無派閥の日本が粛々と双方にエンジンを提供するという構造が見えてきます。

図31

インディ500結果

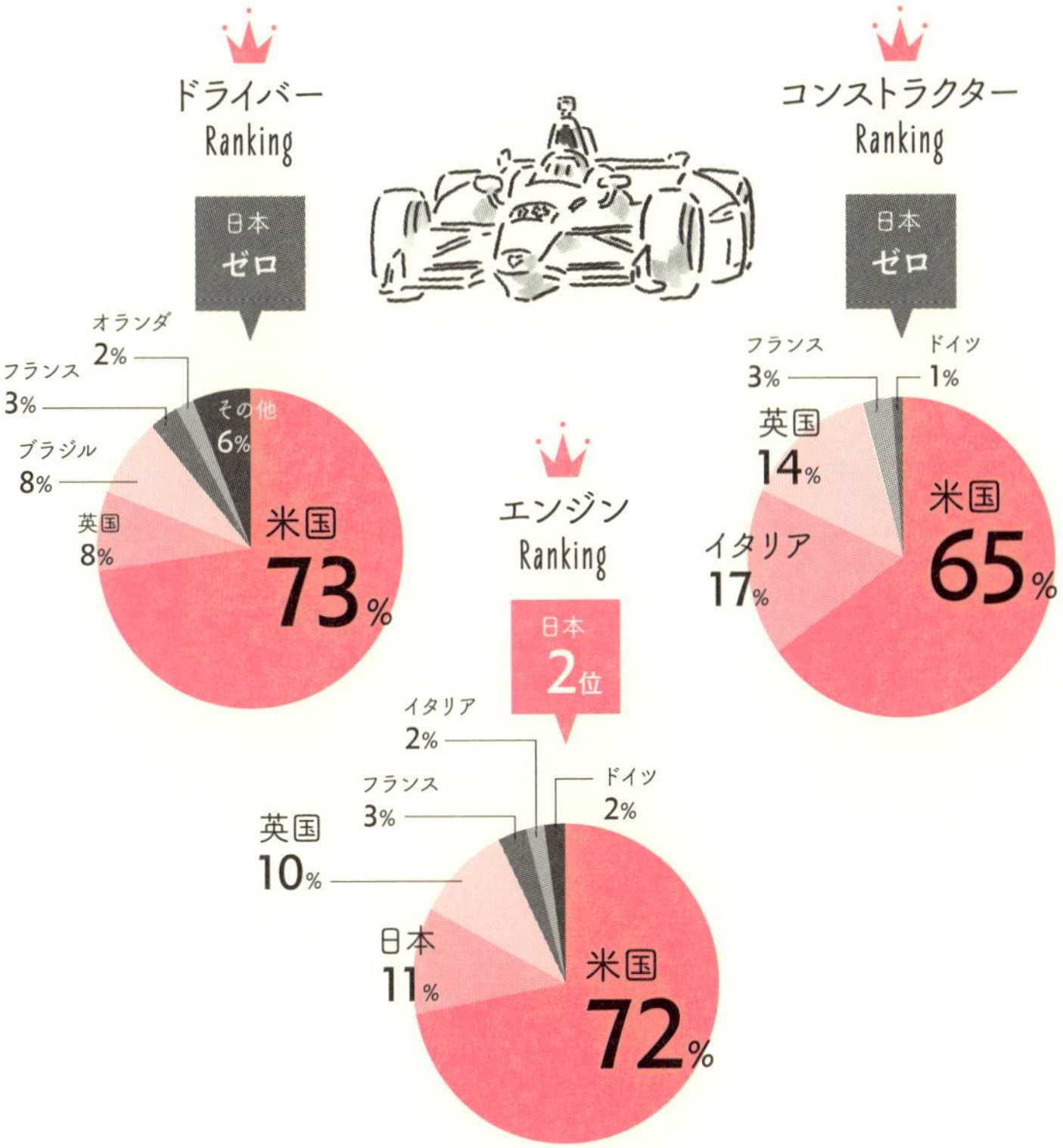

（1911年～2015年記録集計）

31）データ出所：Wikipedia List of Indianapolis 500 winners

長距離の殿堂「ル・マン24時間耐久レース」

同じ周回型レースでも、「耐久」と呼ばれる長距離カテゴリーがあります。中でも最も歴史ある最高峰の耐久イベントがル・マン24です。F1の決勝レースが、2時間ほどかけて約300kmを走行し、インディ500が3時間程度で500マイル（805km）走るのに対して、ル・マン24は24時間ぶっ通しで走り続け、その総距離は5000kmにも達します。丸一日で東京からバンコクあたりまで走破する勘定となる、壮絶な勝負です。3人のドライバーが交代で運転し、その間タイヤは12回ほど交換して、ガソリンを2トン近く消費します。1923年から通算で83回、毎年フランス、ル・マン市のサルト・サーキット（1周が13・6kmで大半は一般公道）で開催されてきたこのレースの全結果をまとめてみました（図32）。

ここでようやく、待望の日本人の優勝ドライバー（関谷正徳：1995年、荒聖治：2004年）が登場します。また、コンストラクターとしては、マツダスピード（1991年）とチーム郷（アウディスポーツジャパン2004年）が日本チームとしてこれまで2回優勝を遂げています。優勝こそ逃しているものの、トヨタや日産も何度か上位に入賞しています。陸上競技と同じで、耐久性や信頼性、持久力の求められる種目の方が日本には合っているようです。

図32

ル・マン24結果

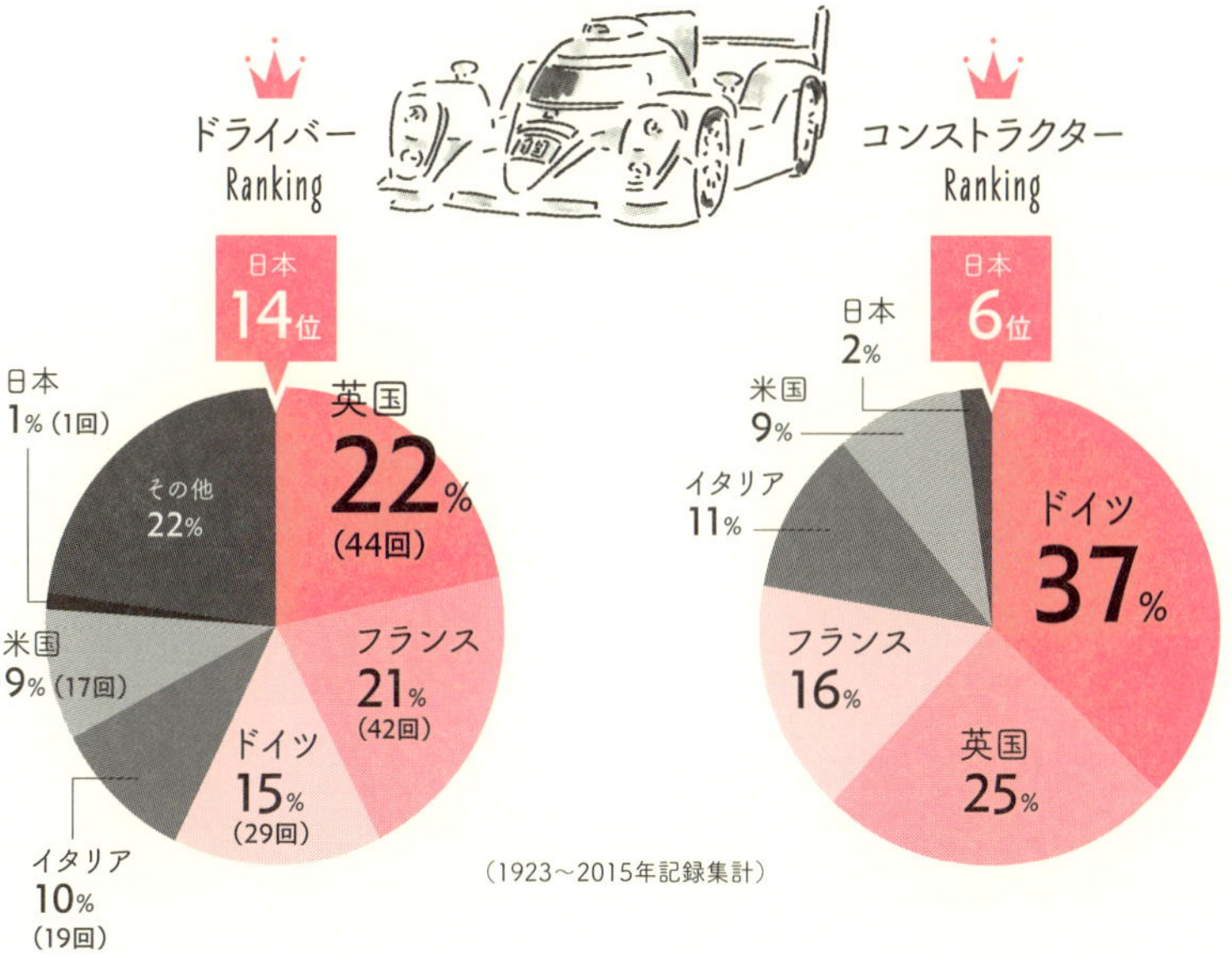

新大陸独自規格「デイトナ24時間耐久」

耐久レースの世界でも、Ｆ１の時と同様に米国は独自規格の「デイトナ24」を立ち上げています。フロリダ州のデイトナビーチで開催されるこのレースは、ル・マンと違って公道は使わず、１周４㎞の専用サーキットを４名のドライバーが交代で走り続け、走行距離は４０００㎞程度になります。元々は１０００㎞走として始まったこのレースですが、24時間耐久レース規格になった１９６４年以降の全成績をまとめました（図33）。

結果はインディ５００と同様に、まず半分くらいはホームの米国勢がごっそり持って行き、残りをル・マンのメンバーが取り合うという構造です。これまで累計で１６４名の優

32）データ出所：Wikipedia List of 24 Hours of Le Mans winners

図33

デイトナ24結果

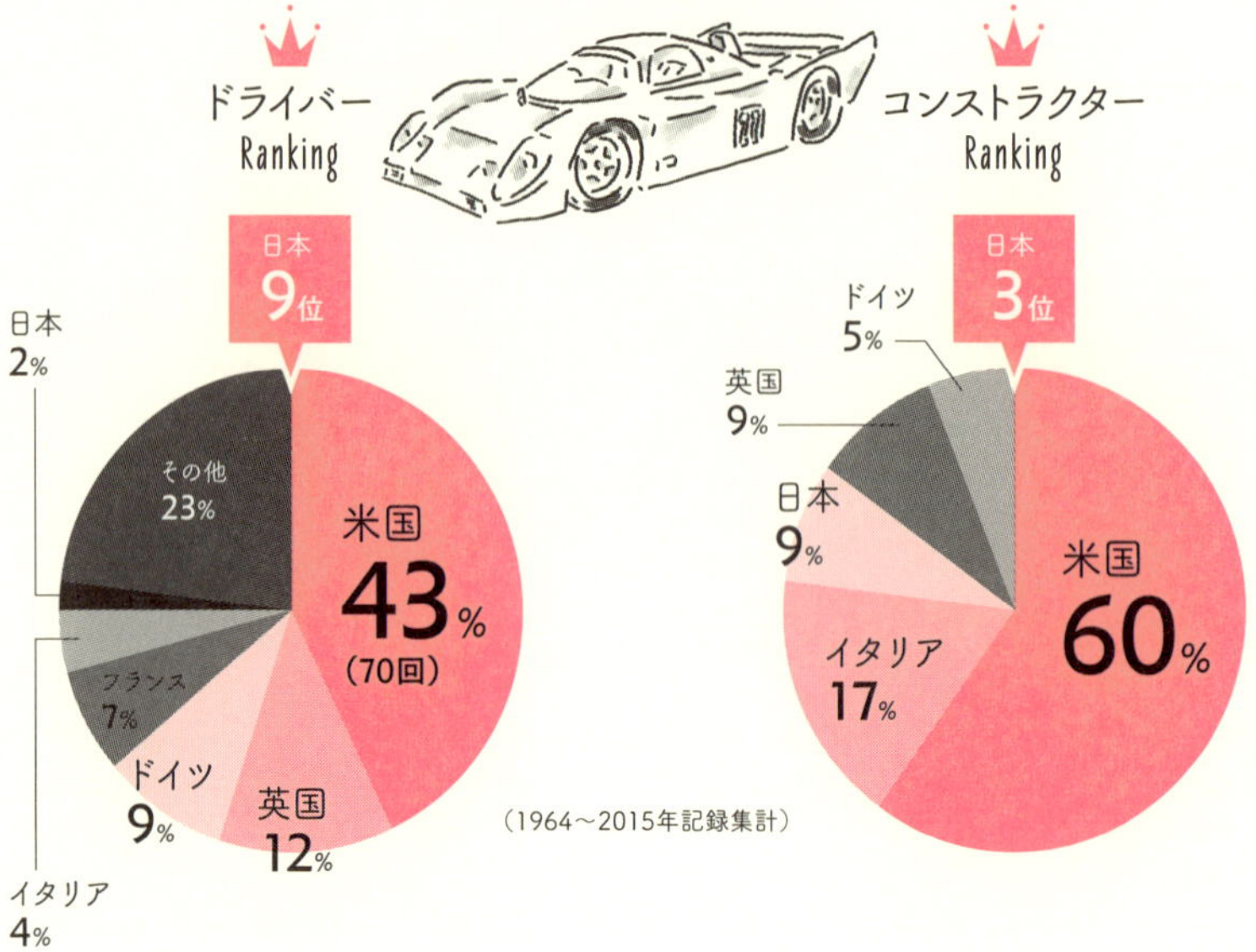

勝ドライバーがいますが、そのうちの3名が日本人でした。国別対抗でみると、日本も9位にまで上がってきます。またコンストラクターとしても日本は3度の優勝を果たしており、国別では3位にランクされました。ル・マンでも3位入賞を果たした「日本一速い男」こと星野一義を擁する日産チームが、1992年に2位を9周も引き離す快走で本邦初の優勝を果たしています。日産が2回（1992年と1994年）とトヨタが1回（1993年）優勝を果たすなど、90年代前半に日本のコンストラクターは大いに活躍をしました。その後2006年ころからはレクサスが優勝車にエンジンを供給しています。欧州規格と米国規格が反目しあう中で、黙々とル・マンとデイトナ双方の耐久レースに取り組み、腕を磨き続けている日本の様子が見て

33）データ出所：Wikipedia　24 Hours of Daytona

図34

世界ラリー選手権結果

（年間優勝回数）

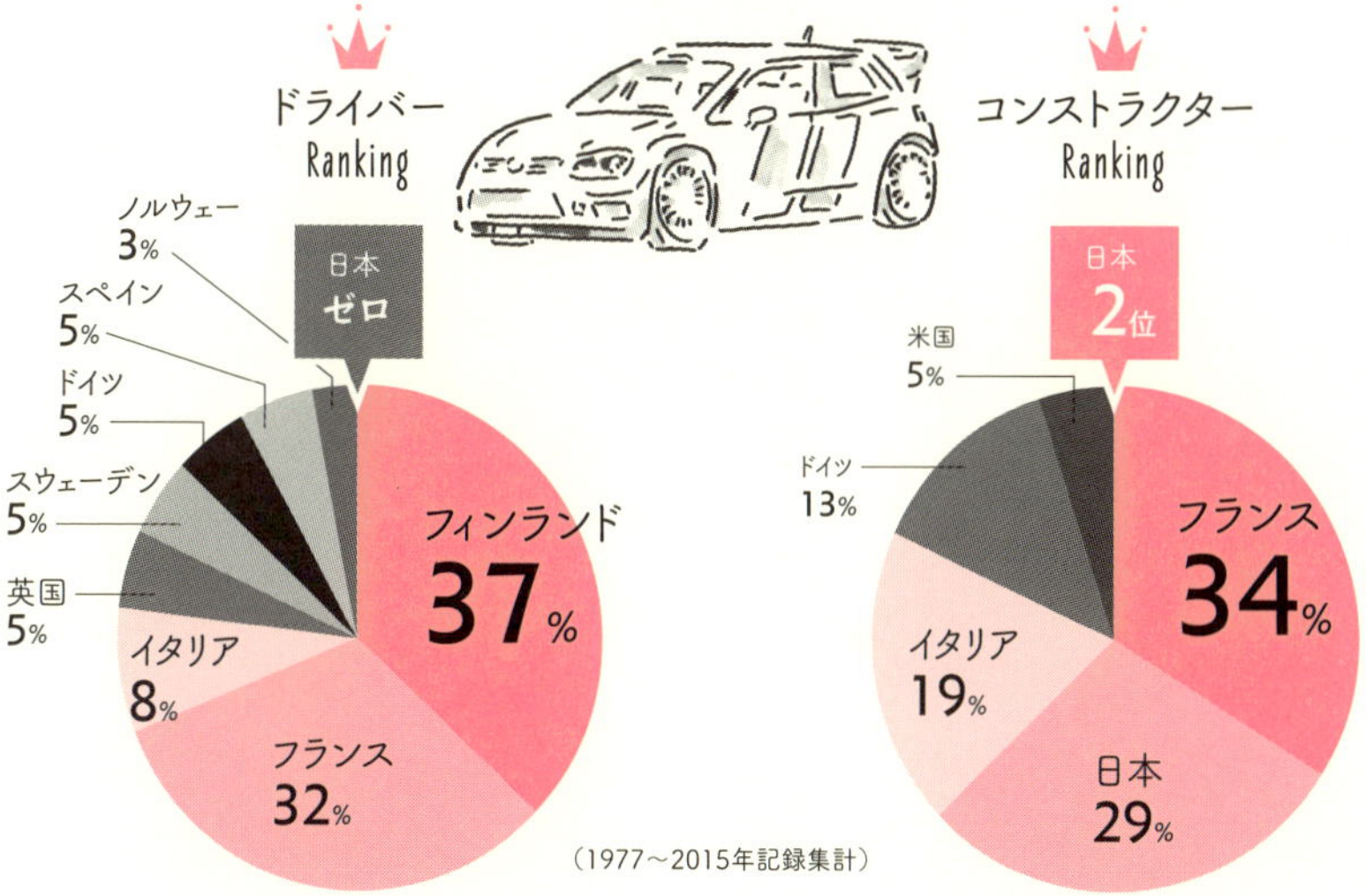

（1977〜2015年記録集計）

とれます。

一般公道部門「世界ラリー選手権」

フォーミュラカーや耐久レースとはまた一味異なる、もうひとつの大事なカテゴリーが「ラリー」の世界です。以前は世界各地でバラバラに行われていたのですが、FIA（国際自動車連盟）が1973年に一本化したイベントがWRC（世界ラリー選手権）[2]です。ドライバーとコ・ドライバーの二人組が乗車し、一般公道上に指定されたチェックポイントに沿って3〜4日かけて総行程1500km程度を走ります。1977年以降の全レースの結果[3]をまとめてみました（図34）。

年間総合優勝ドライバー部門は、フィンラ

34）データ出所：Wikipedia List of World Rally Championship Drivers' champions

ンドとフランスの2強が他を圧倒し、とくに2004年以降はフランスのセバスチャン・ローブとセバスチャン・オジェの二人が優勝し続けています。

日本人による優勝ドライバーはまだ出ていませんが、コンストラクター部門では累計で11回もの優勝を遂げています（トヨタ4回、三菱自動車4回、スバル3回）。フランスに次ぐ世界2位という大健闘です。WRCのカテゴリーの中には、プロダクションカー世界ラリー選手権（PWRC）という量産車限定の大会もあるのですが、そこではこれまで2名の優勝ドライバーを出しています。こちらは優勝車両の78%が日本車（主に三菱・ランサーエボリューションとスバル・インプレッサ）という無敵の強さを誇っています。F1や耐久レースに比べて、ラリーでは日本車の割合が大きく増えました。悪路になるほど存在感を増しています。このあたりにも、陸上競技より登山に強い日本人らしさが垣間見えます。

★3-2 WRCは年に16回、世界各地で開催される

★3-3 エンジン形式や排気量などにより6つのクラスに分かれるが、ここでは最上位に位置づけられるWRCクラスについてまとめた

オフロード系最高峰「ダカールラリー」

日本ではラリーというと砂漠などのオフロードを駆けまわるイメージが強いのですが、実はこれはラリーレイド（クロスカントリーラリー）と呼ばれるラリー競技の一部門にすぎません。そのラリーレイドの中で最も有名なイベントが、1979年に創設され「世界一過酷なモータースポーツ」とも言われるダカールラリーです。かつてはその出発とゴールの地名からパリ・ダ

カールと呼ばれましたが、2008年にテロ攻撃で中止になって以来、コースはアフリカ大陸を離れて南米で行われるようになりました。今日ではアルゼンチン・チリ・ペルー・ボリビアなどをまたぐ国際コースで行われ、2週間かけて1万km近い悪路を走破します（2015年大会の優勝記録は9000kmを実走40時間32分でした）。使用される車両は、モト（オートバイ）、オート（自動車）とカミオン（トラック）の3つに分類されます。1979年の第1回から36大会分の3車種の結果を国別に集計しました（図35）。

大会の中核をなす4輪車（オート）部門において、日本からは通算で3名の優勝者（1997年の篠塚建次郎、2002〜2003年の増岡浩）と12回の優勝車両（すべて三菱・パジェロ）を出しており、優勝者数では5位（4・1%）、優勝車両数では第1位（33%）という好成績を残しています。三菱・パジェロは、歴史的にみても、世界で最も成功した最強のチームといえるでしょう。トヨタも本格参戦した2011年以降、優勝こそまだですが、2位が2回、3位が1回と実績を積んでいて、優勝獲得まで秒読みの状況です。この世界で最もタフなオフロードレースの祭典において、もはや日本車は、なくてはイベント自体が成立しないほどの存在感をみせています。

図35

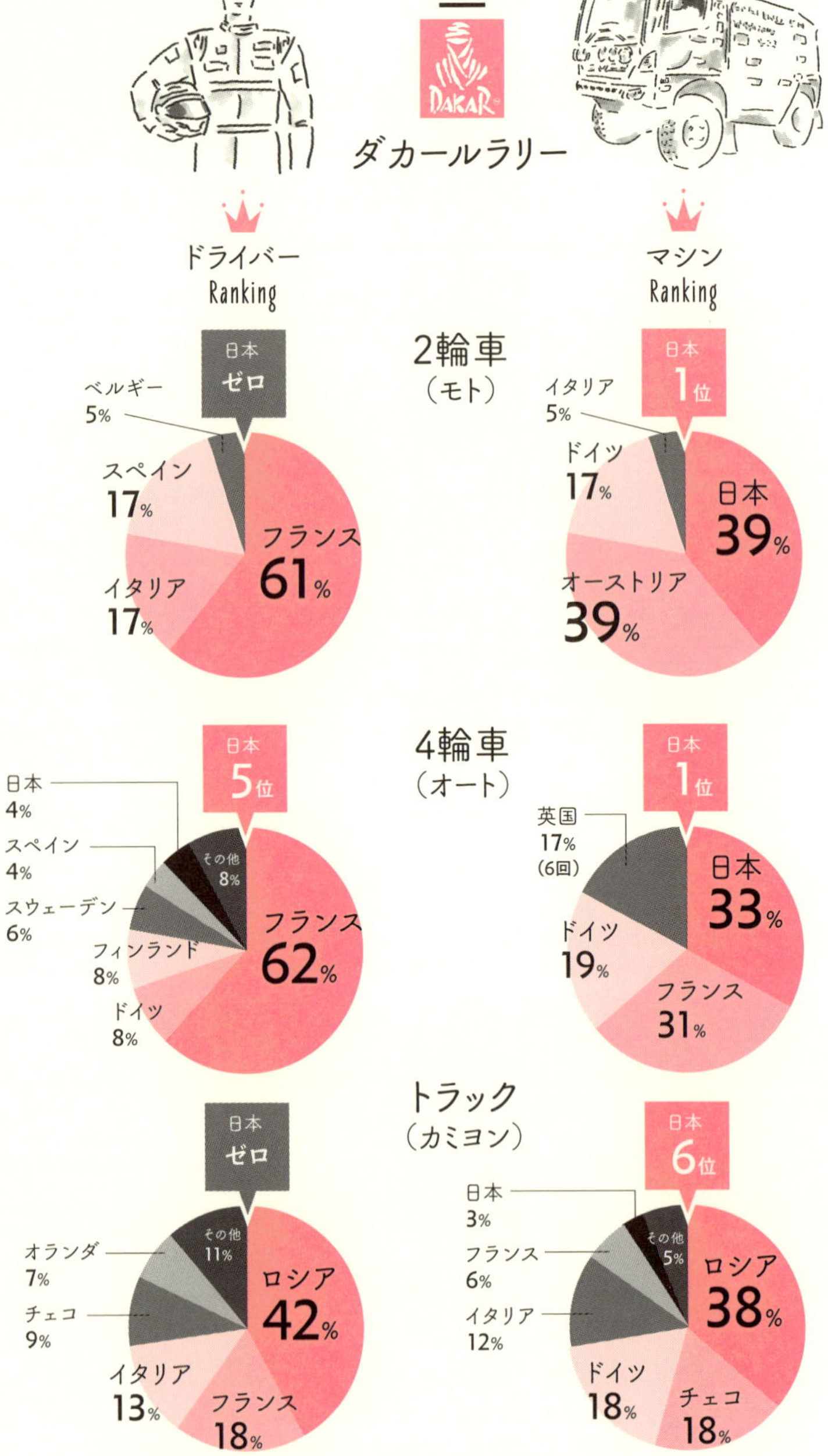

（1979〜2014年記録集計）

35）データ出所：Wikipedia Dakar Rally

＊3-4 1949年に国際モーターサイクリズム連盟(FIM)が世界のレギュレーションを統一し始まった、二輪レースの最高峰カテゴリー。決勝レースの走行距離は120kmで、約40分で決着する。世界各地で年間17戦を行い、実績ポイントから年間優勝ライダーが決まる

二輪の最高峰「ロードレース世界選手権」

モータースポーツの最後はオートバイです。商業的には日本の4社（ホンダ、ヤマハ、カワサキ、スズキ）が世界の販売シェアの4割近くを握るという強力な産業競争力を誇る分野ですが、スポーツ・パフォーマンスの方はどうでしょうか。

オートバイのF1レースに相当するのがロードレース世界選手権（モトGP）[4]です。排気量別にモトGP／500cc、GP250cc、GP125ccの3クラスで競います。最大排気量のモトGPクラスでは時速330kmを超える高速レースになり、非常に高い運転技量が求められます。

モトGPの結果をまとめると、日本人の年間優勝ライダーは累計7名で世界の7位（3・5%）になっています（図36）。一方、マニュファクチャラーを見ると、優勝者の乗る車体の過半数の102台、実に52%が日本製です。このシェアは、最上級のモトGPクラスに限ってみると63%とさらに高まります。市販車マーケットでの存在感以上に、二輪パフォーマンスの最先端シーンでは日本車が王国を作り上げています。

図36

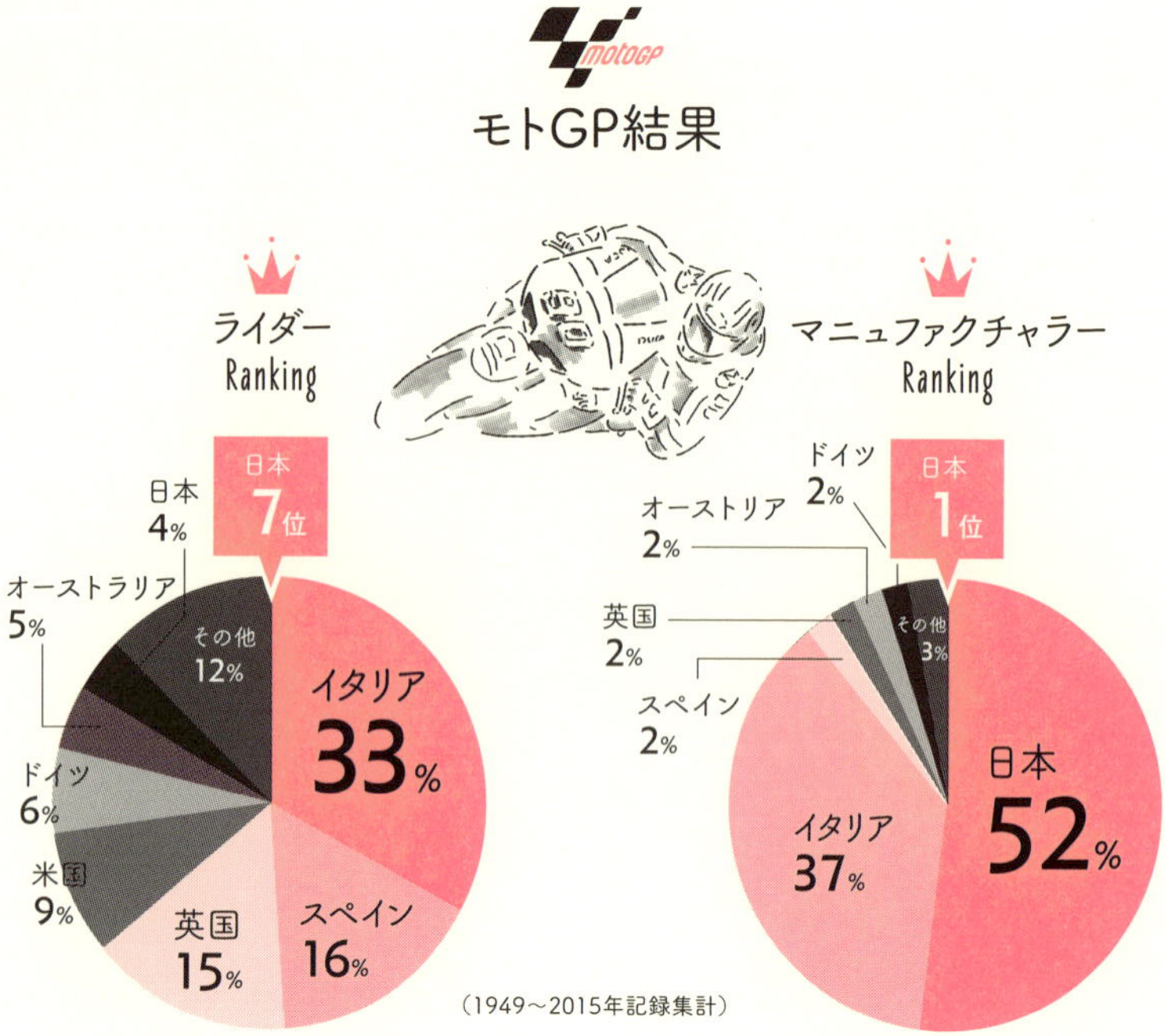

モータースポーツ総合成績

ここまでF1から耐久、ラリー、二輪系と、各分野における最高峰イベントの結果を眺めてきました。これらを全部まとめて、自動車競走の全カテゴリー平均値をはじき出してみました。ドライバー系とコンストラクター系に分けて各国のプレゼンスを比較してみましょう（図37）。

図では縦横軸に優勝ドライバーとコンストラクターのシェアをとってあり、各国がどちら側を得意としているのかを見ることができます。乗る人系と作る人系、両方の視点でトップは米国です。そしてこれに続く上位国の顔ぶれもほとんど相似形で、フランス、英国、ドイツ、イタリアなどが世界のオートスポー

36）データ出所：Wikipedia List of Grand Prix motorcycle racing World champions

図37

ドライバー系とコンストラクター系 比較

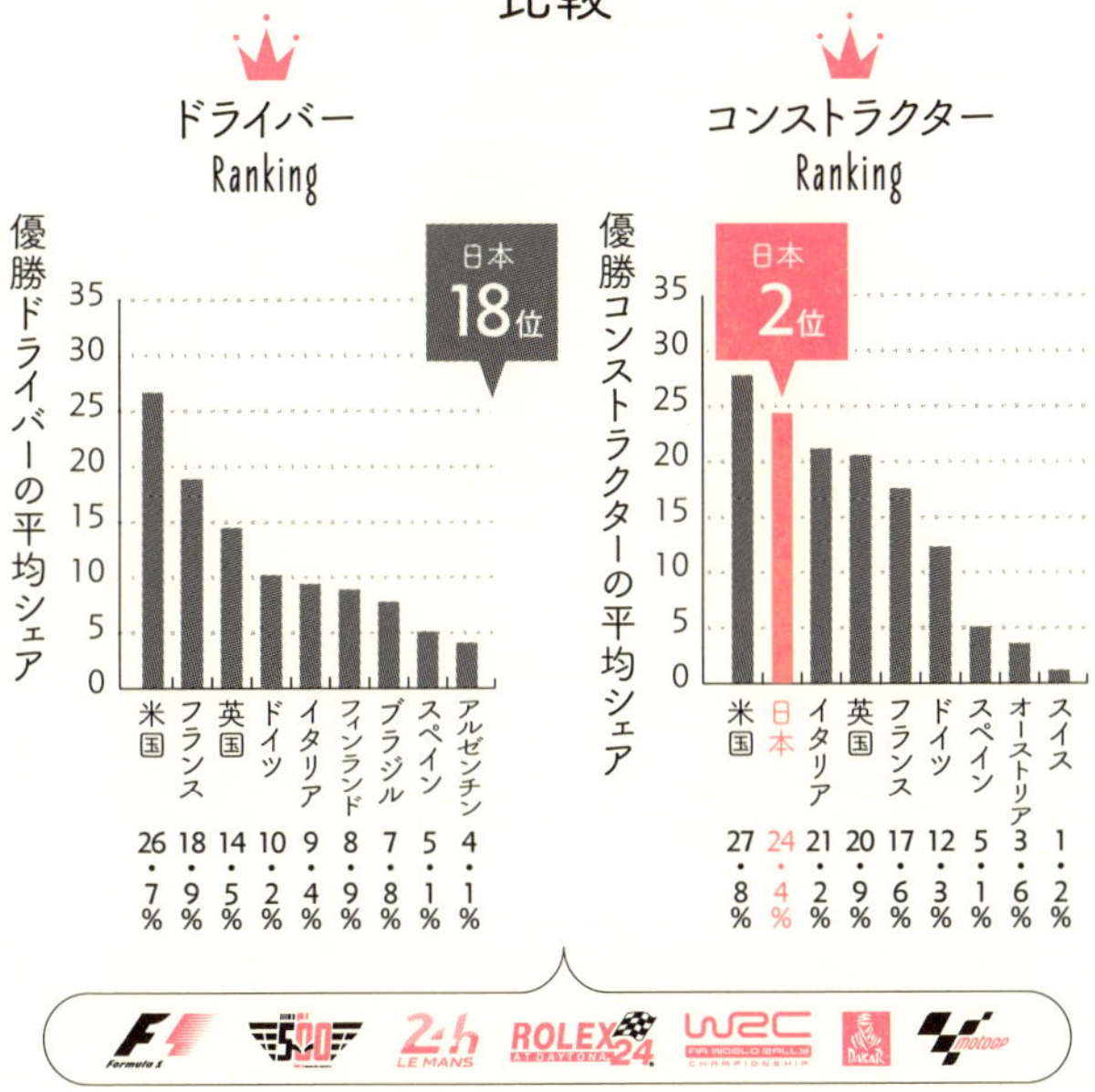

「草鞋を作る」のが得意な日本人

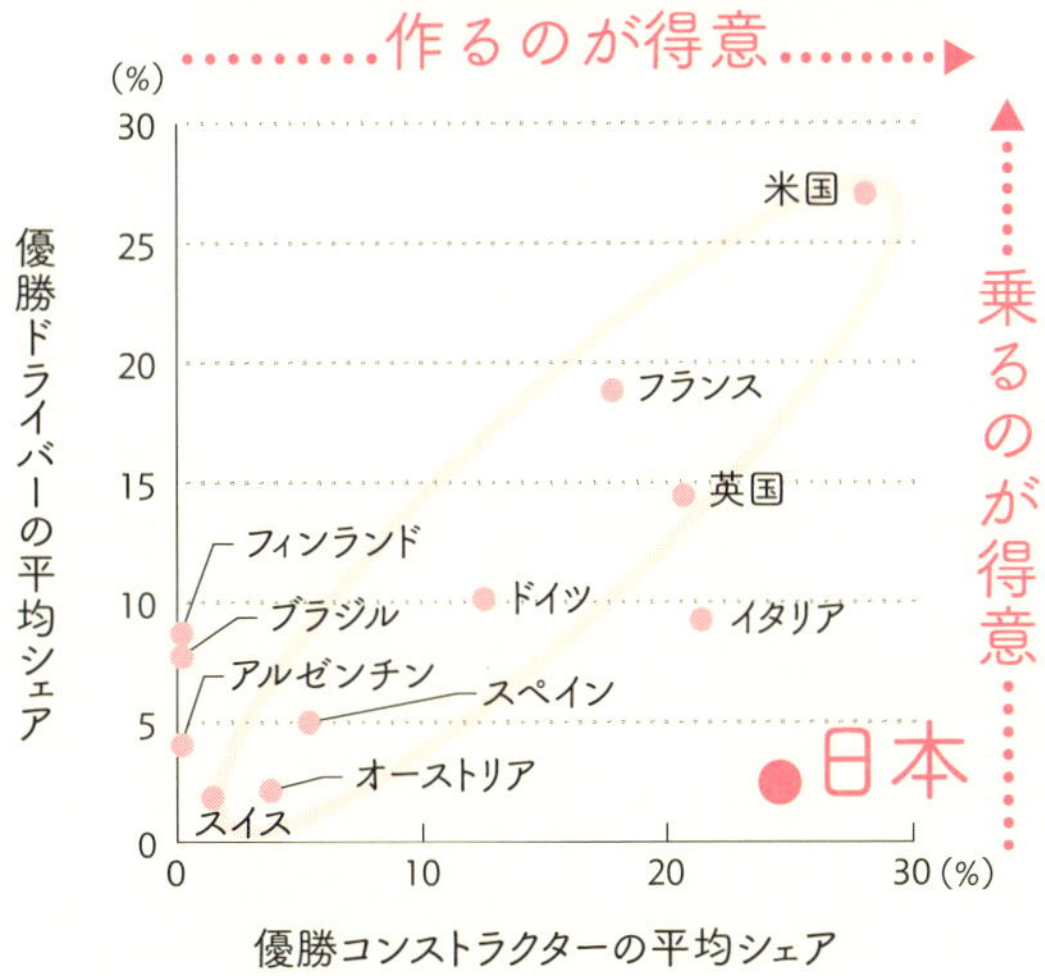

37）データ出所：著者作成

ツを牽引する主要メンバーであることがわかります。これら主要国がみなバランスよく活躍しているのに対して、日本は極めて異色のポジションをとっています。作る側に徹し、華やかに報道される表彰台では見かけません。ただ、コンストラクターとして最高峰レースで勝てるレベルの完成度の高い車体をまとめられるチームは、世界でわずか9カ国しか存在しません。中国やインドはもちろんのことですが、韓国やマレーシアなどの中進国にも、出る幕はありません。市販の自動車産業では存在感を増す新興国ですが、トップアスリートの世界を見るとまだ大きな隔たりがあることがわかります。

日本には「神輿に乗る人担ぐ人、そのまた草鞋を作る人」という表現があるように、草鞋を作る裏方さんを貴ぶ土壌があります。この自動車レースの総合成績は、まさにこの言葉通りの日本らしさを裏付ける形になっています。レーシングスーツを纏った音速の貴公子というのも惹かれますが、メカニックスーツを着た優勝請負人というのも、また「クールジャパン」のひとつのあり方なのではないでしょうか。

4 格闘技 Martial Arts

徒手格闘技4強、「レスリング」「ボクシング」「柔道」「テコンドー」

スポーツ競技もここからいよいよ対戦型競技の話題に入って参ります。人気プロスポーツの大半は、球技や格闘技など戦いの場を模した対戦型です。そもそもスポーツにはケンカや戦争の代償行為的な意味合いが含まれているわけですが、とくに武芸や格闘技はいわば「管理されたケンカ」のようなもの。タイマンを張ってやり合ったらどっちが強いのか？　男の子にはみな、抑えられない戦士の衝動があるわけです。

武芸は大きく「剣術系」「射的系」と「徒手格闘系」に分類されますが、ここでは道具抜きで戦う基本形・徒手格闘技について話を進めます。戦い方は打撃系と組技系に分けられます。

Photo/朝日新聞社/Getty Images

最も国際的に広く認知され、ルールが統一されている競技は組技のレスリングと打撃のボクシングです。これら西洋式の格闘技に対して、東洋式は組技の柔道と打撃のテコンドーがあります。本来なら打撃系についてはいいたいところですが、オリンピックの公式競技としては、これら4つが採用されています。空手を含めオリンピック採用を狙っているさまざまな格闘競技について位置づけを整理してみました（図38）。

過去のオリンピックにおいて上述の4競技以外には、公開種目としてアイスランドのレスリング「グリマ」とフランスのキックボクシング「サバット」が一度だけ試されましたが、継続されませんでした。学生のオリンピック、ユニバーシアードでは、ロシアで軍用格闘術として開発されたという由来を持つ「サンボ」と、ロシア・ウラル地方に古くから伝わる「ベルトレスリング」が公式種目として採用されています。ただ、実質的にはロシア系の選手が圧倒的に強く、ローカル競技の域を出ていません。一方、オリンピックの補完版のようなイベントで、今後人気が高まる可能性の高いスポーツを育成する役目を担う[1]競技会と位置付けられるワールドゲームズでは「柔術」「相撲」「空手道」が公式種目となっています。やはりレスリング、ボクシング、柔道、テコンドーが徒手格闘技の4強とみてよさそうです。ではこれら4競技について各国の成績を見ていきましょう。

★4-1　バドミントンや野球、テコンドーなどもここからオリンピック種目に昇格した。次回2017年のヴロツワフ大会からはムエタイも採用になる予定になっている

図38

格闘技一覧

		武術			
		剣術	射的	徒手格闘技 組技	徒手格闘技 打撃
オリンピック	現公式競技	フェンシング	アーチェリー 射撃	レスリング 柔道	ボクシング テコンドー
	過去の公式競技			グリマ （アイスランドのレスリング） 1912年 ストックホルム大会	サバット （フランスのキックボクシング） 1924年 パリ大会
	公式化候補競技				空手
ユニバーシアード	現公式競技	フェンシング	アーチェリー 射撃	レスリング 柔道 サンボ ベルトレスリング	テコンドー
ワールドゲームズ	現公式競技		アーチェリー	柔術 相撲	空手道
	過去の公式競技			サンボ （ソビエトの総合格闘技） 1993年大会	テコンドー
	現公開競技			合気道	武術太極拳
	次回公式予定競技				ムエタイ

38）データ出所：著者作成

＊4-2　4団体の起源はすべて1921年に創設されたWBA。ここでは、WBAが本格的に世界組織となった1962年から数えている。総計ではこれまで約1900名のチャンピオンが生まれている（王座防衛回数は含まない）

ボクシング

拳で敵を殴り合うボクシングは、最もシンプルな格闘技であると同時に、健全なスポーツとしてのルール設計に最も苦労してきた競技でもあります。近代ボクシングは17世紀に英国で生まれたものですが、初めの頃は噛み付きや目潰しなど何でもありの素手による殴り合い形式で、選手は掴まれないように髪を剃っていたといいます。危険性や残忍性をコントロールするために年月を要しつつ、ようやく今日の洗練された姿に至りました。オリンピック公式種目でもありますが、世界一強い男を決める場所は大金の動くプロボクシングのリングです。

ただ、ひとくちに世界王者といっても実は4つの主要団体[2]が存在していて、どの階級にも4人の王者がいます。そのため、ここでは世界ボクシング協会（WBA）、世界ボクシング評議会（WBC）、国際ボクシング連盟（IBF）、世界ボクシング機構（WBO）の4団体の全階級のチャンピオンを洗い出して、国籍別に集計しました（図39）。

結果はご覧のとおり。日本は世界で第3番目に拳闘の強い国、という堂々たる結果になっています。正直、我々が広い世界の中でこんなに血の気が多い方だったという自覚を持っている人は少なかったのではないでしょうか。でも、上位に並ぶ仲間たちの顔ぶれを見ると、確かに気の強そうな連中に囲まれています。

図39

男子プロボクシング結果

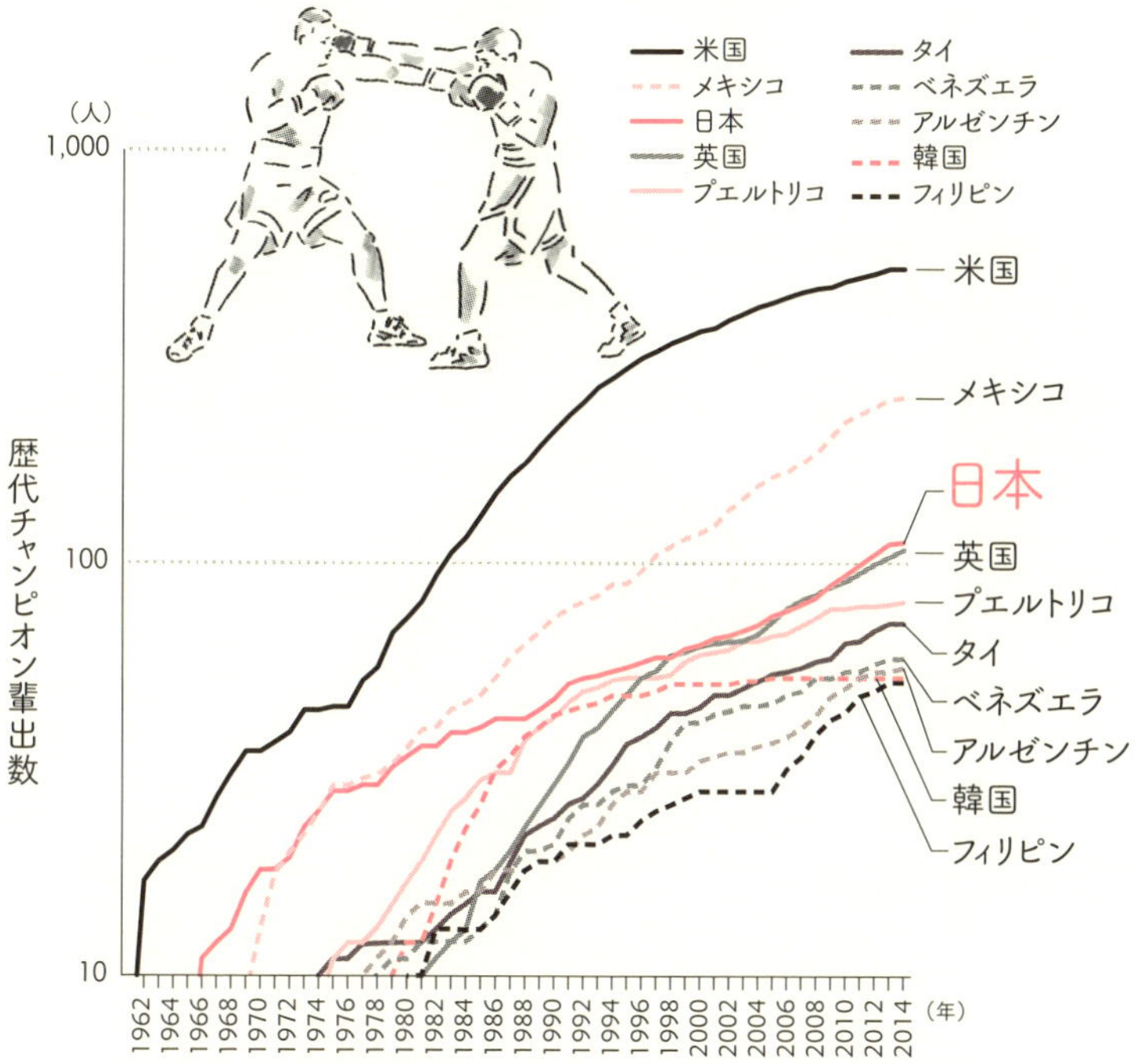

1962年以降
プロボクシングチャンピオン輩出国
Ranking

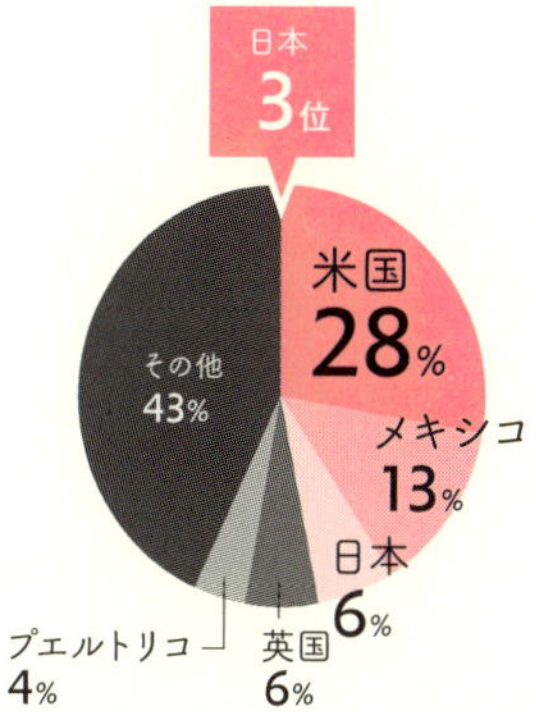

2000年以降
プロボクシングチャンピオン輩出国
Ranking

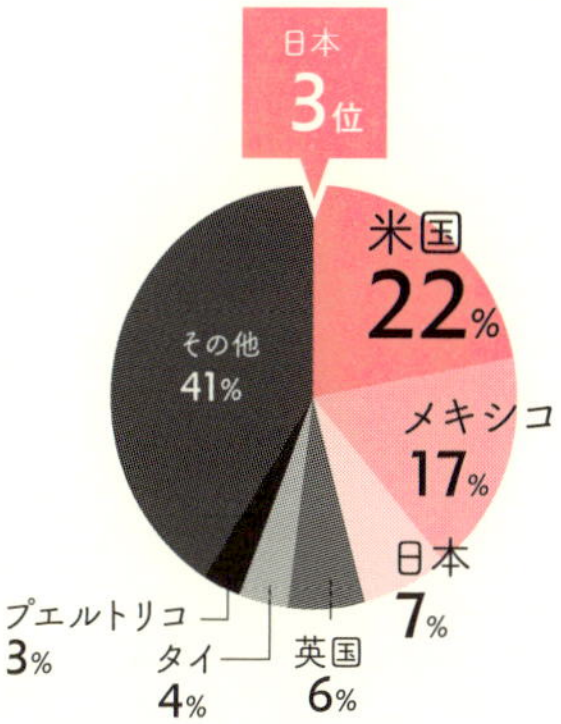

39）データ出所：boxingtitlefights.com

図40

男女プロボクシング結果

（男2000年～／女2004年～）

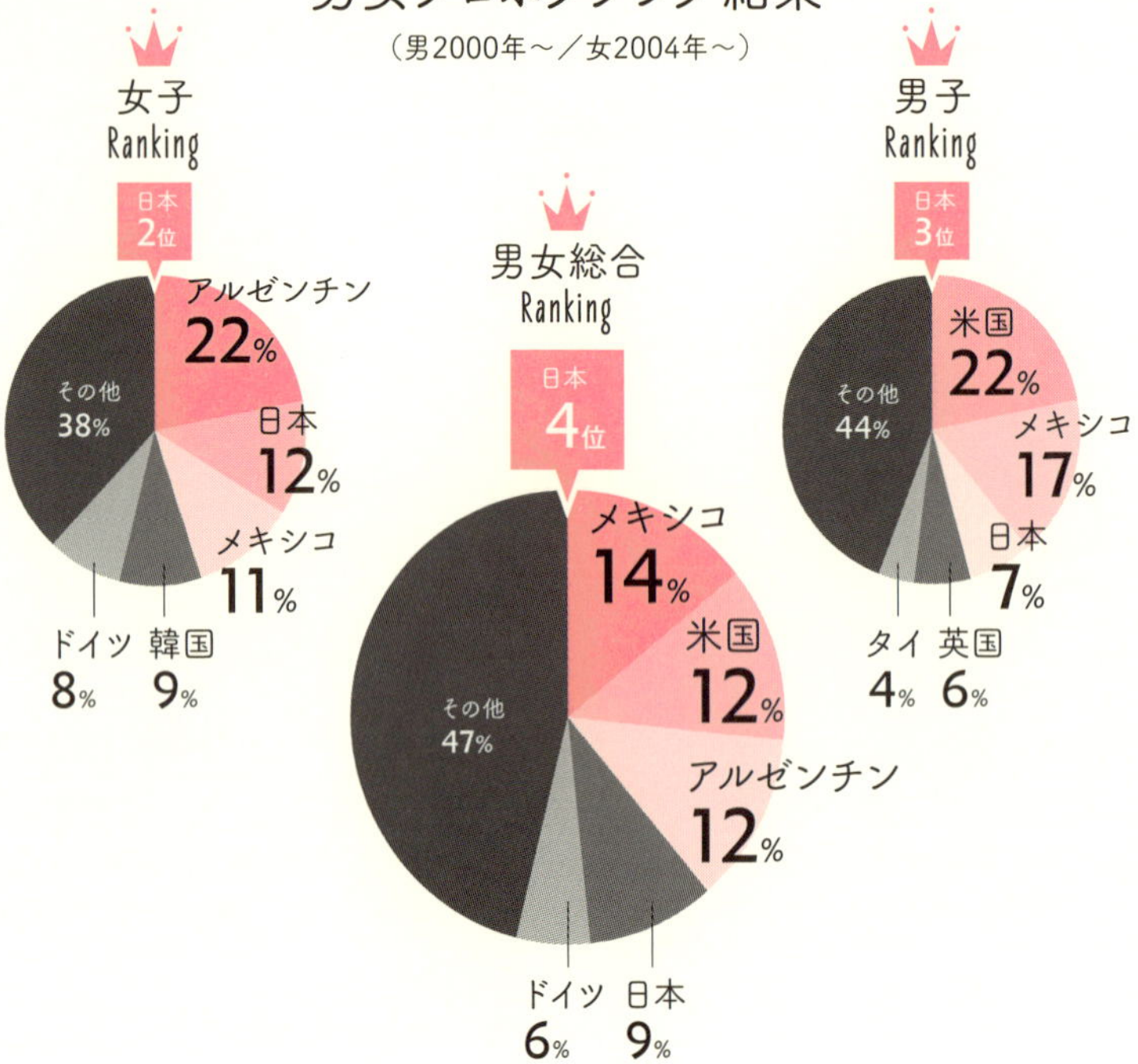

近代ボクシング自体を生み出した米英系以外には、メキシコ～プエルトリコなどの中南米系、タイやフィリピンなどの東南アジア系が主力メンバーです。ちなみに日本人で世界王座防衛最多記録を持っているのはあのカンムリワシ具志堅用高で、13回防衛を果たしています。具志堅さんは「国際ボクシング名誉の殿堂博物館」に殿堂入りしていますが、日本からは他に4名が殿堂入りしています（ファイティング原田、ジョー小泉、本田明彦、大場政夫）。

女子部門は大きく遅れてWBAが2004年にプロボクシングを立ち上げています（図40）。まだ歴史が浅く累計のチャンピオンの数も少ない（延べ73名）のですが、王座防衛回数も含めた延べ王座数を国別カウントした結果を示します。その結果は、なんと我がやまとなで

40）データ出所：boxingtitlefights.com

しこはアルゼンチンに次ぐ世界2位という猛女ぶりでした。サムライもナデシコも、世界に冠たる腕っぷしを見せています。

レスリング

ボクシングと双璧を成すもうひとつの伝統的な格闘技[3]がレスリングです。プロレスもありますが、興行的色彩の強い別物でしょう。やはり、最高峰イベントはオリンピックです。ここでは、1904年大会からの全階級における金銀銅メダル獲得数を国別にまとめてみました[4]（図41）。

その結果はご覧のとおりで、日本代表選手が1世紀かけて積み上げたメダルの総数は米国、ソビエトに次いで3番手に位置しています。1996年以降ではイランがトップになっていますが、依然、日本は3位。実はこの数字には裏があって、最近のメダルの多くは女性陣の手によるものです。

男子の黄金期は前回の東京五輪の頃。東京大会から1976年のモントリオール大会あたりまでが最盛期で、その間に日本男子はメダルを大量生産しました。最近は勢いが衰えましたが、入れ替わるように伸びてきた女子チームの活躍はみなさんご存じの通りです。これまでのオリンピック女子レスリング部門の金メダル総数12個のうち7個獲得という無敵ぶりを誇っています。

＊4-3 古代オリンピックに起源を有し、近代五輪でも1896年の第一回大会から続く由緒正しき競技である

＊4-4 レスリングにはグレコローマン（下半身を攻めない）とフリースタイル（全身で戦う）がある。2004年のアテネ大会から実施されるようになった女子部門ではグレコローマンスタイルが認められていないので、フリースタイルの男女のメダル数について集計した

図41

レスリング結果

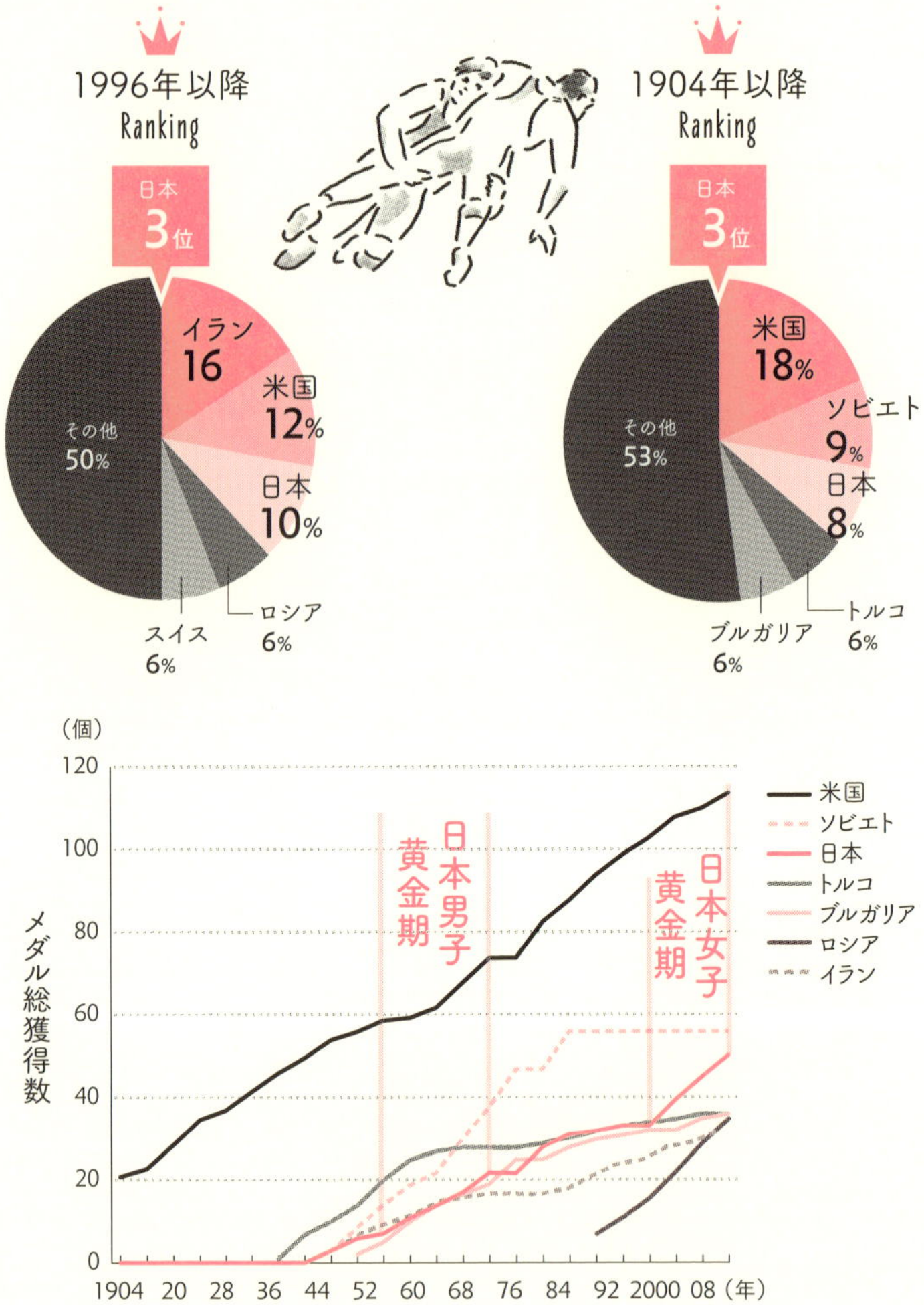

41）データ出所：olympic.org/wrestling-freestyle

西洋格闘技の総合成績

プロボクシングとアマチュアレスリングの結果をまとめます（図42）。1996年以降の両結果を横に並べて眺めると、日本が両方で好成績であるだけでなく、そのような国が極めて珍しいということにあらためて気付かされます。両方ともトップ10に入る国は、日本と米国以外にはありません。

驚くほど見事に、ボクシングを好む国はレスリングに興味がなく、逆もまた然りです。ボクシングは中南米から東南アジアが好む傾向にあり、レスリングは中央アジアから東欧系の人たちの得意とするところのよう。日本は組んでも良し、打っても良しの「両刀使い」という珍しい特徴を持っています。

重量階級別

多くのスポーツシーンにおいて、体格の劣る日本人は苦戦を強いられていますが（次節の球技のところでは体格と成績の関係について詳しく説明します）、体重階級制のあるボクシングやレスリングでは、その点でのストレスがなくフェアに戦うことができます。ここでは、体重別で各国の成績を検証[5]してみましょう（図43）。

★4-5 階級の名称や重量区分は微妙に違うが、軽いミニマム級から始まって、フライ、バンタム、フェザー、ライト、ウェルター、ミドル、クルーザー、ヘビー級となる。これらをざっくり3等分して軽量級、中量級、重量級として3段階の重さ別に成績を算出した

図42

ボクシング・レスリング結果

ボクシング〈打撃〉		レスリング〈組技〉
米国、メキシコ	最強国	イラン、米国
日本、英国	強国	日本
中南米〜東南アジア	上位国	中央アジア〜東欧
（メキシコ、プエルトリコ、ベネズエラ、アルゼンチン、タイ、フィリピン）		（イラン、ロシア、ウクライナ、モンゴル、ブルガリアなど）

プロボクシングチャンピオン数

順位	国名	2000年以降勝利数	シェア（%）
1	米国	181	21.9
2	メキシコ	143	17.3
3	日本	54	6.5
4	英国	49	5.9
5	タイ	29	3.5
6	プエルトリコ	27	3.3
7	フィリピン	26	3.1
8	アルゼンチン	25	3.0
9	ドイツ	23	2.8
10	ベネズエラ	22	2.7
11	オーストラリア	21	2.5
12	ロシア	20	2.4
12	コロンビア	20	2.4
14	フランス	19	2.3
14	南アフリカ	19	2.3
16	パナマ	14	1.7
16	ニカラグア	14	1.7
18	ウクライナ	13	1.6
19	キューバ	12	1.5
20	カナダ	9	1.1
20	ドミニカ共和国	9	1.1
⋮			
	イタリア		0.6
	ハンガリー		0.6
	ポーランド		0.5

フリースタイルレスリング 男女オリンピック3メダル合計

順位	国名	ロシア復帰の1996年以降勝利数	シェア（%）
1	イラン	28	16.2
2	米国	20	11.6
3	日本	18	10.4
4	ロシア	11	6.4
5	スイス	10	5.8
6	ウクライナ	9	5.2
6	北朝鮮	9	5.2
8	モンゴル	8	4.6
9	カナダ	7	4.0
10	ブルガリア	6	3.5
10	韓国	6	3.5
10	カザフスタン	6	3.5
10	ポーランド	6	3.5
14	トルコ	4	2.3
14	ユーゴスラビア	4	2.3
16	アゼルバイジャン	3	1.7
16	オーストリア	3	1.7
18	ジョージア	2	1.2
18	イタリア	2	1.2
18	シリア	2	1.2
21	ハンガリー	1	0.6

総合成績 Ranking

順位	国名	シェア
1	米国	17%
2	メキシコ	8.7%
3	日本	8.5%
4	イラン	8.1%
5	ロシア	4.4%

42）データ出所：boxingtitlefights.com, olympic.org/wrestling-freestyle

図43

体重別ボクシング強国

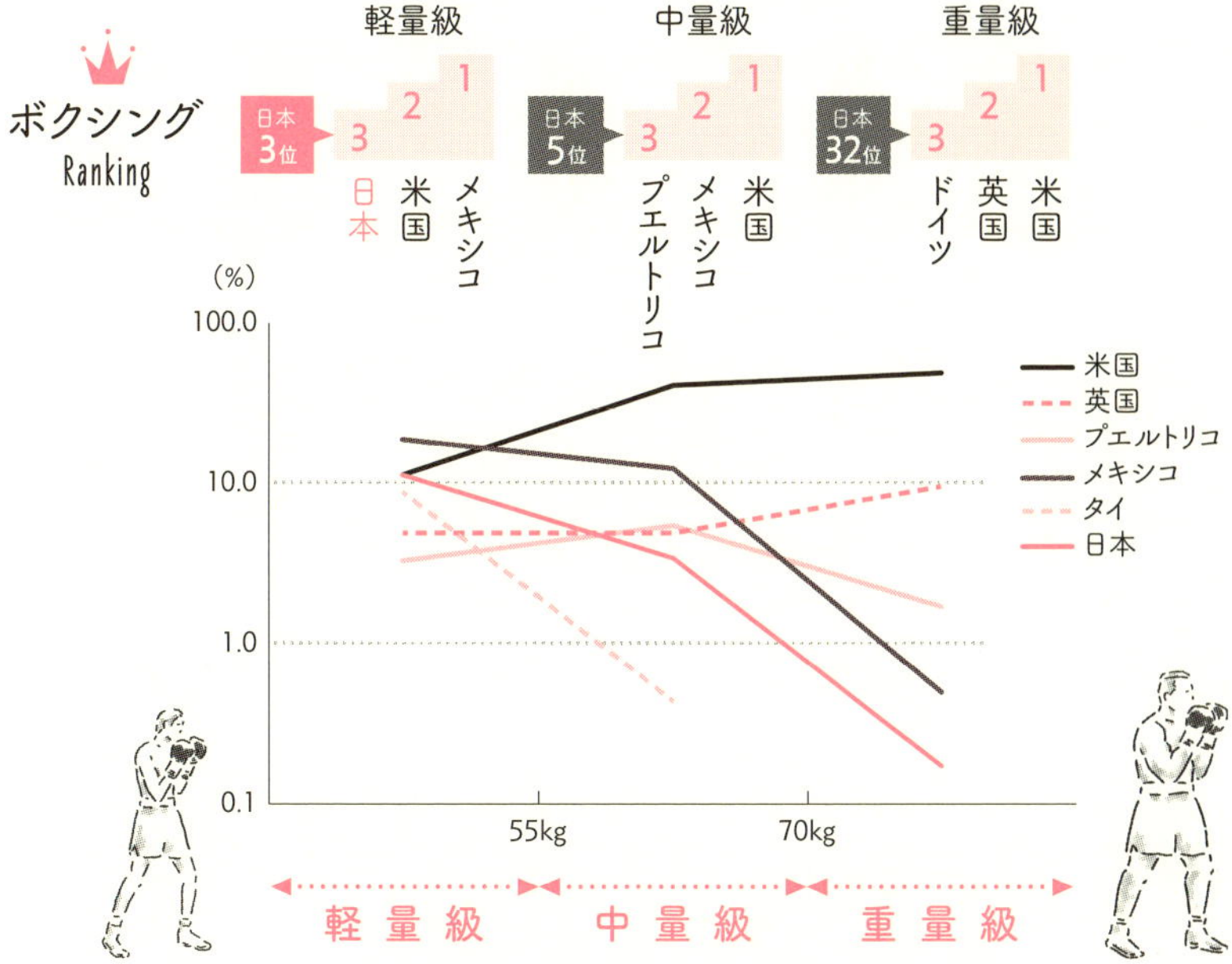

体重別レスリング強国

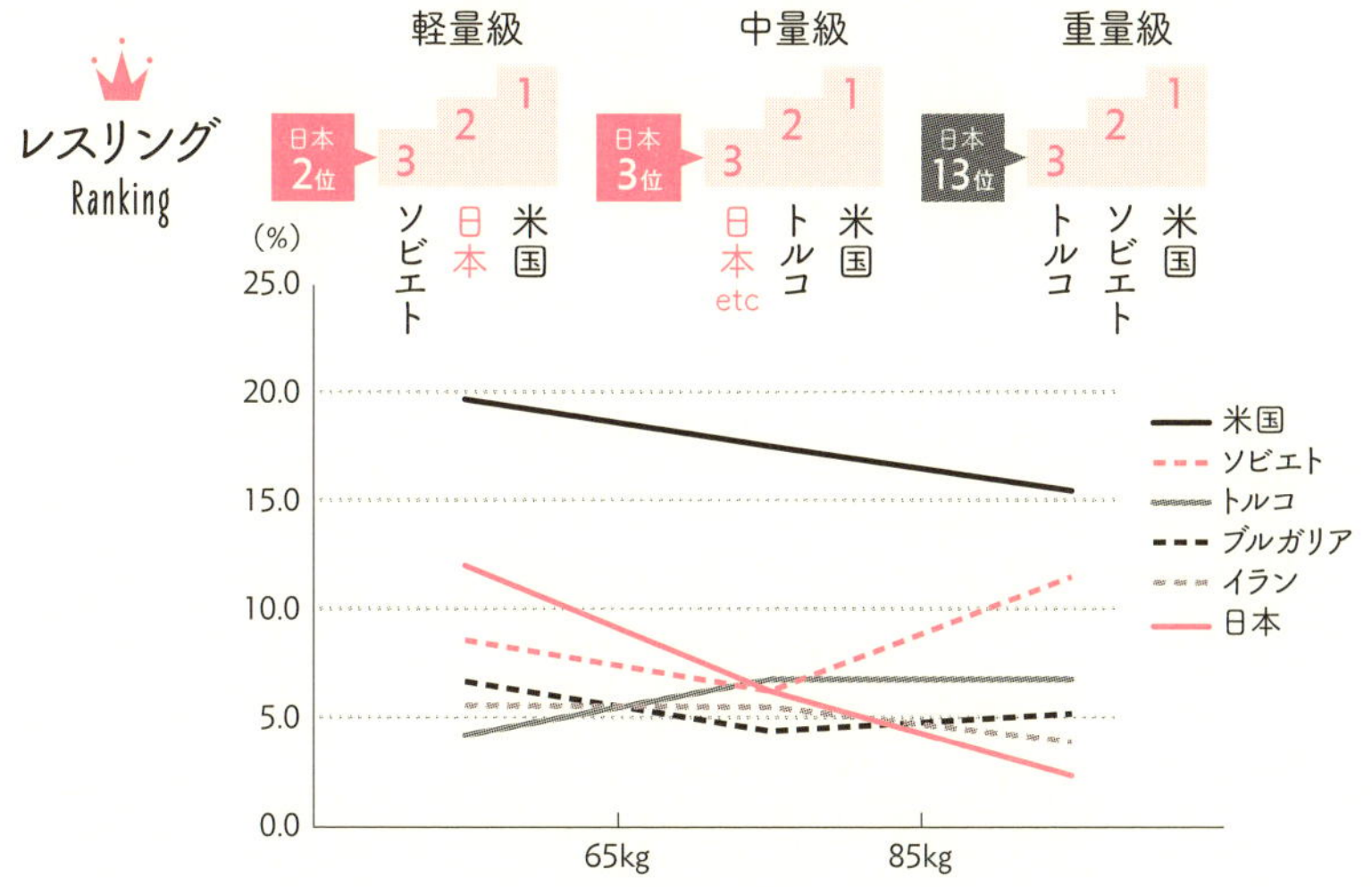

43）データ出所：boxingtitlefights.com, olympic.org/wrestling-freestyle

＊4-6　体重で見てもいいが、肥満度因子が入ってわかりづらくなるので、体格を比べるには背丈の方が適していると判断した

結果をみると、体重と各国の成績には強い相関が認められます。日本の好成績の原動力は軽量級です。体重が60kgより軽い部門に絞れば、日本人は世界最強の戦闘民族といってもよさそうです。

各国の体格との相関

ここでもう一歩踏み込んで、各国の人々の体格と格闘技の成績の関係を調べてみました。図44にずらっと並べたのは各国の国民平均身長[6]（男性）です。

セルビアやオランダなど平均値でも１８０cmを超える長身民族から、ボリビアやインドネシアでは１６０cm以下とかなりの開きがあります。日本人は１７１・６cmで中の下あたりになります。ボクシングの重量級と軽量級で、上位5カ国の平均身長をはじくと、１７６・３cm（重量級平均）～１６９・９cm（軽量級平均）と６・４cmもの差があることがわかります。それぞれのクラスの平均身長が国民の平均身長に相当する国を探すと、重量級では米国、英国、ロシアなどがぴったりとはまります。

軽量級ならボクシングではメキシコやタイ、レスリングならトルコやスペインあたりがジャストフィットという結果です。日本人は両格闘技の軽量級のちょうど中間あたりで、どちらにも手を出せる背丈という誠に好都合な体格のようでした。

図44

体格と格闘技の成績の関係

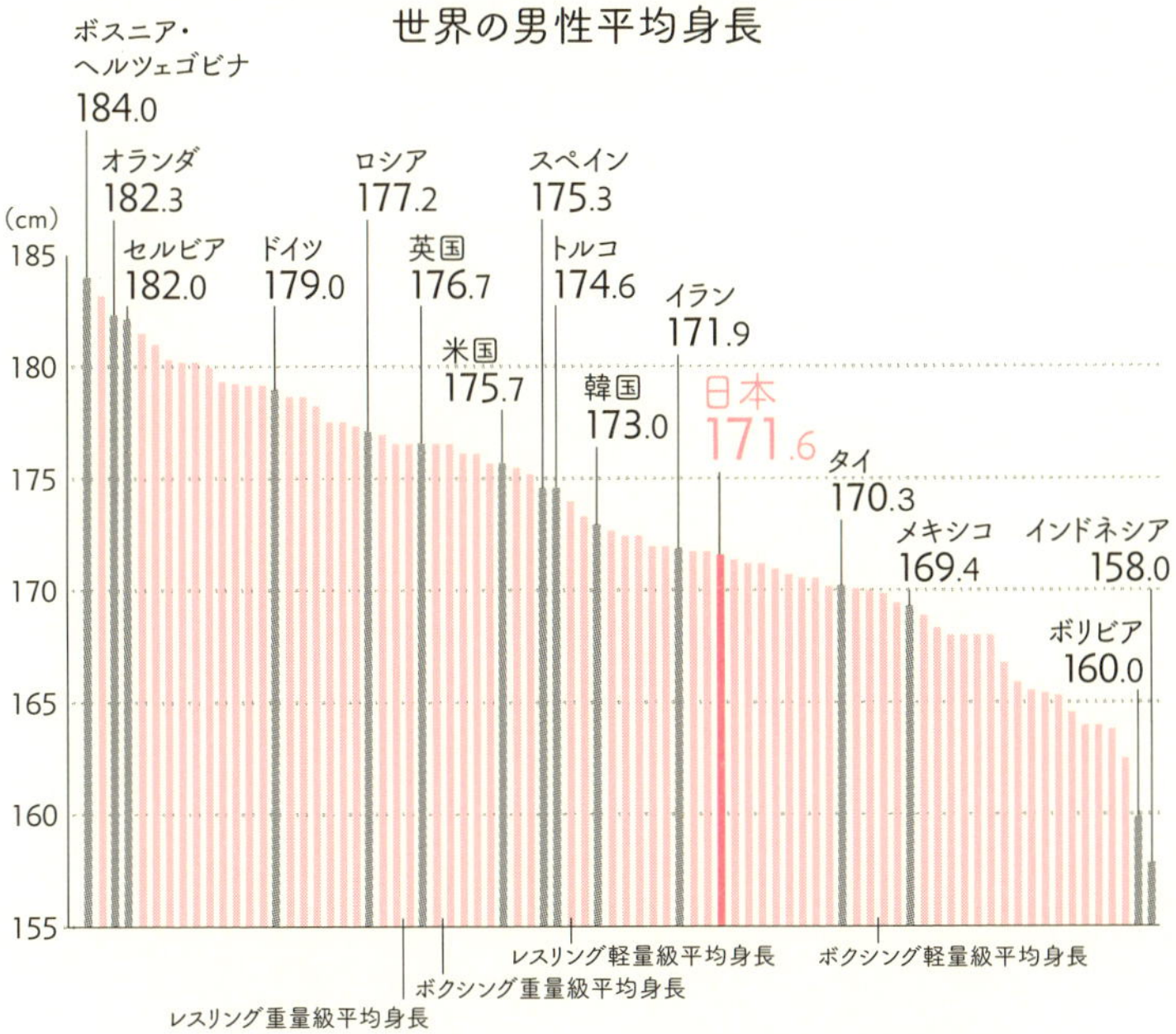

ボクシング重量級 上位5カ国の平均身長 176.3cm

		平均身長
1位	米国	175.7cm
2位	英国	176.7cm
3位	ドイツ	179.0cm
4位	フランス	175.7cm
5位	アルゼンチン	174.5cm

ボクシング軽量級 上位5カ国の平均身長 169.9cm

		平均身長
1位	メキシコ	169.4cm
2位	米国	175.7cm
3位	日本	171.6cm
4位	タイ	170.3cm
5位	フィリピン	162.7cm

レスリング重量級 上位5カ国の平均身長 176.8cm

		平均身長
1位	米国	175.7cm
2位	ソビエト	177.2cm
3位	トルコ	174.6cm
4位	スウェーデン	179.9cm
5位	ブルガリア	176.7cm

レスリング軽量級 上位5カ国の平均身長 174.6cm

		平均身長
1位	米国	175.7cm
2位	日本	171.6cm
3位	ソビエト	177.2cm
4位	ブルガリア	176.7cm
5位	イラン	171.9cm

44）データ出所：Wikipedia Human height

*4-7 オリンピックのメダル数カウントだと、テコンドーの歴史が2000年シドニー大会より採用と短くなるので、より歴史が古くデータの多く得られる世界選手権を対象とした

テコンドーと柔道

次は東洋の格闘技、打撃のテコンドーと組技の柔道についてです。先ほどと同じ手法で、男女の世界選手権における金銀銅メダルの累積獲得数[7]を集計しました（図45）。

両競技とも発祥国の日韓がシェア2割程度を占める1位のポジションである点が共通しています。その上、2位以下の主要国の取り分や（上位6カ国で過半数）、メダルを取ったことのある国の総数（柔道64カ国、テコンドー70カ国）など、両者のプロファイルはとてもよく似た形になりました。にもかかわらず、決定的な違いがあります。登場する国々の顔ぶれがことごとく違うのです。

柔道とテコンドーの両方とも強い国は非常に限られています。韓国だけが唯一の例外で、両競技に精を出していますが、それ以外の世界各国は、東洋武術なら柔道かテコンドーのどちらかひとつを選ぶようです。そのため、総合点を算出すると、両方をやっている韓国がトップ。日本は打撃系格闘技の才能が「空手」に流れています。柔道の海外普及に遅れること20年、日本の空手を基に新たなスポーツとして開発されたテコンドーは、70年代には韓国の国技の地位を確立し、国を挙げて海外普及に力を入れました。その際には柔道の普及していない地域を狙い撃ちするように進めたようです。その結果が両者の見事な生態系の棲み分けに現れています。

図45

テコンドーと柔道結果

テコンドー〈打撃〉（1973〜） **柔道**〈組技〉（1956〜）

テコンドー		柔道
韓国	最強国	日本
スペイン、米国、台湾、トルコ、メキシコ、イラン	上位国	フランス、韓国、オランダ、キューバ、英国、ロシア、中国、ドイツ

テコンドー世界選手権

順位	国名	男女メダル数合計	シェア（%）
1	韓国	222	18.8
2	スペイン	108	9.1
3	米国	81	6.8
4	台湾	79	6.7
5	トルコ	62	5.2
6	メキシコ	62	5.2
7	ドイツ	50	4.2
8	イラン	50	4.2
9	フランス	32	2.7
10	中国	30	2.5
11	カナダ	25	2.1
12	オランダ	24	2.0
13	ロシア	23	1.9
14	タイ	21	1.8
15	イタリア	20	1.7
16	オーストラリア	19	1.6
16	クロアチア	19	1.6
18	エジプト	17	1.4
19	キューバ	14	1.2
19	英国	14	1.2
19	ブラジル	14	1.2
19	ギリシャ	14	1.2
19	コートジボワール	14	1.2
⋮			
	日本		0.6

柔道世界選手権

順位	国名	男女メダル数合計	シェア（%）
1	日本	309	20.6
2	フランス	153	10.2
3	韓国	89	5.9
4	オランダ	76	5.1
5	キューバ	74	4.9
6	英国	62	4.1
7	ソビエト連邦	57	3.8
8	ロシア	54	3.6
9	中国	48	3.2
10	ドイツ	46	3.1
11	ブラジル	42	2.8
12	ベルギー	41	2.7
13	西ドイツ	37	2.5
14	ポーランド	32	2.1
15	米国	29	1.9
16	イタリア	28	1.9
17	グルジア	26	1.7
18	ハンガリー	24	1.6
19	スペイン	20	1.3
19	東ドイツ	20	1.3

総合成績 Ranking

順位	国名	シェア
1	韓国	12%
2	日本	11%
3	フランス	6.5%
4	スペイン	5.3%
5	米国	4.4%

45）データ出所：judobase.org, worldtaekwondofederation.net

図46

格闘技4種総合成績

西洋式 ／ 東洋式 ／ 打撃系 ／ 組技系

ボクシング

		シェア
1位	米国	22%
2位	メキシコ	17%
3位	日本	7%
4位	英国	6%
5位	タイ	4%

日本3位

レスリング

		シェア
1位	イラン	16%
2位	米国	12%
3位	日本	10%
4位	ロシア	6%
5位	スイス	6%

日本3位

テコンドー

		シェア
1位	韓国	19%
2位	スペイン	9%
3位	米国	7%
4位	台湾	7%
5位	トルコ	5%

……日本28位

柔道

		シェア
1位	日本	21%
2位	フランス	10%
3位	韓国	6%
4位	オランダ	5%
5位	キューバ	5%

日本1位

総合成績 Ranking

順位	国	シェア
1	米国	11%
2	日本	9.5%
3	韓国	7.1%
4	メキシコ	5.6%
5	イラン	5.2%

国際的な格闘技4種総合成績

西洋式のレスリングとボクシング、東洋式の柔道にテコンドー、これら4競技の成績をすべて足し合わせて天下一格闘王・総合成績を出してみました（図46）。結果はトップ米国に肉薄する世界2位。侍の魂は生き続けていた、ということでしょうか。

「平和ボケ」や、「男子の草食化」が取りざたされ、一見軟弱な風情の日本人ですが、なかなかどうして、生身の格闘技なら相当に強いことがよ

46）データ出所：judobase.org, worldtaekwondofederation.net, boxingtitlefights.com, olympic.org/wrestling-freestyle

くわかりました。

羊の皮を被った狼

草食化の話をしたついでに、人々の気質に関する社会科学系のデータを漁ってみました。そのデータとは自殺率と他殺率についてのものです。ぎょっとするような資料ですが、それぞれ名のある国際機関が各国人口10万人あたりの自殺（WHO＝世界保健機関）と他殺（UNODC＝国連薬物・犯罪事務所）の発生数を取りまとめています。

この自他殺率データを縦横軸にとってプロットすると、各国のお国柄が見えてきます（図47）。ここでいうお国柄とは、人々の気質が内省的なのか外罰的なのかを意味しています。図の右下（高他殺率側）に位置する国々は、中南米やアフリカ諸国など一般的に治安の悪い国々です。逆に左上（高自殺率側）の国とは、アイスランドやオーストリア、日本、シンガポールなど概ね豊かで平和とされる地域です。この図の上にボクシングとレスリングの成績上位10カ国のデータを重ねると、彼らの生息領域が見えてきました。それぞれ、上位国はピンクゾーンとグレーゾーンに集中しています。闘魂あふれるファイターたちは、これらのいわば「番長ゾーン」に暮らしているわけです。わからないのが日本です。総合的に見て、世界でも超A級に格闘王な日本人ですが、この図的には最も左上、世界でも最高級におとなしそうです。黙って我慢を続けて、突然切れるタイプなのかもしれません。日本人は水戸黄門のように、ヒーローものでもそのようなタイプを好む傾向がありますね。まさに羊の皮を被った狼です。一見ヘタレに見えますが、怒らせたら世界一ヤバい、といったところでしょうか。

図47

格闘技と自殺率、他殺率

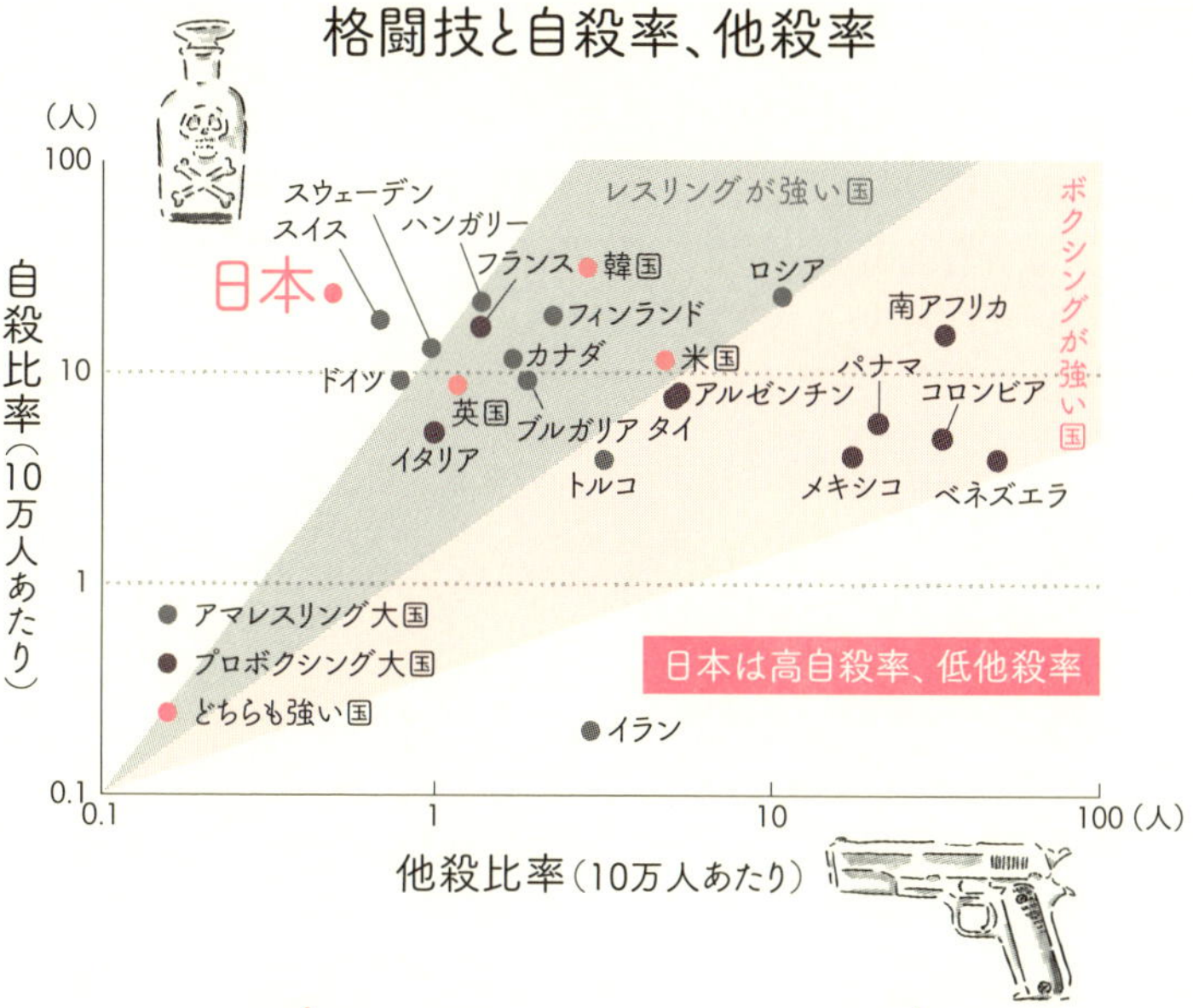

アマレスリング大国 Ranking

レスリングフリースタイル
男女3メダル

順位	国名	1904年以降 3メダル数
1	米国	114
2	ソビエト	56
3	日本	50
4	トルコ	36
4	ブルガリア	36
6	ロシア	35
7	イラン	33
8	スウェーデン	26
9	フィンランド	25
10	韓国	20
11	英国	17
12	カナダ	16
13	ハンガリー	15
14	ドイツ	14
15	スイス	13

プロボクシング大国 Ranking

プロボクシング

順位	国名	1962年以降 チャンピオン数
1	米国	524
2	メキシコ	253
3	日本	114
4	英国	109
5	プエルトリコ	81
6	タイ	72
7	ベネズエラ	59
8	アルゼンチン	56
9	韓国	53
10	フィリピン	52
11	コロンビア	48
12	イタリア	42
13	パナマ	42
14	南アフリカ	37
15	フランス	34

47) データ出所:UNODC国連薬物・犯罪事務所(unodc.org),WHO世界保健機関(who.int)

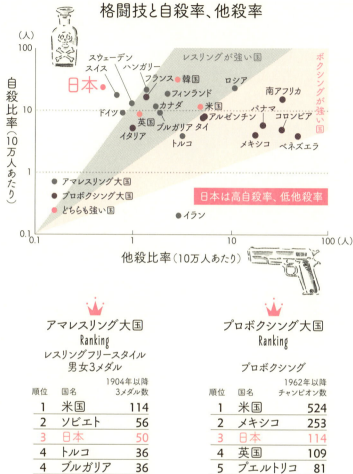

ICHIRO
51

5 球技と射的
Ball Games and Target Practice

各種球技の起源

格闘技では驚くべき強者ぶりを発揮した日本選手たちでしたが、球技の世界ではどうでしょうか。武家社会が長く続いた日本では、独自に発達した武芸由来のスポーツ競技が数多く残っています。柔道や剣道、弓道などがポピュラーですが、それ以外にも薙刀や居合道、合気道など、流派も入れると数えきれないほどです。これほど多様で、かつそれぞれの競技の様式美や洗練度が高い武術体系を持つ国は他にありません。しかしこと「球技」に関しては、まったくといってよいほど耳にしません。あえて言えば、リフティングを楽しむ蹴鞠や羽子板がありますが、これらは球技というよりはジャグリングに近いでしょう。

Photo/Getty Images

＊5-1　深く源流をたどればギリシャだインドだと諸説あるが、経済的に豊かになった19世紀のイギリス人がその多くを近代スポーツの形に仕立て上げたという点はたしかだろう

＊5-2　今日の国対抗の国際試合にも「イロコイ連邦代表」は出場していて、常に上位を争う強豪チームである。あまり知られていないが、イロコイ連邦とは、米国〜カナダ領内にある独立領。国連も認める独立自治領で、日本もパスポートを認めている

現在、国際的に広く普及している球技の大多数は、産業革命後の英国で生まれたものです。野球やゴルフ、卓球、水球、サッカー、ラグビー、ホッケー、カーリングなどはみな英国を起源[1]とします。他国に起源を持つことがはっきりしているのは米国産のバスケットボールとバレーボールで、いずれも１８９０年代にマサチューセッツ州のＹＭＣＡで考案されました。そのほかにもフランスの貴族スポーツが由来のテニスや、ドイツ起源のボウリング、バドミントンはインド土着の遊びが英国で競技化されたものです。おもしろいところでは、北米先住民の儀式を起源とするラクロスがあります。今ではカナダの国技となり、日本でも人気スポーツですが、元来はイロコイ族[2]が部族間の争いごとの解決に用いた儀式でした。

日本球技のキーワードは「ソフト化」

さて、そもそも球技の概念を持たなかった日本ですが、外来種を日本風に改善するのはお手の物です。日本風に変化した球技はいくつかありますが、共通するキーワードは「ソフト化」です。軟式テニスや軟式野球は、硬球をゴムボールにして危険性を減らしたものです。もともと危険性がまったくない卓球ですら速度が遅くなる軟式卓球[3]を生み出し、バレーボールにも腕が痛くないソフトバレーボールという変種を生み出しました。日本人は子供やママさんチーム

★5-3 日本式卓球ともいう日本独自の規格。素材が薄く0.3グラムほど軽い。直径は4mm大きくラージボールとも呼ばれる。球速が遅くなるためラリーを楽しむことができる

★5-4 主要4団体PDC、WDF、BDO、DDBの結果を統合

でも親しめるよう、さまざまに牙を抜く加工をしてしまうのです。ゴルフから派生した、グラウンドゴルフ、パークゴルフ、ゲートボールなどもすべて日本製の亜種です。お年寄りや家族でも楽しめるように、みんなソフトになりました。

日本生まれでなくても、競技がソフト化されると日本選手が強くなるという法則もあります。たとえばダーツ競技は、金属製の尖った矢じり（スチールティップ）をボードに突き刺す勝負ですが、このハードダーツでは日本選手の世界ランキングを総合すると世界18位[4]と振るいません。しかしこれがソフトダーツという新種なら、世界1位になります（WSDAランキング）。ソフトダーツとは、矢じりがプラスチックでできていて、無数の穴ぼこが空いたボードに刺すニュータイプです。ダーツからゴルフ、野球や卓球まで、何でもお子様や老人向けに「丸めて」しまうのが、どうやら日本風のようです。

24 競技（球技と射的）の国際比較

ダーツの話になりましたが、これは球技ではなくて射的カテゴリーのスポーツでした。射的といえば、アーチェリーやスポーツ射撃がイメージしやすいですが、これらは深く考えるほどに球技との境界が分けがたくなります。止まったターゲットを狙うという意味では、ボウリングやカーリング、ビリヤードも射的です。ゴルフも一見球技のようですが、よく考えると射的

★5-5 ちなみに各競技のランキングは刻々と変化するが、ここで示した数字はこの本を書いている2015年の夏〜秋ごろの値である

ですね。野球は微妙で、ピッチャーの仕事は限りなく射的ですが、打者や野手は球技をしています。バスケットボールやサッカーも動いている間は球技ですが、ペナルティーキックやフリースローのシーンには射的になります。テニスやバレーボールの場合には最初のサーブの時だけ射的だといえなくもありません。このように射的と球技は線引きが難しいので、両者を合わせて国別対抗戦をすることにしました。調べた競技は、国際的に広く行われている競技から24種類を選びました。個別の競技結果について語り始めるときりがないので、すべて合わせての評価とします。各競技の世界で、主催する国際団体がトッププロ選手たちのランキング表を出しています。サッカーだとＦＩＦＡ（国際サッカー連盟）ランキング、水球ならＦＩＮＡ（国際水泳連盟）がナショナルチームのランキングを出しています。個人種目の場合には、テニスのＡＴＰ（男子プロテニス協会）ランキングように個人のランキングが出ているので、上位１００名のレイティング・ポイントを国単位でまとめて足し合わせた値を比較しました。まずその結果を表にして示します（図48）。

各競技の上段の数値は日本の順位です。その横は男女個別にみた場合の順位です。その下には各競技のトップ３カ国の名前を１位から順に列記してあります。24競技中の７つは射的系なのですが、球技系と射的系は色で区分してあります。

結果[5]は、大きく成績別に３段に分けて記載してあります。上段は最も日本の成績が良い「国

図48

球技と射的結果一覧

球技　射的

国際Aクラス

競技	日本	男	女	1位	2位	3位
アルティメット	3位	5位	1位	米国	カナダ	日本
バドミントン	2位	5位	2位	中国	日本	韓国
卓球	2位	3位	2位	中国	日本	韓国
野球	1位	1位	1位	日本	米国	キューバ
バレーボール	8位	14位	5位	ブラジル	米国	ロシア
フットサル	7位	11位	6位	ブラジル	スペイン	ロシア
ビリヤード	6位	6位	5位	中国	台湾	フィリピン
ゴルフ	5位	9位	3位	米国	韓国	オーストラリア

国際Bクラス

競技	日本	男	女	1位	2位	3位
フィールドホッケー	11位	16位	10位	オランダ	オーストラリア	アルゼンチン
カーリング	11位	13位	10位	カナダ	スウェーデン	スコットランド
テニス	10位	9位	13位	米国	スペイン	フランス
ラクロス	8位	8位	9位	カナダ	米国	オーストラリア
射撃	16位	19位	20位	中国	ロシア	ドイツ
アイスホッケー	15位	20位	8位	カナダ	米国	ロシア
ラグビー	15位	10位	20位	ニュージーランド	イングランド	アイルランド
ボウリング	13位	10位	12位	米国	韓国	フィンランド

国際Cクラス

競技	日本	男	女	1位	2位	3位
ビーチバレー	18位	21位	14位	ブラジル	米国	ドイツ
アーチェリー	18位	24位	13位	米国	韓国	フランス
水球	17位	15位	19位	米国	ハンガリー	スペイン
ハンドボール	17位	22位	13位	ドイツ	ロシア	デンマーク
バスケットボール	24位	47位	15位	米国	スペイン	フランス
サッカー	23位	50位	4位	ドイツ	アルゼンチン	イングランド
スカッシュ	19位	22位	18位	イングランド	エジプト	オーストラリア
ダーツ	18位	18位	18位	イングランド	オランダ	スコットランド

48）データ出所：各競技の主催団体の発表するレイティング・ポイントを著者が編集

際Aクラス」の競技です。男女合わせた総合成績で概ね10位以内に入るスポーツが上段に配されています。同様に中段の8競技は国際順位で10〜15位程度、それ以下が下段に並んでいます。乱暴にいえば、上段はトップチームとして世界に伍して戦える競技で、中段は主役たるAクラス国の盛り上げ役、下段は参加賞レベルといった感じでしょうか。

結果を見ると、一番右上の野球や卓球やバドミントンは、世界ランキングの1位、2位を争う最強国です。細かいことをいえば、野球の王者は明らかに米国のメジャーリーグですが、ご存じのとおり、大人の都合で彼らは国際大会に出てこないので、WBCなどで実績のある日本がトップになっています。

逆に、一番左下側に位置する苦手な種目は身長差が大きくモノをいうバスケットボールや、203カ国と対象国が最も多い最激戦区のサッカーなどです。サッカーも上背のある方が優位な種目ですが、同じサッカーでも箱庭バージョンのフットサルになると、順位は7位へと大きくアップします。セットプレーでの背の高さより、身軽に小さなスペースを動き回れる小型選手の方が有利なためです。

ここから見えてくる勝敗を左右するメカニズムには大きく2種類あります。ひとつはシンプルに「体格の優位性」。多くの競技では、背の高い方が有利となります。もう一点は「ボディコンタクト」です。射的系はまったく敵に接触しない、非常に静的なスポーツです。逆にラグビーやバスケットボールは激しいボディコンタクトがある種目です。このあたりの影響度を次に見ていくことにしましょう。

背が低いと厳しい球技の世界

球技には格闘技のような階級別という概念がないため、軽量級でメダル数を稼ぐという手は使えません。全種目重量級の中で戦うようなものです。小さい者は技と練習量でハンディをカバーするしかありません。あるいは小さい者の方が有利な種目に特化するという手もあるでしょう。

ここでは、各競技の上位8カ国について、当該国の国民全体の平均身長を割り出しました。要は、その競技が得意な国の母数となる国民全体の背の高さを見たわけです。日本の順位と併せて図にプロットしてみました（図49）。

その結果、やはり身長と日本の成績の間には緩やかな相関性が認められました。バドミントンの強い国には背の低い国（インドネシアや中国）が多いのですが、アイスホッケーやハンドボールでは巨体の国（セルビアやロシア）が優位です。しかし例外も多く、一概に背丈だけが重要とはいえないようです。

図49

平均身長と種目別成績の関係

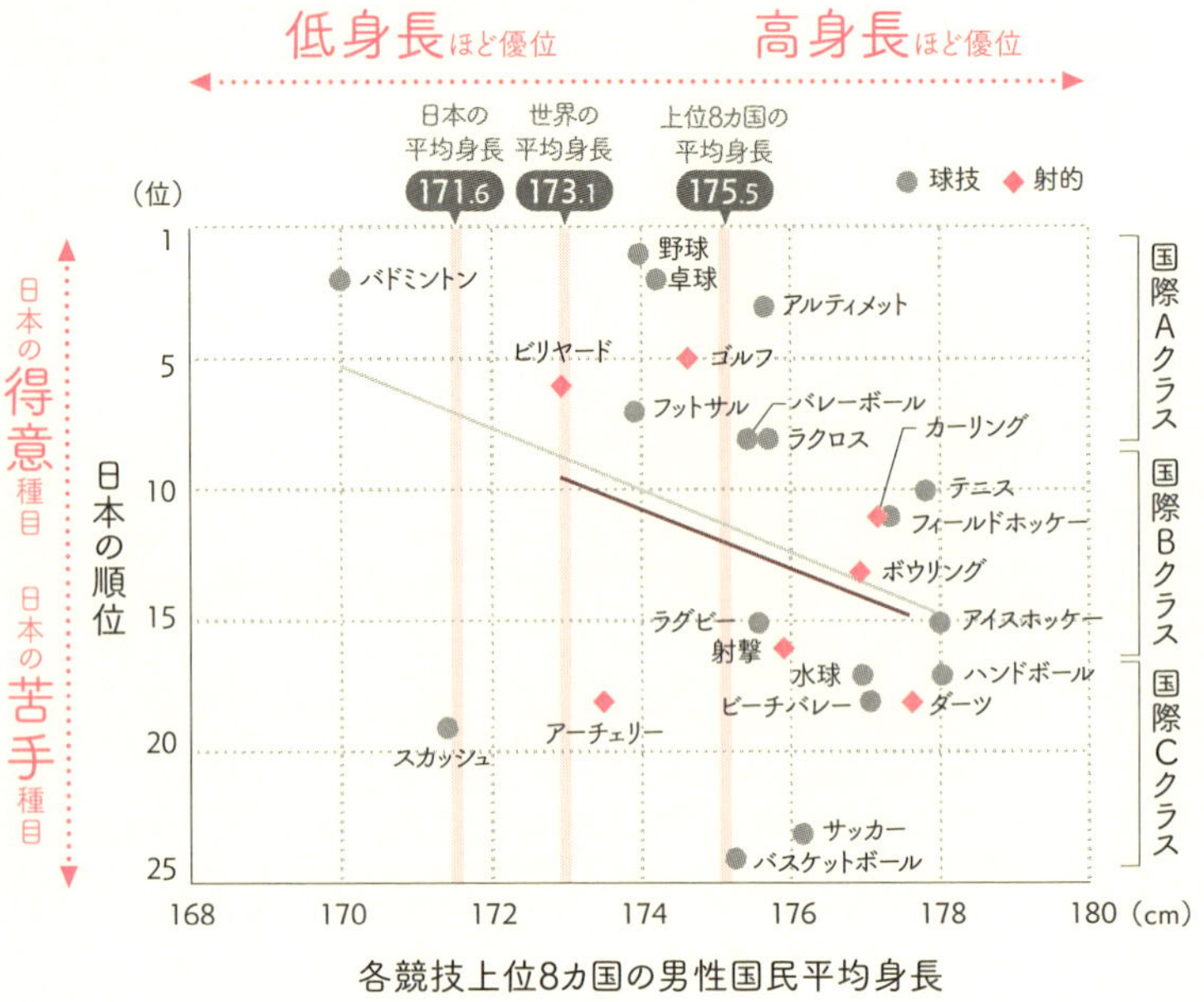

敏捷性に勝機を見出す

この「身長の高低」問題に加えて、先に述べた「ボディコンタクト」の因子も考慮した二軸で競技をプロットすれば、もっとわかりやすく日本球技の特徴が見えてきます（図50）。

左上の巨体同士が激突しあう種目は、日本にとって最も分の悪い領域でしょう。逆に右下方向の射的系は好成績でもよさそうなのですが、意外にもパッとしません。じっと構えて射止める狩猟系の種目は得意というほどでもないようです。実は、日本人が最も得意とする領域とは、その中間領域でした。動的に動き回るのですが、小さいスペースを動き回るため体格不問で、かつボディコンタクトの少ない種目、このふたつの要件を満たす領域

49）データ出所：著者作成

図50

身長の高低×ボディコンタクトの有無

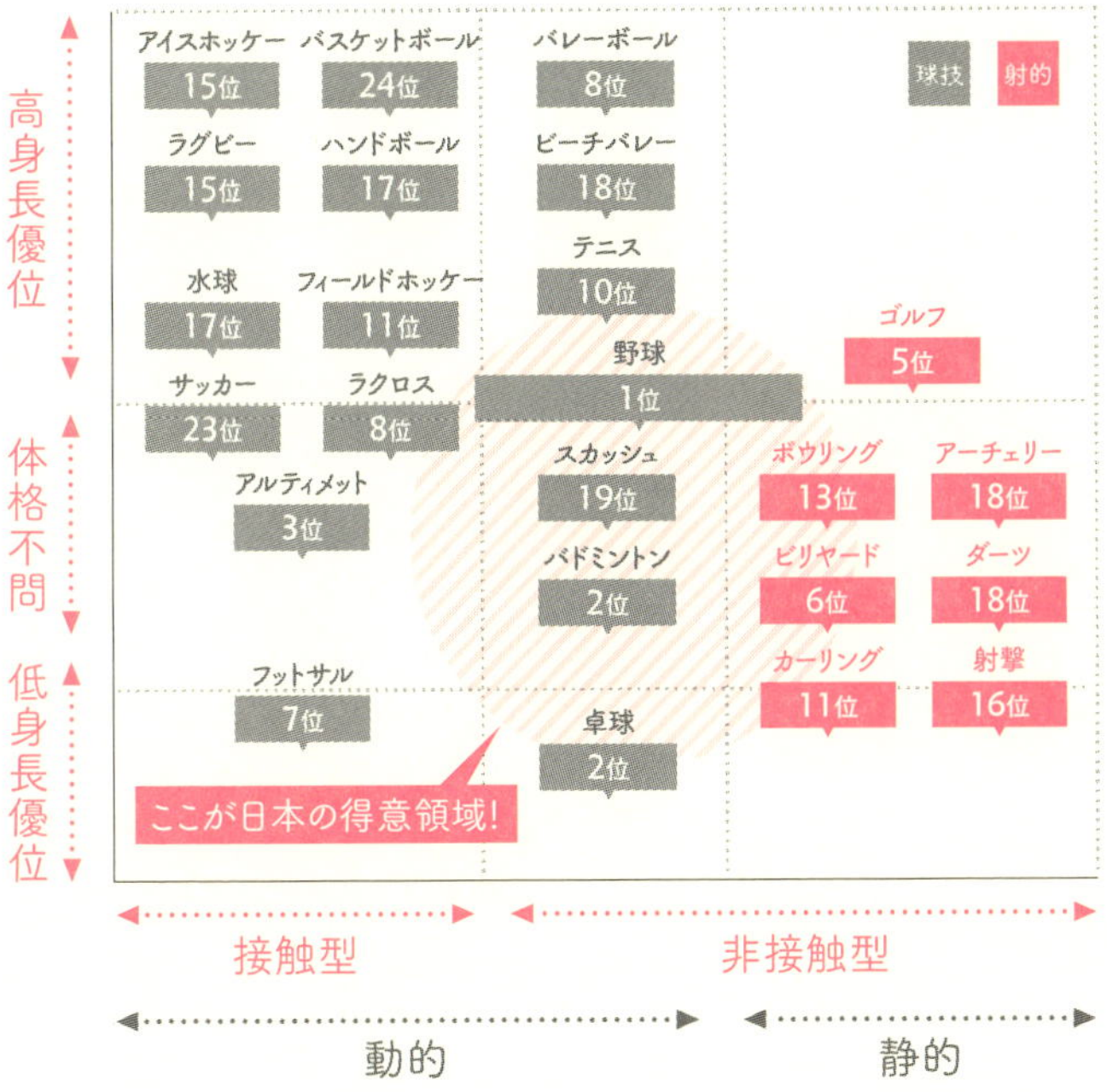

を得意としています。

体格に劣り、絶対的なパワーやスピードも貧弱な日本選手ですが、比較的狭い範囲を俊敏にちょこまかと動き回るのは得意としており、逆に広く自由な空間で乱戦模様になる種目は苦手なようです。

バドミントンや卓球のようにボディコンタクトのない俊敏型になれば、こちらの土俵です。その意味ではスカッシュなどは、今後大きく伸びる可能性を秘めているかもしれません。そして、当然のことながらこの領域での最強のライバルとは、体格の似ているアジア系諸国になるわけです。

女性が頑張る日本の球技界

ここまでの議論は男女の結果を合わせた各

50）データ出所：著者作成

国の総合順位についての話でしたが、日本の場合には男女で活躍度が大きく異なる競技もあります。この違いが良く見える形で結果を再整理したのが次の図51です。縦軸には女子選手の総合順位を、横軸は男子の結果を示しています。右上は男女ともに強い競技で、左下が両方とも弱い競技です。左上は女子が健闘している競技で、右下は逆に男子の方が強い競技であることを意味します。

サウジアラビアのように宗教制約が厳しい国や非常に貧しい地域では、女性スポーツの発展が遅れているために右下ばかりになります。その意味では、右下の男性優位種目がほとんどない日本は皮肉なことに「先進的」だともいえるかもしれません。男女同じように頑張れば競合国の数が少なくなるのは女性の方なので、日本の場合には全体的に女子の方が好成績なのです。

男女で大きく差がついた競技がサッカー（男50位、女4位）とバレーボール（男14位、女5位）。両者とも国内では人気スポーツで、よく練習しているにもかかわらず、激戦区の種目であるために男子チームはなかなか世界で勝てません。新たな技術開発や練習量によってカバーできる余地が今のところまだ残っているのが女性側ということなのでしょう。

もともと有利な卓球などの俊敏型種目ではそのような話にはならないのですが、体格的に不利なところを工夫と努力で克服している種目は、競技自体に世界的な人気が出てくると厳しい結果になります。まず男子が右上からこぼれ落ちて左上側に動き、女子も人気が出てくると徐々

図51

男女×強弱マトリクス

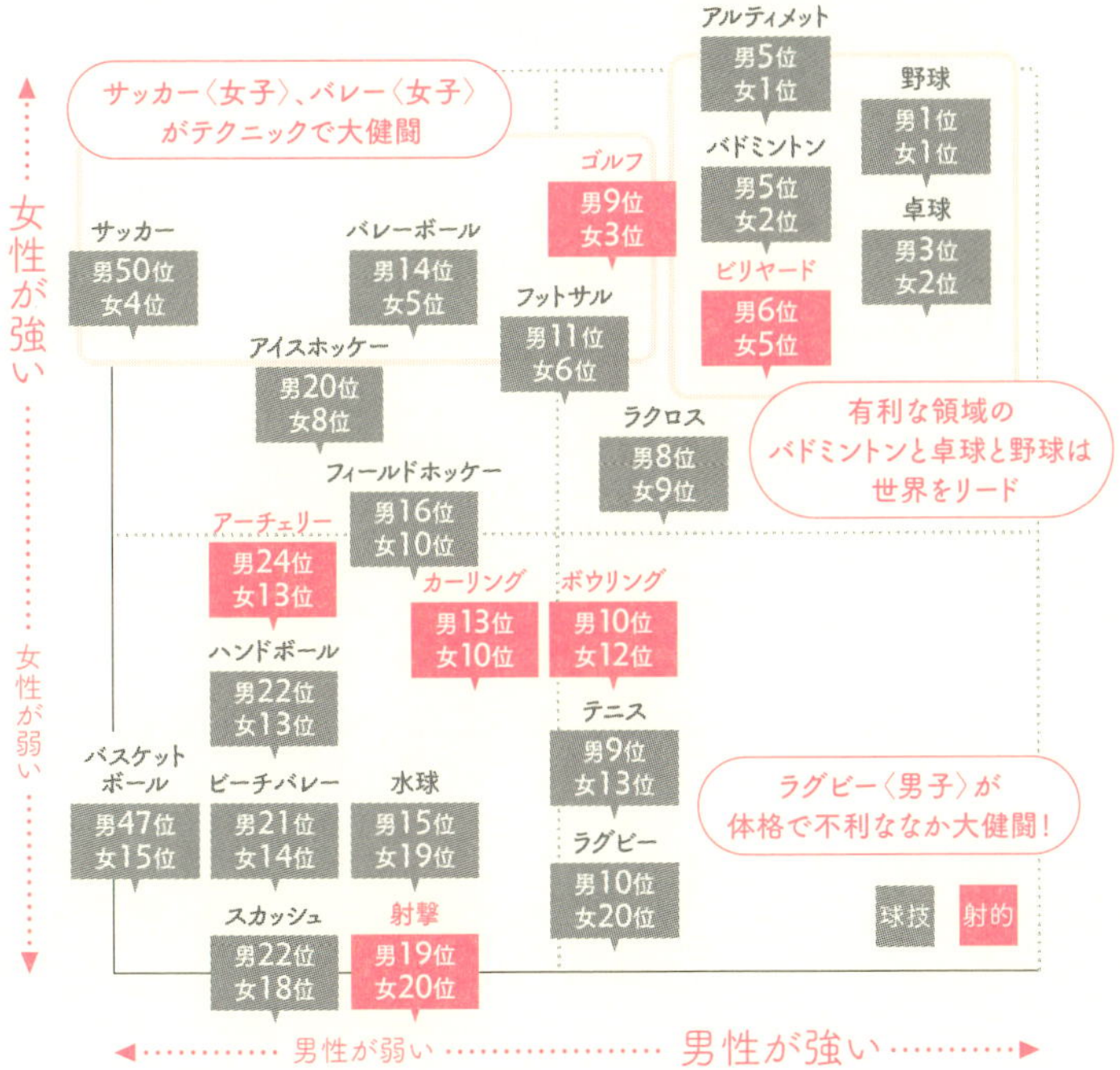

に左下に落ちてくるというのが、無情なる競技成熟化のライフサイクルともいえるでしょう。

極めて例外的に右下ポジションで頑張っている競技がラグビーです。先般のワールドカップでの活躍は、エディー・ジョーンズ監督による「世界最高の練習量」の賜物であることが伝えられました。基礎条件的には最も不利な種目においてこれだけの成績が残せたということは、他の種目のアスリートたちを大変勇気づける朗報だったのではないでしょうか。

実は英米に次ぐ世界有数の球技強国

これまでの解説では、日本の球技陣の成績にはパッとしない印象をお持ちかもしれませ

51）データ出所：著者作成

んが、実はこれまで語った24の球技（射的系7種＋純球技系17種）すべての成績を足し算して国別で比較すると、日本の成績は英国、米国に次ぐ3位です。そこで、それぞれの国の順位が上位何パーセントあたりに位置するのかという比率を出して、全競技にわたってその数値の平均値を求めると次の図52のようになります。

競技によって母数となる参加国の数は異なります。

結果はご覧のとおりで、射的系7種目でみても、それを除いた純球技系17種目で見ても、日本は英米に次ぐ3位です。英国はウェールズとかスコットランドという単位で国際試合に出場しています。それらを足すと数字上はトップに躍り出るという結果になりました（少し不公平なのでここでは1位もうえの0位としています）。日本は、個々の競技で見ると目立ちませんが、どこにでも顔を出しているという特徴があります。こうしてみると、これほど多趣味な国は米国以外にはないのです。企業経営のように勝つことを優先するならば、種目を絞ってリソースを集中すればよいのかもしれませんが、日本式とはそうではありません。どこにでも顔を出して楽しむ、不利な中でもあきらめずに工夫を続けるあたりに日本の風情を感じさせます。

図52

球技・射的総合成績

総合成績 Ranking

1	英国
2	米国
3	日本
4	オーストラリア
5	ドイツ

全24競技 総合結果

順位	国名	ポイント合計
0	イギリス総計*（UK）	3,284
1	米国	2,145
2	日本	2,012
3	オーストラリア	1,862
4	ドイツ	1,855
5	カナダ	1,778
6	オランダ	1,659
7	ロシア	1,616
8	スペイン	1,592
9	フランス	1,574
10	イタリア	1,551
11	中国	1,504
12	韓国	1,500
13	チェコ	1,395
14	スウェーデン	1,321
15	ポーランド	1,297
16	ニュージーランド	1,240
17	オーストリア	1,198
18	フィンランド	1,197
19	ブラジル	1,130
20	クロアチア	1,113

射的系7競技 総合結果

順位	国名	ポイント合計
0	イギリス総計*（UK）	1,142
1	米国	656
2	日本	600
3	韓国	557
4	ドイツ	549
5	スウェーデン	505
6	オーストラリア	500
7	カナダ	499
8	オランダ	451
9	中国	449
10	ロシア	438
11	イタリア	418
12	フランス	399
13	フィンランド	397
14	スペイン	395
15	オーストリア	394
16	デンマーク	391
17	台湾	374
18	ノルウェー	371
19	ニュージーランド	356
20	イングランド	338

純球技系17競技 総合結果

順位	国名	ポイント合計
0	イギリス総計*（UK）	2,054
1	米国	1,489
2	日本	1,412
3	オーストラリア	1,362
4	ドイツ	1,306
5	カナダ	1,279
6	オランダ	1,208
7	スペイン	1,197
8	ロシア	1,178
9	フランス	1,175
10	イタリア	1,133
11	チェコ	1,093
12	中国	1,055
13	ブラジル	996
14	ポーランド	969
15	韓国	943
16	アルゼンチン	928
17	ニュージーランド	884
18	クロアチア	869
19	スウェーデン	816
20	スイス	811

* イギリス総計とはイングランドとスコットランド、ウェールズなどを合算したもの

52）データ出所：著者作成

6 頭脳スポーツ

Mind Sports and eSports

ここまで身体能力を競う走る・泳ぐといったスポーツなどを扱う基礎体力編に始まり、応用編として格闘技や球技の世界も見てきました。モータースポーツ編においては、体力よりは乗りこなす運動神経が重視される競技に注目しました。そして、この乗り物の「操縦」という概念をさらに極めると機器を「操作」する世界に至ります。いわゆるテレビゲームの世界ですが、最近はエレクトロニック・スポーツ（eスポーツ）とも呼ばれています。マウスやジョイスティックを自在に操り、仮想空間上のアバター同士が自動車レースやバトルゲームで勝負をする。実際のレースのような加速度や衝撃はありませんが、純粋に運動神経を競うこのバーチャルフィールドもまた、新たなスポーツ空間といえるでしょう。このテレビゲームにはアクション系以外にも戦略思考系のカテゴリーもあります。こちらは、敵の戦力や行動パターンを分析し、

Photo/Getty Images

図53

スポーツの世界

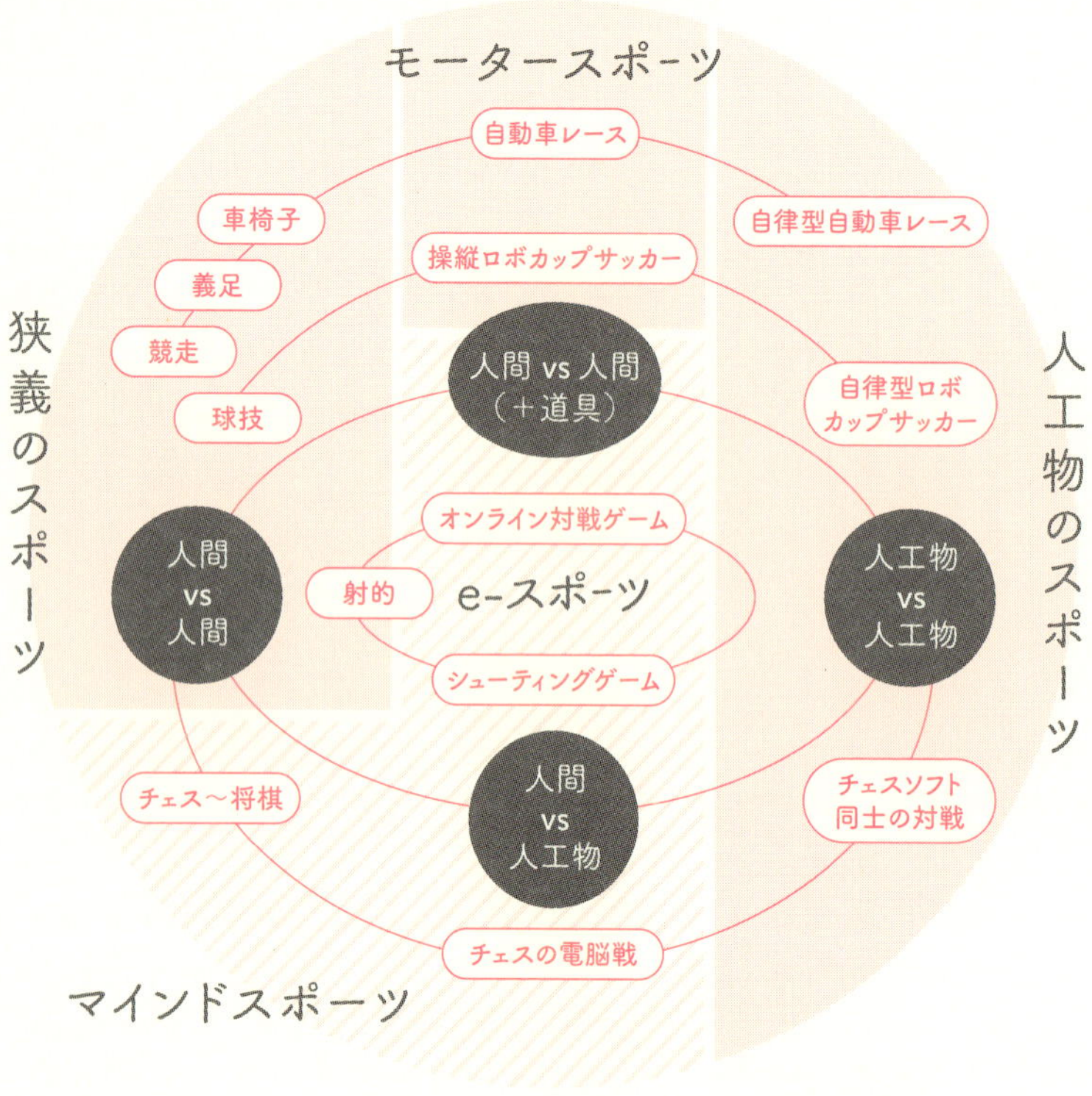

次の手を見極めるという実際の戦を模した遊びであるという点で、チェスやラグビーなどにも相通じる世界です。思考ゲームの方はマインドスポーツとも呼ばれ、こちらも広義スポーツの一翼と捉えることができます。このような観点からみれば、筋力を振り絞る狭義のスポーツから切れ目なくモータースポーツやeスポーツ、マインドスポーツなどの周辺領域が連なっていることがわかるでしょう（図53）。

　コンピューターの性能向上に伴って、eスポーツの形も変化してきています。人間がコンピュータ

53）データ出所：著者作成

ーに対して苦戦する時代になりました。もはやチェスでは勝てなくなり、将棋も碁も風前の灯火です。その傍らで、コンピュータープログラム同士の戦いが熱くなっています。人間が頭脳をぶつけ合うのではなく、エンジニアが作成したプログラム同士の「頭脳」が競い合う時代となっているのです。これを肉体系の格闘技でいえば、まずパワードスーツを着た格闘家同士のバトルがあり、その先には操縦ロボ同士の戦いになり、最後には自分の判断で動くロボット同士の武道会となるわけです。

前置きが長くなりましたが、本節ではここに述べたような「広義スポーツ」としての、マインドスポーツとeスポーツ分野における日本選手の活躍を調べていきたいと思います。これら両分野で登場するゲーム体系の全体像を次のツリー図にまとめました（図54）。

頭脳系のゲームは大きくA～Eの5系統に分類されます。Aの基本脳力系は知能テストのような地頭の良さを競うカテゴリーですが、Dの戦略系になると経営や戦争の実戦シーンに近い応用力を競う分野になります。まずはC～Dのあたり、最も馴染みあるボードゲームやカードゲームの世界からみていくことにしましょう。

図54

スポーツ一覧表

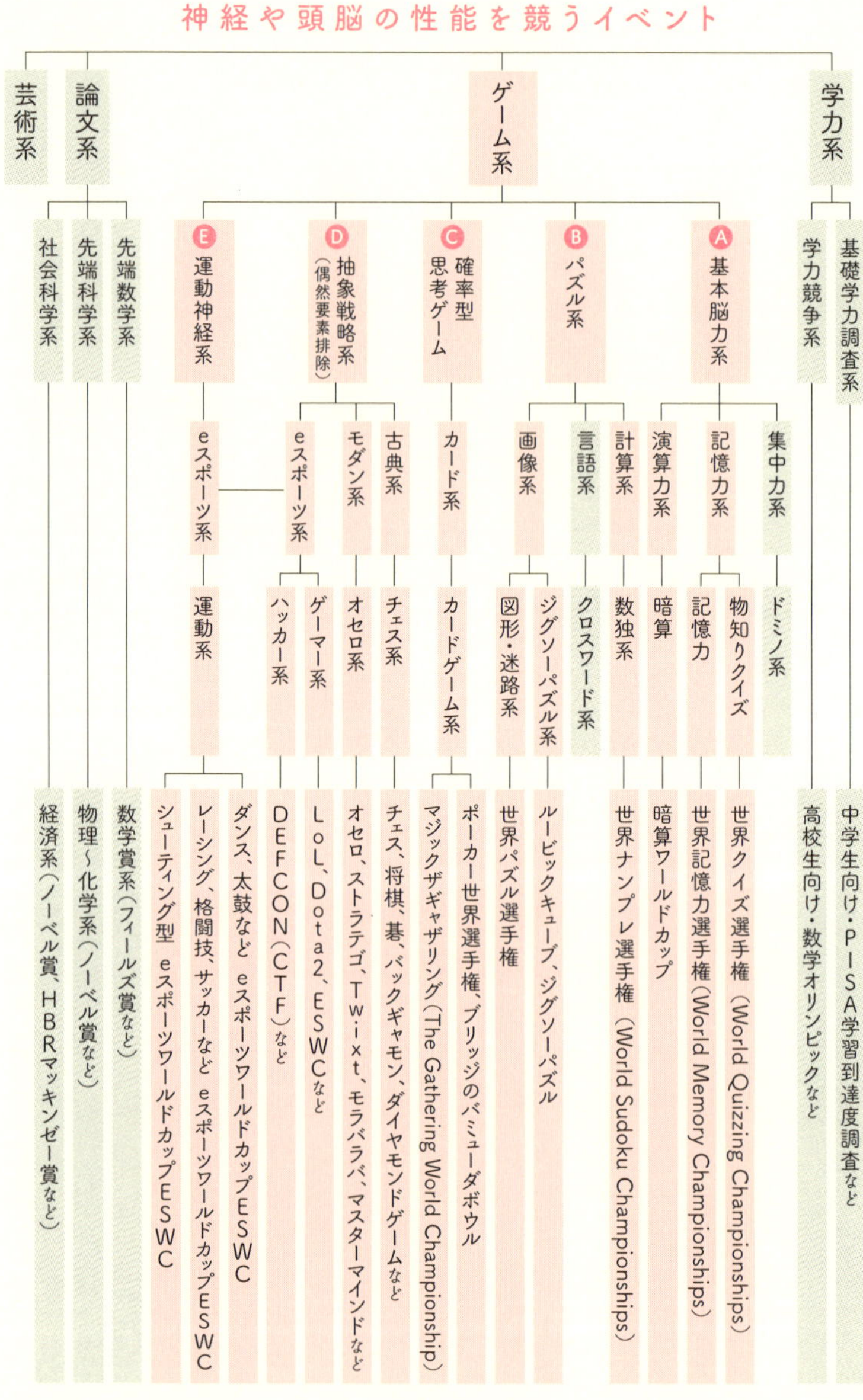

54）データ出所：著者作成

図55

チェス各国ランキング

総合成績（男女合計）
Ranking

順位	国名	男子順位	女子順位
1	ロシア	1	1
2	中国	2	2
3	ウクライナ	3	4
4	インド	5	5
5	ジョージア	21	3
6	米国	4	10
7	ポーランド	10	6
8	フランス	6	9
9	ハンガリー	9	8
10	ドイツ	14	7
11	アゼルバイジャン	8	14
12	アルメニア	7	18
13	オランダ	13	17
14	セルビア	19	11
15	ブルガリア	15	16
16	スペイン	16	13
17	キューバ	17	15
18	イスラエル	11	22
19	ルーマニア	23	12
20	イングランド	12	26
⋮			
100	日本	92	102

（2015年 記録集計）

チェス

マインドスポーツの中でも最も歴史を有し権威ある競技はチェスでしょう。世界王者の歴史をたどると、16世紀から記録が残されています。1924年に国際チェス連盟（FIDE）が設立されて以降は、公式世界チャンピオンが認定されるようになりました。今日では毎年世界チェス選手権が開催され王者が決まります。テニスやゴルフと同様にFIDEもプロ選手をポイント評価したレイティングを発表しています。近年話題のトップランカーはノルウェーのマグヌス・カールセンで、史上最年少となる22歳で世界王座を手にしました。このクラスになると賞金は年間2億円を超えます。このFIDEのレイティングで各国の上位10名のトッププレーヤーの平均点を集計してみました（図55）。

55）データ出所：fide.com

日本の成績は男子の平均点が世界92位、女子が102位で、男女総合100位と世界との差はかなり大きいようです。この世界では、戦後一貫してソビエトが最強国で、今日でも旧社会主義諸国が上位を占めています。まるで歯が立たない日本勢ですが、日本には将棋や囲碁の世界が発達しているために、その筋の才能が国内市場に閉じているという事情があります。たとえば竜王戦で優勝すると4200万円が手に入る中、わざわざ海外に出る動機付けは薄いわけです。本気でチェスに取り組めばどの程度の活躍ができるのか。ポテンシャルは十分にあるかと思います。実際に、チェスの2015年ランキングで4位に入っている中村光（Hikaru Nakamura）選手は米国籍ですが日本生まれの日系ハーフの方です。

ポーカー

ボードゲームと双璧を成すのがカードゲームです。こちらの最高峰はポーカーになります。稼ぐ賞金も桁違いで、最も大規模な団体WSOP（ワールドシリーズオブポーカー）の主催する世界選手権の優勝賞金はその額1000万ドル[1]にも及びます。WSOPでは国別の世界ランキングも公開されていますが、ポイントやレイティングといった小難しい指標ではなく、ここはド直球に「賞金額ランキング」で勝負してもらいましょう。ここは賞金稼ぎたちが渡り合う西部劇のような世界なのです。

＊6-1　開催当初の1970年代には3万ドルだった賞金だが、80年代には50万ドル、90年代には100万ドルを超え、2014年には1千万ドル突破と青天井で過熱している

図56

国別でのポーカー獲得賞金
（2015年記録集計）

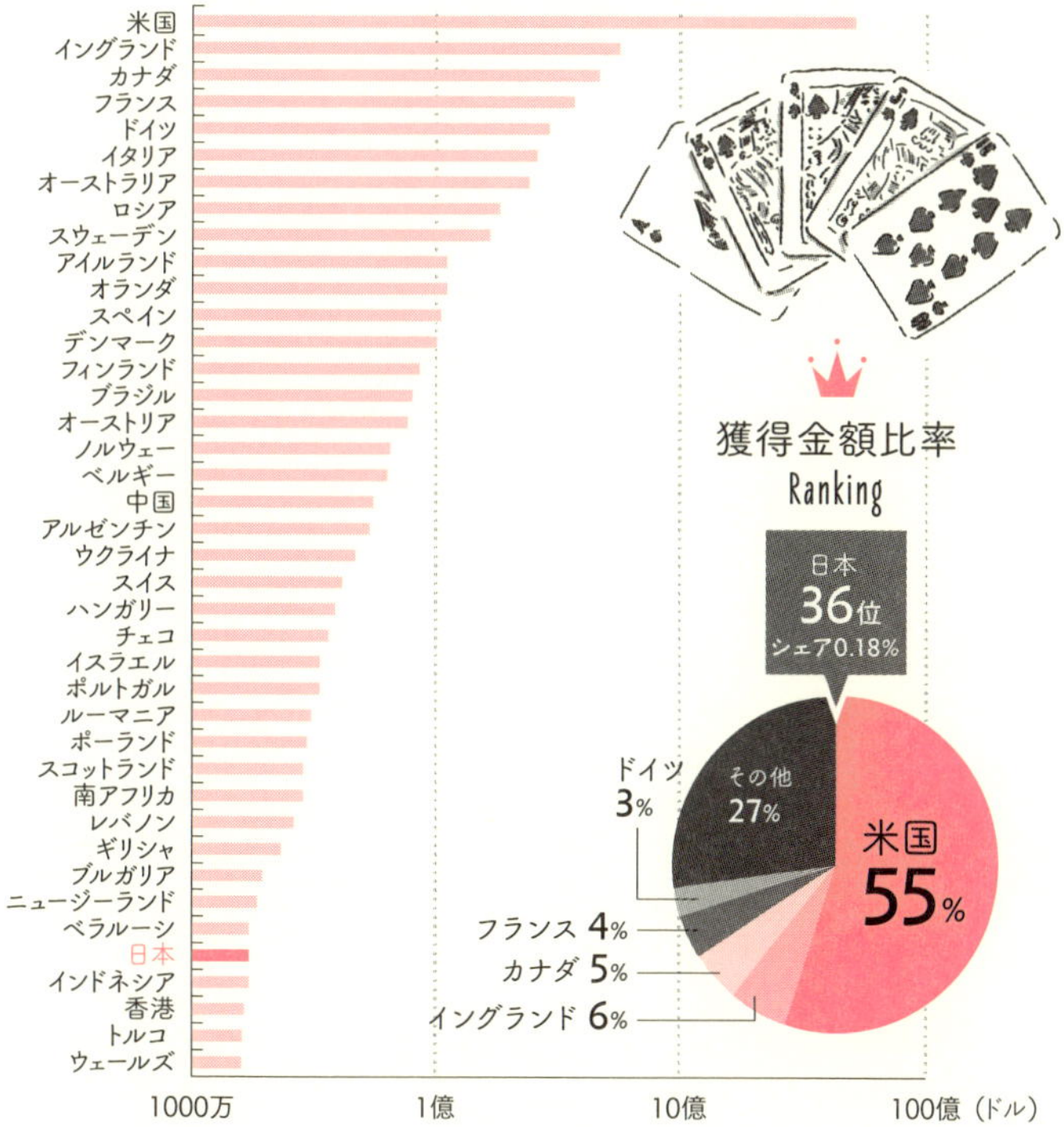

図56の結果を見ると、全部合わせた賞金総額は1兆円を超えるというまさに一大産業の様相です。米国がその1兆円のうちの半分以上を持って行く超大国で、2位のイングランドに10倍近い差をつけています。上位国の面々は西洋列強そのもので、まさに欧米の大人クラブをここに見るようです。そんな大人の世界で日本人の稼ぎは36位。シェアは0・18%とまさにお子様レベルです。「ポーカー世界選手権」とウェブ画像検索をしてみて下さい。勝者がテーブル上に山積みになった札束の横でにんまりしている構図で埋まっています。お上品な日本人には居心地が良くない空間なのでしょうか。

56）データ出所：pokerdb.thehendonmob.com

新世代カードゲーム対戦

同じカードゲームでも21世紀に入ってようやく新カテゴリーが芽生えつつあります。そこは日本勢が大手を振って主役を張るサブカルチャー部門、トレカことＴＣＧ（トレーディングカードゲーム）の世界です。ポケモンカードゲームや遊☆戯☆王デュエルモンスターズなどのことといえば、イメージしやすいかもしれません。これらのゲームは、実は大変に奥が深く、世界の上級者たちが智謀をめぐらす戦略作戦ゲームとして火花を散らす真剣勝負の世界でもあります。中でも米国の数学者が考案したマジックザギャザリング（Ｍ：ＴＧ）は最も広く認められたタイトルです。１９９４年から毎年、公式トーナメント最高峰となる世界選手権が開催されていますが、日本からは通算４名の優勝者が出ています。このＭ：ＴＧのこれまでの成績をまとめてみました（図57）。

世界選手権における8位入賞者を国籍別に経年変化で見てみると、２００４年あたりから日本勢が急速に力をつけてきたことがわかります。今日では米国に次ぐ2位、まさに世界のリーディングポジションを確立しています。主要な大会で順位に応じて与えられる各選手のプロポイントを国別に合算した結果も、日本が同じく2位で15%を占めます。

優勝賞金は、徐々に上がってきたもののまだ歴史も浅いため、5万ドルです。ポーカーに比

図57

M：TG（マジックザギャザリング）
結果

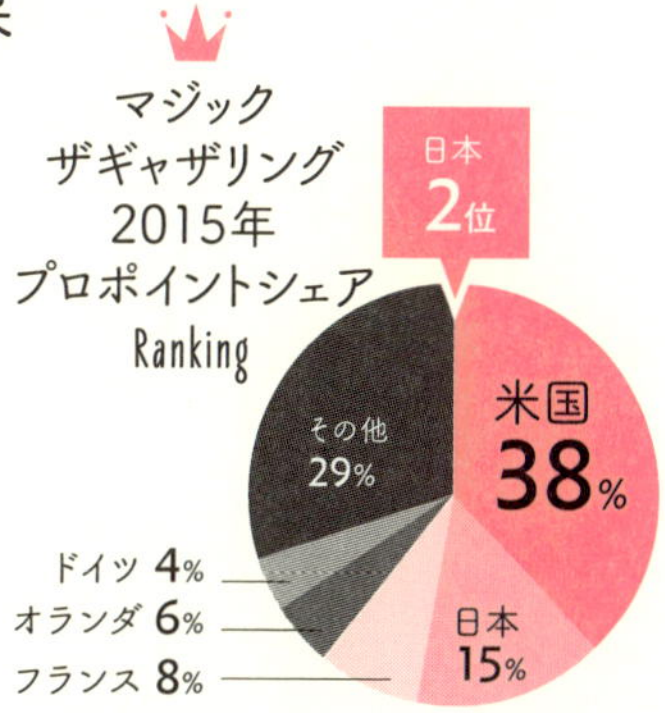

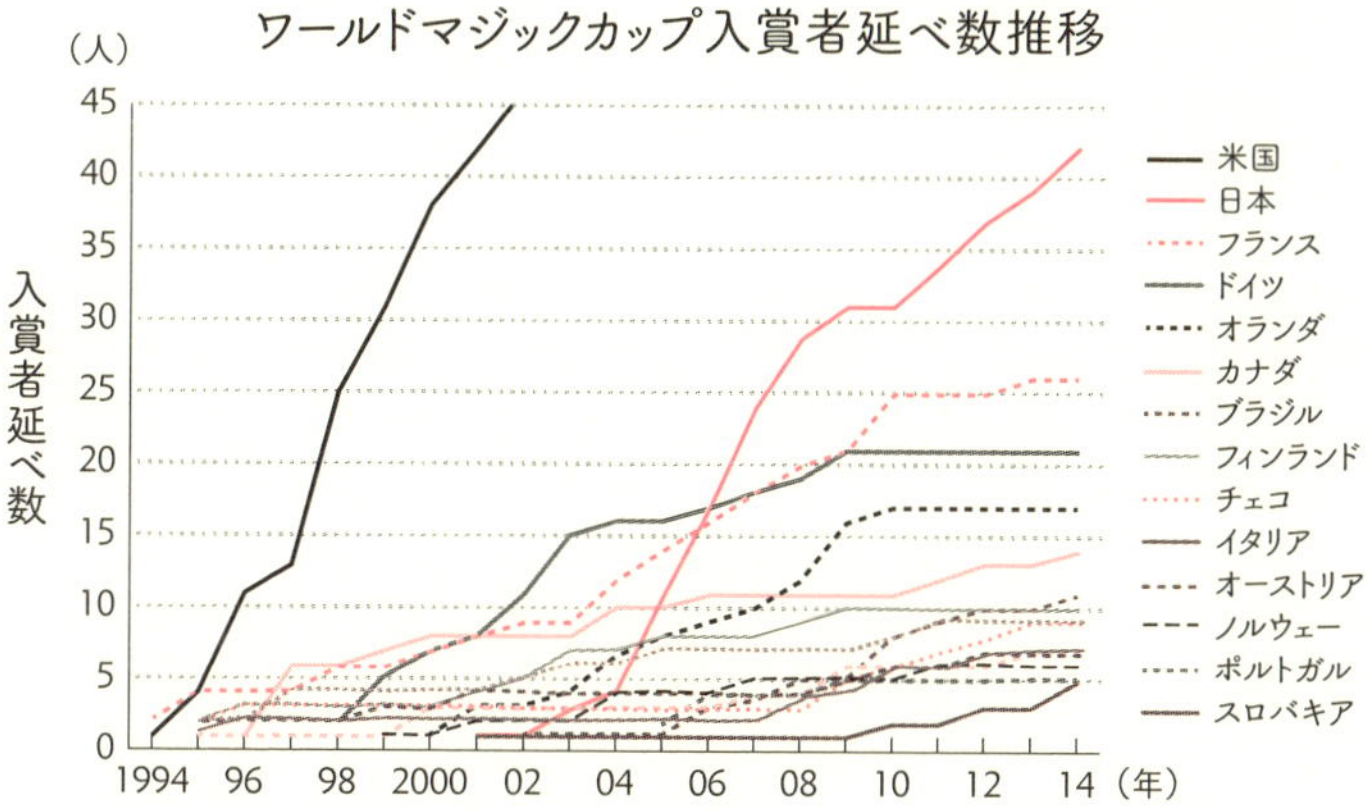

べるとスケールは比較にならないほど小さいものの、活躍する主要な国々はほぼ同じメンバーです。今後大きく市場が成長することを期待したいところです。

eスポーツ（1）ばけもののタイトルのLoLとDota2

M：TGは歴史も浅いためにまだ賞金レベルも小さいといいましたが、その後からやってきて、あっという間にM：TGを抜き去り、巨大な賞金競技へと成長を遂げたモンスターカテゴリーが存在します。それがeス

57）データ出所：magic.wizards.com

ポーツと呼ばれるオンラインコンピューターゲームの世界です。eスポーツには大きく3つのゲームタイプ（FPS：ファーストパーソンシューティング、RTS：リアルタイムストラテジー、MOBA：マルチプレイヤーオンラインバトルアリーナ）がありますが、最後のMOBA系が最もショービジネス的に成功した分野です。このMOBA系の中でも一番普及しているタイトルがLoL（リーグ・オブ・レジェンド）です。世界に7000万人いると言われるLoLの競技人口はゴルフや野球より多く、米国ではスポーツ選手用のビザも発行されるほどに市民権を得ています。eスポーツ全体の賞金総額は、2014年時点で既に3200万ドルに膨らんでおり、ここ5年間で約10倍へと急成長しました。中でもLoLとDota2は、このふたつだけで賞金総額2200万ドルを叩き出すというばけもののタイトルです。日の出の勢いのLoLとDota2におけるプロゲーマーたちの活躍の様子をまとめてみました（図58）。

優勝賞金はLoLで100万ドル、Dota2では662万ドルと、ポーカーさえも追い越す勢いで沸騰する新世界です。この世界中の賞金稼ぎが鎬を削る先端シーンで今最も幅を利かせているのは中国と韓国です。超大国の米国は影が薄く、中韓を追うのはロシアなど東欧系です。そして、日本はこの分野でほとんど実績がありません。日本は家庭用のファミコンやゲームセンターのアーケードゲームが大いに発展したことが裏目に出て、パソコンゲームや通信対戦ゲームの分野で大きく出遅れてしまいました。2015年になってようやく日本初となるFocusMeなどの邦人系プロチームが出始めています。

図58

LoL、Dota2 結果

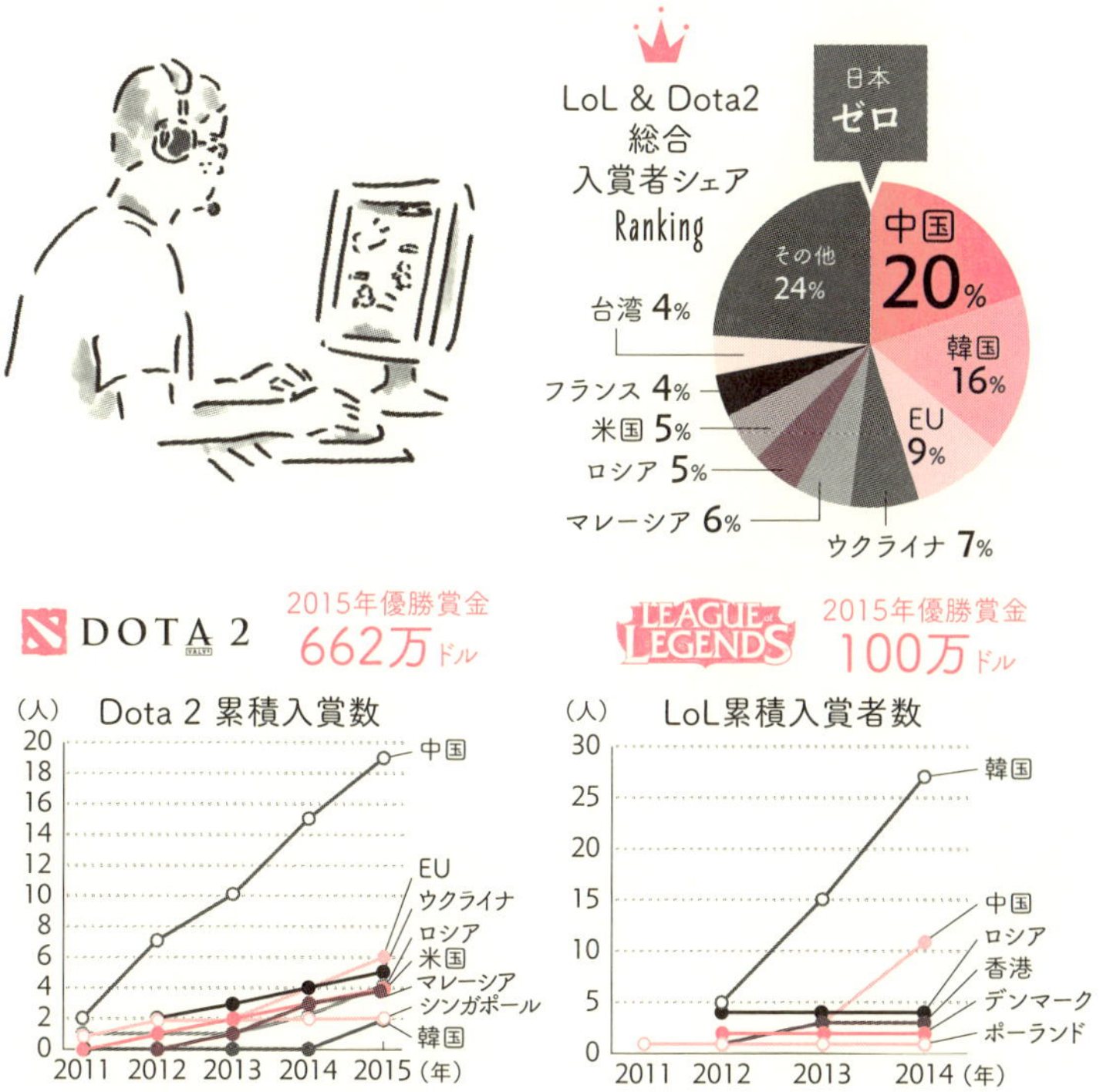

日本人はおそらく技能では相当なポテンシャルを持っているはずですが、中韓〜東欧のウルトラハングリーで功名心に溢れる強豪たちに伍していけるのでしょうか？　一日10時間はチームで練習をするというこの世界は、もはや趣味の延長ではなく、生計を立てるためのプロアスリートの世界になっています。

eスポーツ（2）
基本となる運動神経系テレビゲーム

コンピューターゲームの原点とは、もっと素朴なシューティングや格闘、サッカーやカーレース、ダンスなど反射神経やリズム感を試すアクション系のゲーム

58）データ出所：Wi a League of Legends World Championship, The International (Dota 2)

図59

エレクトロニックスポーツ・ワールドカップ（ESWC）結果

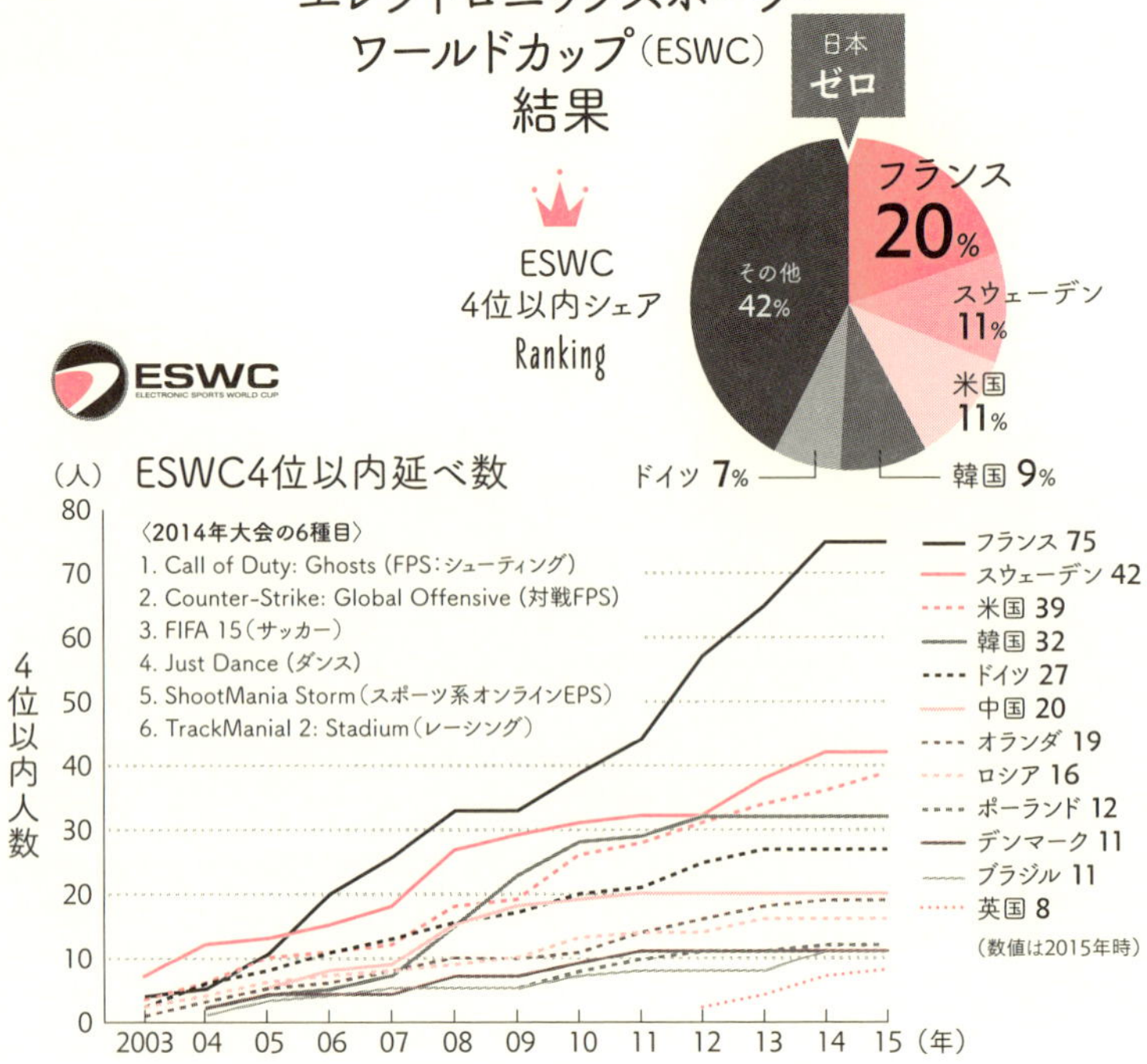

類です。この領域では、その種のアクションゲーム5〜10種目の技を競う総合イベント「エレクトロニックスポーツ・ワールドカップ（ESWC）」が最高峰の大会となります。2003年から開かれているこの大会における上位4位入賞者を国籍別にまとめてみました（図59）。

先ほどのLoLやDota2ほどではないにしても、こちらも賞金総額が約200万ドルにまで成長しているプロ選手用のイベントです。元々開催国のフランスが強く、LoLやDota2同様韓国、中国も名を連ねていますが、また微妙にメンツは異なっています。ここでもやはり、日本選手はこれまで一度も準決勝進出すら果たせていません。

59）データ出所：toornament.com

eスポーツ（3）
「正義のゲーム」なら強い

コンピューターオタクの世界において、真の実力を決める天下一武道会みたいな競技会があります。それがDEFCONのCTF（キャプチャーザフラッグ）です。デフコンとは、年に一度世界中から腕に自信のあるハッカーたちが、情報収集のためにラスベガスに集まる、セキュリティ会議です。そこで腕試しとして始まった競技がCTFでした。

CTFはチームで戦う競技で、互いのコンピューターに侵入し、情報（旗）を奪い合います。パケット分析、プロトコル解析、システム管理、プログラミングや暗号解読など高い知識と技能が求められる勝負で、いわばゲーム感覚のハッキング競技会ともいえるものです。世界から300を超えるチームが集まり、世界最高峰の技術者という名誉を競います。優勝賞金などはなく、ホワイトハッカーとしての栄誉をかけた闘いですが、ここで名を馳せると、有名企業のみならずCIAやFBIからのスカウトが入るとすらいわれます。このDEFCONのCTFにおける各国チームの活躍ぶりをまとめてみましょう（図60）。

最強チームとしてトップランクに長く君臨するのは、米国の名門校・カーネギーメロン大学のPPP（Plaid Parliament of Pwning）という凄腕ハッキングチームです。ここは単なるゲームオタクが集う場所ではありません。コンピューター自体の高度な理解が求められる、まさに情報戦

図60

CFT結果

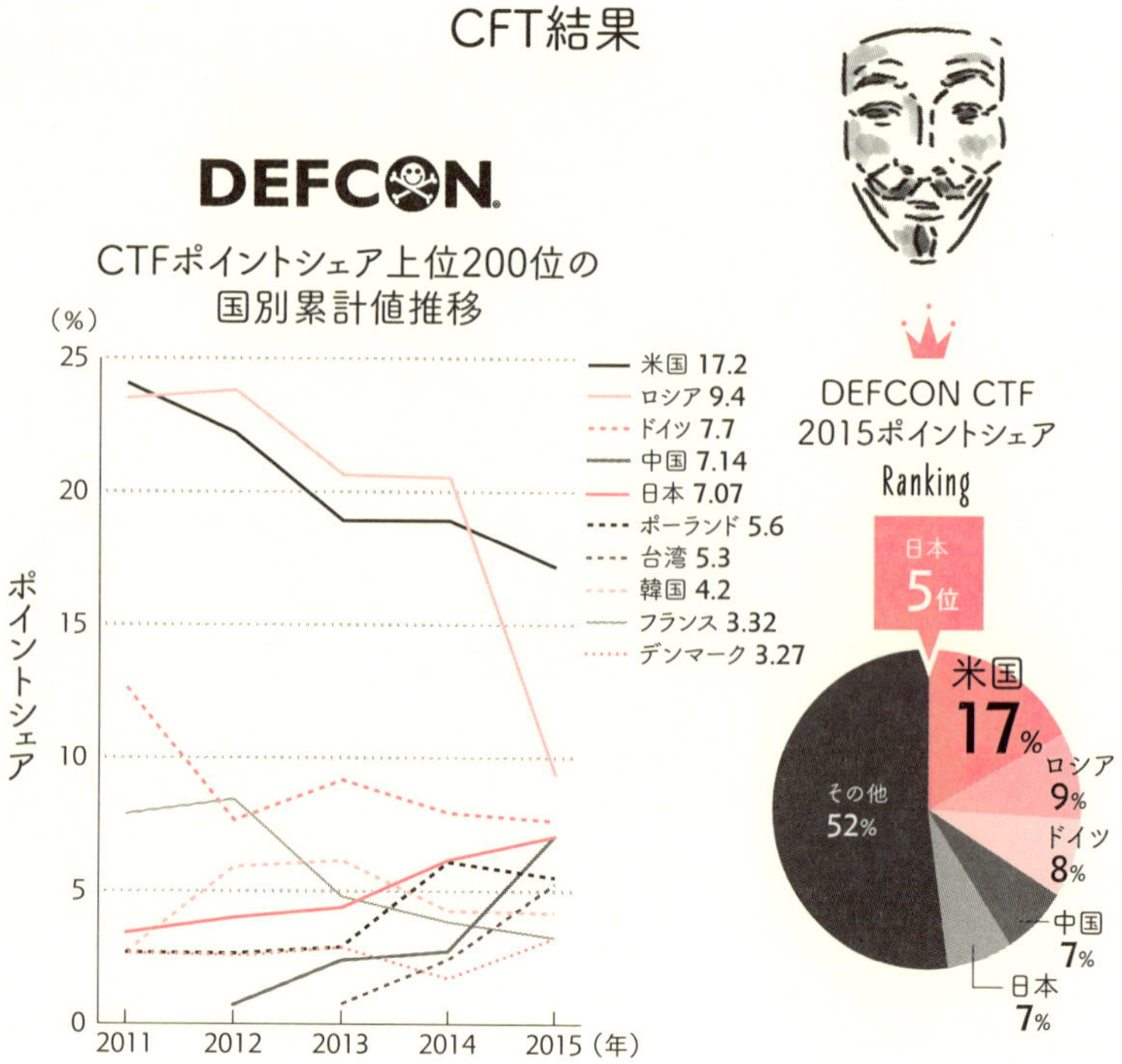

のための空間なのです。

日本勢として上位に食い込む強豪としてはbinjaやfuzzi3、sutegoma2などが知られています。大会の性質上、参加者の名前は皆ハンドルネームで、国籍不明のチームも1割ほど含まれています。国籍の判明しているチームの成績（上位200位の国籍比率）を比べてみると、2015年時点での日本の成績は世界5位と、かなり健闘しています。上位国の顔ぶれはeスポーツの上位国とはかなり違っています。

「ホワイトハッカーのイベントで、名も明かさずに名誉をかけて真の実力を競う」という魅惑的な響きは、なかなか日本人好みのするところなのかもしれません。

60）データ出所：ctftime.org

＊6-2 WSCは日本語では商標問題があるため世界ナンプレ選手権と呼ぶ

＊6-3 個人戦と団体戦の金銀銅メダルの合計数をカウントしたもの

独り遊びのパズルも得意

「マインドスポーツ・オリンピアード」や、陸上の10種競技に相当する「デカメンタスロン」といったマインドゲームの総合競技イベントにおいては、対戦型のカード系やボードゲームとは趣の異なる「パズル系競技」も扱われます。このパズル分野ではWPF（世界パズル連盟）の主催するWPC（世界パズル選手権）が最高峰です。WPCでは各種の数学パズルが出題されます。多種多様な数学パズルの中で「数独」だけは別格扱いになっていて、WPCとは別個に独立した世界数独（ナンプレ）選手権（WSC）が開かれています。両方とも主催はWPF。日本生まれの数独ですが、今や出世を遂げてしまいました。ここでは、1992年より開かれているWPCと2006年から始まったWSC[2]の両結果を国別対抗戦でまとめてみました[3]（図61）。

パズル分野の結果はこれまでと大きく様相が異なり、日本勢が大手を振って活躍しています。数独は母国の日本が強いのは当然ですが、パズル種目全体をカバーするWPCにおいても米国、ドイツに次ぐ3位につけています。2005年ごろから伸びてきましたが、これはこの頃から英語を母語としない選手にも不利にならないように出題の配慮がなされてきたことによるものです。これほどまでに日本人がパズル好きな国民だったとは知りませんでした。敵の顔色や心理を読みながら打ち手を考える類の対人型ゲームより、パズルという人工物を介して作り手と

図61

WSC結果

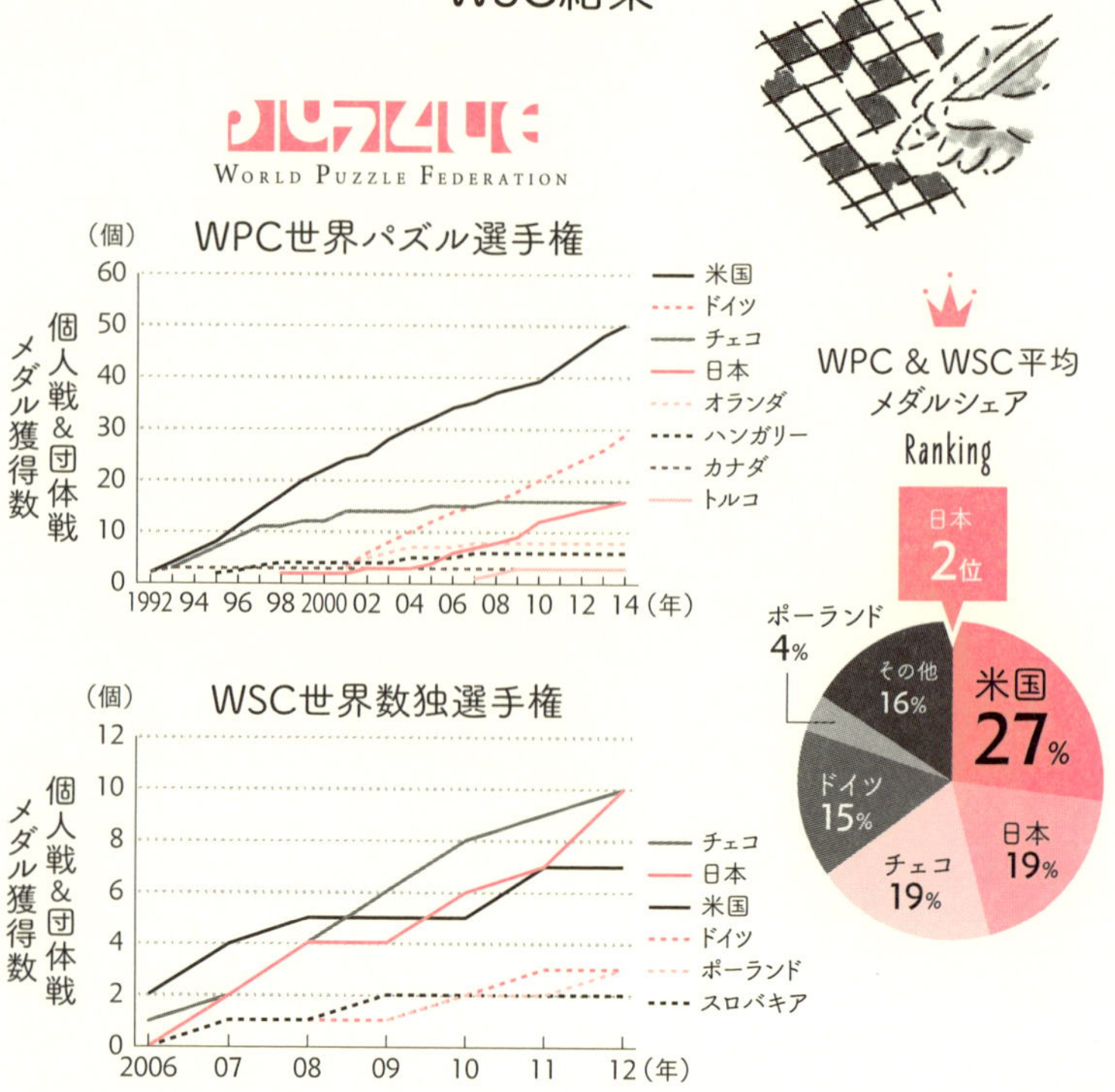

対決する構造の方を好むのは、感覚としてわかる気がします。

地頭系は意外に苦手

マインドスポーツの最後は、最もシンプルな基礎脳力系競技です。具体的には、記憶力（メモリー）と暗算力（CPU）を競う世界的な競技会が対象です。

暗算界における世界最高峰の大会「暗算ワールドカップMCWC（メンタル カリキュレーションワールドカップ）[4]」において、これまでの6大会で上位10位に入った入賞者数を国別に集計してみました。

もうひとつの記憶力比べの方は、1991年から毎年開催されている「世界記憶力選手権WMC（ワールド・メモリー・

61）データ出所：worldpuzzle.org

図62
記憶力 & 暗算結果

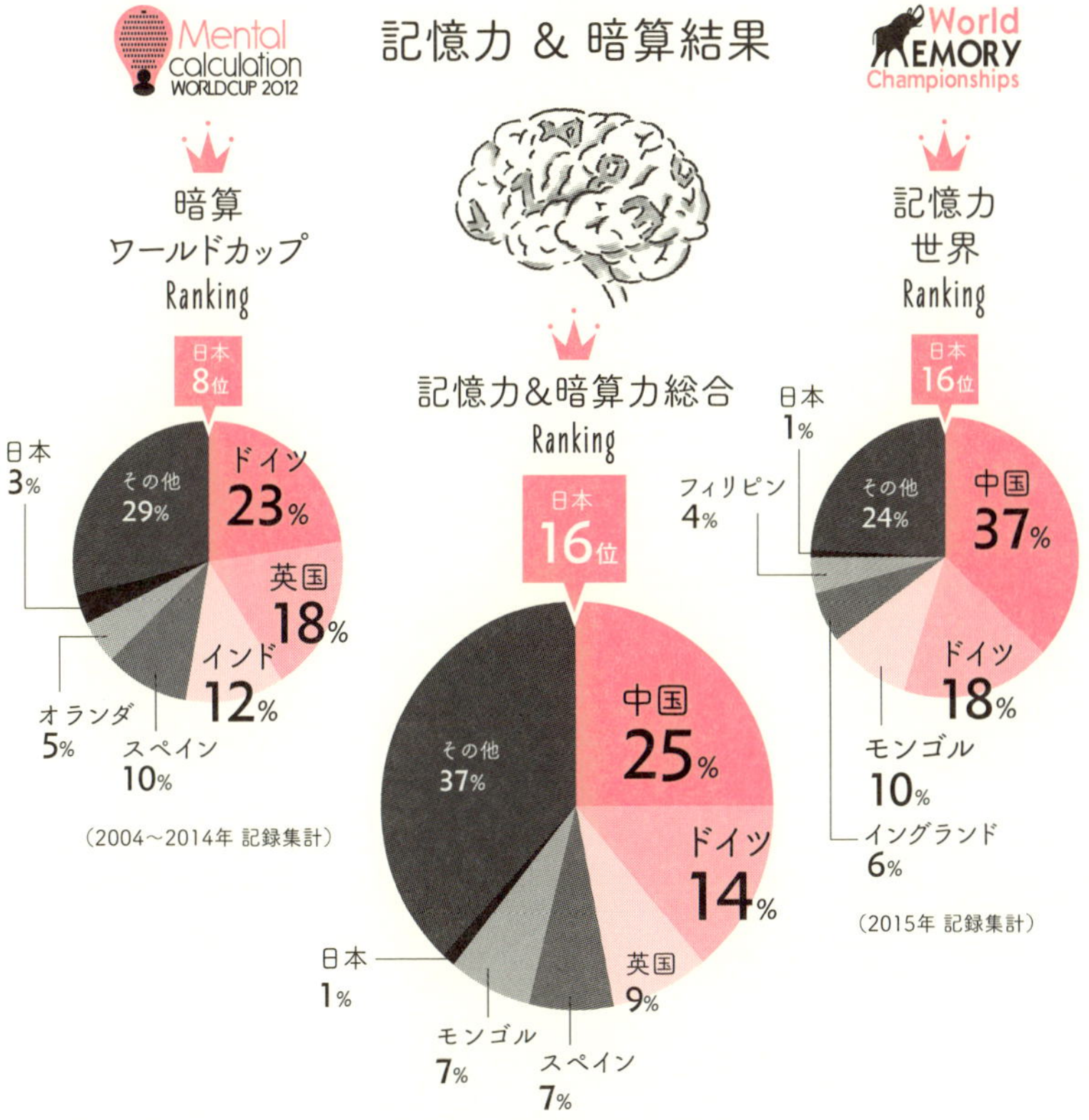

チャンピオンシップ)」の結果をもとに、主催するWorld Memory Sports Councilが出している世界ランキングを用いました。[5] この大会では、一定時間内にたくさん並んだ数字を覚えたり、顔と名前や、無秩序に並んだ単語を覚えたりという10種目の競技が競われます。

その結果、日本の成績は、暗算力が世界8位、記憶力は世界16位となりました(図62)。両者を合わせると世界の16位です。微妙な成績ですね。世界に誇るそろばん文化があるので、暗算は強いはずなのですが、全日本珠算選手権とこの暗算ワールドカップとの連携が希薄なため、本来の力量がまだ反映されていないのかもしれません。近年、ようやく日本選手も活躍を始めていて、2012年大会では小

62) データ出所：world-memory-statistics.com / recordholders.org

笠原尚良が総合優勝、石川智恵が2014年大会で3位に入賞しています（お二方とも珠算学校の先生です）。記憶力の方も似たような状況ですが、こちらは若干英語の要素が入ってくるので、その分不利が否めません。記憶力ランキングで日本1位の池田義博は、世界では67位にランクされています。

マインドスポーツ成績まとめ

eスポーツを含む、すべてのマインドスポーツの総合成績をまとめてみましょう。球技の時と同様に、各競技で国別の順位にのみこだわって、上位何%に入っているのかという数値を足し合わせたました（図63）。100カ国中1位なら100点、100位なら1点という計算になります。

基礎脳力2種目と、eスポーツ3種目、カードとボードゲーム3種目の計8種目の成績を総合すると、国別対抗では日本は8位という結果になりました。どの種目もまんべんなく強いのは米国とドイツで、この2強は抜きん出ています。9位のポーランドもどこのカテゴリーでも顔を見かける常連です。日本の得票パターンと似ているのはチェコやハンガリーなど中欧系。気が合いそうな感じですね。逆に韓国は日本の逆張りが得意なようです。

＊6-4　足し算、掛け算、暦計算や平方根の計算など全10種目で構成される。2004年に始まり、二年に一度ドイツで開催されてきた

＊6-5　上位200位に入る選手のポイントを国別に合計した値で比較

図63

マインドスポーツまとめ

総合成績			基礎能力		eスポーツ			カードとボードゲーム		
順位	合計点	国名	記憶力WMC 暗算力MCWC	パズルWPC 数独WSC	アクション系 ゲームESWC ＄	LoL ＄ Dota2 ＄	デフコン CTF ＄	トレーディングカード MTG	ポーカー WSOP 賞金ランク ＄	チェス FIDE レイティング ＄
1	720	米国	56	100	94	73	100	100	100	97
2	687	ドイツ	97	81	89	45	94	89	97	95
3	615	中国	100	50	86	100	91		88	99
4	540	オランダ	59	63	83		57	92	93	93
5	534	フランス			100	68	77	94	98	96
6	529	スウェーデン	66		97	50	60	83	95	78
7	506	英国	94		69	18	54	83	99	89
8	452	日本	53	94			89	97	77	42
9	450	ポーランド	13	75	77	5	86	17	82	97
9	450	ロシア			80	77	97		95	100
11	445	スペイン	91		49	23	63	36	93	91
12	423	デンマーク	25		74	36	74	44	92	76
13	419	スロバキア	19	69	57		51	67	70	86
14	406	ウクライナ			66	86	69		87	99
15	399	カナダ		31	54	41	14	86	99	73
16	385	韓国	13		91	95	80		66	39
17	373	オーストリア	63		40		29	69	90	82
18	348	チェコ		94				81	85	88
19	331	ハンガリー		56			71	22	86	95
20	330	ベルギー		19	17	9	49	75	89	73
21	326	イタリア			46		46	56	97	83
22	314	ブラジル			71			78	91	74
22	314	ノルウェー	28		51		3	61	89	81
24	297	マレーシア	50		3	82		31	72	60
25	290	フィンランド	19		43	14		58	91	65
26	288	インド	84				34		71	98
27	285	台湾				64	83	50	65	24
28	282	ポルトガル			60		9	64	84	66
29	269	イスラエル	44				17	33	84	90
30	258	トルコ	72	31					75	80

※＄は大金が動く競技
※1位は100点、100位は1点で計算

63）データ出所：著者作成

マインドスポーツの未来は「電脳対決」

eスポーツで選手同士が頭脳を闘わせる土俵はコンピューター上の仮想空間でした。一方、人間と人工物がリアル世界で対決するシーンも、本節の冒頭で述べたように、コンピューターの性能の向上により、盛り上がってきています。

チェスや将棋では、プロ棋士とコンピューターが対局する電脳戦が行われ、徐々に人間の方に分が悪くなってきました。その一方、二足歩行ロボを開発するエンジニアたちは、サッカーのワールドカップで人間のサッカーチームに勝利することを目指し、ロボカップで性能を磨いています。このようなできごとは、少し前まではSFのような空想の世界でのお話でしたが、今では、笑っていられない状況となっています。人間の身体能力を競うパフォーマーとしての世界と、それを代行する人工物を創るクリエーターたちが交錯する、ゲームシーンの現状を検証してみましょう。

「草鞋づくり」でコンピュータオリンピアードも活躍

コンピュータオリンピアードという、さまざまなゲームプログラム同士を戦わせる競技会があります。第1回ロンドン大会が1989年に開催され、2000年以降は国際コンピュータゲーム協会（ＩＣＧＡ）が主催し今や世界的なイベントに成長しています。これまで延べ45種目の競技が実施されてきましたが、その多くは1～2回の開催に終わり途絶えてきました。ＩＣＧＡがまとめているデータによると、これまで実施された延べ実施回数が最も多い種目はチェスで、１９７６年から累計70回開催されています。多い順に、上位６種目を挙げると、チェス（70回）、囲碁（37回）、中国将棋（16回）、日本将棋（13回）、ドラフツ（12回）、アマゾン・チェス（12回）となります。これらの主要６種目について、全競技会で３位入賞を果たしたチームをカウントして国別対抗で成績をまとめてみました（図64）。

日本の成績は、囲碁と将棋で１位、アマゾンでは３位に入り、総合点にするとドイツ、米国に次ぐ第３位。ドイツはチェス部門で大きく得点を稼ぎ、そのチェス自体の重み付けが大きいために総合で１位になっています。オランダは総合点では４位ですが、唯一６種目すべての分野で活躍しており、この人工知能ゲーム分野への関心の高さが表れています。先にまとめたように、日本はマインドスポーツ分野全体で「プレーヤー」としての総合成績は８位でしたが、選手に成り代わる人工プログラムを作る方では３位とずいぶん成績がよくなりました。

これは、モータースポーツと同じパターンです。あの時も自動車のレースドライバーとしての成績は総合18位でしたが、車体をまとめるコンストラクターとしては世界第２位でした。やはり、日本は草鞋づくりの方が性に合っているようです。

図64

コンピューターゲーム主要6種目結果

対戦成績

（2001〜2011年 記録集計）

Ranking

順位	国名	チェス	囲碁	中国将棋	将棋	ドラフツ	アマゾン	総合 メダル数単純合計	メダル数×重み付け係数	シェア（%）
	トーナメント数	70	37	16	13	12	12	160		
	トーナメント数の重み付け係数	43.8%	23.1%	10.0%	8.1%	7.5%	7.5%	100%		
1	ドイツ	32	6				2	40	15.5	23.7
2	米国	9	15				8	32	8.0	12.2
3	日本		23		28		4	55	7.9	12.0
4	オランダ	8	4	2	2	15	12	43	6.8	10.4
5	イスラエル	14						14	6.1	9.3
6	フランス	2	13	3			4	22	4.5	6.8
7	英国	5	4		3			12	3.4	5.1
8	ベルギー	5	2					7	2.7	4.0
9	台湾		3	18				21	2.5	3.8
10	中国		3	8	2			13	1.7	2.5
11	世界		6					6	1.4	2.1
12	カナダ		5	1			1	7	1.3	2.0
13	スイス	1				7		8	1.0	1.5
14	オーストリア	2						2	0.9	1.3
14	ハンガリー	2						2	0.9	1.3
16	チェコ		3					3	0.7	1.1
17	トルコ	1						1	0.4	0.7

64）データ出所：grappa.univ-lille3.fr/icga/

★6-6 キッズサイズ（身長60cm以下）、ティーンサイズ（100cm以上）、アダルトサイズ（130cm以上）のヒューマノイド全3部門で、3位までに入った入賞者数を国籍別にまとめた

ハードのロボカップも得意

同じようにハードウェアのロボット対戦の方も調べてみました。敵を倒しあうコンバット系のロボットイベントは世界中に数多ありますが、その多くは興行的色彩の強いものです。そんな中で、ロボット工学に関わる大の大人たちが、真剣に技術の粋を尽くして「遊ぶ」イベントとしては、日本発のロボカップ（RoboCup）が最高峰と考えられます。

ロボカップはその名のとおり、ロボット同士がサッカーゲームで勝敗を競うイベントです。モニター上だけのシミュレーション部門から、車輪型ロボ、四足ロボ部門などさまざまありますが、最も上級編で技術難度の高いカテゴリーがヒューマノイドリーグです。まだ二足歩行するだけでも大変なロボたちが、自律的に判断して動作し、チームで連動してゴールを狙うという競技仕様は、試合を成立させるだけでも大変です。ロボカップ設立から遅れること5年、2002年から行われるようになったこのヒューマノイド部門の成績をまとめてみました[6]（図65）。

開催当初から、ドイツと日本がつばぜり合いを続けています。実際の産業用ロボットの売上高でみても、このライバル同士の二国が世界シェアの9割以上を供給しています。ロボカップの第三極には中国とイランが台頭してきました。部門が異なりますが、ロボカップレスキューという別部門ではタイがリードするなど、新興国も学生の技術力育成に積極的です。

図65

ロボカップサッカー ヒューマノイド部内結果

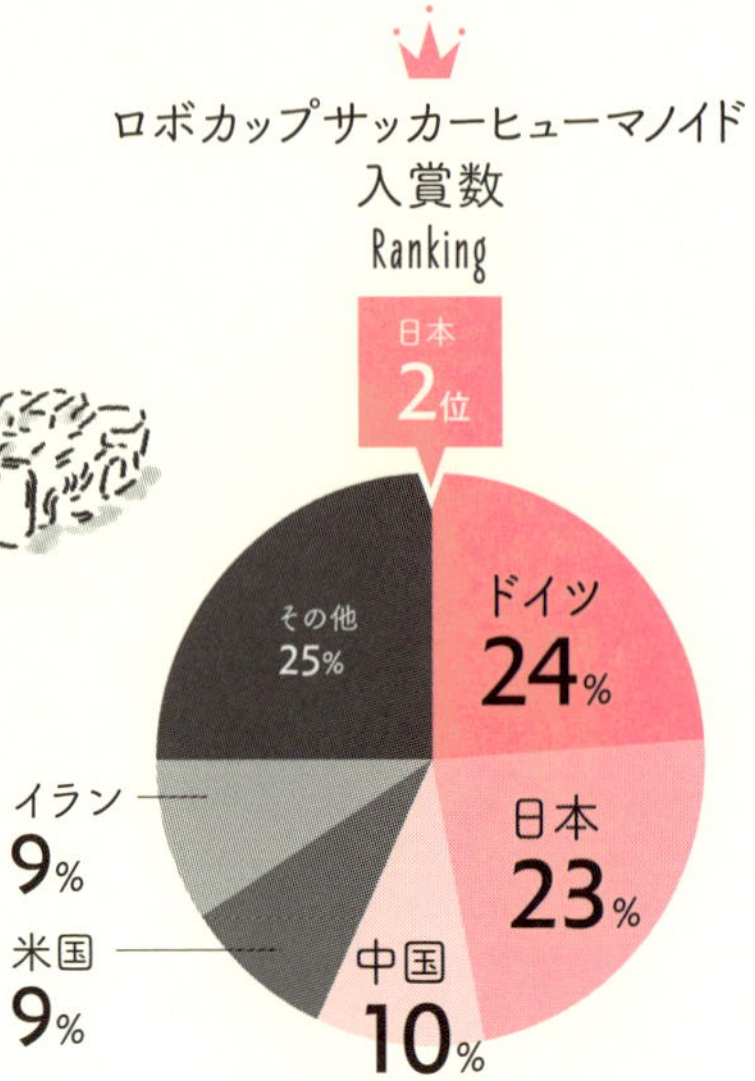

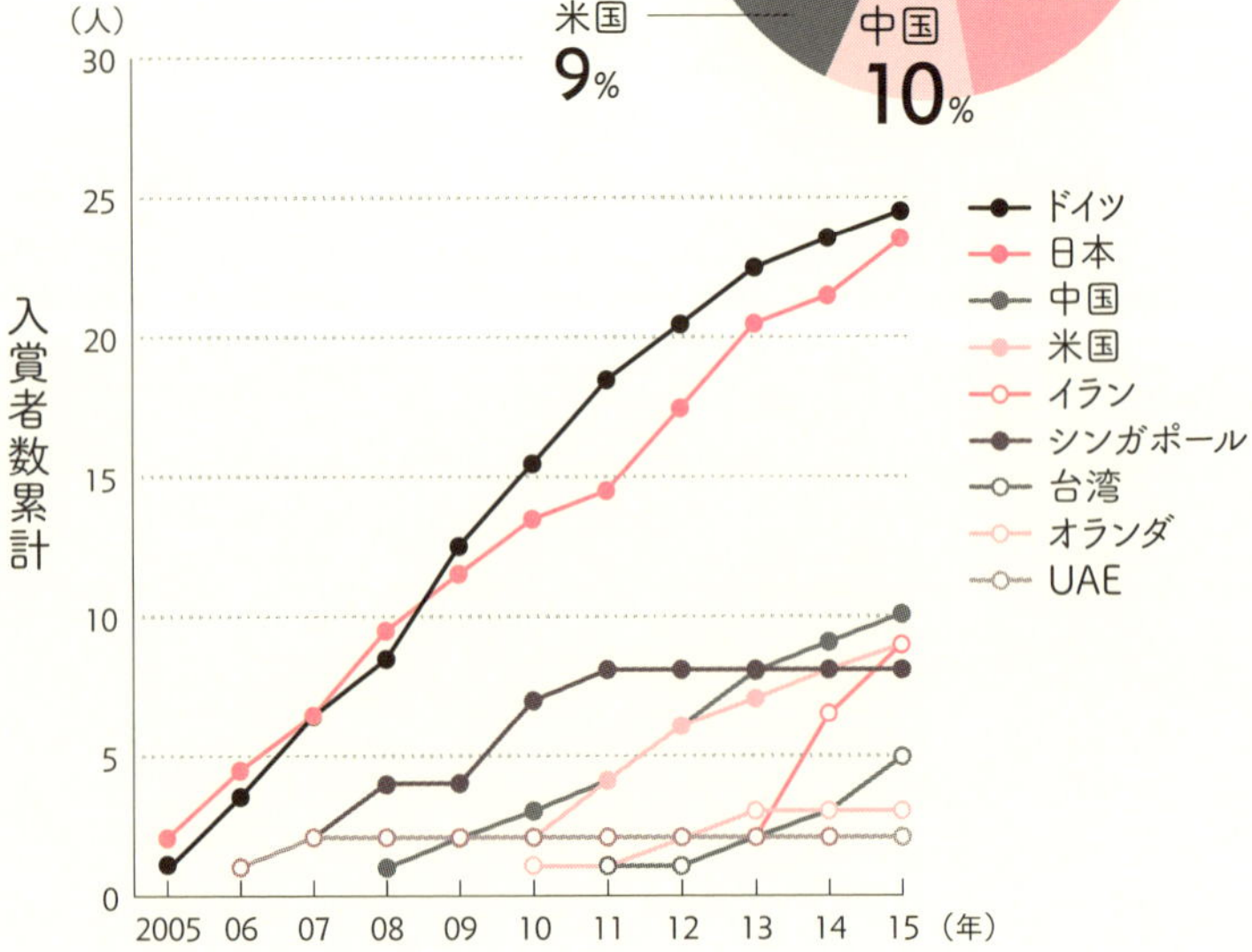

65）データ出所：robocuphumanoid.org

高性能ロボットや戦略思考ゲーム用のソフトウェアは、兵器や治安用装備との境界が微妙なハイテクの塊です。しかし、これらをあくまでも実用的ではない高級なおもちゃとして愛でる世界において、ソフトは3位、ハードは2位に食い込んでいるあたりに、愛すべき日本のお人柄が表れているようです。

7 スポーツ競技まとめ
Total Sports Performance

全スポーツ成績一覧

スポーツの話が長くなりましたので、ここで一旦おさらいをしたいと思います。徒競走や自動車レースなど記録競技から始まって、格闘技や球技などの対戦競技、そして頭脳スポーツの世界についてすべての成績を総括するとともに、後段ではスポーツの経済性と道徳性とのバランス感覚について考えてみたいと思います。「経済性と道徳性」とは、つまり富と名声のどちらを優先する国民性なのかというお話です。

ここまで登場したすべての競技の結果をまとめると図66のようになります。順位の算出法は前と同様で、各競技の国別順位だけに注目して、その順位を足し合わせました。話はまず走り

Photo/Getty Images

図66

全スポーツまとめ

スポーツ分野

	基礎体力（走破力）	操縦系競技	格闘技	球技と射的	頭脳スポーツ
種目事例	陸上競技 競歩 競泳 スピードスケート クライミング 登山	F1 インディ500 ル・マン24 デイトナ24 ダカールラリー オートバイレース	レスリング ボクシング 柔道 テコンドー	サッカー ラグビー 野球 テニス スカッシュ 卓球 バドミントン 射撃 ダーツ ゴルフ	チェス ポーカー パズル 数独 M・TG Dota2 LoL 暗算 記憶力
上位国と日本の成績	走り泳ぎ滑り 日本 4位 1 米国　2 ロシア　3 カナダ	ドライバー 日本 18位 1 米国　2 フランス　3 英国	打撃系 日本 5位 1 米国　2 メキシコ　3 韓国	球技 日本 3位 1 英国　2 米国　3 日本	プレーヤー 日本 8位 1 米国　2 ドイツ　3 中国
	老若障碍者 日本 2位 1 米国　2 日本　3 英国	コンストラクター 日本 2位 1 米国　2 日本　3 イタリア	組技系 日本 1位 1 日本　2 イラン　3 米国	射的 日本 3位 1 英国　2 米国　3 日本	エンジニア 日本 2位 1 ドイツ　2 日本　3 米国
日本の特徴	基本的に非力でスピードもない 陸水氷どこでも走り総合力で勝負 低速種目なら強い 障碍者や老人なら強い	命がけの操縦は苦手 車体づくりの裏方の方が得意 単車なら操縦もOK	弱そうに見えて実はケンカ上手 ただし軽量級のみ	体格で不利な接触系は苦手 敏捷に立ち回る競技が得意 どんな種目も無難にこなして総合力で勝負	賞金額の大きな種目は不得手 対人駆け引き系より独り遊び系が得意 高性能のおもちゃを作る方が得意

66）データ出所：著者作成

の世界から入りました。一番シンプルな100Mダッシュでは世界と格差がありましたが、水泳やスケートなどの短距離種目も併せると意外な健闘を見せ世界4位。また同じ100M走でもジュニアやマスターズ、パラリンピアンを対象に比較すると世界2位になっています。真正面からパワーをぶつけ合う勝負では分が悪いのですが、いろいろと軸をずらして戦うことで活路を見出す日本流のしのぎ方がよく表れています。

モータースポーツでは、命がけのレーサー部門での活躍は諸外国に譲るものの、車体をまとめ上げるコンストラクトの仕事となると、欧州と米州の双方に提供し、合計すると世界2位の貢献度になっています。

格闘技を見ると、日本人は意外にも総合で米国に次ぐ世界で2番目につける強い戦闘系民族です。とくに組技（柔道とレスリング）では世界最強。打撃系も、テコンドーでなく空手が基準種目となれば、ボクシングと併せて世界最強でしょう、というのは少し愚痴っぽいですが、いずれにせよ相当な強者ぶりです。ただし、体格が世界標準より劣るため軽量級を中心とした活躍になります。最強の小兵といったところでしょうか。

球技では格闘技のように階級制がないために、多くの種目で苦戦を強いられます。そんな中でも得意な領域は、卓球やバドミントンのようにボディコンタクトがなく、小さいスペースを俊敏に動き回る系統。ここなら世界の一級品です。また、他のカテゴリーと同様に多くの競技に顔を出しこつこつとポイントを稼いだ結果、合計では意外にも米英に次ぐ世界の第三極というポジションになっています。

そして頭脳スポーツ分野では、巨額の賞金を求める対面プレーは苦手気味。しかし、矢面には立たないで敵と戦うロボットや、プログラムを設計する側に回ると、最強の兵器を開発する力を持っています。このあたりモータースポーツと似た関係性になっています。これら一連の結果をすべて合算した「統一スポーツ王」とでもいうべきものを算出してみました（図67）。

まずわかることは、これほど広範なスポーツ界の全域にわたってアスリートを供給できる国は非常に限られるということです。10あるカテゴリーが全項目埋まるのは米国、日本、ドイツ、英国、フランスの5カ国だけ。そして、日本の総合成績はなんと世界の2位です。何でもナンバー1の超大国アメリカの次に、世界のスポーツシーンを牽引するスポーツ大国は日本であると、この表は語っています。オリンピックの金メダル獲得合戦では伸長著しい韓国や中国ですが、全体的にみれば、まだまだ及びません。日本は老舗として、厚みの違いを見せつけています。それだけ、広い裾野を作り上げるのには時を要するということでしょう。

表の左側ではスポーツの定義を広く捉え、自動車やテレビゲームの分野まで含めましたが、念のために狭義のカテゴリー5つだけのバージョンも計算しました。表の右側に示したその結果を見ると、上位の顔ぶれは多少変わりますが（ロシアや韓国が上位に浮上します）、それでもなお

図67

広義のスポーツ・狭義のスポーツ結果

広義スポーツ10領域 短距離走 陸上・水泳・スケート	短距離走 ジュニア系・マスターズ車椅子・義足	モータースポーツ ドライバー	モータースポーツ コンストラクター	格闘技 打撃系	格闘技 組技系	球技 射的系	球技 純球技	ブレインスポーツ マインドスポーツ	ブレインスポーツ ソフトロボット	広義スポーツ平均値	国名	順位	国名	狭義スポーツ平均値	狭義スポーツ5領域 短距離走 陸上・水泳・スケート	格闘技 打撃系	格闘技 組技系	球技 射的系	球技 純球技
100	100	100	100	100	97	99	100	100	91	**99**	米国	1	米国	**99**	100	100	97	99	100
92	99	47	89	95	100	98	99	96	96	**91**	日本	2	日本	**97**	92	95	100	98	99
85	96	91	44	93	72	97	98	99	100	**87**	ドイツ	3	ロシア	**93**	97	87	94	91	96
82	97	94	67	94	79	100	100	97	57	**87**	英国	4	英国	**91**	82	94	79	100	100
69	87	97	56	88	96	90	96	98	61	**84**	フランス	5	韓国	**91**	74	98	93	97	93
62	93	88	78	74	70	91	95	90		**74**	イタリア	6	カナダ	**89**	95	80	81	94	98
90	74	28		72	84	93	97	98	87	**72**	オランダ	7	ドイツ	**89**	85	93	72	97	98
95	90	16		80	81	94	98	93	48	**69**	カナダ	8	フランス	**88**	69	88	96	90	96
97	76			87	94	91	96	96		**64**	ロシア	9	オランダ	**87**	90	72	84	93	97
79	94	66		85	34	95	99	83		**63**	オーストラリア	10	オーストラリア	**78**	79	85	34	95	99
49	40	78	33	97	55	88	97	95		**63**	スペイン	11	イタリア	**78**	62	74	70	91	95
74	69			98	93	97	93	92		**62**	韓国	12	スペイン	**77**	49	97	55	88	97
10	85			78	73	92	94	99	83	**61**	中国	13	ポーランド	**70**	36	52	87	83	93
59	84	81		67	67	53	94	89		**59**	ブラジル	14	ウクライナ	**70**	33	67	90	71	87
77	59	72		50	13	96	91	97		**56**	スウェーデン	15	中国	**70**	10	78	73	92	94
	75	34	11	34	88	78	91	82	30	**52**	スイス	16	ブラジル	**68**	59	67	67	53	94
	54	44	22	19	63	87	90	92	43	**51**	オーストリア	17	スウェーデン	**65**	77	50	13	96	91
46	78	84		19	12	89	90	88		**51**	フィンランド	18	イラン	**65**		86	99	66	76
33	35	69		41	64	78	89	90		**50**	ベルギー	19	キューバ	**65**	38	77	82	47	79
				86	99	66	76	83	74	**48**	イラン	20	ハンガリー	**64**	54	57	57	66	86

日本は広義でも狭義でも2位！

部分は狭義スポーツ5種目

67）データ出所：著者作成

日本は2位のポジションを保っています。文句なしのナンバー2です。

そして、調べるほどに思い知らされるのは、米国という国のとてつもない強さです。10領域中7つでトップという圧倒的な大横綱。中国が米国と並ぶ世界の大国になったなどと主張していますが、スポーツ界ではまだまだ序の口レベルなのです。

スポーツマンシップの経済と道徳

「スポーツマンシップ」という言葉があります。スポーツ競技は本当の戦争や経済戦争とは異なり、真剣ながらも「遊び」ですから、本来美しくあらねばなりません。勝てば官軍という世の摂理とは一線を画し、人々に夢と感動を与えなければ、スーパーヒーローにはなれません。人々からの尊敬と破格の収入は、汚い手は使わずフェアに戦い、それでも勝ち続けてはじめて手にすることができるのです。「道徳なき経済は犯罪であり、経済なき道徳は寝言である」という二宮尊徳翁の言葉の通りですね。というわけで、スポーツの国別対抗戦の最後に、各国アスリートの「稼ぐ力」と「美しさ」について調べてみたいと思います。

図68

アスリート・トップ年収と10位までの年収合計

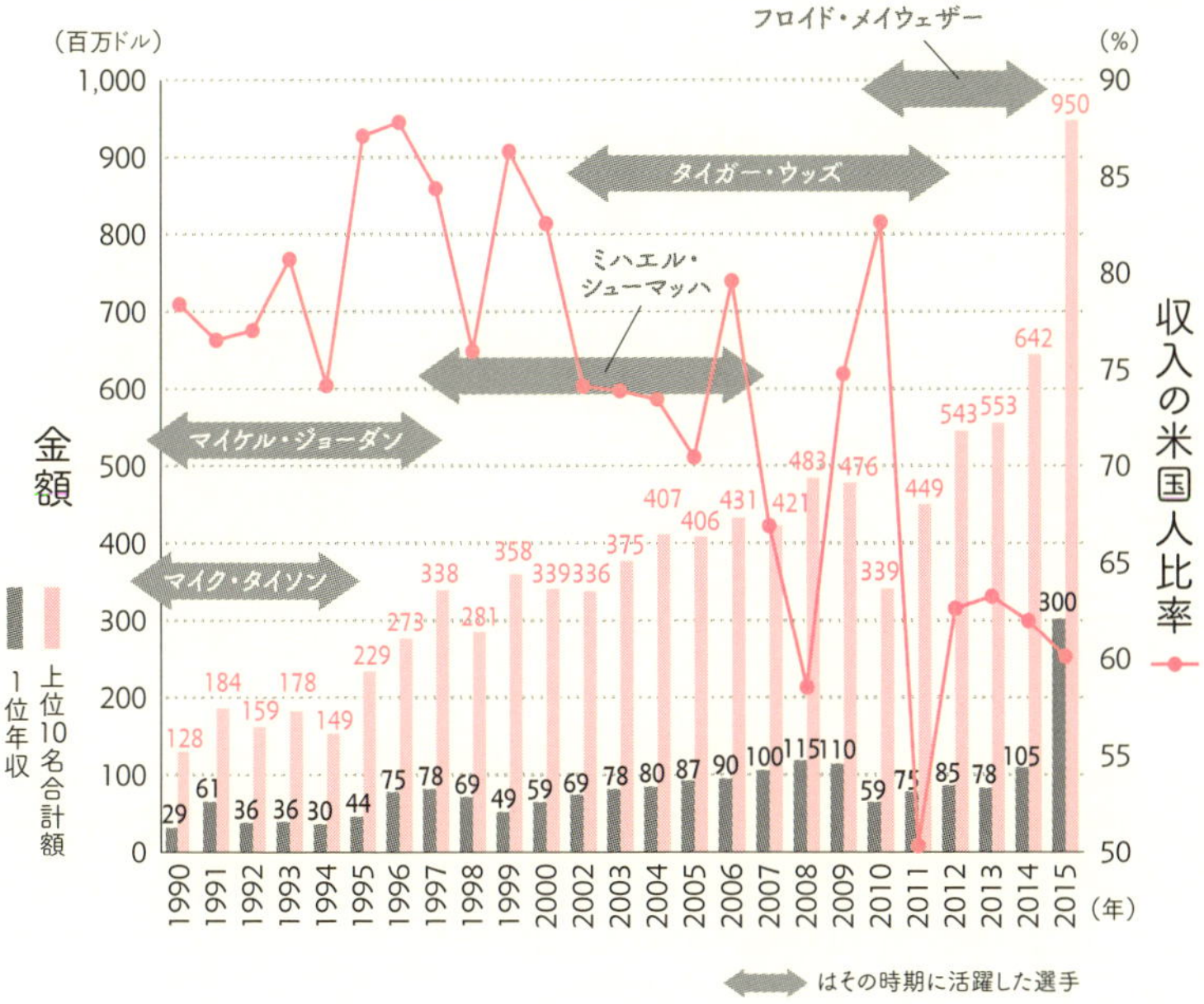

経済的に成功を収めたアスリートの系譜

まずは「稼ぎ」から。米フォーブス誌は、1990年から毎年トップアスリートの年収ランキングを発表しています。ここ25年間分の金額の推移を図68にまとめました。第1位の年収（広告収入なども含む）と、10位までの合計金額の推移です。

1990年以降の25年間、トップアスリートたちの収入は着実に増え続けてきました。今日では上位10名の平均収入は一人あたり約100億円にも上ります。

各時代を象徴する最も稼いだ男の系譜を振り返ると、90年代のマイク・タイソンからマイケル・ジョーダン、21世紀に入ると、ミハエル・シューマッハの時代が続いたの

68）データ出所：forbes.com

図69

収入トップ10アスリートの種目内訳推移

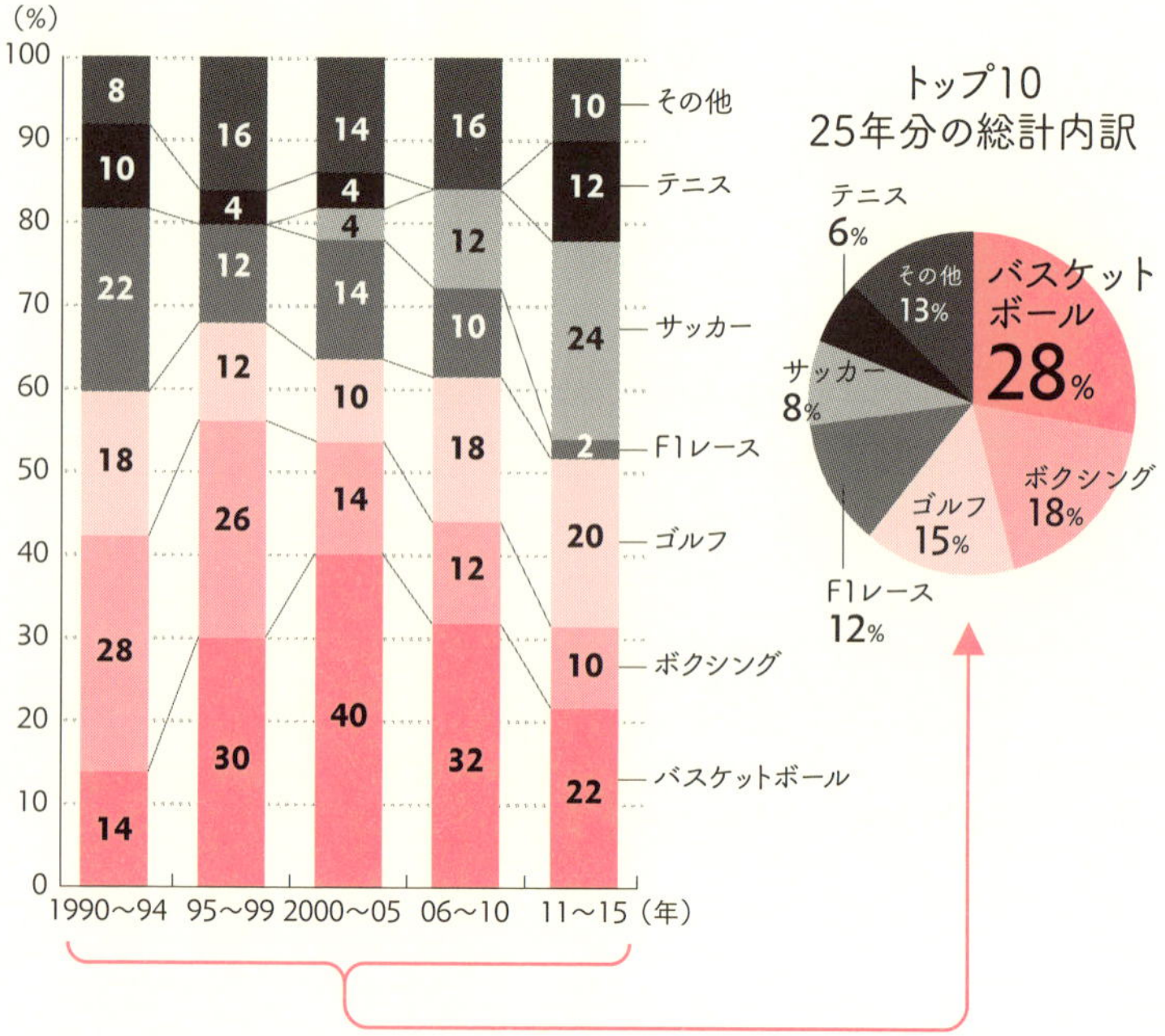

ちに、タイガー・ウッズが現れ、今はフロイド・メイウェザーの時代が終わりつつあります。今挙げたのはシューマッハ（ドイツ人）以外はすべてアメリカ人ですが、実際にはアメリカ人が合計額に占める割合は、下降傾向にあります。

　種目別に流行の変化を追ってみましょう（図69）。相対的にはボクシングやF1の比率が減り続けています。逆に人気が高まってきたのはサッカーとテニスです。最も命の危険性の高い2種目の人気が減少傾向で、テニスやサッカー、ゴルフなど欧州系の球技が伸びています。日本では「草食化」と呼ばれる動きは、海外では「メトロセクシャル化」と呼ばれる形で存在します。平和が続いたここ四半世紀は、世界的な傾向として力強さより優雅さを求める傾向が強ま

69）データ出所：forbes.com

ったということでしょう。

日本のプロ選手の「甲斐性」

いよいよ各国選手の稼ぎ高を国別対抗戦でまとめた結果をお伝えします。図70には、トップ10の25年分のデータ、つまり延べ250人分の収入額と、トップ100位についての3年分、延べ300人分のデータをまとめてあります。相場感としては、たとえば2015年の世界トップの収入は3億ドル、10位は5千万ドル、100位だと2千万ドルといった感じです。100位でも20億円というすごい額ですが、1位の300億円と比べれば、この格差も相当なものです。さて、日本人ですが、これまで10位以内に入った選手は一人もいません。100位内で見ると、ここ3年間で3名が入選しました。2013年のイチロー（77位）と、2015年の田中将大（58位）、錦織圭（92位）です。この三人の稼ぎの合計は6210万ドルで、国別で見ると世界20位。全体に対するシェアはわずか0・72%と微々たるものになってしまいます。

国別で見ると、米国が圧倒的に強く、トップ10では総収入の7割、トップ100まで広げても6割を単独で持っていってしまいます。バスケットボール、アメフト、野球などのメジャーリーグ自体を自国に有し、大金の動くショービジネスとして完結させるアメリカ人たちの換金

図70

高収入国ランキング

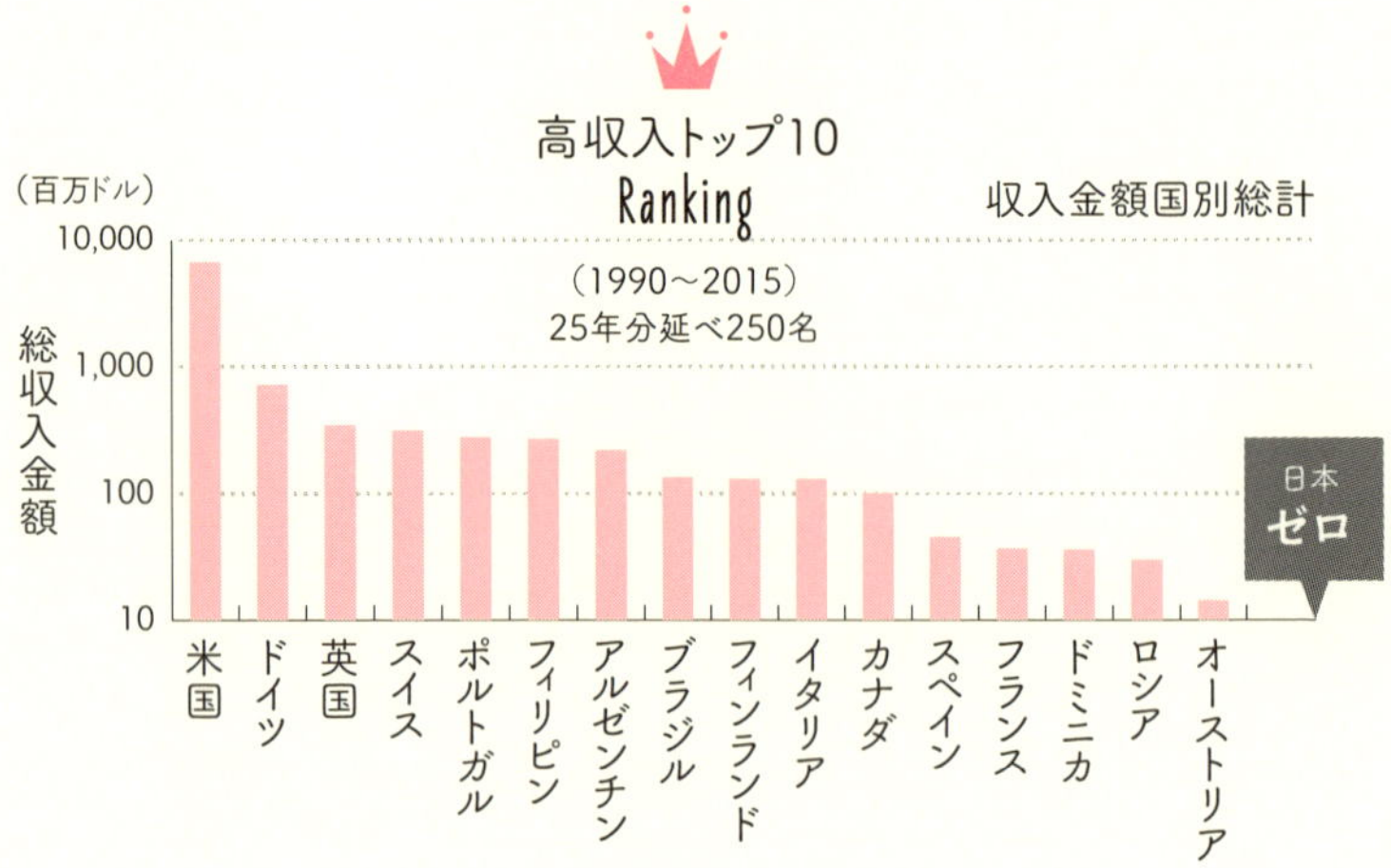

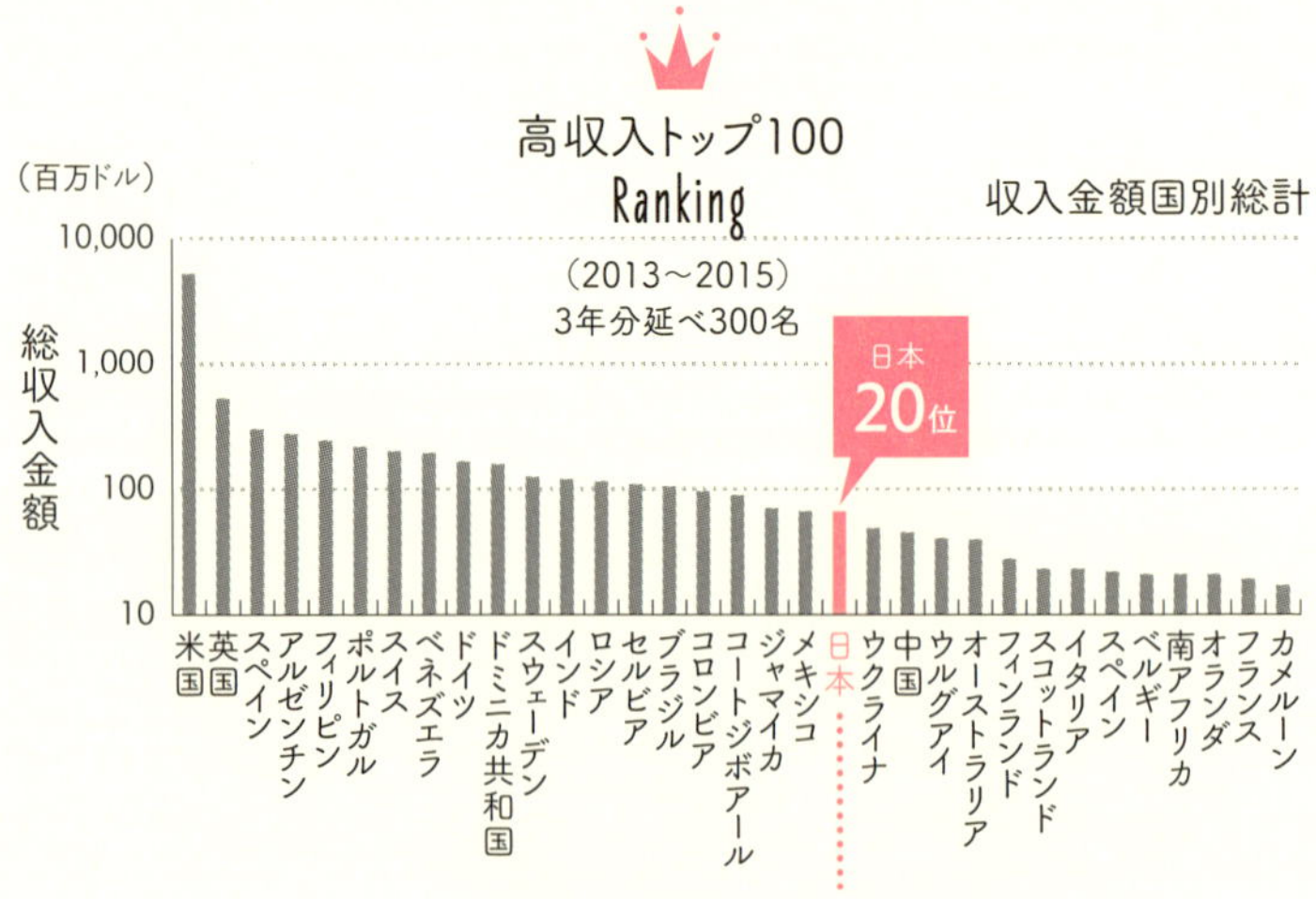

2013	イチロー	77位	19.6百万ドル
2015	田中将大	58位	23百万ドル
2015	錦織圭	92位	19.5百万ドル

70）データ出所：forbes.com

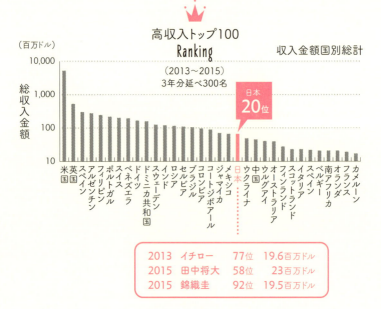

能力は、大したものです。スポーツ全体の総合成績では世界2位の実力だと日本選手団を褒め称えたばかりですが、稼ぎとなるとすっかりしぼんでしまっています。まあ、そんなところも日本らしい気がしますが。

スポーツマンシップ

収入の次はスポーツマンシップです。お婿さん選びには「収入」だけでなく「性格」という要件も重要となります。尊敬に値する戦士かどうかを「フェアプレー賞の受賞数」と「ドーピングによる失格者数」という2つの視点で見極めていきましょう。前者はよい行いをした者を讃える仕組みであり、後者はその逆になります。

フェアプレー賞

国際フェアプレー委員会（CIFP:International Fair Play Committee）という団体が、さまざまな競技におけるフェアプレー賞をまとめています。世界中のさまざまなスポーツの主催団体がフェアプレーと名の付く賞を出していますが、CIFPはそれらからリストを作っています。1964年から2013年までに累積で800を超える賞が選ばれており、日本からはこれまでスケートの橋本聖子（1987年）や卓球の荻村伊智朗（1991年）、マラソンの谷口浩美（1992年）、大相撲の小錦八十吉（1997年）など15名が掲載されました。このCIFPのフェアプレー賞リストに掲載された件数を国別対抗で集計しました。数の大小だけで比べると小国に不利になるため、各国の1964年以降の夏冬オリンピックのメダル総数を母数にとって、そのメダル数に対する比率を算出します。つまり、フェアプレー賞をひとつ得るために五輪のメダルを何個費やしたかというイメージになる指標で、この値が大きいほど清々しくプレーする紳士なお国柄という意味になります。

ドーピング失格

オリンピック大会においてドーピングによる失格処分が初めて下されたのは1968年メキシコ大会です。原因は飲酒だったようですが、これ以降、摘発件数は増加の一途で、2012年のロンドン大会では39名が失格処分となっています。これまで夏冬大会総計で、200名余りのドーピング失格者が出ています。これら失格者の数を国籍別にまとめました。先と同様に1964年大会以降の五輪メダル総数に対する比率での評価となります。数値が大きいほど、勝つために手段を選ばぬ勝利至上主義ということになります。

図71

各国フェアプレーと失格数結果

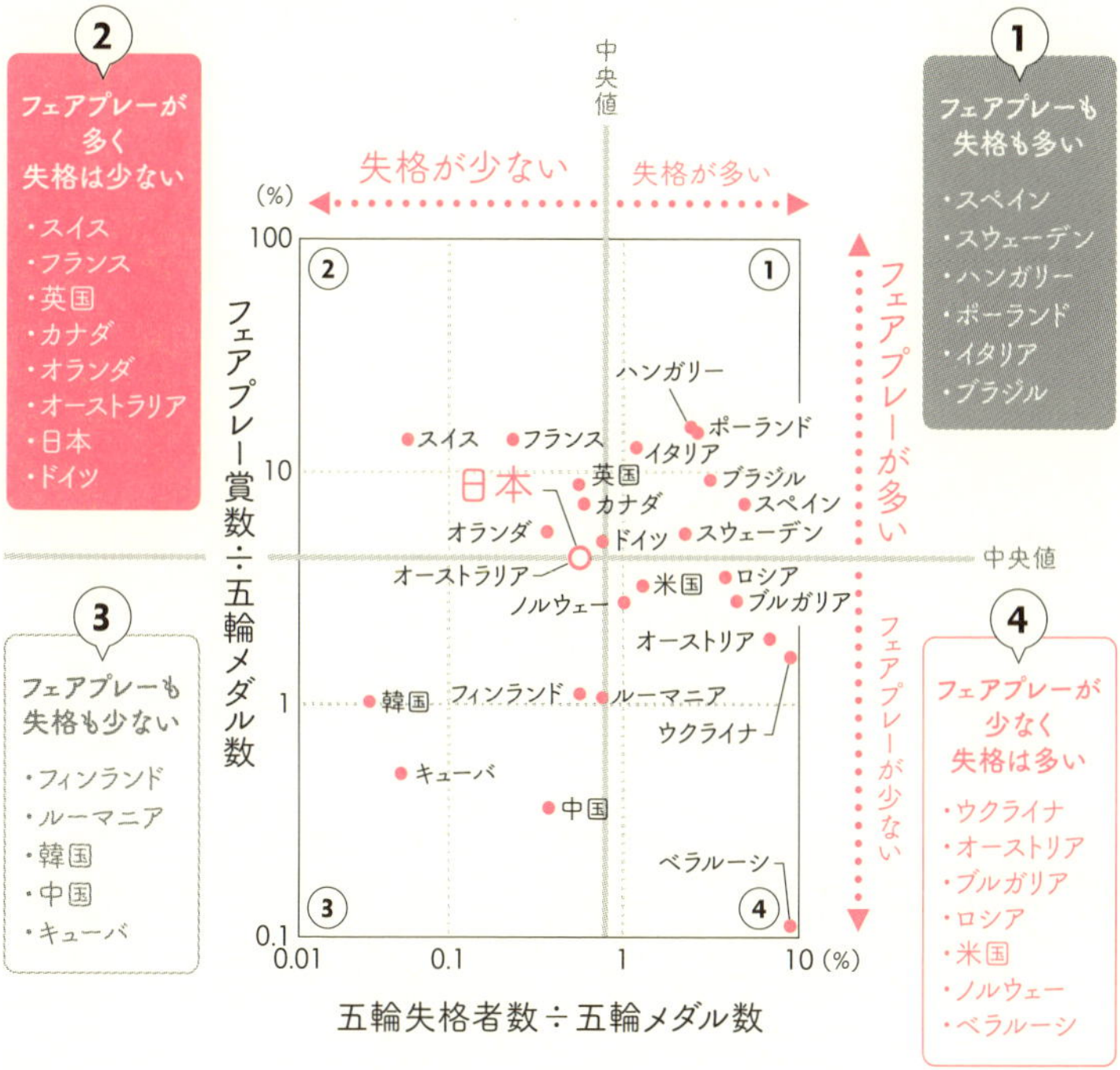

フェアプレーが多く、ドーピング失格者が少ない国とは

縦軸にフェアプレー、横軸にドーピング失格の発生比率をとって各国のポジションをプロットしました（図71）。中央から十字に伸びる線は中央値を示しており、このクロスポイントより上下左右のどこに位置するかでお国柄が4象限（①〜④）に分類されます。プロットした国々はメダル総数が多い順の上位26カ国です。ソビエトや東ドイツなど古い名称の国々は除外しました。

昨今ロシア陸連による組織ぐるみのドーピングが大問題になっていますが、ロシアはこの図では右下の第4象限、すなわちドーピング失格の比率が高い上にフェアプレ

71）データ出所：fairplayinternational.org / Wikipedia　List of doping cases in sport

ーの受賞も少ないという悪役ポジションです。逆に最も誇らしいポジションは左上の第2象限。スイス、フランス、英国、カナダ、オランダなどが代表的な国々です。確かにクリーンなイメージの国々が揃っていますね。このグループにぎりぎり滑り込むのがドイツ、オーストラリアと日本です。日本は数ある国々の中で、最も紳士的なアスリートを輩出する国のランキングでトップ9に入っています。

経済と道徳まとめ

まとめましょう。広義のスポーツ10領域においても狭義の5領域においても、日本の総合成績は米国に次ぐ堂々の「運動能力2位」です。体格のハンディはいかんともしがたいですが、小兵としての強さを発揮できる土俵をしぶとく見つけ出して戦っています。とはいえ、いざお金を稼ぐとなると、稼ぎ高は総量の1％未満。世界の20位に転落します。スポーツ界全体のブランドイメージとして、日本の印象が薄く派手さに欠けるのはこの点が大きいでしょう。この結果は、地味に儲からない種目で頑張っていることの表れともいえます。しかし、個々の戦いの現場ではフェアプレーに徹し、違反行為にも手を染めない「武士道精神」を貫いています。こうしてみると、なんだか「武士は食わねど高楊枝」じゃないけれど、お侍さん的というか、日本人の求める美学がアスリートの成績に反映されているようにも思えます。

7 スポーツ競技まとめ Total Sports Performance

8 踊る世界

Dance and Gymnastics

ここから話題は「表現者」の世界に入っていきます。同じスポーツでも、タイムやゴール数のように数値化できる分野ではなく、「美しさ」という感覚的なでき栄えを競う演技パフォーマンスの世界です。体操競技やフィギュアスケートでは、「何回転したか」のような技術力の成果だけでなく、「心に響くものがあったか」という表現力も重視されます。

これまで長い間、オリンピックのモットーは「より速く、より高く、より強く」でやってきましたが、近年は「より美しく」や「より人間らしく」を加えるべきという考え方が強くなってきました。芸術的側面の見直し機運が高まっているのです。このような「技術的か芸術的か」という軸に加えて、「表現スタイルの新旧」という軸もダンスの世界に多様性を与えます。クラシックバレエに対するストリートダンス、フィギュアスケートに対するフリースタイルスキ

図72

ダンス系競技マトリクス

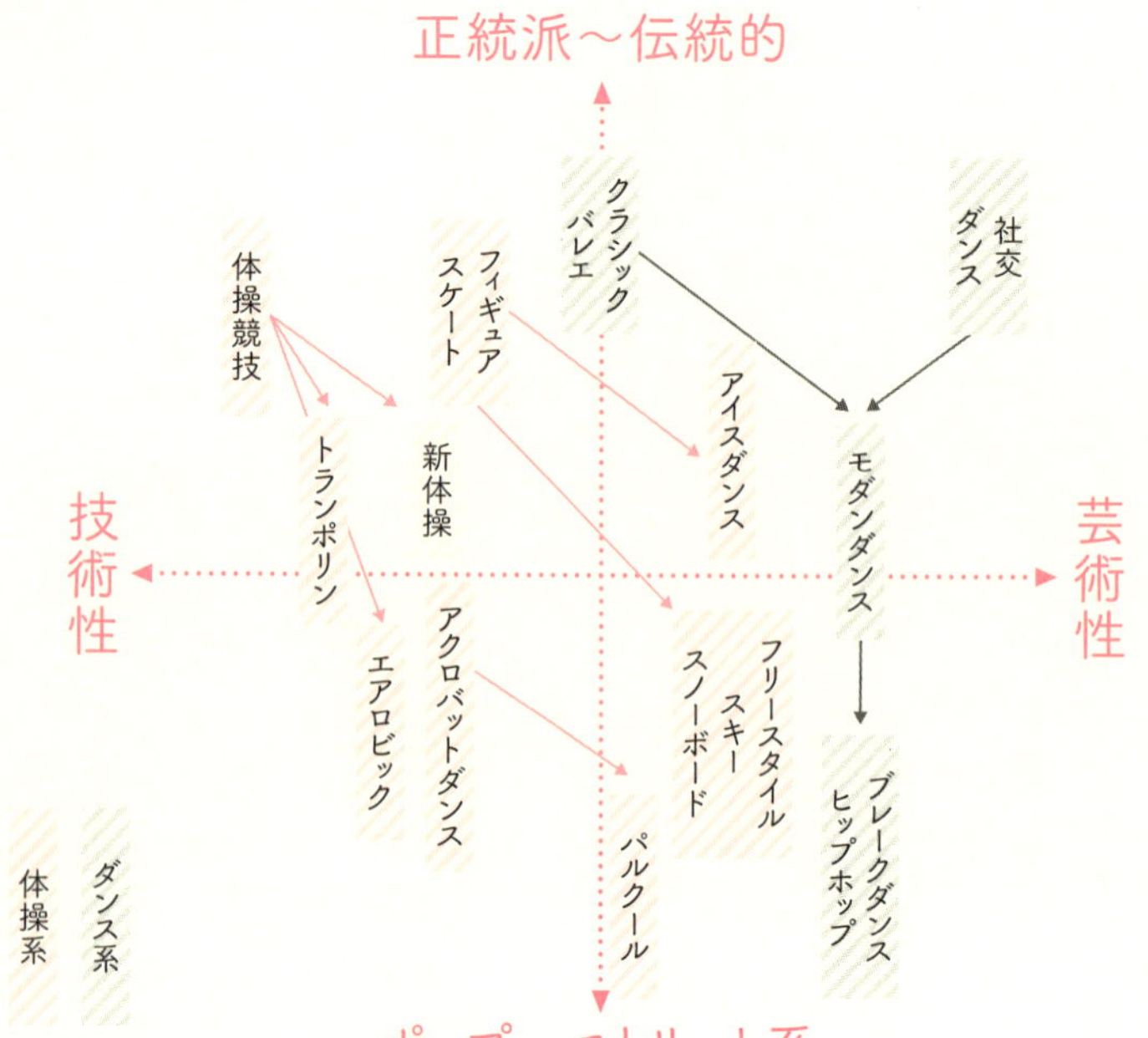

ーというように、同じ領域の演技であっても時代とともに様式は変化します。本節では、これら二軸でダンス系競技を分類したマトリクス[1]（図72）に沿って見ていきましょう。

体操競技

体操競技はちょうどアスリートとアーティストの狭間にあるスポーツです。同じ床運動でも、女子の演技には伴奏音楽が流されます。オリンピック種目であるにもかかわらず、いまだに男女部門で仕様に違いが残る珍しい種目です。女性的な美しさをさらに強調した新体操になると、オリンピックではいまだ男子部門自体が採用されていません。これもアート系競技ならではの現象でしょう。

★8-1 世界には多種多様なダンスがある。フラダンスやベリーダンス、フラメンコなどでも世界選手権大会は催されているが参加者や優勝者の国籍が限定されるため、ここでは世界的に広く認められた10種類の競技を選び、分析対象とした

★8-2 現在、国際体操連盟は複数の体操競技を統括している。世界選手権が採用されたのが古い順に、体操競技（1903年）、新体操（1963年）、トランポリン（1964年）、アクロバット体操（1974年）とエアロビック（1995年）の計5競技

体操競技は格闘技や球技と異なり、身体の小さい方が有利となる珍しいスポーツです。日本の男子体操陣は、このメリットを活かして前回の東京五輪の頃（1960〜70年代）に黄金時代を築きました（図73）。エース加藤澤男の持つ金メダル8個という記録はいまだに日本記録（世界歴代3位）として残っています。その後90年代には中国にお株を奪われた形が続きましたが、2000年代に入って再び輝きを取り戻しています。

女子は長く低迷してきましたが、ここ2大会連続で決勝進出するまでに伸びてきました。1903年から実施されてきた世界体操競技選手権大会での金銀銅メダル総数を見ると、日本はほぼ男子オンリーの片肺ながらもソビエト、中国に次ぐ3位です。ソビエトがロシアになった1992年以降で見ると、米国、ルーマニアが上にきますが、それでも日本は5位という立派な成績です。着実に力をつけてきた女子部門が、今後は入賞ラインに参戦してくることが期待されます。

モダンな体操競技

近代体操競技の歴史は古く、18世紀末にドイツで生まれました。1881年には既に国際体操連盟[2]の前身が発足しています。オリンピックにおいても、1896年の初回アテネ大会から続いてきた最も歴史ある競技のひとつです。

図73

世界体操競技選手権大会結果

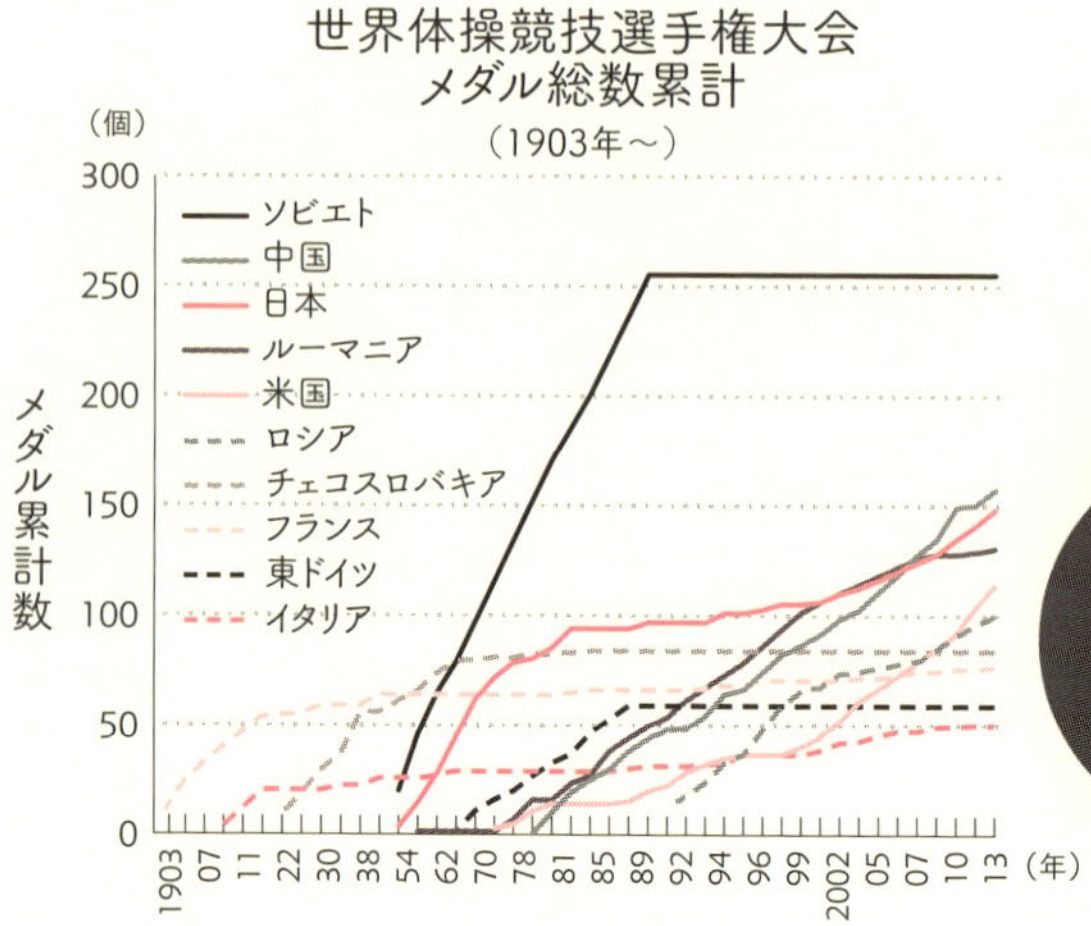

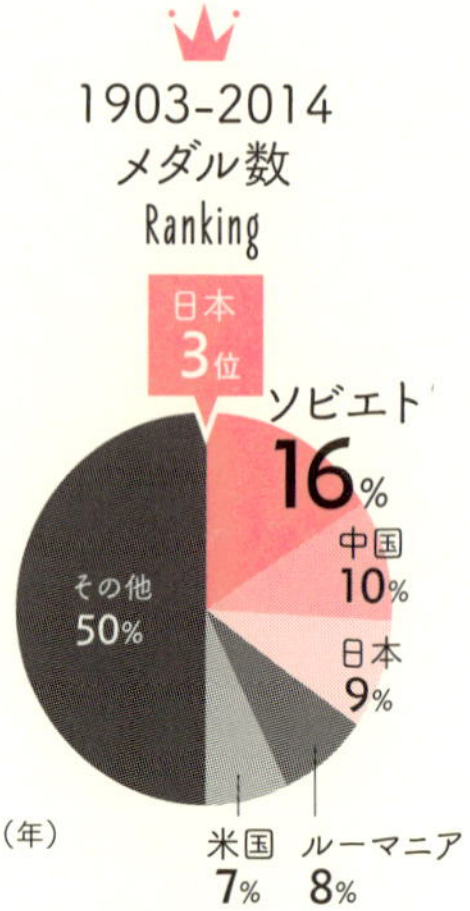

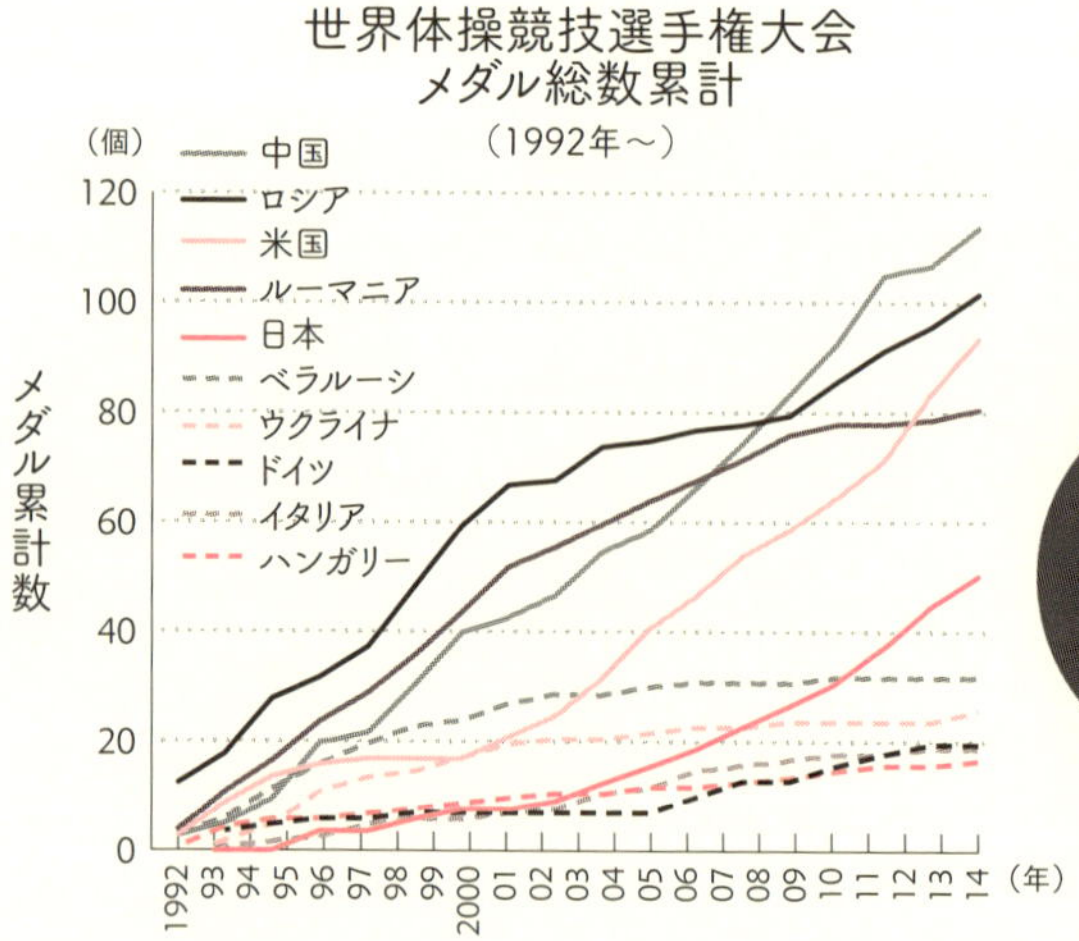

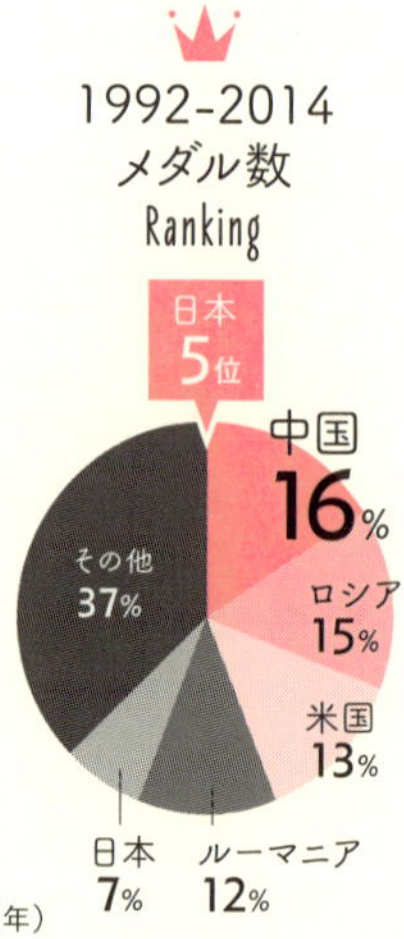

73）データ出所：web.archive.org

図74

各種目世界選手権メダル数

クラシック系	+	モダン系	+	ポップ系	=	全体〈5競技計〉
日本 3位		日本 16位		日本 19位		日本 9位

体操競技

順位	国名	メダル数	シェア（%）
1	ロシア（ソビエト）	357	22.2
2	中国	156	9.7
3	日本	148	9.2
4	ルーマニア	133	8.3
5	米国	112	7.0

新体操＆トランポリン

順位	国名	メダル数	シェア（%）
1	ロシア（ソビエト）	445	27.1
2	ブルガリア	170	10.3
3	米国	164	10.0
4	ウクライナ	115	7.0
5	ドイツ（東ドイツ）	100	6.1

アクロバット体操＆エアロビック

順位	国名	メダル数	シェア（%）
1	ロシア（ソビエト）	399	28.4
2	中国	231	16.4
3	ブルガリア	223	15.8
4	ポーランド	132	9.4
5	ウクライナ	97	6.9

全体総合計

順位	国名	メダル数	シェア（%）
1	ロシア（ソビエト）	1201	25.8
2	中国	448	9.6
3	ブルガリア	417	9.0
4	米国	307	6.6
5	ウクライナ	241	5.2

新体操は1996年に、トランポリンは2000年にオリンピック正式種目に採用されています。後発の新競技ほど、技術偏重に陥らぬよう美しさや楽しさが強調される傾向にあります。この2種目をまとめてモダン系、そして残りの最新型の2種目（アクロバット体操とエアロビック）をさらに新しいポップ系として束ねて、世界選手権での累計メダル数を国別集計してみました（図74）。

結果をみると、5つの体操競技の総メダルカウントでは9位ですが、新しいカテゴリーになるほど日本の成績は落ちています。最も伝統的で技術要素に重点が置かれた元祖体操競技では王者の位置を確立した日本体操陣（男子）ですが、芸術要素が高い新競技の分野には手が回っていないというのが実情です。

総じて体操分野全般にわたって東欧系が強いのですが、中でも全勝したロシアの強さは際立っています。

74）データ出所：web.archive.org

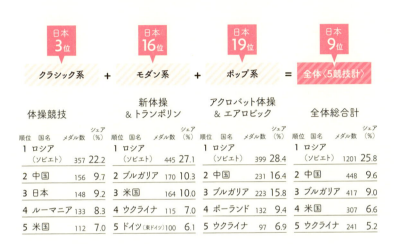

クラシックバレエの庇護者となった帝政ロマノフ朝の頃から、ストイックに身体を磨くダンス文化が根付いており、その後社会主義のソビエトとなり、再びロシアとなった今日でもスポーツエリート教育の体制は維持され、世界一のレベルを保ち続けています。

氷上の踊り手

冬のスポーツシーンも見てみましょう。体操競技に相当するのがフィギュアスケートです。最近の日本勢のシングルでの躍進ぶりはみなさんご存じの通りです。１９８０年代後半に伊藤みどりが成功を収めて以来、佐藤有香、荒川静香、安藤美姫、浅田真央と女王の系譜は絶えることなく引き継がれています。

２０１０年代に入ると男子にも髙橋大輔が登場し、今日の羽生結弦の時代へとつながっています。今や男女ともに日本のフィギュアスケート界は世界最高のレベルに到達したといってよいでしょう。世界フィギュアスケート選手権での金銀銅メダル累積数（1896年開始以来全数）は9位、１９９2年（ロシア成立）以降では4位という成績です。国際スケート連盟（ISU）の出しているフィギュアスケーターランキングに登場する２０１5年の上位１００選手のポイントを合計すると、日本男子は総合で2位、女子は3位にランクされています（図75）。

図75

世界フィギュアスケート選手権男女結果

世界フィギュアスケート選手権男子

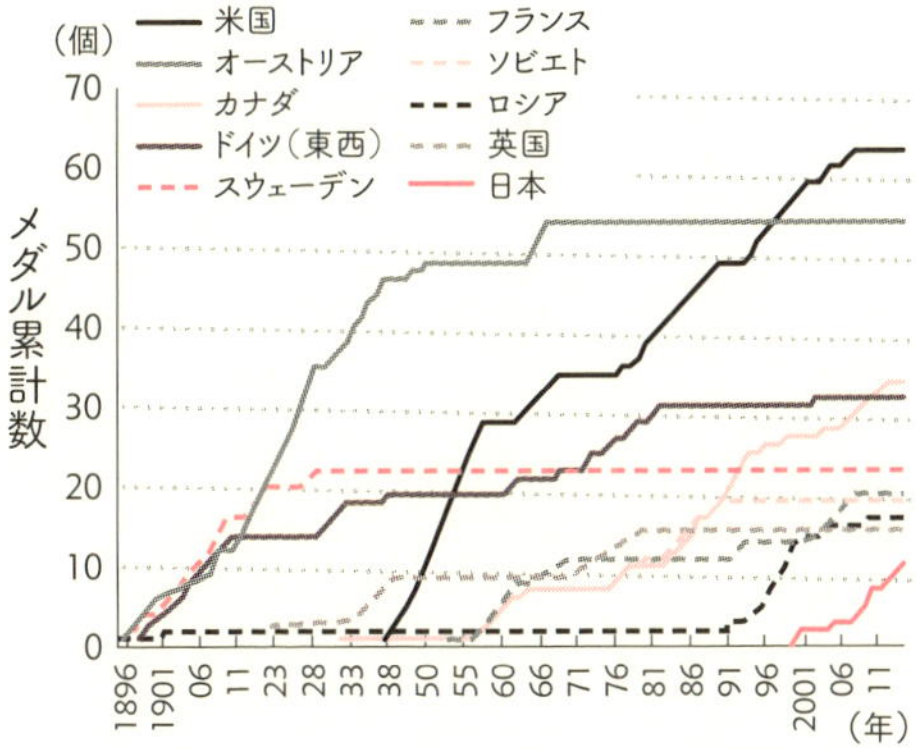

男子2015
ポイント
Ranking

日本
2位

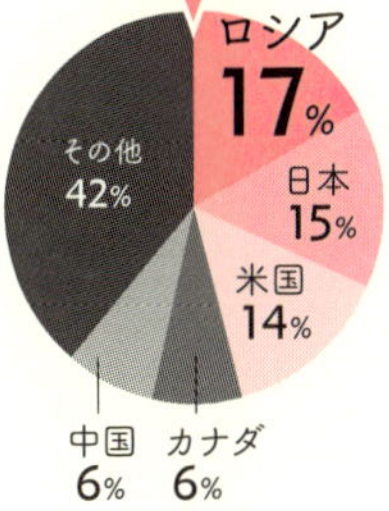

世界フィギュアスケート選手権女子

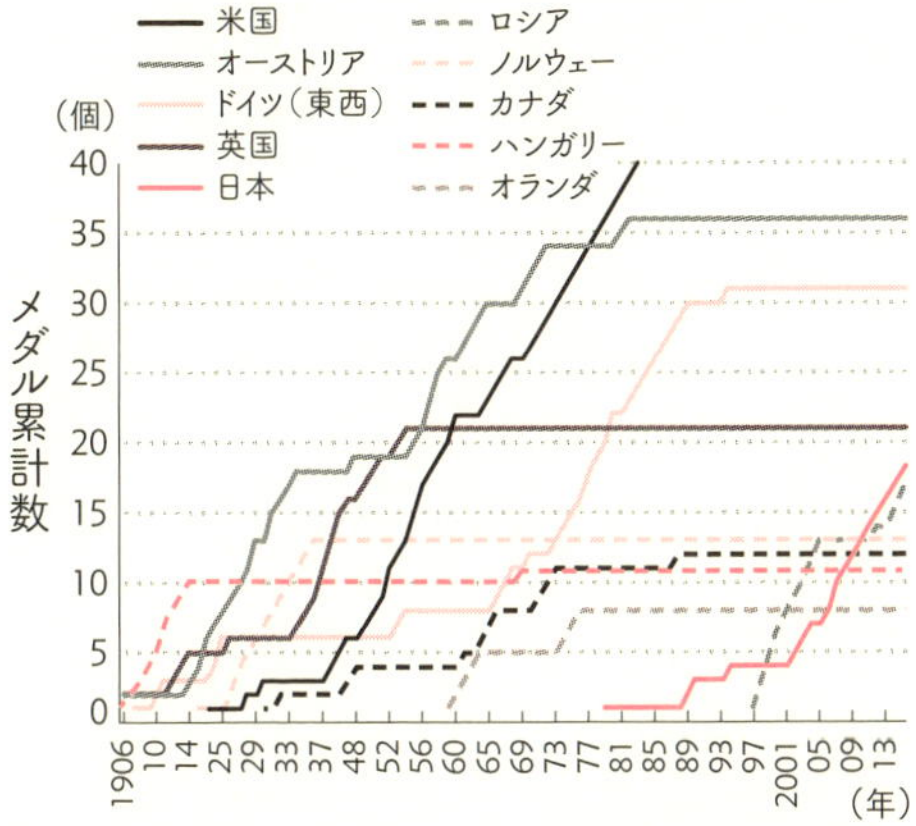

女子2015
ポイント
Ranking

日本
3位

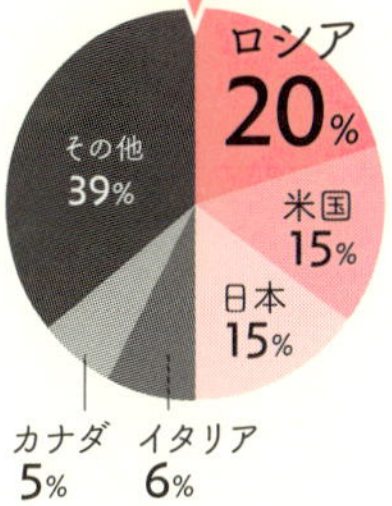

世界フィギュアスケート選手権
メダル数男女計（1992年～）
Ranking

日本
4位

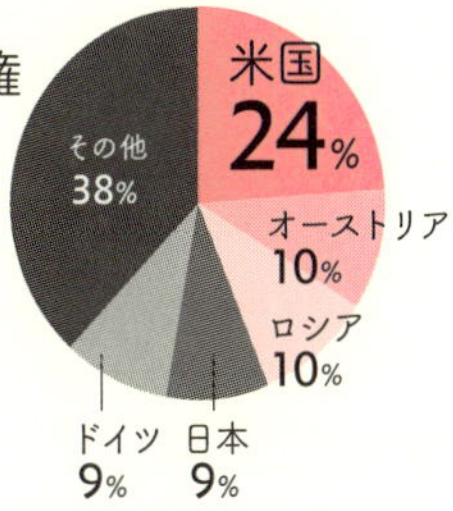

75）データ出所：isu.org

しかし、個人種目では出色の成績であるのに対し、男女で組んで滑るペア系種目になると景色は一変します（図76）。ペアスケーティングでは、1908年からの世界選手権全メダルのうちわずかに銅メダル一つ（2012年）。また1952年から実施されるようになったアイスダンスではいまだメダルゼロ、これまでの最高順位が13位という惨状です。ペア系種目、とくにアイスダンスでは、評価基準として個々の技の難度より社交ダンスのような芸術性が占める割合が高くなります。まずは技術性が求められる個人種目で実績を挙げた日本は、今後徐々にペアやダンス部門に進出を図るという段取りになりそうです。

雪上の踊り手

スケートの世界ではポップ〜ストリート系に該当する新種目がまだ開発されていませんが、雪上部門では精力的に種目開発が進められています。フリースタイルスキーは、スキーで滑走しながらエアリアル等のパフォーマンスを行う新競技です。世界選手権は1986年から隔年で開催されており、エアリアルやモーグル、ハーフパイプなど6種目が実施されています。また、1996年からはスノーボードの世界選手権も行われるようになりました。この中にはフリースタイル部門も設けられ、ビッグエアやスロープスタイルなどの4種目が実施されています。これらスキーとスノーボードのフリースタイル系10種目について、世界選手権における金

図76

世界フィギュアスケート選手権ペア系種目結果

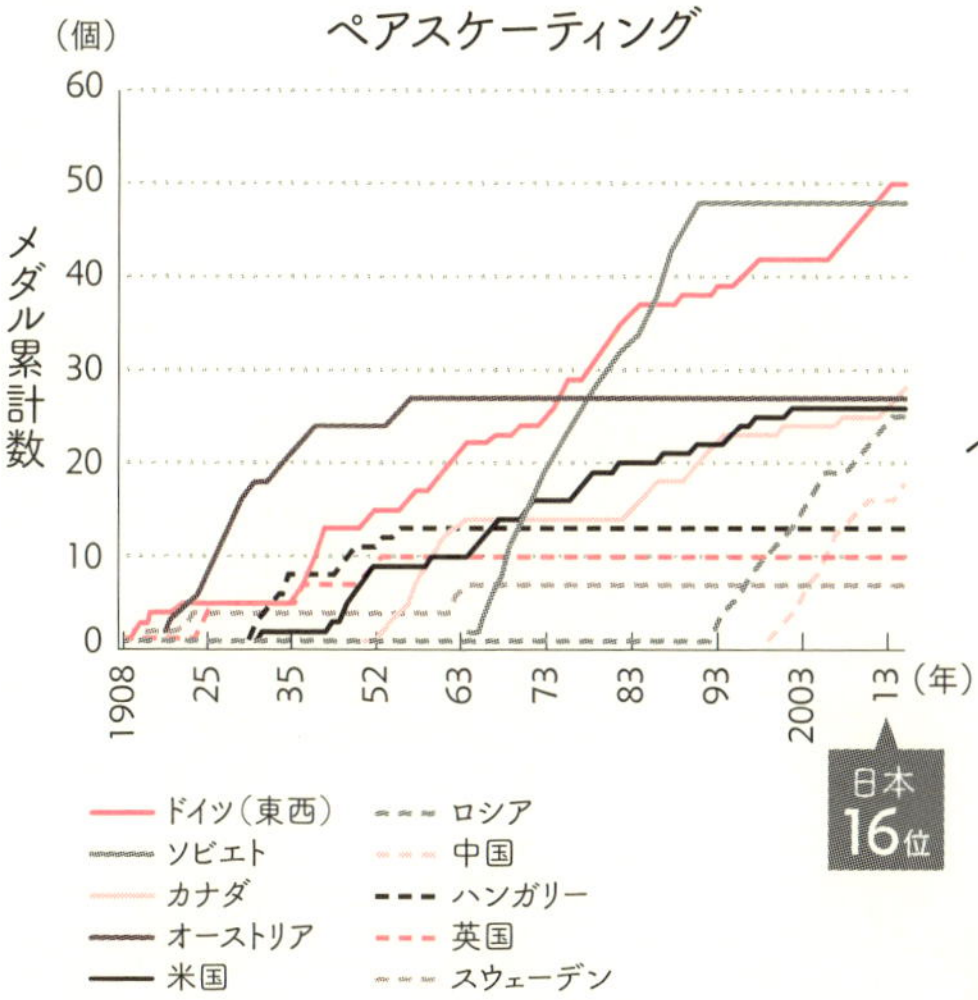

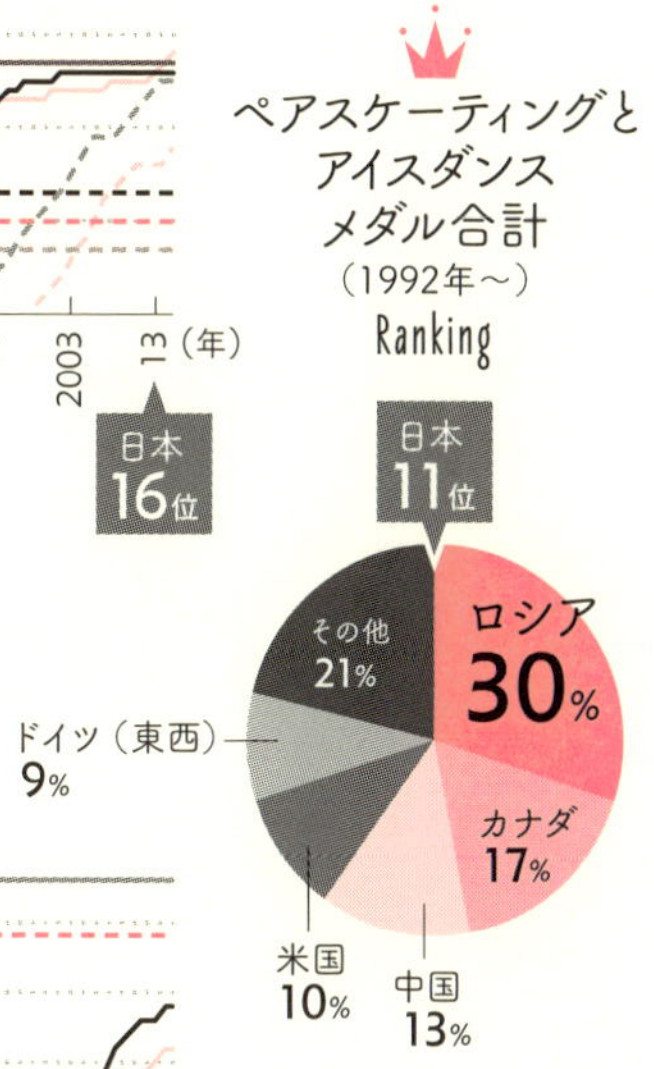

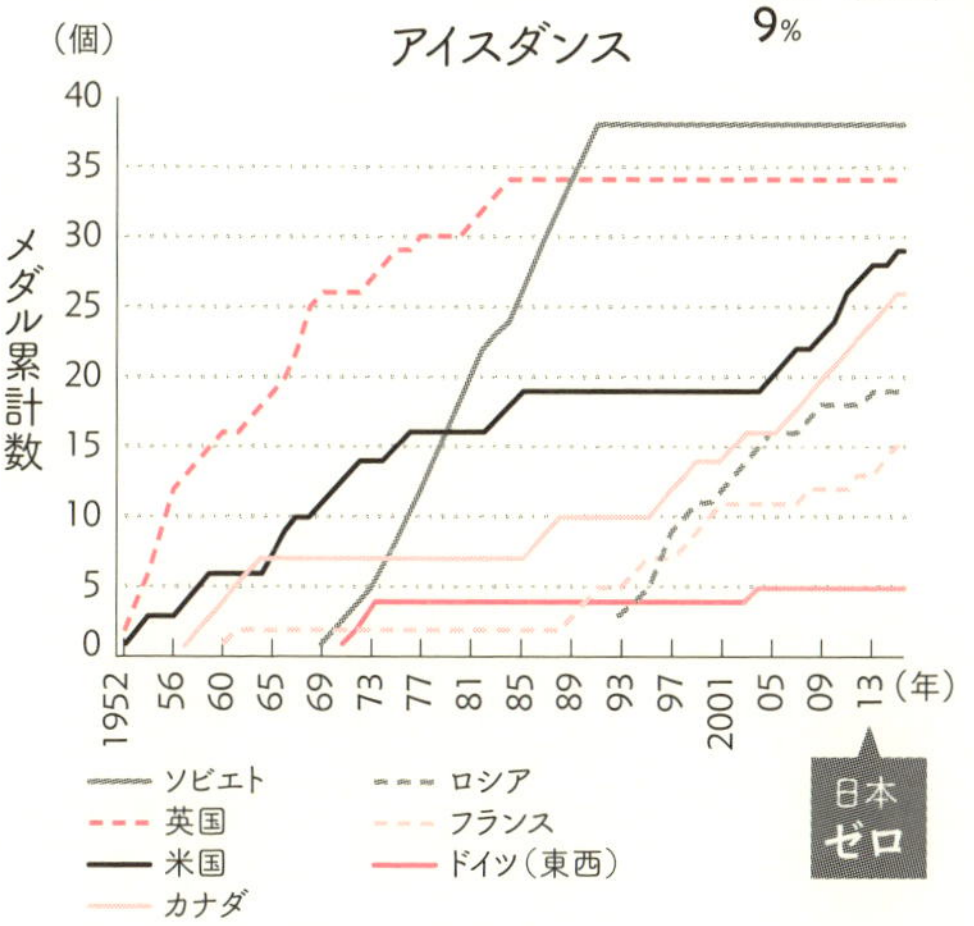

76) データ出所：isu.org

銀銅メダルの国別獲得数を比較してみました（図77）。

日本選手はフリースタイルスキーもスノーボードも2005年あたりから力をつけてきており、世界選手権だけでなくワールドカップでも上位入賞者を量産しています。女子モーグルの上村愛子は、この分野の開拓者として先鞭をつけた功労者です。近年はとくに男子スノーボードのハーフパイプが強く、平岡卓、角野友基、片山來夢などが上位の常連組として活躍しています。現在の日本の順位はスキーとスノーボードを総合すると11位ですが、今後さらなる上位進出も十分期待できそうです。

踊りの最高峰バレエ

さて踊り手の世界も、ここから本格的に芸術の領域に入っていきます。ダンス界における最高権威といえば、やはりクラシックバレエでしょう。

世界に数あるバレエ団の中でも、とくに高い評価を受ける4大バレエ団があります。英国ロイヤル・バレエ団、パリ・オペラ座バレエ団、ロシア国立ボリショイ・バレエ団とアメリカン・バレエ・シアターの4つは、バレエを志す人ならみな、一度は立ってみたい憧れの舞台です。これらのバレエ団では常時70～90名程度の団員がリストアップされています。序列も明確で、

図77

フリースタイル系10種目結果

フリースタイルスキー 世界選手権

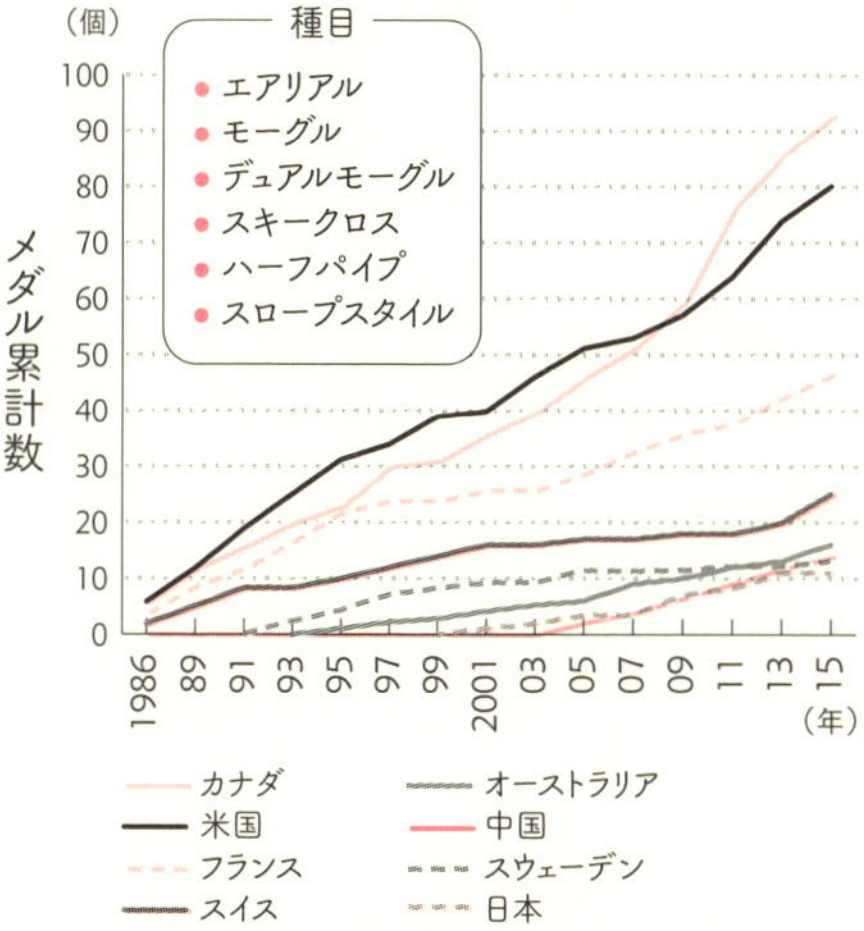

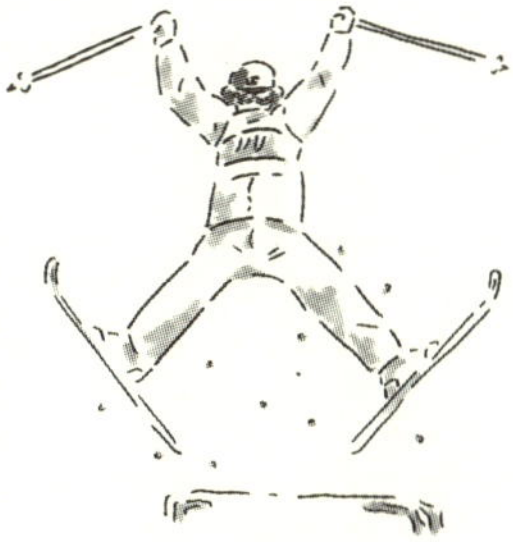

スキー＆スノーボードのフリースタイル Ranking

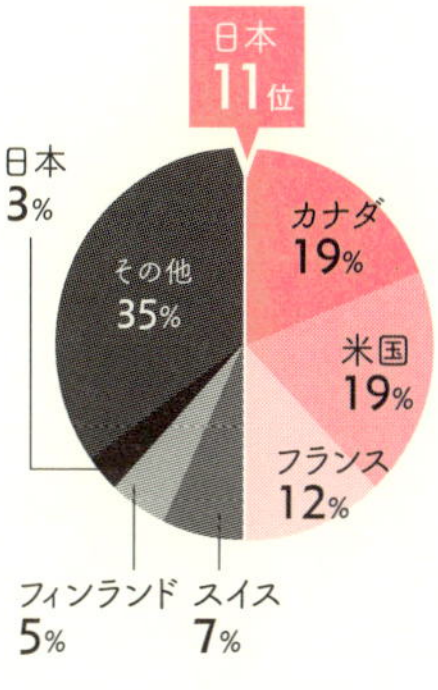

スノーボード世界選手権 フリースタイル

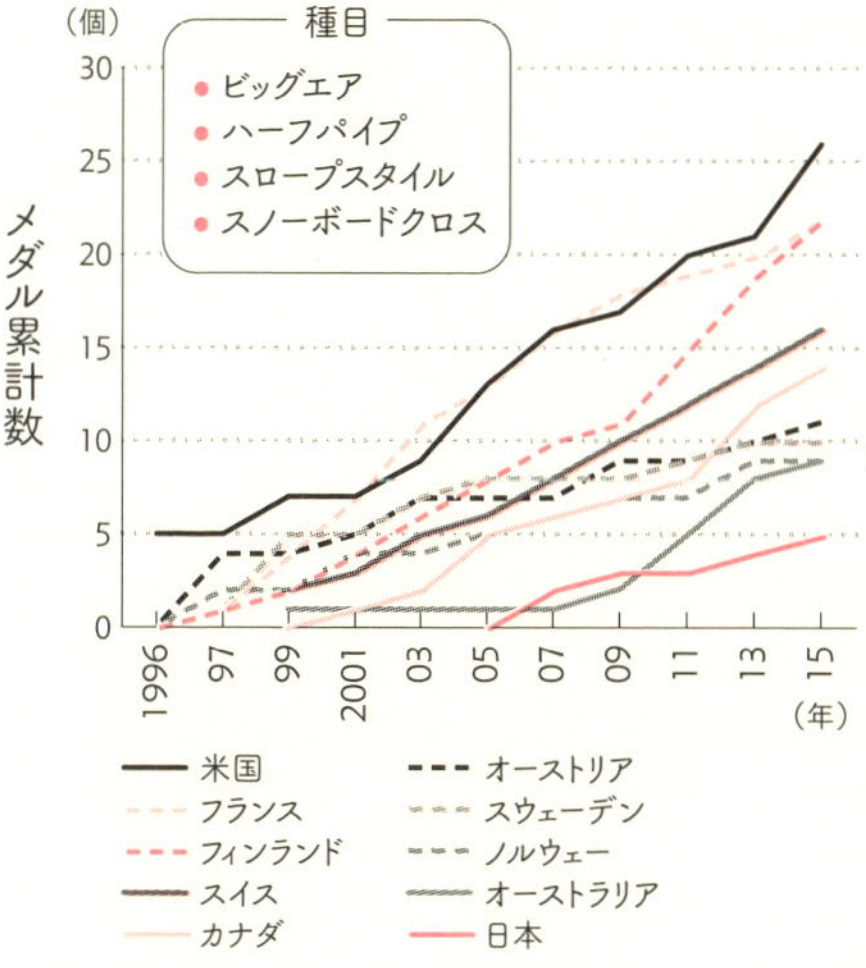

77）データ出所：fis-ski.com

若手中心のアーティストから入り、ソリストなどを経て最上位のプリンシパルへと昇進します。ここでは最高峰とされる各バレエ団の団員を出身国籍別に整理してみました（図78）。

バレエ団によって外国人採用率はかなり異なります。オペラ座やボリショイは8〜9割が自国民で占められており、数少ない外人枠に現在日本人はいません。一方で最も開かれた英国ロイヤル・バレエ団では、過半数が外国人です。外人枠の中では、日本からは米国に次いで2番目に多い6名が登録されています。同様にアメリカン・バレエ・シアターには3名の日本人ダンサーが採用されており、これは外国人枠の中ではロシア、韓国に次ぐ3位という位置づけです。これらの結果を全部合わせて国別にトップダンサー輩出率を算出してみました（図79）。

当然のことながら、ホストとなる4カ国が上位に並びます。中でも17世紀以来バレエ文化を牽引してきたフランスとロシアが頭ひとつ抜けています。ホスト4カ国を除いた外国人枠だけで比較すると、日本はウクライナ、ブラジルに次ぐ3位のトップダンサー輸出国。ウクライナやブラジルと聞くと、踊り上手な美男美女の産地というイメージが湧きますが、日本から渡ったバレエダンサーたちは大舞台で世界に引けを取らない大活躍をしています。2015年現在の日本人最高位としては、英国ロイヤル・バレエ団の佐々木陽平がファーストソリスト（ダンサーとしては最高位のプリンシパルに次ぐ二番目の階級）を務めています。過去には熊川哲也や吉田都などもここで活躍していました。

図78

世界4大バレエ団員国籍

世界4大バレエ団	英国ロイヤル・バレエ団 The Royal Ballet	パリ・オペラ座バレエ団 The Paris Opera Ballet	ロシア国立ボリショイ・バレエ団 Bolshoi Ballet	アメリカン・バレエ・シアター American Ballet Theatre
	団員数／91名	団員数／72名	団員数／72名	団員数／83名

ロイヤル・バレエ団 Ranking

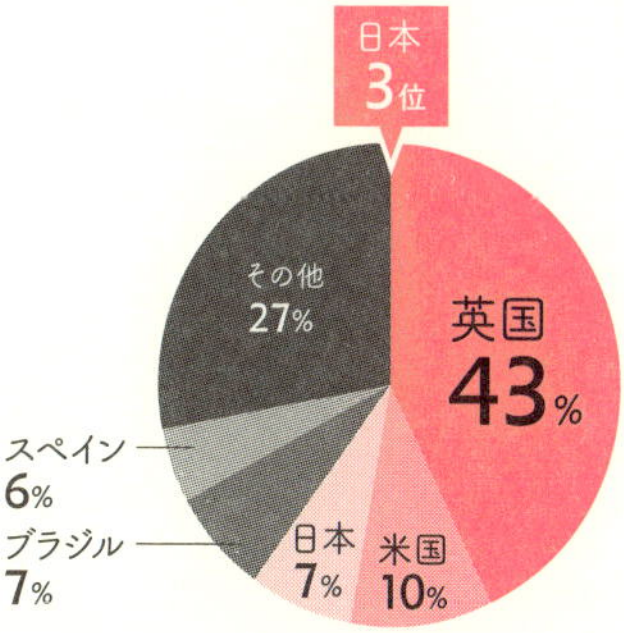

オペラ座バレエ団 Ranking

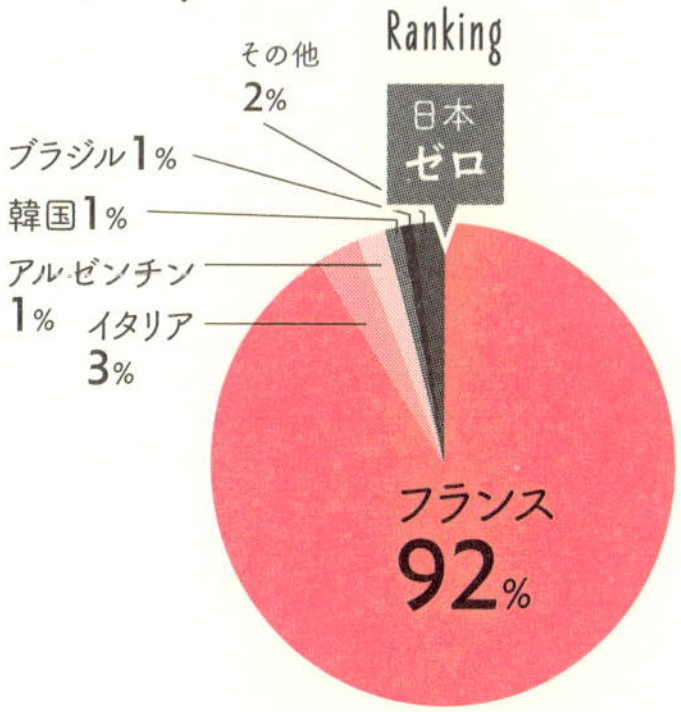

ボリショイ・バレエ団 Ranking

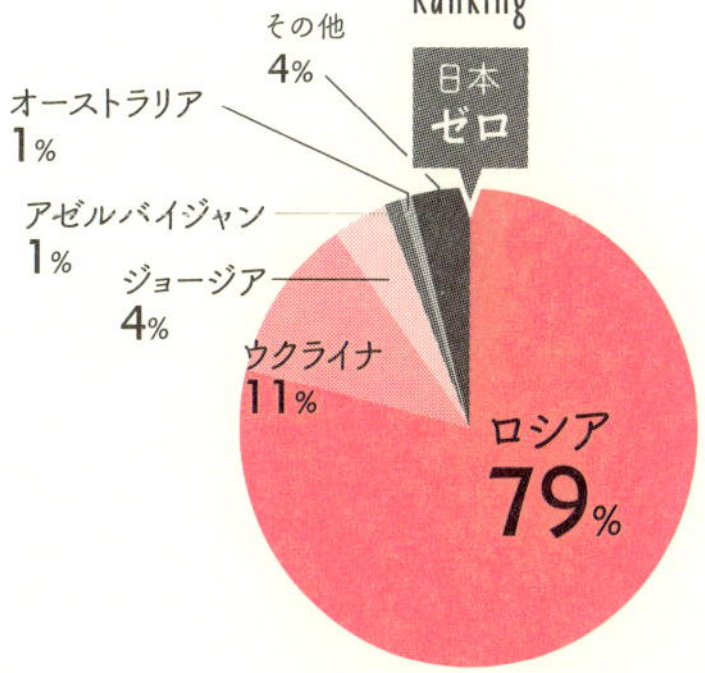

アメリカン・バレエシアター Ranking

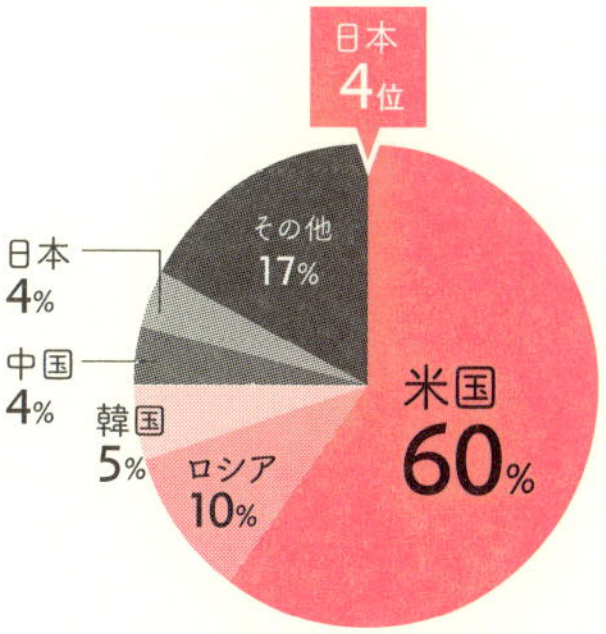

78）データ出所：各バレエ団ホームページ情報

図79

トップダンサー輩出国

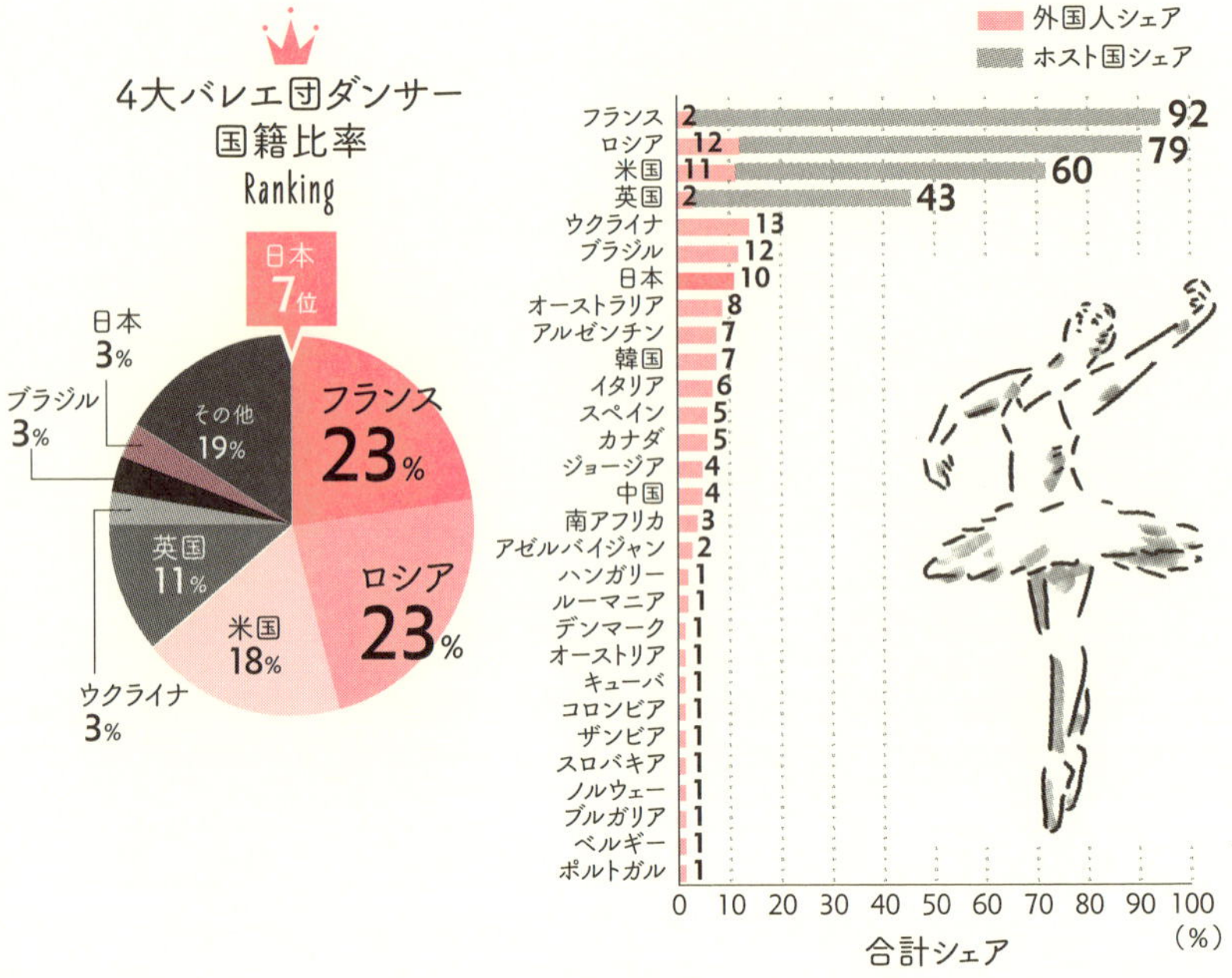

これら国際舞台で活躍できるエリートダンサーたちを発掘するための登竜門として、各地でバレエコンクールが開かれています。中でも最高峰は18歳以下の若手を対象としたローザンヌ国際バレエコンクール[3]です。

入賞者の多くが第一線のプロとして活躍しており、東洋や南米などアウェーの若者にとっては、ここで名を上げることは大きな意味を持ちます。1986年の第14回大会以降のすべての8位内入賞者について出身国別に整理してみました（図80）。

結果はご覧のとおり。日本人が入賞者の約4分の1を占める圧倒的な寡占ぶり

79）データ出所：prixdelausanne.org

図80

ローザンヌ国際バレエ
コンクール入賞数

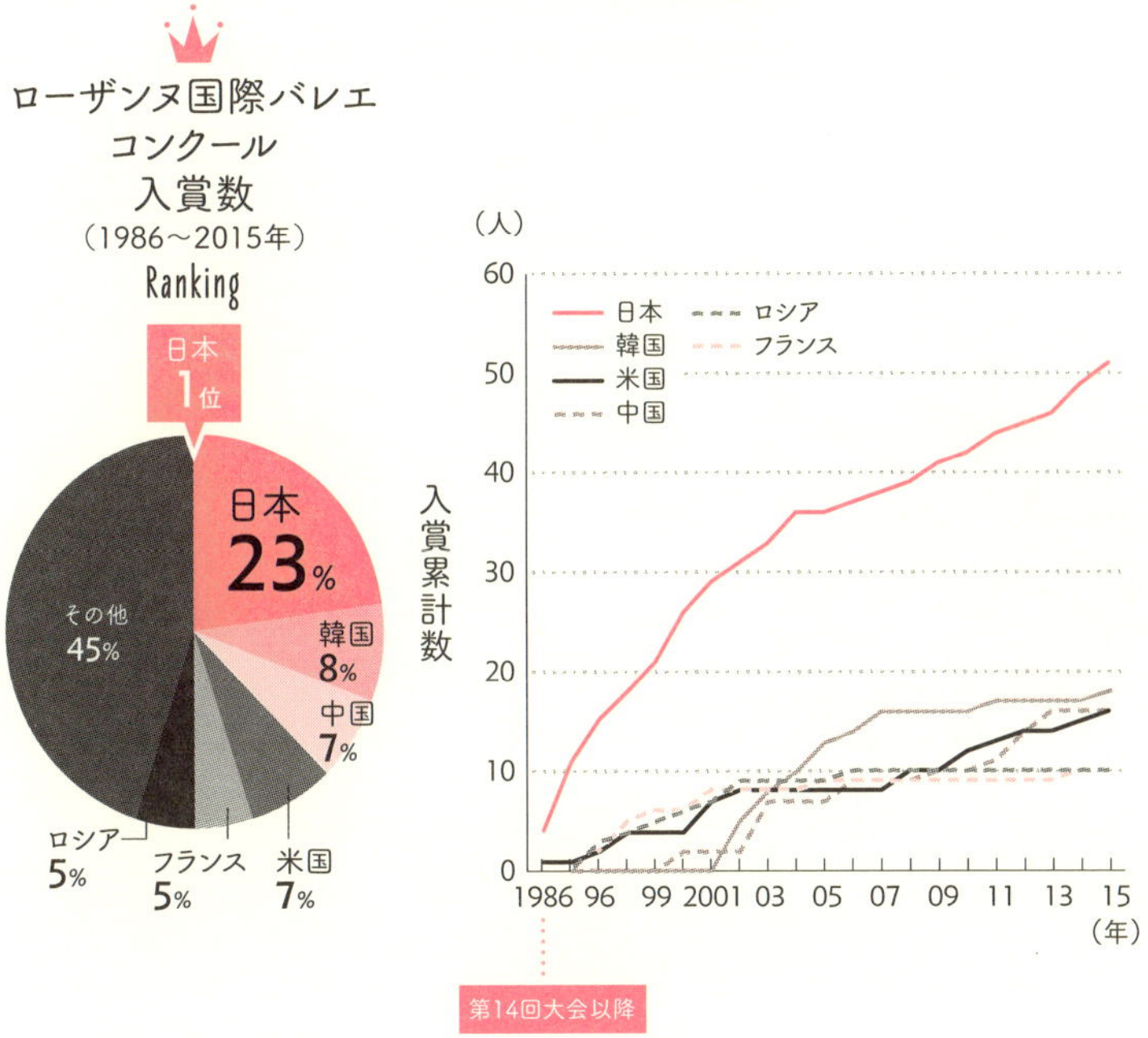

です。1986年というバブル期真っただ中の頃から日本人は上流の証を求めて、取り憑かれたかのように、子弟を送り込むことに情熱を注ぎ続けています。その影響は隣国の韓国や中国にも波及し、約15年遅れで追従態勢に入っています。あまりに東アジアの独占が目立つと興ざめされるのではと心配になるほどの勢いです。

優雅に社交ダンス

バレエと並んで、ブルジョワの香り豊かなダンスカテゴリーの双璧を成すのが社交ダンスです。18世紀の宮廷舞踏会でワルツの様式が磨かれ、その後鹿鳴館などを通して日本にも広まりました。ここ

80）データ出所：prixdelausanne.org

図81

社交ダンス結果

（2004〜2014年 記録集計）

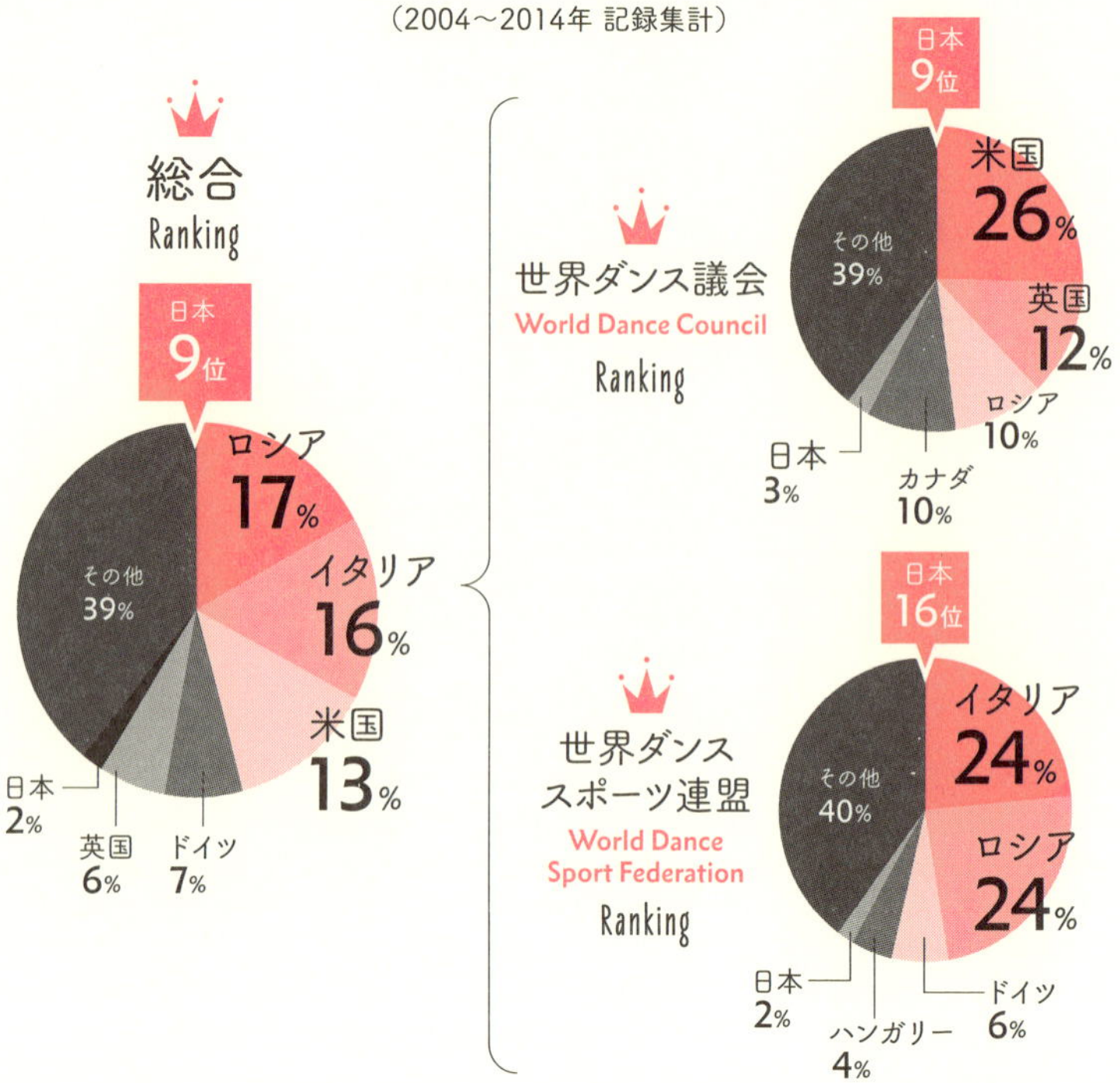

から生まれた競技ダンスは英語ではdance sportと呼ばれ、関係者はオリンピック採用も狙っているほどです。

　競技はワルツやタンゴなどのスタンダードモダン部門5種目と、サンバやチャチャチャなどのラテンアメリカン部門5種目に分かれており、欧米では多くのプロダンサーたちが多額の報酬を求めて競技会で競い合っています。世界的な団体は2系統あって、世界ダンス議会WDCと世界ダンススポーツ連盟WDSFの両者がそれぞれ独自にダンサーのランキングポイントを公開しています。この2団体のそれぞれ100位内に入るトップランカーたちのポイントを国籍別に集計しました（図81）。

　意外にも日本勢は健闘していて、合計ポ

81）データ出所：wdcdance.com / worlddancesport.org

イントのシェアは2・4%で9位。この数字は先ほどの4大バレエ団員の比率とほぼ同じレベルです。実は日本にはすそ野の広いアマチュアの社交ダンス教室文化が定着しており、200万人近くにも及ぶといわれる競技人口を誇る、世界でも有数の社交ダンス普及国なのです。プロランクの世界では、今回の調査時点（2015年10月）における最高順位の日本選手は、WDCボールルームで33位の橋本剛・恩田恵子組、WDCラテンで33位の金光進陪・吉田奈津子組でした。日本選手権で6連覇を果たし、国内では最も知られた織田慶治・渡辺理子ペアはWDCのラテン部門で60位にランクされています。ここでも目につくのはロシアの強さ。概してロシア人はダンス領域全般にわたって活躍しています。体操系もダンス系もとくに古典系での強さが光ります。

最もクールなストリートダンス

広いダンスの世界で今最も勢いのあるのがストリートダンスです。ヒップホップ系のカルチャーは、1990年代から急速に存在感を高めてきました。ファッショントレンドやDJ・MC～ラップなどの音楽文化も包含する世界的なビッグウェーブです。

現在、このストリートダンス界には5大世界大会と呼ばれるイベントがあります。設立の古い順にBattle Of the Year（1990～ドイツ・ブラウンシュヴァイク）、UK B-Boy Championships（1996

＊8-3 1973年から毎年スイスのローザンヌで行われている

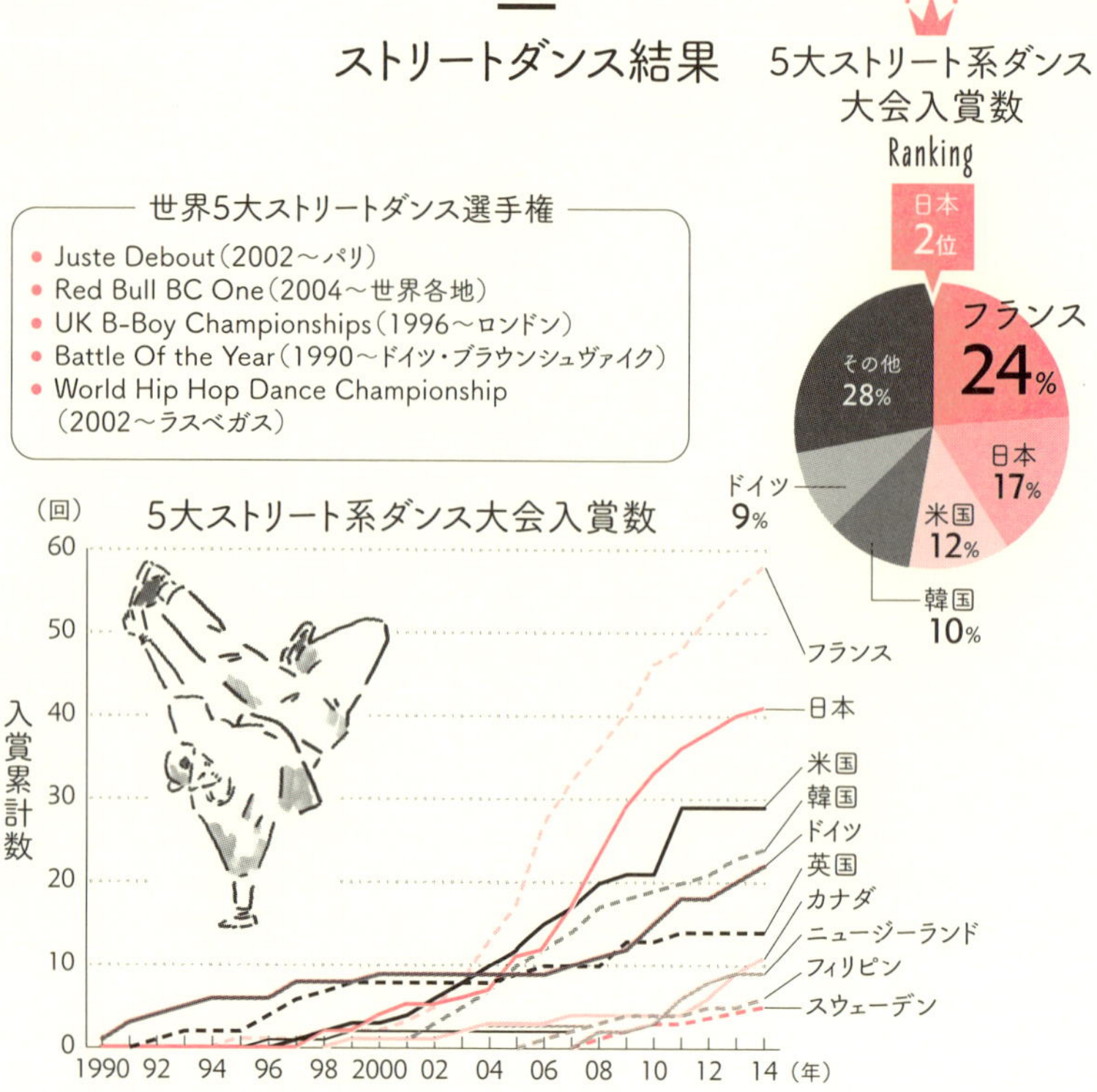

〜ロンドン）、Juste Debout（2002〜パリ）、World Hip Hop Dance Championship（2002〜ラスベガス）とRed Bull BC One（2004〜世界各地）の5つが最も権威あるメジャー競技会になります。ダンスの様式としては、ヒップホップ、ロッキング、ブレイク、ポッピング、ハウスなどが主なところで、種目別に優勝者を決める大会もあります。これら5大会での入賞者を洗い出して出身国別に集計してみました（図82）。

日本の成績は、驚くべきことに世界2位です。ストリートダンスはもともと米国で生まれたカテゴリーですが、パリやロンドンなど欧州でも人気があり、頻繁に競技会が催されています。2005年ごろから日本や韓国が力をつけ始め、主要メンバーに

82）データ出所：各イベントホームページ

仲間入りしました。自動車レースの分野と似て、欧州と米国勢は互いに意識して反目し合う傾向があるようです。そんな中でバイアスがない日本や韓国は、両系統の大会に出場してメダルを稼ぐ構造になっています。

文部科学省の発表した学習指導要領により、2011年から小学校、2013年には高校でもダンスが必修科目となりました。種目は選択できるようになっていますが、実質的には大半がヒップホップを取り入れています。既に十分強い日本勢ですが、文科省のお墨付きを得て今後裾野が広がることは間違いなく、活躍の場はさらに大きくなりそうです。

要注目のストリートスポーツ、パルクール

ストリートダンスとよく似たパフォーマンスとして「パルクール」も要チェックの新興系の競技です。パルクールとはガードレールを跳び越え、塀を蹴り上がり、屋根伝いに走り抜けるなど、忍者のように全身を使って街中を駆け回るスポーツのこと。リュック・ベッソンが制作に携わった映画『ヤマカシ』（2001年）などで取り上げられて以来、広く知られるようになりました。フリーランニングとも呼ばれるこのカテゴリーは、フランス発祥のトレーニング・カルチャーで、元々は兵士の訓練プログラムとして生み出されたものですが、ジムに行くお金もないスラム街の若者たちの間で人気が高まり、体系化されてきました。今日ではフリークラ

＊8-4 パルクールのプロ選手は「トレーサー」と呼ばれる

イミングのようにエクストリーム・スポーツの一種として扱われるようになっています。世界大会として最も認知度の高いイベントがRed Bull Art of Motionです。室内に設けられたさまざまな障害物をクリアーしながら速さと美しさを競います。これまで16回行われたこの大会での入賞者について国別対抗で整理した結果を見てみましょう（図83）。

英国やラトビア、米国、ドイツ、スウェーデン、ロシアなどのトップクラスの選手が活躍を繰り広げています。日本からはまだ上位入賞者が出ていませんが、日本人初のプロ[4]選手となったＺＥＮこと島田善が２０１１年に5位入賞を果たしており、国内の競技人口も着実に増えつつあります。

ＴＢＳ系列で１９９７年から制作されている番組『ＳＡＳＵＫＥ』は今や世界１６５ヵ国で放映されるという快挙を成し遂げていますが、これも趣を同じくするものです。ＳＡＳＵＫＥの醍醐味は、鳶職や漁師、消防士など叩き上げの運動神経の持ち主たちがエリート体操選手と同じ土俵で競う点にあり、真の才能はストリート系に埋もれているのではないかと興味をそそられます。ダンスだけでなくパルクールなどのストリート系競技は、試行錯誤を繰り返し洗練度を上げながら、今後も才能の受け皿として発展していくことになりそうです。

図83

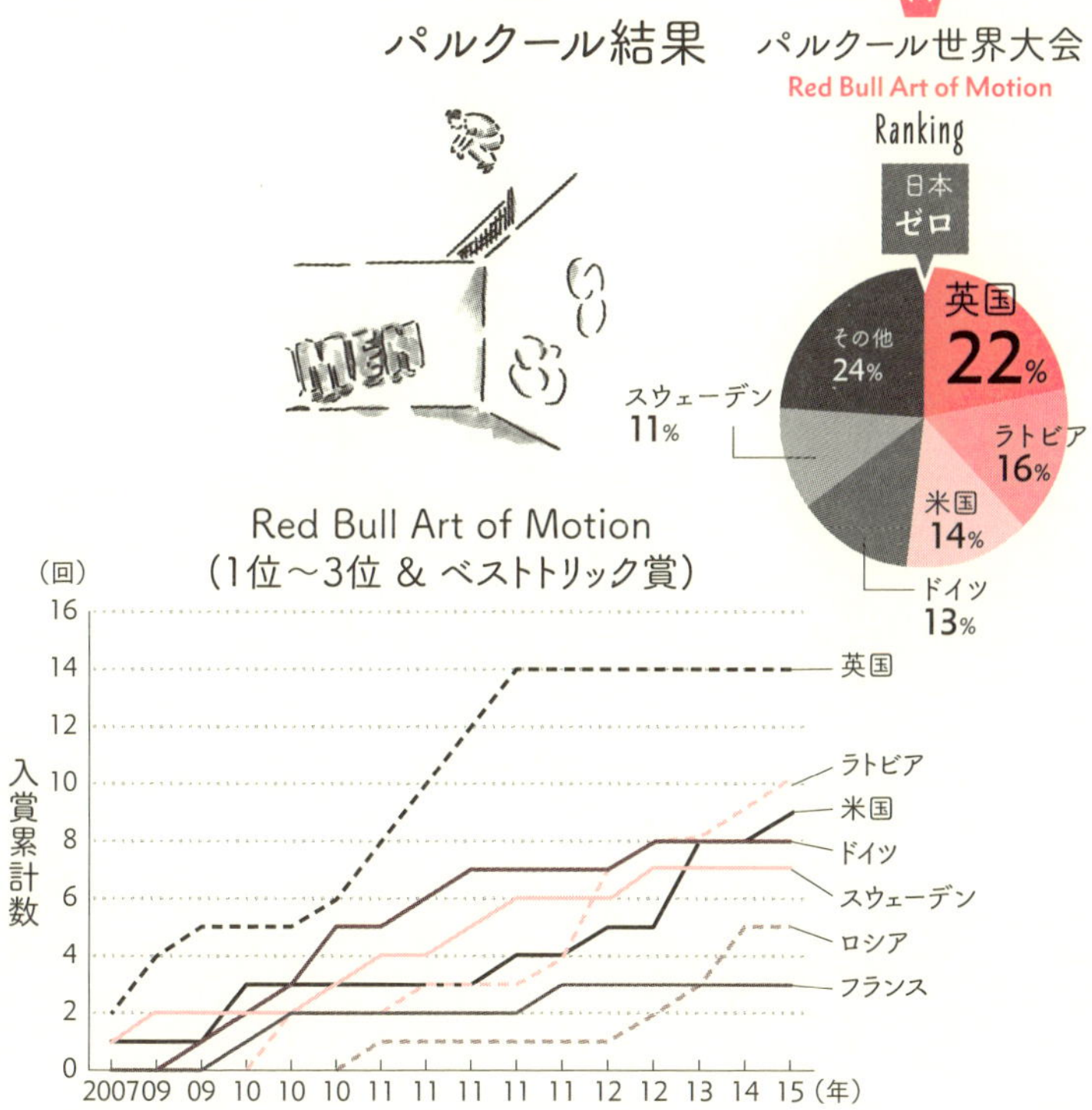

最強のダンサー輩出国とは

ここまで大きく9つのダンス分野の分析を進めてきました。体操分野からは大きく2つ、伝統的な体操競技と、比較的新しいタイプの体操群（新体操、トランポリン、エアロビック、アクロバット体操）です。冬季オリンピック系は大きく3分野に分けました。シングルでのフィギュアスケーティングとペア系（ペアスケーティング、アイスダンス）に加えて、雪上のフリースタイル系（スキー、スノーボード）の3分野です。伝統的なダンスとしては、クラシックバレエと競技（社交）ダンスの2分野をみてきました。その対極にあるニューウェーブ界からはストリートダンスとパルクールを調査しました。以上9分野の成績を横並びにして足し合わせ、

83）データ出所：Wikipedia Red Bull Art of Motion

総合的なメダル占有率を算出しました（図84）。

その結果、すべての分野を統合したダンス能力最強の座に輝いたのは、やはりロシアでした。体操分野全域にわたって漏れなく強く、バレエや社交ダンスも最強と、格調高い分野を完全制覇した正統派のダンス優等生です。2位にはどの分野もまんべんなく食欲旺盛な米国が入り、3位にはフランスが入りました。フランスの嗜好性は、ちょうどロシアの逆張りとなっています。ロシアの弱いフリースタイルスキーやストリートダンスなどのポップ分野をフランスは得意とします。以下ドイツ、英国系諸国、カナダと続き、日本は7位入賞を果たしています。好奇心豊かにどこにでも顔を出し、取りこぼしなくこつこつ稼ぐ姿は、競走や球技でも見られた日本特有の得点パターンです。

最後に「ダンス競技のマトリクス」を使って、各国が棲み分けるダンス生態系を俯瞰してみましょう。各分野における日本の順位と上位3カ国を記載してあります（図85）。

こうしてマトリクスで見ると、各国の得意分野が形として見えてきます。総合トップのロシアは上側で稼ぐ正統派ダンサーです。クラシカルなカテゴリーに対して強いこだわりがあるようで、体操かダンスかという左右軸に偏りはありません。すべては帝政ロシア時代から続くバ

図84

ダンス分野総合成績表

総合成績	体操系		冬季スポーツ系			伝統ダンス系		ポップス系		
競技	体操競技	アクロバット・体操エアロビック 新体操・トランポリン	フィギュアスケート シングル	ペアスケーティング アイスダンス	フリースタイル（スノーボード・スキー）	クラシックバレエ	競技（社交）ダンス	ストリートダンス	パルクール（フリーランニング）	ダンス系9分野総合
評価内容	世界選手権	世界選手権	世界選手権（1992〜）	世界選手権（1992〜）	世界選手権	4大バレエ団 団員数	WDCとWDSF ポイントランキング	5大ストリートダンス選手権	Red Bull Art of motion	
順位 国名										
1 ロシア（ソビエト）	22.2	27.7	10.5	29.9	2.4	22.6	16.8	2.4	7.8	15.8
2 米国	7.0	6.4	24.1	9.7	19.2	17.8	13.0	11.8	14.1	13.7
3 フランス	4.8	3.4	3.1	7.6	12.5	23.4	1.7	23.7	4.7	9.4
4 ドイツ	5.8	4.2	9.1	9.0	2.5		6.7	9.0	12.5	6.5
5 英国系諸国	0.9	3.9	6.0	0.0	0.5	11.2	6.2	5.7	21.9	6.3
6 カナダ	0.5	2.2	4.0	16.7	19.3	1.1	4.8	4.5	1.6	6.1
7 日本	9.2	0.7	9.4	0.7	2.9	2.5	2.4	16.7		5.0
8 中国	9.7	9.6	2.3	12.5	3.3	0.9	3.4	0.8		4.7
9 イタリア	3.2	0.9	3.7	2.8	1.3	1.5	15.8	0.4		3.3
10 ブルガリア	1.5	12.9		2.8		0.3	0.4		4.7	2.5
11 スウェーデン	0.4	0.1	2.0		4.2		0.4	2.0	10.9	2.2
12 韓国	0.6	0.5	3.4			1.8	1.5	9.8		2.0
13 ラトビア	0.2	0.0					0.7		15.6	1.8
14 ウクライナ	1.8	7.0	0.6	0.7	0.2	3.3	2.2			1.7
14 オーストリア	0.2	0.1	10.2		4.0	0.3	0.4			1.7
16 スイス	3.0	0.4	0.3		7.4		0.3	0.8	1.6	1.5
16 チェコ（チェコスロバキア）	6.7	0.6	1.7	1.4	1.4	0.0	1.4	0.0		1.5
18 ルーマニア	8.3	1.5				0.3	0.1			1.1
18 ハンガリー	2.1	0.3	3.1			0.3	2.2	2.0		1.1
18 フィンランド	0.5	0.0	0.6	1.4	5.8		1.3			1.1

ダンス系9分野総合成績 Ranking

日本7位

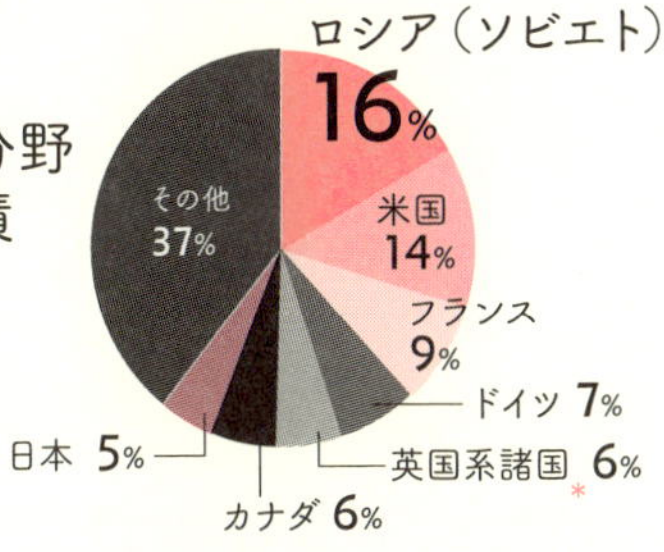

*英国系諸国＝英国＋イングランド＋ウェールズ＋スコットランド

84）著者作成

図85

ダンス競技のマトリクス別 上位国と日本結果

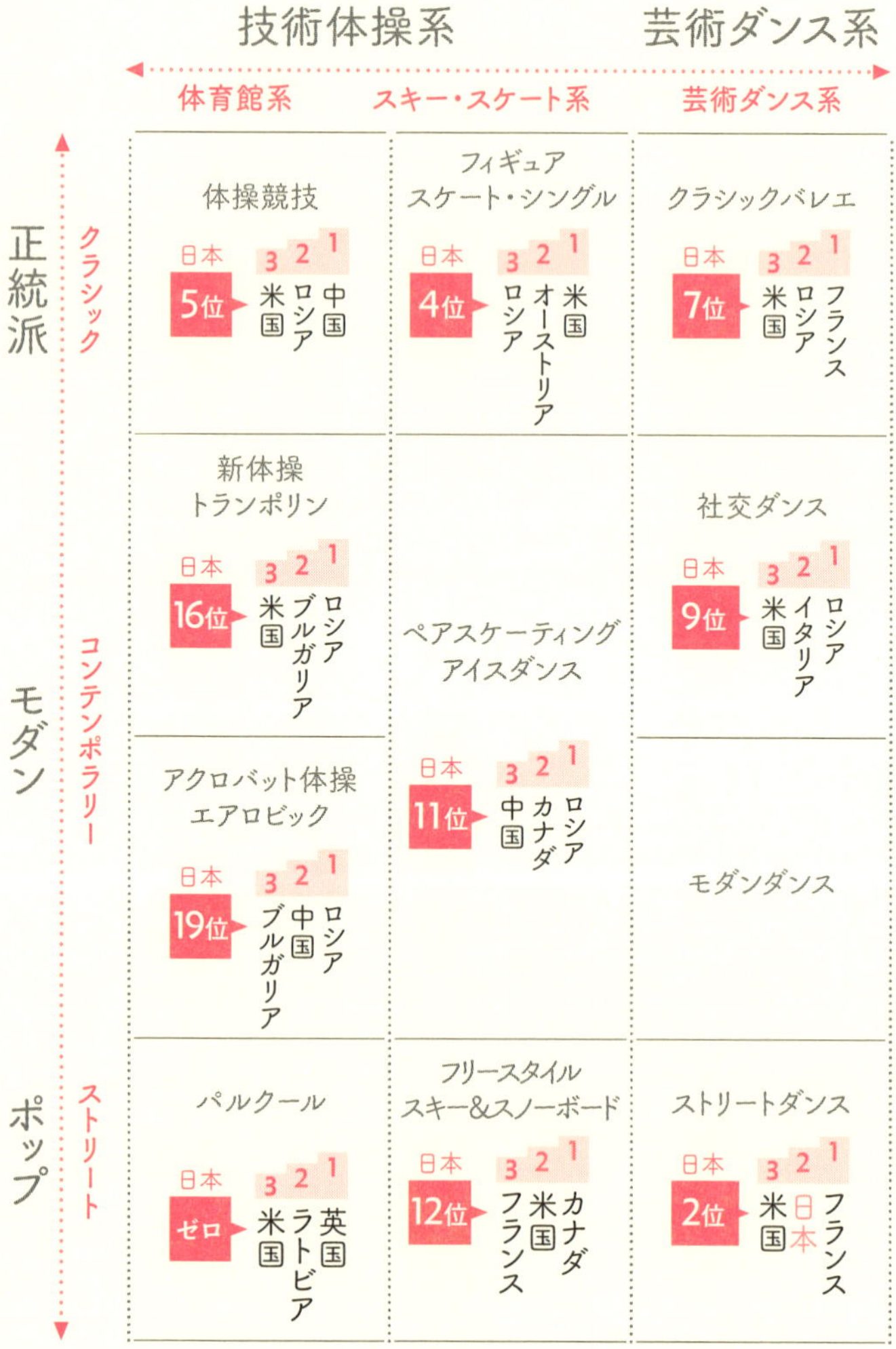
技術体操系
芸術ダンス系
体育館系
スキー・スケート系
芸術ダンス系
正統派
クラシック
モダン
コンテンポラリー
ポップ
ストリート
体操競技
日本 5位
1 中国 2 ロシア 3 米国
フィギュアスケート・シングル
日本 4位
1 米国 2 オーストリア 3 ロシア
クラシックバレエ
日本 7位
1 フランス 2 ロシア 3 米国
新体操 トランポリン
日本 16位
1 ロシア 2 ブルガリア 3 米国
ペアスケーティング アイスダンス
日本 11位
1 ロシア 2 カナダ 3 中国
社交ダンス
日本 9位
1 ロシア 2 イタリア 3 米国
アクロバット体操 エアロビック
日本 19位
1 ロシア 2 中国 3 ブルガリア
モダンダンス
パルクール
日本 ゼロ
1 英国 2 ラトビア 3 米国
フリースタイルスキー&スノーボード
日本 12位
1 カナダ 2 米国 3 フランス
ストリートダンス
日本 2位
1 フランス 2 日本 3 米国

85）データ出所：著者作成

レエ文化に起因するもので、ブルジョアを否定したソビエトの時代になってもスケートや体操競技の分野でその伝統は継承されています。対照的に下寄りストリート系に強いのがフランスです。ヒップホップダンスやスノーボード界を牽引し、パルクールを生み出したのもフランスでした。この国のクールなイメージはまさにここに可視化されているところでしょう。

日本の特徴は、強さが左上領域と右下領域にスプリットしている点に見られます。一流の西洋芸能分野で認められるため、まずこなすべき目標が明確な体操やソロのバレエ、スケーティングなど左上領域から入門しました。それらの領域では、もはや師を超えるレベルに育ったわけですが、その間中段のコンテンポラリー領域にまで力を注ぐ心の余裕がなかったのかもしれません。しかし今日に至り、時代の最先端を行くストリートダンスの領域では各国を先回りして抑える形になりつつあります。

バレエや社交ダンスなどは宮廷のブルジョワ文化が下々に降りてきたものです。一方で90年代以降は対照的で、ストリートのサブカルチャーが下から成り上がってきたものでした。小学校から広くヒップホップダンスの素養を身に付けさせようという文科省の選択は、案外国家百年の計になるのかもしれません。

9 歌い奏でる世界

Vocals and Instruments

冒頭で紹介した図1（タレントマップ）でダンス界のすぐ隣にあるのが「音楽家」の世界です。ステージを目指す者ならば、歌って踊れることが基本素養として求められます。本節ではミュージシャンの世界を探っていきたいと思います。才能の全体像について、音楽界のタレントマトリクスを見ながら紹介しましょう。まず大きくは、楽器を演奏するのか、声を発して歌うのかという横軸に分類されます。これに直交する縦軸として、対象とする音楽の内容が古典的か新ジャンルかという新旧の視点が加わってきます（図86）。

Photo/Getty Images

図86

音楽界マトリクス

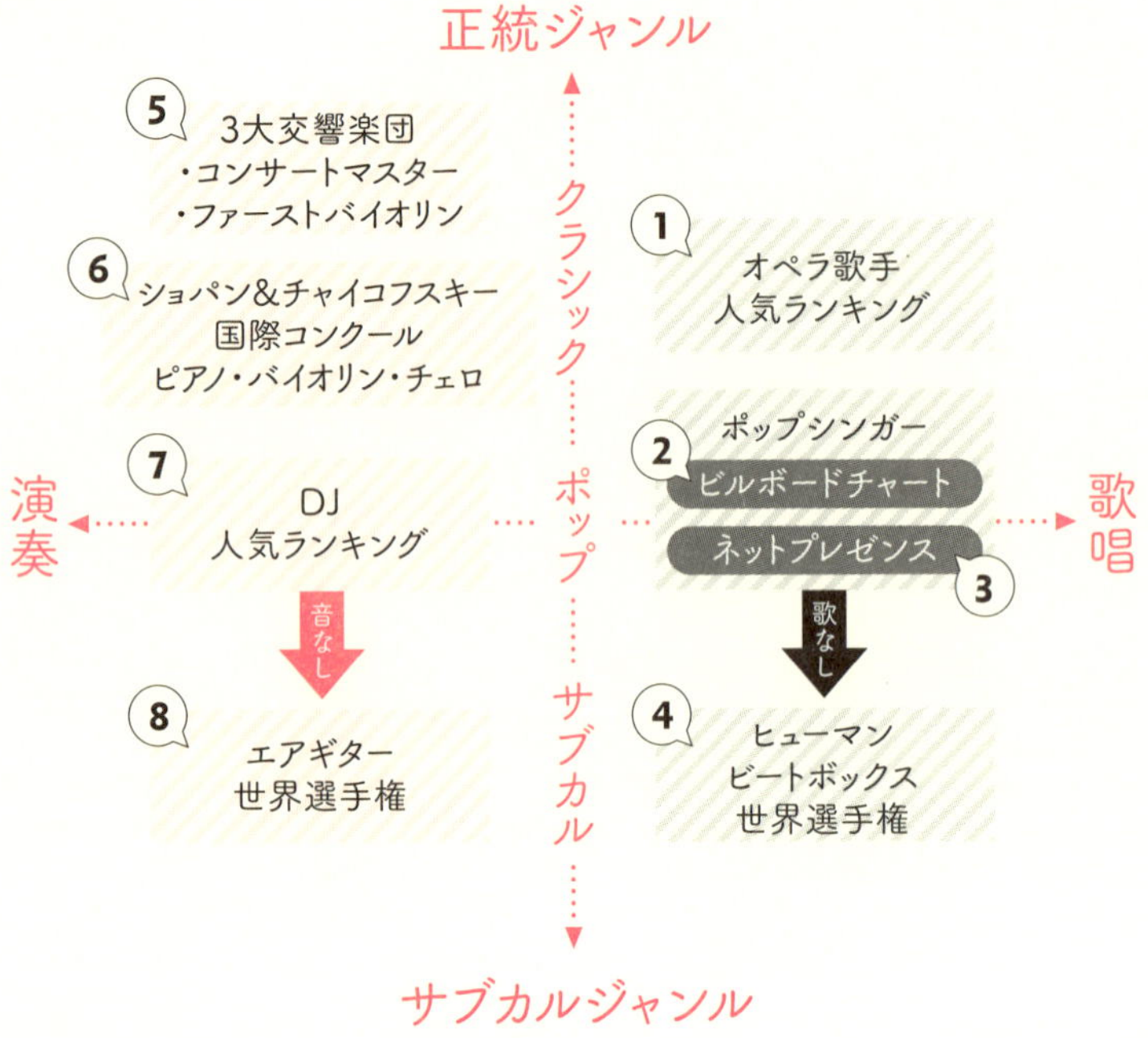

古典的な音楽を扱う交響楽団やオペラ歌手など、格式の高い世界が最上位にあり、中段には、ポップソングやＤＪなど大衆音楽の領域があります。そしてその下には、発声なのに歌ではないビートボックスや演奏なのに音が出ないエアギターなど、ストリート系のサブカルチャーの世界が展開しています。音楽は文化や言語と密接な関係を持っており、ダンスよりさらに多様なジャンルが存在します。ファンの数だけで判断するなら、人口大国のインドや中国の歌手も評価するべきなのかもしれません。しかしここでは本書の趣旨に鑑みて、国際的な認知度の高い①〜⑧の８つのコンテンツを対象としました。以下オペラ歌手から順に分析を進めていきましょう。

オペラ歌手

世界には実にさまざまなジャンルの歌手が活躍していますが、最も格調高いジャンルといえば、オペラでしょう。「20世紀最高のソプラノ」と呼ばれたマリア・カラス（米国籍、1977年没）や、「神に祝福された声」と称されたルチアーノ・パヴァロッティ（イタリア籍、2007年没）などが思い浮かびます。

オペラには、国際コンクールは多数ありますが、世界一を決めるような標準化されたイベントがありません。そこで知名度を評価するランキングサービス「ranker.com」を利用することにしました。古今東西、バリトンやテノールなど声域の垣根も超えて、あらゆるオペラ歌手（Famous Opera Singers）を網羅的にリスト化したもので、1位のパヴァロッティから660位までが掲載されています。このリストを基に歌手を国籍別に整理した結果を見てみましょう（図87）。

500位内にランクインした各国の歌手の総数を横軸にとり、縦軸には各国のトップランカーの世界順位をプロットしました。つまり横軸は量、縦軸は質を示しています。その質・量ともに抜きん出たイタリアと米国がツートップ。その後ろには英国、ドイツ、カナダなどが続き、チェコまでの12カ国ほどが、オペラ一流国といえそうです。日本人の最高位は中丸三千繪（ソプラノ）の458位で、500位圏内に入ったのはこの1名のみです。彼女はルチアーノ・パ

図87

著明なオペラ歌手上位500名内訳

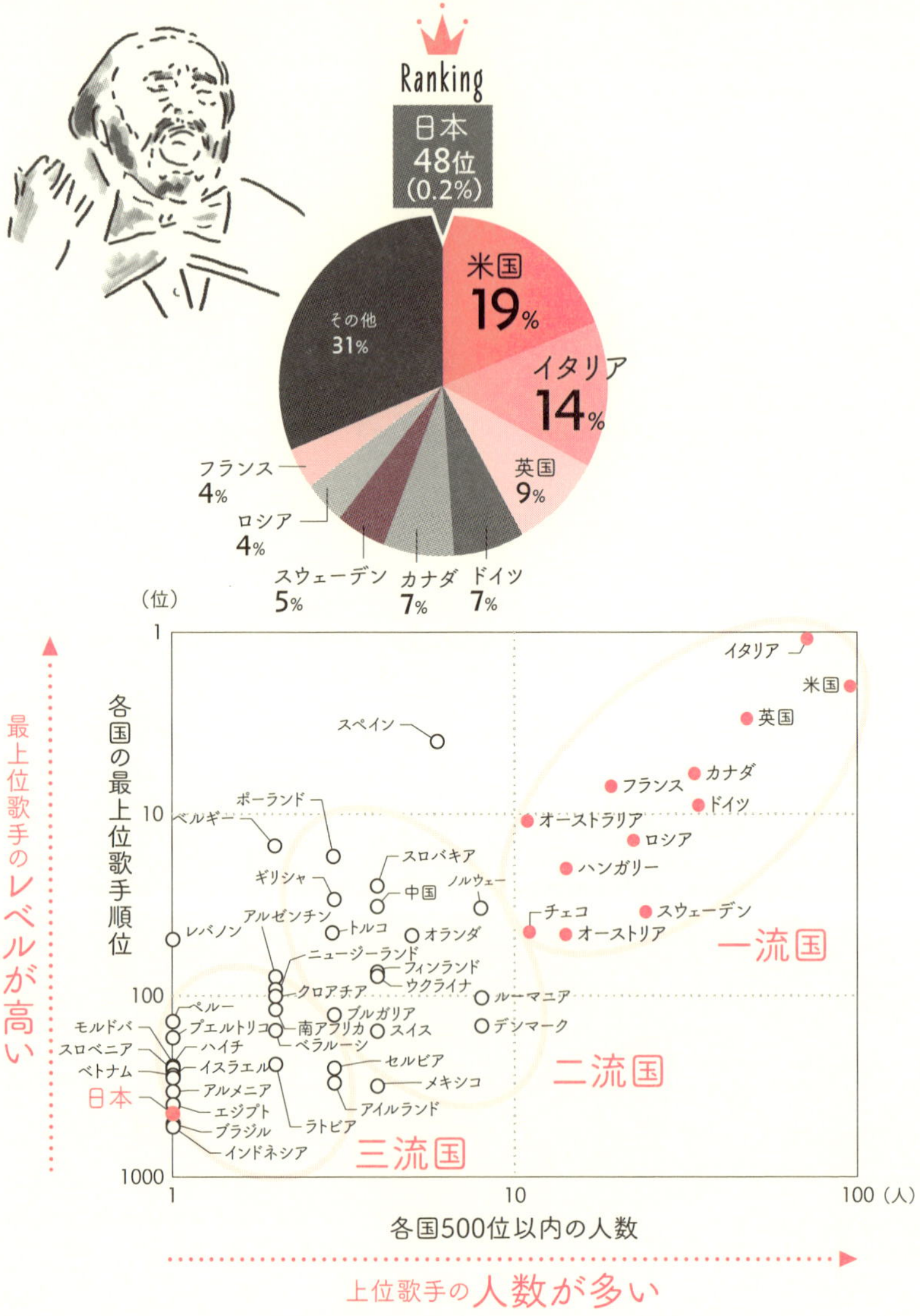

87) データ出所：ranker.com

ヴァロッティ・コンクールやマリア・カラス国際声楽コンクールにおいて外国人として初めて優勝するなど、日本人としては出色の成功を遂げたオペラ歌手ですが、それをもってしてもこの順位になってしまいます。近年は日本人の美人ソプラノ歌手たちが世界に羽ばたき始めていますが、コンサバティブなこの世界において日本は新参国として世界48位、シェア0・2％という結果に終わりました。

ポップ歌手

敷居の高いオペラ界では苦戦を強いられた日本の歌手陣ですが、大衆音楽ではどうでしょうか。ポップシンガーを格付けする機関といえば、「ビルボードチャート」が筆頭格でしょう。ビルボードチャートとは米国の音楽業界誌・ビルボードが毎週発表する音楽タイトルやアーティストのランキング[1]リストのことです。基本的に米英を中心とした英語圏が優位にはなりますが、世界の音楽ビジネス自体が米国中心で動いている以上、デファクトスタンダードのビルボードに載ることを成功の定義とする見方もある意味では正しいといえるでしょう。

ビルボードには非常に多くのジャンル別ランキングがあるのですが、最もオーソドックスなビルボードトップ200アルバム（2015年の年間集計版）の結果を調べました。併せて、歴代

＊9-1 昔はCD売り上げやラジオのオンエア回数などを集計していたが、最近ではダウンロードやストリーミングの回数なども考慮されている

の偉大なアーティストランキング（グレーテスト・オブ・オール・タイム）のトップ200名リストも調べました（図88）。いずれも対象歌手の出身国を集計したものです。登場人物のイメージとしてお伝えすると、歴代版では1位がビートルズ（英）、2位がローリング・ストーンズ（英）で、2015年版のトップはテイラー・スウィフト（米）、2位がエド・シーラン（英）という顔ぶれです。

2015年版と歴代版では、もちろん登場人物は異なるものの、出身国の割合は驚くほどそっくりでした。両リストとも米国歌手が全体の77%を占めるダントツ状態で、2位の英国、3位のカナダ、4位のオーストラリアというコモンウェルス3国の合計値が20%を占め、これら米英系の4カ国で全体の97%という結果でした。何ともわかり易い英語圏の寡占状況ですが、ショウビジネスの実態が端的に示されたともいえます。非英語圏のトップはドイツの0・8%でした。

日本を含むアジア圏からは、一人もランクインしていません。冒頭でも述べたように、ファンの数だけ見るのであればインドや中国などのスター歌手が上位に入っても不思議はないのですが、世界的な興行成績の視点でランクをつけると、完全に米英系に牛耳られている現状が見えてきます。ちなみに、2001年以降2015年までに日本人がビルボード200アルバムに入った実績は、累計で6回ありました（宇多田ヒカル2009年69位と2004年160位、ディル・

図88

ビルボードチャート結果

Billboard

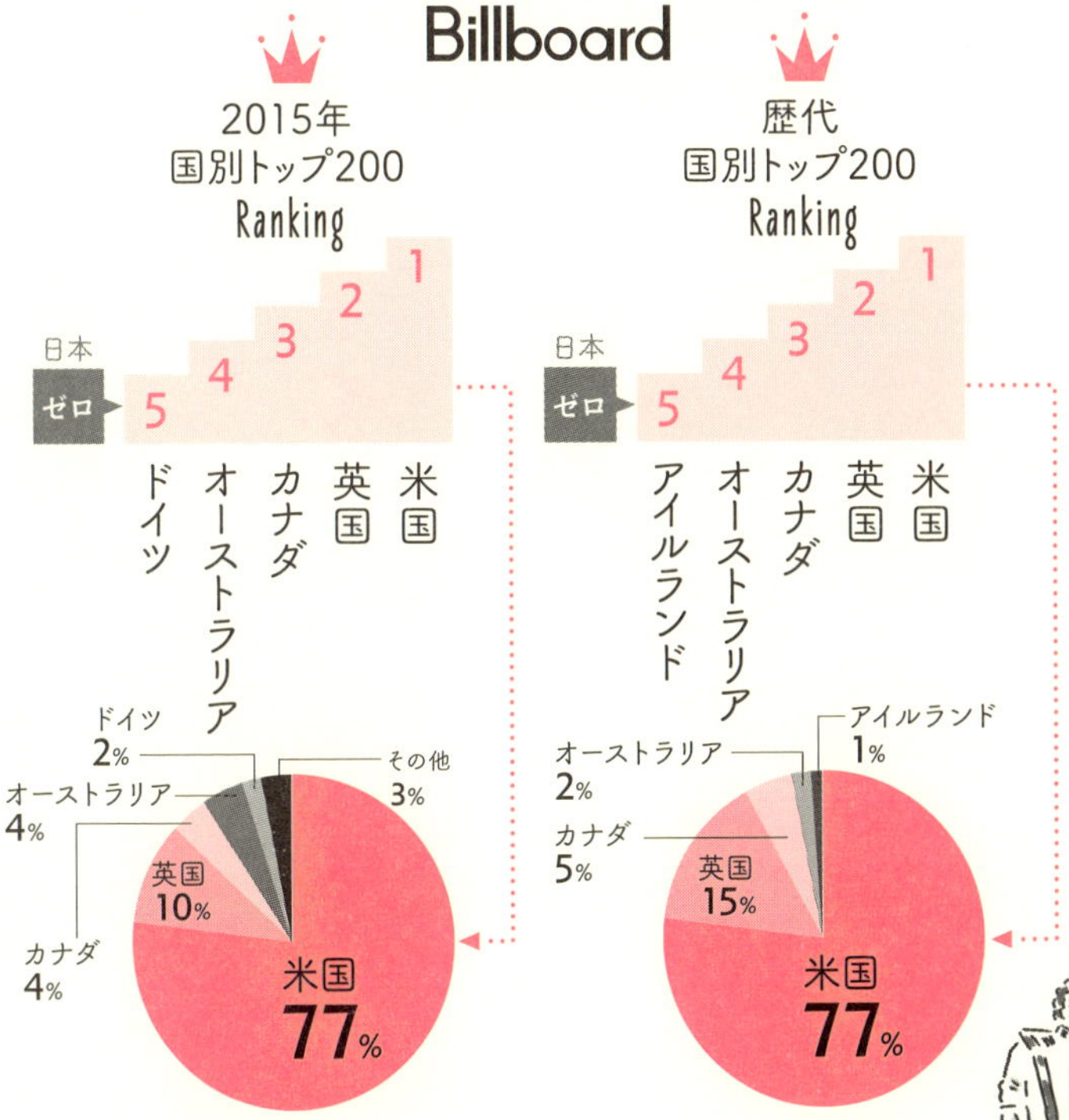

2015年 ビルボードトップ歌手 Ranking

順位		
1	テイラー・スウィフト	米国
2	エド・シーラン	英国
3	サム・スミス	英国
4	ドレイク（ラップ系）	カナダ
5	メーガン・トレイナー	米国
6	マルーン5	米国
7	ミッキー・ミナージュ（ラップ系）	トリニダード トバコ
8	J.コール（ラップ系）	ドイツ
9	サウンドトラック	英国
10	ワン・ダイレクション	米国

ビルボード歴代トップ歌手 Ranking

1	ビートルズ	英国
2	ローリング・ストーンズ	英国
3	バーバラ・ストライザンド	米国
4	ガース・ブルックス（カントリー系）	米国
5	エルトン・ジョン	英国
6	マライア・キャリー	米国
7	ハーブ・アルパート	米国
8	テイラー・スウィフト	米国
9	シカゴ	米国
10	マイケル・ジャクソン	米国

88）データ出所：billboard.com

アン・グレイ2008年114位と2011年135位、チボ・マット2014年168位、ベビーメタル2014年187位）。平均すると、2年に一度ほどのペースで150位あたりに登場するといった感じになっています（ベビーメタルはその後2016年4月に39位ランクインという快挙を成し遂げて話題となりました）。

ウェブでの存在感

ビルボードチャートは資本系に偏重しすぎるので少し視点を変えることにしましょう。ウェブにおけるビジビリティ（可視性）をランク付けするサービスの「The Wiplist」をご存じでしょうか。これは歌手やデザイナー、アスリートなどさまざまな分野の有名人に関して、ウェブでどの程度語られているのかを自動検索してランク付けするサービスです。

「The Wiplist」の歌手のカテゴリーで上位1000位までに入った歌手について検索し、国籍別に人数をカウントしました（図89）。ちなみに登場人物のイメージとしては、調査日時点（2015年9月）での総合トップはシェリル・クロウ（米）でレファレンス数は約3・25億件、第2位がアデル（英）でレファレンスは約2億件でした。

結果を見ると、今度は1000位までカバーしているため、対象国数は52カ国に増えています（ビルボードトップ200アルバムでは11カ国）。しかし全体的な構造はビルボードとほぼ同じです。

図89

The Wiplistによる国別歌手人気度

非英語圏トップ	非欧米国トップ	非欧米語トップ	アジアトップ
スペイン	コロンビア	リビア	日本
（世界4位　3.1%）	（世界5位　2.7%）	（世界13位　0.61%）	（世界17位　0.23%）

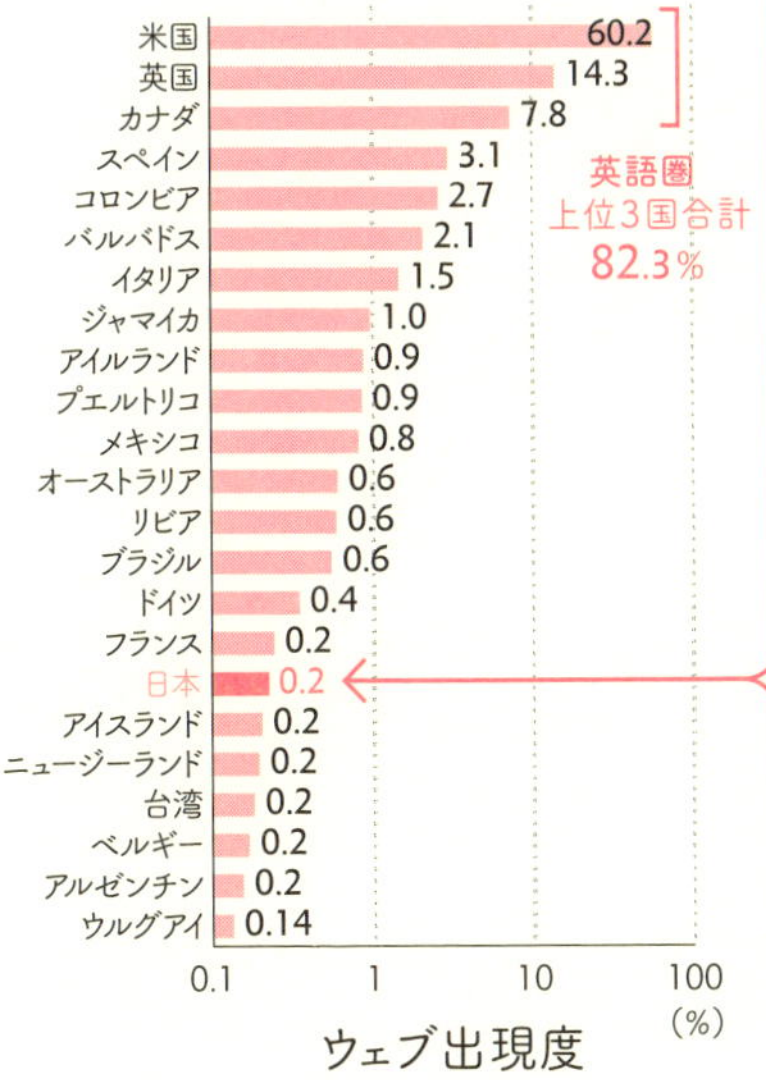

The Wiplist

順位	名前	レファレンス数
218	ToshI（X JAPAN）	1,680,183
279	安室奈美恵	1,100,026
291	浜崎あゆみ	1,041,822
303	倖田來未	982,418
381	Hanawa	629,747
420	倉木麻衣	525,335
458	林原めぐみ	454,618
487	中島美嘉	411,340
537	松田聖子	340,152
564	島谷ひとみ	319,461
700	平井堅	260,416
796	福山雅治	225,759
817	宇多田ヒカル	216,648

米国が全数の6割を占め、2位の英国と3位のカナダで2割強を持っていく旧英連邦による支配的状況です。非英語圏のトップは4位のスペインでシェアは3・1%、非欧米国のトップは5位のコロンビアでシェア2・7%でした。アジア圏のトップは日本で17位ですが、シェアは0・23%と微々たるものです。その日本がアジア圏ではトップなのですから、ミュージックシーンにおけるアジアの存在感がいかに小さいかわかります。日本人のランクインは延べ13名です。上位にToshIに安室奈美恵、浜崎あゆみが並んでいて、アニメ主題歌系の林原めぐみや中島美嘉が入るなど、概ね妥当な結果といえ

89）データ出所：thewiplist.com

るでしょう。シェア0・2％という数字は、偶然にもオペラ界での成績と同じレベルです。古典でもポップでも苦戦が続く日本。やはり歌の世界、言語の壁は大きいようです。

「擬音」の歌手

そんな言語の壁を打ち破る、ヒューマンビートボックスという新たな領域が生まれています。マイクを口に密着させて「ズクズク・シャカシャカ」と楽器に似せた擬音を奏でる、肉声パフォーマンスです。ボイスパーカッション（ボイパ）とも言いますが、ボイパが打楽器のみを表現するのに対して、ビートボクサーたちは電子音や、ＤＪのスクラッチ音、サンバのホイッスルまで模写します。その由来は古く、1980年代に楽器を購入できない貧困層が口真似で始めた米国ストリート文化にさかのぼるものですが、2000年代後半になって欧州で人気に火が付き組織化されてきました。今日最も権威ある世界大会は、2009年に始まったビートボックスバトル（Beatbox Battle World Championship）で、世界60カ国以上の頂点を決める大会になっています。2015年大会はベルリンで開催されました。日本では2010年に初の公式大会Japan Beatbox Championshipが開かれ、優勝者が世界選手権に出場できる形になっています。

ここでは、これまで4回開催されてきた世界選手権（3年おきに開催）での各国選手の活躍ぶりを見ることにしましょう（図90）。

図90

ビートボックスバトル結果

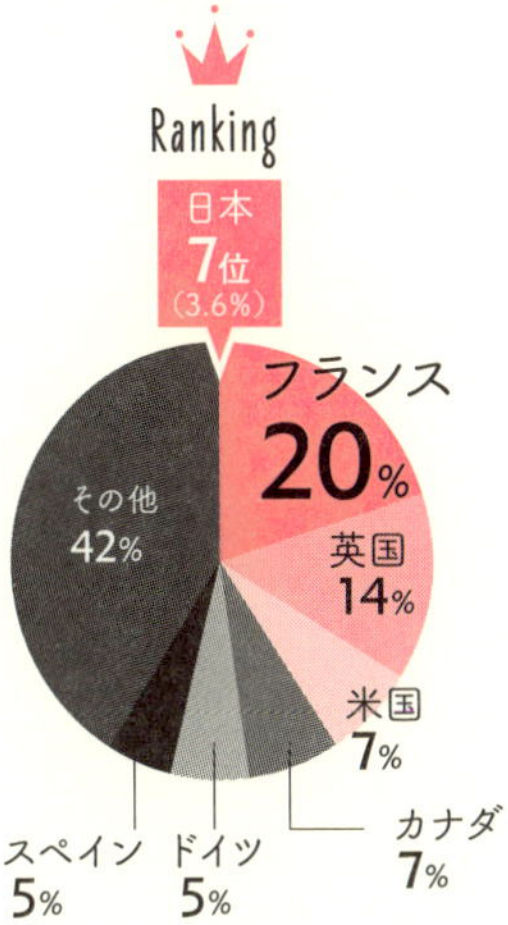

日本選手入賞者
2012年ベスト16　妖怪うらに洗い
2015年ベスト16　ShOh

世界選手権ベスト16 累積入賞者数

順位	国名	2006	2009	2012	2015	入賞回数	占有率（%）
1	フランス		2	4	5	11	19.6
2	英国	1	1	3	3	8	14.3
3	米国	1	1		2	4	7.1
3	カナダ	1	1	1	1	4	7.1
5	ドイツ		2		1	3	5.4
5	スペイン		1	1	1	3	5.4
7	日本			1	1	2	3.6
7	オーストラリア	2				2	3.6
7	ブルガリア		1	1		2	3.6
7	ロシア		1	1		2	3.6
7	ハンガリー	1	1			2	3.6
7	マレーシア		1	1		2	3.6
7	オランダ			1	1	2	3.6
7	シンガポール		1	1		2	3.6
7	スイス	1	1			2	3.6
7	ルクセンブルグ		1	1		2	3.6
17	ベルギー	1				1	1.8
17	チェコ				1	1	1.8
17	ポーランド		1			1	1.8

90）データ出所：beatboxbattle.tv

図90にはこれまでベスト16に勝ち残った選手を国別に集計した結果を示しました。結果はご覧のとおりで、フランスと英国が世界の先端を走っています。日本は、本格参戦した2012年から2大会連続で入賞者を出しており、国別ではシェア3・6％で15位に食い込んでいます。「妖怪うらに洗い」は2010年と2012年の日本チャンピオンで、「Sh0h」は2014年に日本大会を制した新鋭パフォーマーです。ヒップホップ様式はさまざまなパフォーマンスに変革を与えるメガトレンドになっていますが、歌謡界ではこのビートボックスという表現型で開花しています。この最新カテゴリーでは日本にとって鬼門となる言語の壁がないので、今後の活躍が期待できそうです。

交響楽団

言語の壁が立ちはだかるボーカリストたちは苦戦続きでしたが、楽器の演奏ならば条件はイーブンです。ここからは演奏分野における日本人ミュージシャンの実力を見ていきましょう（図91）。

この分野における最高権威といえば、ベートーベンやモーツアルトの楽譜を奏でる交響楽団（オーケストラ）です。世界3大交響楽団（ウィーン・フィル、ベルリン・フィルとロイヤル・コンセルトヘボウ）での演奏実績があれば、どこに行っても通用する最高のキャリアとなります。そのオー

図91

3大交響楽団
コンサートマスター・ファーストバイオリン国籍

世界3大交響楽団

ウィーン・フィルハーモニー管弦楽団
The Vienna Philharmonic
コンサートマスターとファーストバイオリン総数／24名

ベルリン・フィルハーモニー管弦楽団
Berliner Phillharmonie
コンサートマスターとファーストバイオリン総数／23名

ロイヤル・コンセルトヘボウ管弦楽団
Royal Concertgebouw Orchestra
コンサートマスターとファーストバイオリン総数／20名

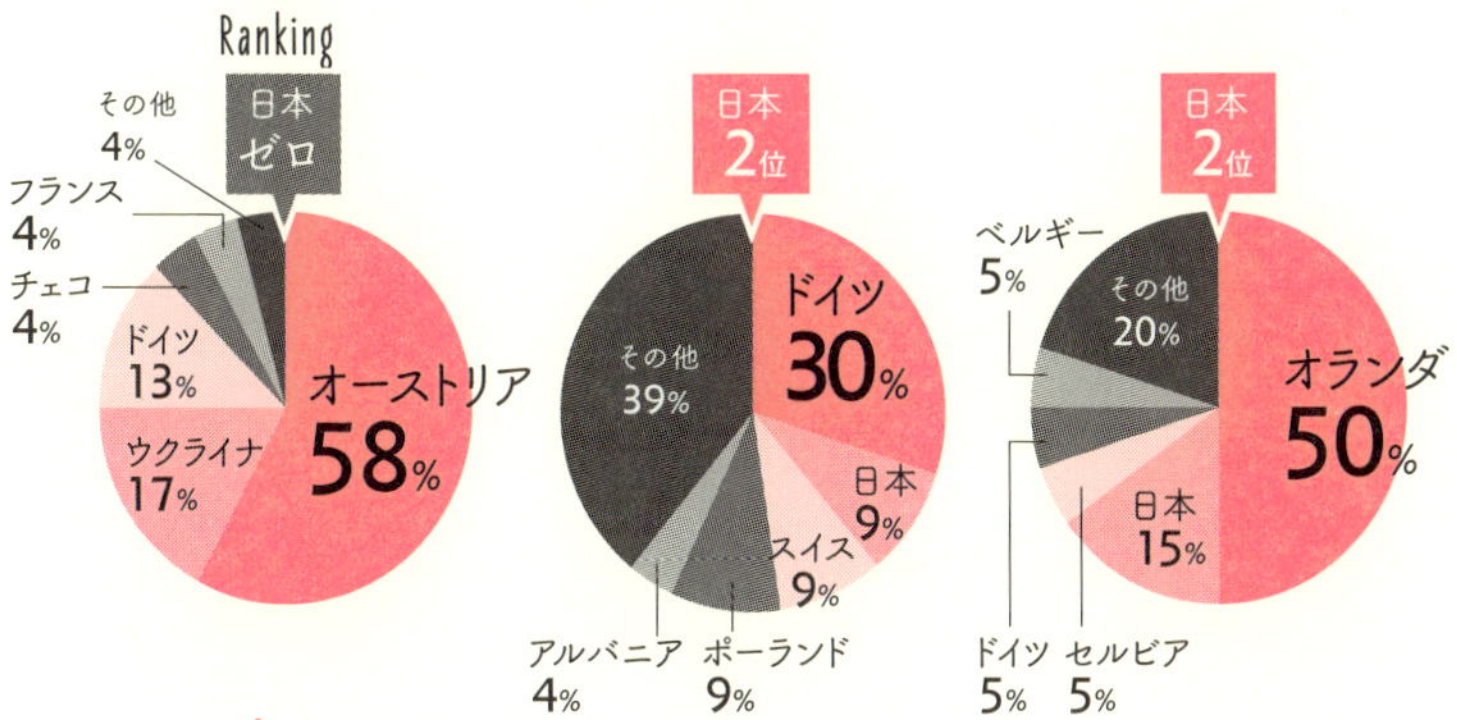

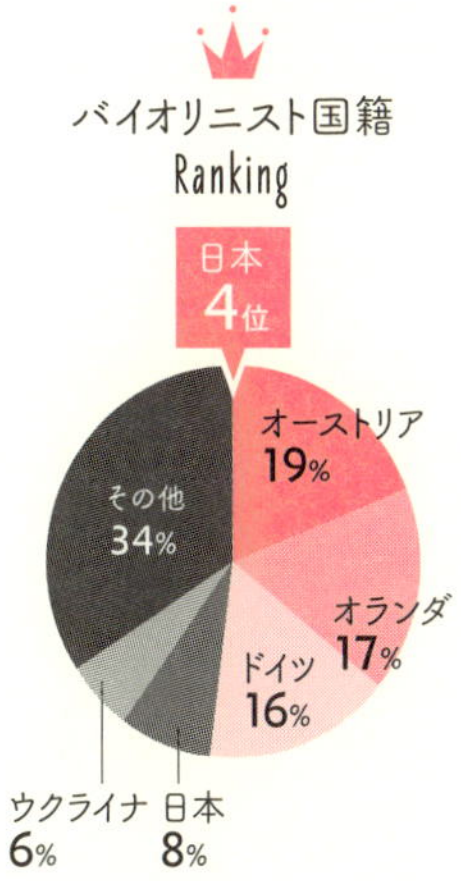

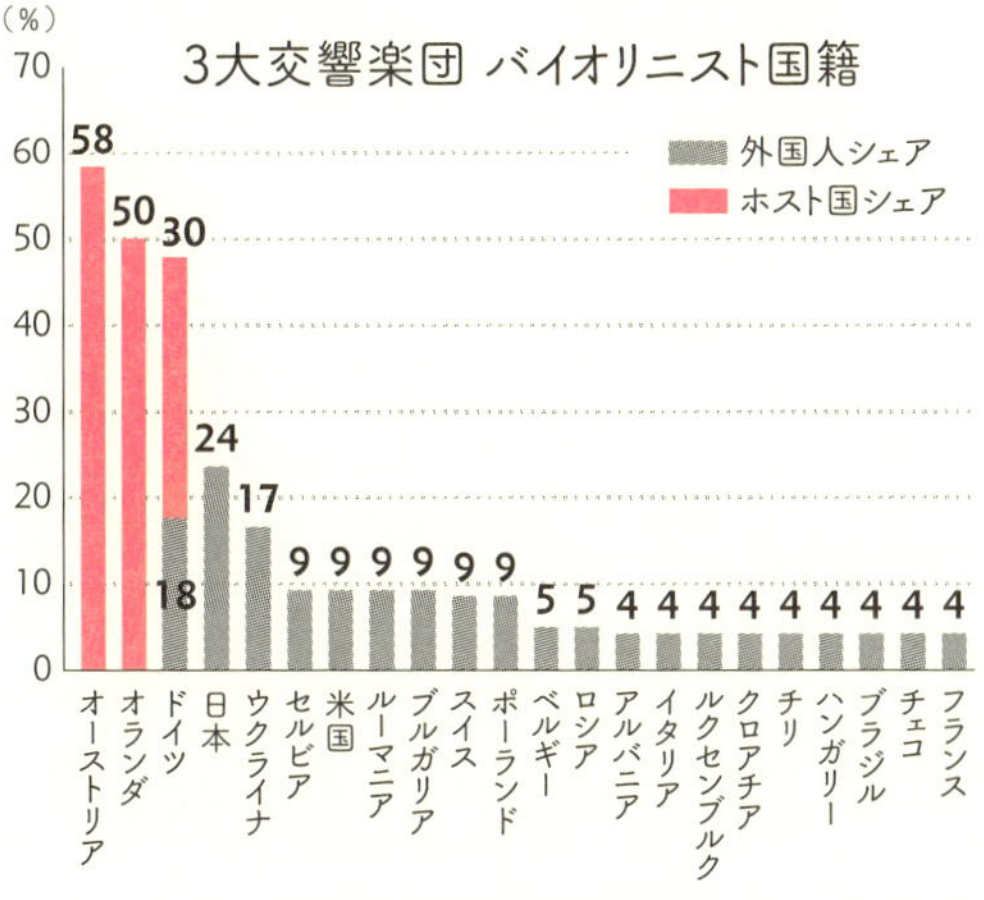

（2015年10月時点での各楽団ホームページ情報に基づく）

91）データ出所：wienerphilharmoniker.at, berliner-philharmoniker.de, concertgebouworkest.nl

ケストラの主役はバイオリン。中でも重要なのが主旋律を担うファーストバイオリンと呼ばれるチームです。その中でも最も重責を担うのがソロパートも担当するコンサートマスター（コンマス）。楽団においては、指揮者が監督さんのような立場で、主将に相当する役割がこのコンマスにあたります。3大交響楽団におけるコンマスとファーストバイオリンたちの国籍を調べてみました（図91）。

バレエ団のときよりは、総じて外国人採用率が増えています。3楽団の総計で見ると、ホスト3国の次に多いのが日本人で、外国人枠内だけで見ると1位です。言い方を変えると、日本は世界最大のトップバイオリニストの輸出国という位置づけになっています。日本人の中で現在の最高位はベルリン・フィルの樫本大進で、2010年からファースト・コンサートマスターを務めています。

ピアノとバイオリンのコンクール

バレエの時と同様に、若者の登竜門となるコンクールについても調べてみましょう。世界的に最も権威あるふたつのコンクール、ショパン国際ピアノコンクール（1927年創設）とチャイコフスキー国際コンクール（1958年創設）について、創設以来すべての入賞者（6位以内）

図92

ショパン国際ピアノコンクール・チャイコフスキー国際コンクール結果

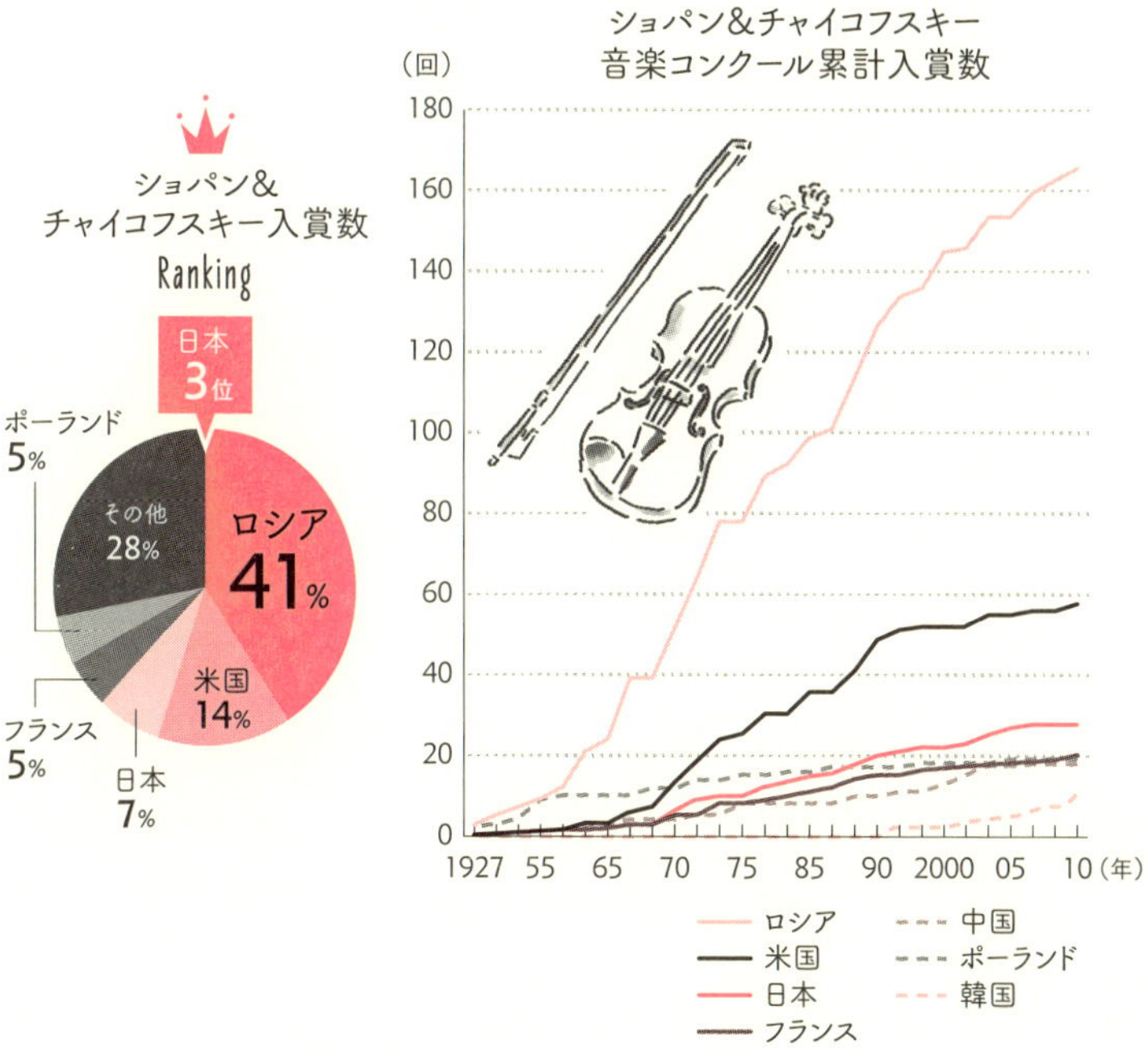

を国籍別に集計しました[2]（図92）。

結果をみると、図らずもローザンヌバレエの結果との類似点が多いものとなりました。こちらはホスト国のロシアとポーランドの比率が高いものの、日本はロシア・米国に次ぐ3位の成績となっています。

1960年代・高度成長期における「追いつけ追い越せ」の風潮に乗るように、バレエやピアノ、バイオリンなどブルジョワ的アイコンを使いこなすことに情熱が注がれた様子が映し出されているようです。バレエと同様に2005年あたりから意欲が減退しているのが気になるところですが、社会の成熟とともに高度成長期の「猛烈モード」を卒業し、ペースダウンしつつあるのかもしれません。逆に今最も盛り上がっているのが韓国で、1990年代に入って入

92）データ出所：Wikipedia: International Tchaikovsky Competition, International Chopin Piano Competition

＊9-2　ショパンコンクールはピアノ部門のみのイベントだが、チャイコフスキーの方はピアノとバイオリン、チェロに加えて男女声楽部門が設けられている。ここでは声楽の結果は割愛した

賞者の増産体制に入っています。かつて日本がたどった道をトレースする韓国という構図がおもしろいところです。バレエでは15年遅れでしたが、音楽については約25年遅れでその道をたどっています。

DJ

世の中に情報が溢れるにつれ、キュレーションが価値を生み出す時代になりました。音楽シーンの最先端では、この流れがＤＪという形で表現されるようになっています。ディスクジョッキーというと、昔はラジオ番組の司会のことでしたが、今ではライブハウスなどで、既成の楽譜や旋律などの音源を細かく分解して再編集したり、音を電子加工したりするＥＤＭ（Electronic Dance Music）アーティストへと進化しています。その場の雰囲気にあわせた絶妙な音を提供するには、作曲家や指揮者、演奏家など、すべての要素を持ち合わせたマルチタレント性が求められます。トップクラスになるとその収入は破格で、米フォーブス誌の調べでは、２０１４年のＤＪ賞金王に輝いたカルヴィン・ハリス（英Calvin Harris）の年収は６６００万ドル、第２位のデヴィッド・ゲッタ（仏David Guetta）が３０００万ドルとまさに異次元です。

彼ら世界中のＤＪたちをレイティングするサービスとしてThe Official Global DJ Rankingsがあります。収入額からＳＮＳでの人気度、オンエア回数やリミックスタイトルの売れ行きな

図93

DJランキング結果

総合シェア Ranking

	52位		5	4	3	2	1
	日本	……	フランス	イタリア	ドイツ	英国	米国
シェア	0.2%		3.6%	4.8%	9.3%	12%	24%

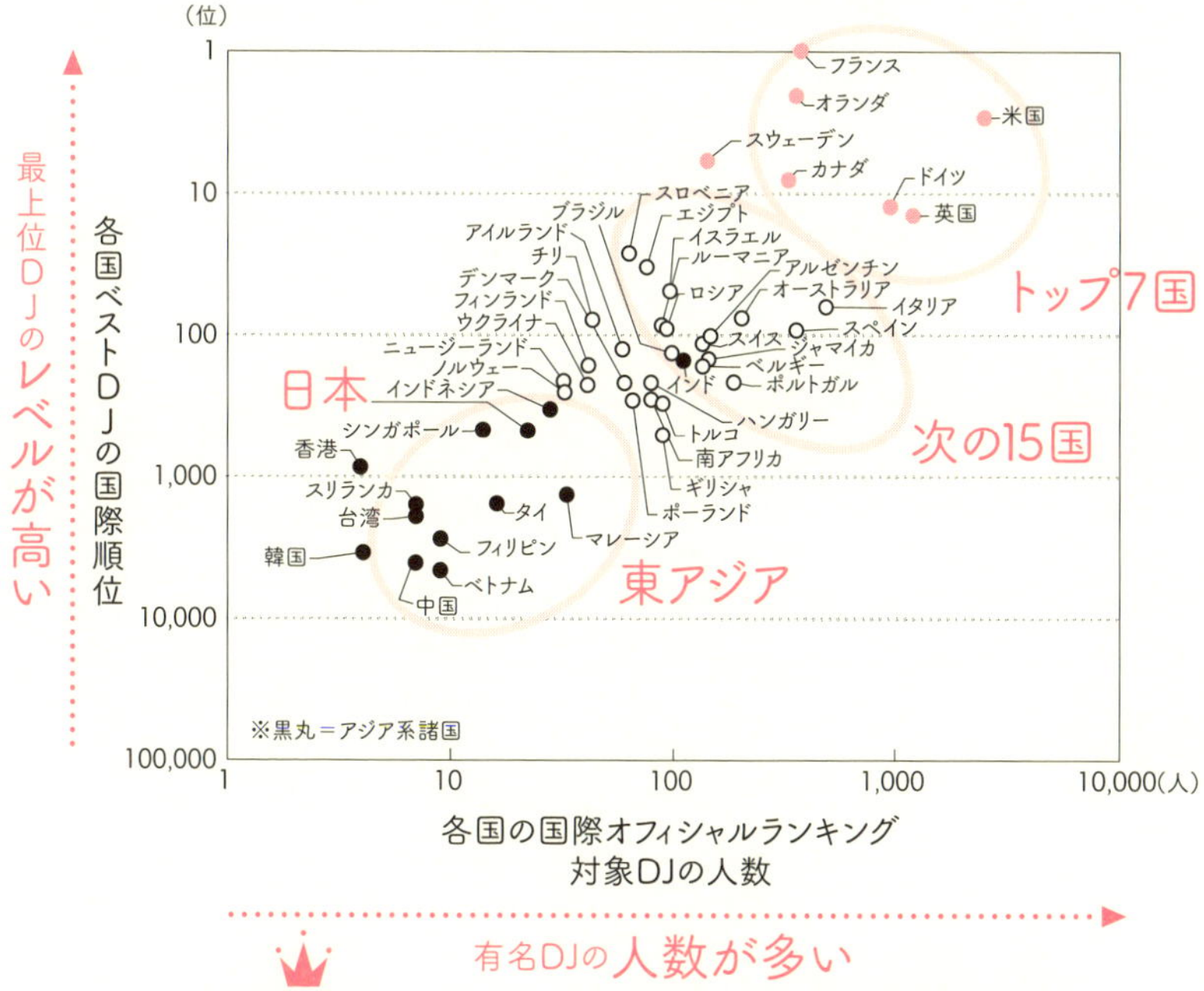

日本のDJトップ5 Ranking

日本内順位	世界順位	名前
1	467	Satoshi Tomiie
2	900	ajapai
3	1,960	DJ KENTARO
4	1,971	Osawa Shinichi
5	2,062	Naeleck

トップDJの活躍する7国

世界順位	国	名前
1	フランス	David Guetta
2	オランダ	Armin van Buuren
3	米国	Skrillex
6	スウェーデン	Avicii
8	カナダ	deadmau5
12	ドイツ	Paul van Dyk
14	英国	Gareth Emery

93）データ出所：dj-rankings.com

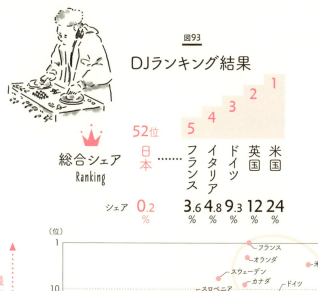

どを総合評価するもので、2万人以上が登録されています。このデータベースを用いて、DJの国別対抗戦を試みました[3]（図93）。

図の横軸は約2万人のリストに入った各国DJの総数を示し、縦軸は各国の最上位DJの順位を示しています。横軸は量、縦軸は質を表します。結果を見ると、トップの米国が抜きん出ていて、総数の24％を占めています。第2位の英国と併せて全体の3分の1と、相変わらずここでも米英系は強いのですが、ポップ歌手の場合よりは非英語圏の欧州各国にも存在感があります。おそらく、言語依存性が少ないためでしょう。では日本にも多少は光明があるかというと、残念ながらシェア0・22％で52位という結果に終わりました。ここでも、オペラ歌手、ポップ歌手に続いて、またしてもトラウマのように0・2％の壁が立ちはだかります。ポップ歌手の時と同様にアジアの低迷はひどい状況ですが、そのアジアの中でも日本はマレーシアやインドネシアにも後れを取っていて、どうも、お金が絡むと後ずさりしてしまう様子が窺えます。日本人最高位[4]はサトシ・トミイエ（富家哲）の467位でした。

「無音」の演奏者

歌唱のときのビートボックスと同様に、サブカルチャー部門にも目を向けてみましょう。広

*9-3　国の表記は、国籍ではなく、活動拠点を採油した場合もある

*9-4　ちなみに世界ランキング第11位のスティーブ・アオキは日系アメリカ人で、フォーブス誌の収入ランキングでも5位に入る成功を収めている

図94

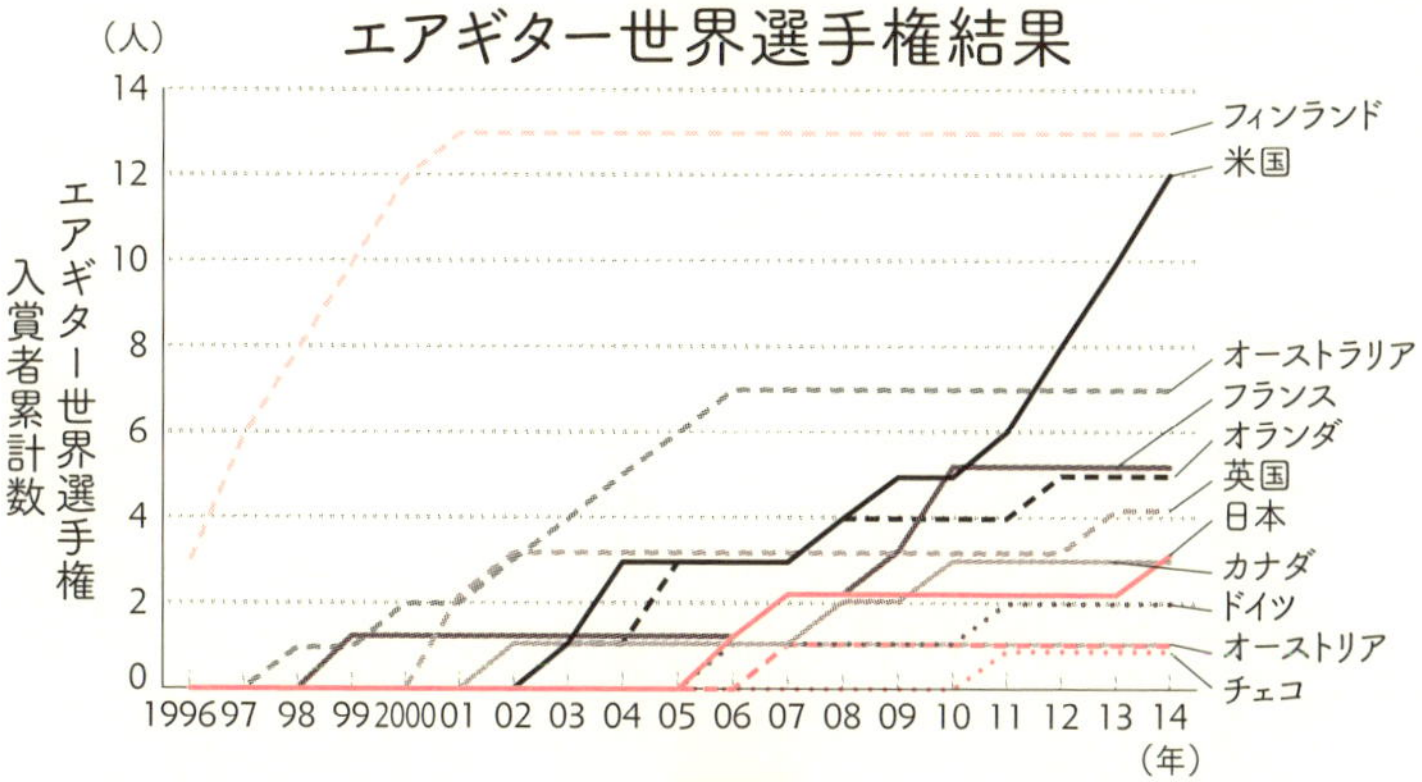

AIR GUITAR WORLD CHAMPIONSHIPS

エアギター選手権
入賞者
Ranking

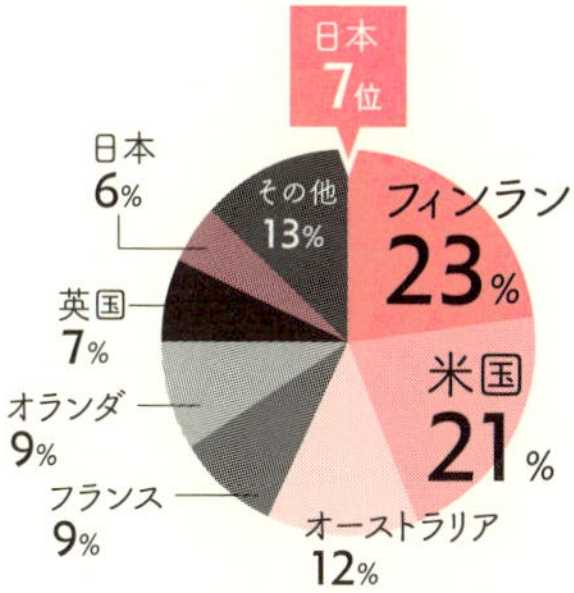

い音楽界において今、最もキワモノな新規格「エアギター」に着目しました。エアバイオリンやエア尺八もありますが、やはりアクロバティックに動き回るエレキギターは「エア演技」に最も適した楽器です。世界中でさまざまなイベントが催されていますが、最も広く知られるのがフィンランドのオウル市で開催されるエアギター世界選手権です。1996年に創設されましたが、国際化が進んだのは2000年以降になります。日本は2004年から参戦し、早くも2006年にはダイノジの大地洋輔が優勝を果たしています。歴代の3位内入賞者について国籍別に成績を整理しました（図94）。

累積のメダル数カウントでは日本は現在総合7位につけています。6位入賞まで含めるとほぼ毎回入賞者を輩出する常連国です。しかし、2010年以降は米国の怒涛の活躍が進んでい

94）データ出所：airguitarworldchampionships.com

ます。自らの生み出した新カテゴリーにおいて、宣伝効果の高い米英系が後から入りその種目を栄えさせるというフィンランドのやり方は、なかなか優れた仕組みかもしれません。国際化の進んだ2000年以降、ホスト国であるフィンランドからの入賞者は途絶えており、まさに大相撲における日本やウィンブルドンにおける英国のような状態になっています。しかしながらこれこそが同国のクールイメージを創り出すブランド戦略に適っているのかもしれません。フランスのパルクールとも符合します。ここには、日本も見習うべき示唆が含まれています。

音楽総合成績

まとめましょう。ここまで歌唱と演奏に関して、古典系からサブカル系まで8つの分野での評価を進めてきました。歌唱分野では古典のオペラ歌手から着手し、ポップシンガー（ビルボードとウェブ可視性）を経て、肉声でありながら楽器というビートボックスの成績まで分析しました。演奏分野では、交響楽団の団員調査から始めて、ピアノやバイオリンの国際コンクール入賞者を調べました。コンテンポラリー部門ではDJランキングを洗い、最後にサブカル代表としてもはや音が出ていないエアギター選手権の動向まで追いました。これら8つの音楽カテゴリーの成績を足し合わせて総合成績を算出したのが図95です。

図95

音楽総合成績

総合成績

順位	国名	歌唱系シェア（%） オペラ歌手	ポップ歌手可視性	ビルボード	ビートボックス	演奏系シェア（%） 交響楽団	ショパン&チャイコフスキー国際コンクール	DJランキング	エアギター	音楽総合力シェア（%）
1	米国	19.0	60.2	77.0	7.1	3.1	14.4	24.4	21.4	28.3
2	英国	9.4	14.3	15.0	14.3		2.2	11.6	7.1	9.3
3	ロシア	4.4	0.05		3.6	1.7	41.2	0.9		6.5
4	ドイツ	6.8	0.4		5.4	16.0	3.0	9.3	3.6	5.5
5	フランス	3.8	0.2		19.6	1.4	5.0	3.6	8.9	5.3
6	カナダ	6.6	7.8	5.0	7.1		0.5	3.2	5.4	4.4
7	オランダ	1.0			3.6	16.7	0.2	3.5	8.9	4.2
8	オーストリア	2.8				19.4	0.5	0.9	1.8	3.2
8	フィンランド	0.8	0.04				0.7	0.4	23.2	3.2
10	日本	0.2	0.2		3.6	7.9	6.9	0.22	5.4	3.1
11	イタリア	14.2	1.5			1.4	1.5	4.8		2.9
11	オーストラリア	2.2	0.6	2.0	3.6		0.5	2.0	12.5	2.9
13	スペイン	1.2	3.1		5.4			3.5		1.7
14	ポーランド	0.6	0.01		1.8	2.9	4.7	0.6		1.3
15	ハンガリー	2.8			3.6	1.4	1.0	0.8		1.2
16	ブルガリア	0.6	0.01		3.6	3.1	1.5	0.5		1.1
16	スウェーデン	4.8	0.01			2.9		1.4		1.1
16	チェコ	2.2			1.8	1.4	0.7	0.6	1.8	1.1
19	ウクライナ	0.8				5.6	0.7	0.4		0.9
20	ルーマニア	1.6				3.1	1.0	0.9		0.8

音楽
総合成績
Ranking
日本
10位

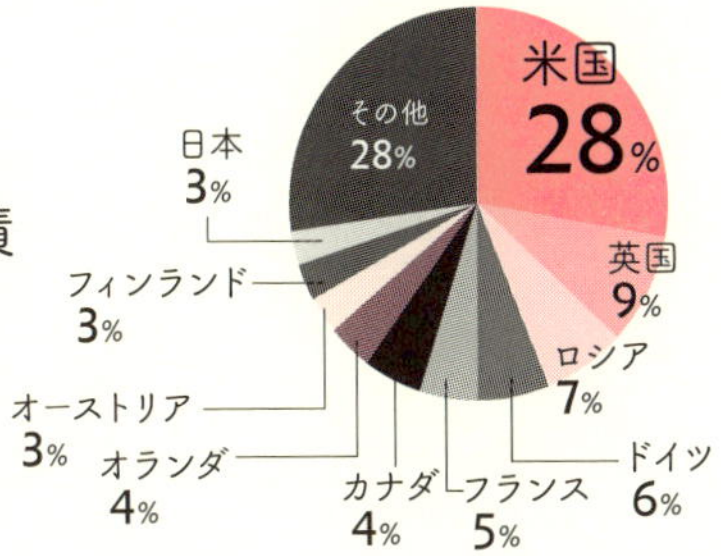

95）データ出所：著者作成

すべて合わせて平均値をはじくと、日本の成績はシェア3・1%で世界10位です。楽器演奏部門だけに限れば5・1%の8位と頑張りましたが、いかんせん歌唱部門が1・0%の15位と足を引っ張ってしまいました。やはり歌詞が付く歌謡界は英語に弱い我が国には鬼門です。

全体の1位は米国で、圧倒的な強さを見せつけています。とくに歌唱部門だけに限るとシェアは41%で、2位の英国と併せると米英だけで世界の上位半分以上を持って行ってしまうという寡占ぶりです。米国はどの領域もまんべんなく強いのですが、とくにビッグマネーの動くポピュラー音楽とDJの両部門で驚異的な強さを見せつけます。日本はその領域に限ってとくに弱く、世界のビッグマネーにありつけていない有様がよくわかります。それでも日本が総合で10位と健闘したのは、サブカル部門の活躍が大きく影響しています。肉声なのに声ではなく擬音であったり、演奏なのにジェスチャーだけで音は出なかったりと、正統派から見ればまだまだ市民権を得ていない番外地での活躍が目立ちます。しかし、将来主流となるポップ音楽の原型とは、常にこの種のサブカルチャーの中に潜んでいるわけで、一発当たれば発祥の聖地として語り継がれることになります。B級ワールドの盟主を目指すという戦略だって、日本にとってありえなくもなさそうです。アニソンや初音ミクのようなコンテンツをベースとして勝てるような土俵づくりに期待したいところです。

9 歌い奏でる世界　Vocals and Instruments

10 話術の世界 Narrative Skill and Presentation

プレゼンターのタレントマップ

歌い手のすぐ隣には話術で人を惹きつけるプレゼンテーションの達人たちの世界があります。この世界では、話し言葉による説得能力が試されます。商売人であれば言葉巧みに聴き手の注意を惹きつけ、理解させ、共感させる。マーケティング業界で、「AIDMA」モデルや「AISAS」の法則などと呼ばれる消費者の購買決定に関わる心理プロセスがここに含まれます。もちろん、話術は商売人だけではなく、政治家や教育者あるいは役者など語りを生業とする人にとっても不可欠な能力です。話す内容や目的によって①演説②プレゼン③説教④講義などと呼び名が変わります。これらは次の図96のプレゼン界のタレントマップに示したような

Photo/Getty Images

図96

プレゼン界のタレントマップ

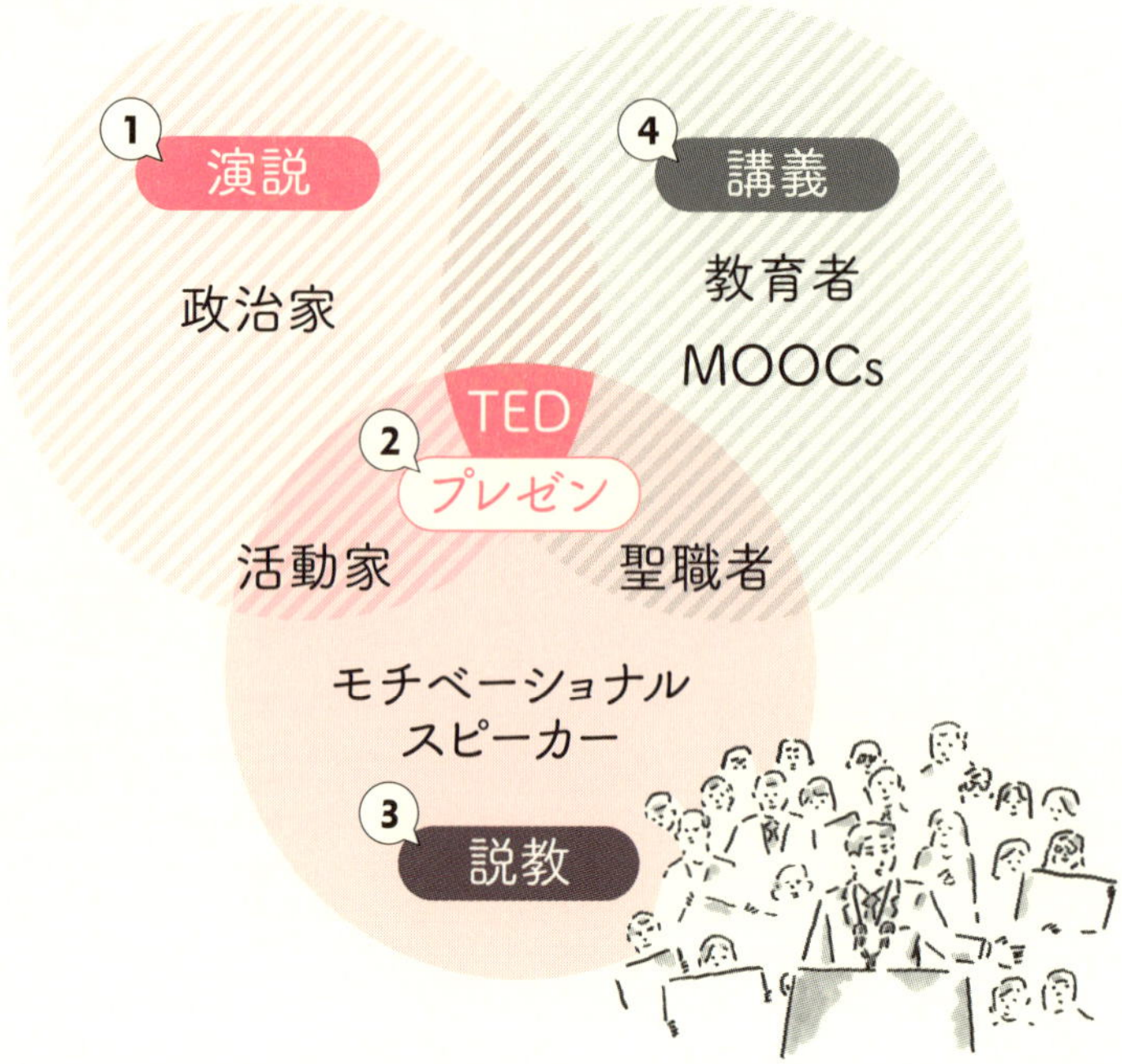

関係性で、つながりつつも棲み分けられています。本節ではこの図に従って、各界のプレゼンターたちの活躍ぶりを検証していきたいと思います。

歴史的名演説

歴史的な名演説と聞くと誰を思い浮かべるでしょうか。

「人民の人民による人民のための政治」（リンカーン、1863年、ゲティスバーグ演説）や「国家があなたの為に何をしてくれるかではなく、あなたが国家の為に何ができるのか……」（ケネディ、1961年、大統領就任演説）、「私には夢がある」（キング牧師、1963年、ワシントン大行進）などは遠い外国の偉人の話なのに、私たちはなぜか知っています。

一方で日本人の名演説はと聞かれると、どうでしょう。答えに窮してしまうのではないでしょうか。背中で語ることを美徳とする日本人にとって、カッコ良すぎるセリフは嘘臭くなってしまうのかもしれません。日本人には鬼門の「言語の壁」と正面から対峙しなくてはならないこの分野、茨の道が予想されますが、大事なタレントの一角なので公正に評価を進めていきましょう。まずは著名な大衆紙が過去にフィーチャーした名演説に関する特集記事を漁ってみました。①米タイム誌：トップ10グレーテストスピーチ、②英ガーディアン紙：20世紀14の偉大な演説、③英デイリー・テレグラフ紙：歴代25の政治家の名演説、④The Art of Manliness：歴史を変えた35のスピーチ、⑤List25：世界を変えた25の演説。これら5つのリストに何度も選ばれる演説王を選ぶと、全紙に出てくるAAAクラスは3名で、キング牧師、ジョン・F・ケネディとチャーチル首相です。この3名に続くAAクラスは、レーガン、リンカーン、セオドア・ルーズベルト、サッチャー、ドゴール、マンデラ、ガンジー、ネルーなどになります。誰も文句の言えない御仁たちが並びました。この種のトップ20程度のリストをいくら集めても同じ面々の繰り返しになるので、100名規模のリストを方々探したところ、結局最も優秀なリストはWikipediaのList of speechesだという結論に至りました。古くはソクラテスやブッダの頃からの名演説が時系列で収載されていますが、そのうち20世紀以降の107件について国籍別に整理してみましょう（図97）。

図97

演説結果

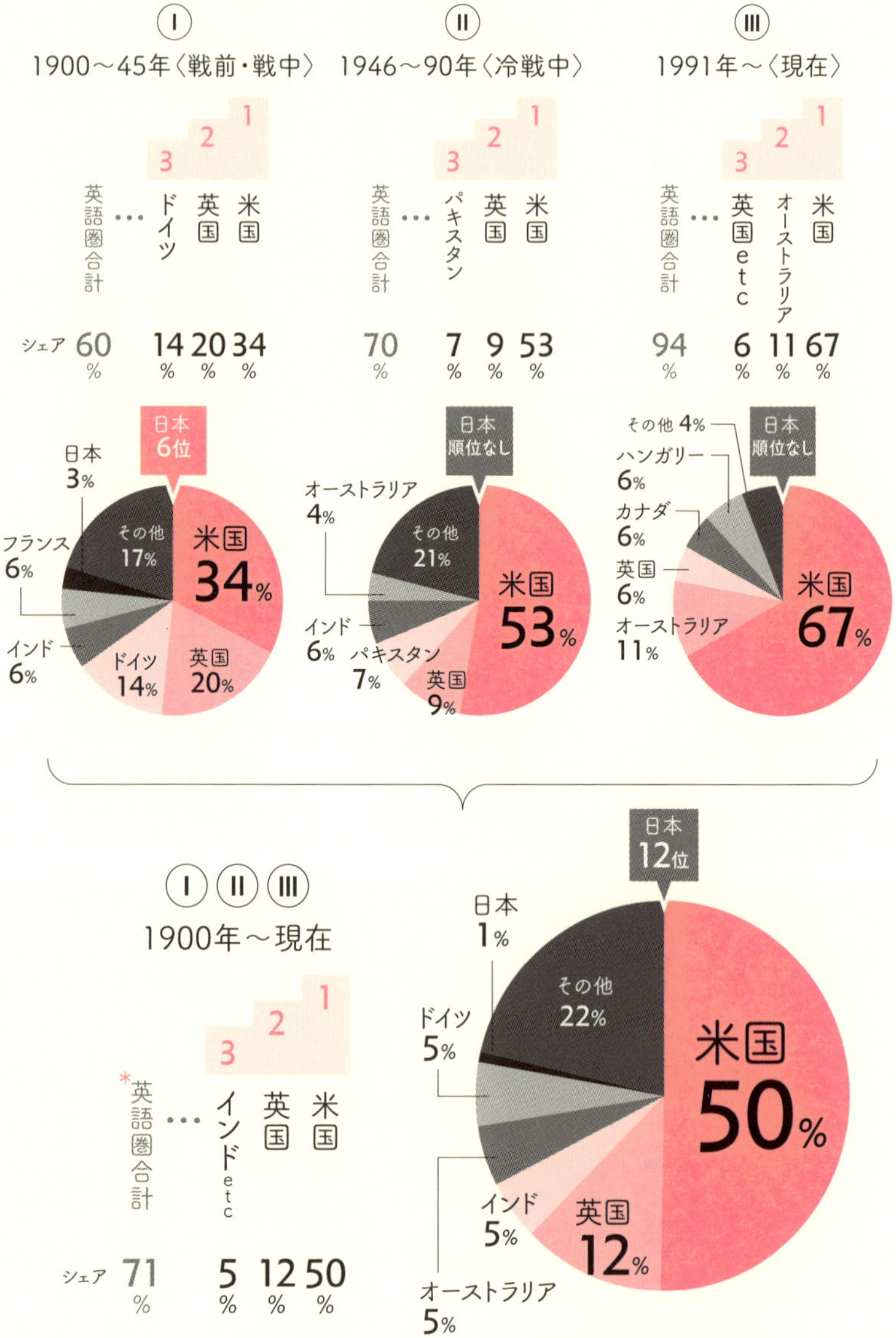

*英語圏＝米国、英国、カナダ、オーストラリア、アイルランド、南アフリカ

97）データ出所：Wikipedia「List of speeches」

Ⅰ戦前・戦中と、Ⅱ戦後の冷戦期、そしてⅢソビエトが崩壊した1991年以降、の3期に分けて推移をみると、明確な傾向が見つかりました。米国を含む英語圏のシェアの増加です。戦前・戦中には34%だったものが、冷戦終結後には67%と倍増しています。この米国を含めた英語圏（英国、カナダ、オーストラリア、アイルランド、南アフリカ）でカウントすると、1991年以降ではシェア94%とほぼ独占状態です。115年間分の通しで見ると、米国単独で5割、英語圏だと7割になりました。日本からは戦前・戦中に1件のみが登場しています。その虎の子の1件とは、昭和天皇による玉音放送です。「耐えがたきを耐え、忍び難きを……」というフレーズは、知らない人はいないでしょう。たしかに、肉声の残る日本人の演説で記憶にあるものは何かと問われると、玉音放送しか出てこない気もします。115年の通年ではシェア0・9%で、世界の12位という結果となりました。

プレゼンテーションの達人TEDスピーカー

演説をクラシックスタイルだとすると、プレゼンテーションがモダンということになるでしょうか。昨今弁の立つ人は、肩ひじ張らないラフな服装に、ヘッドセットマイクを装着し、軽妙なトークで聴衆を魅了します。クールなイメージのこのプレゼンスタイルを広く知らしめたイベントの代表格が、1984年に設立されたTEDカンファレンスです。TEDは

図98

TED結果

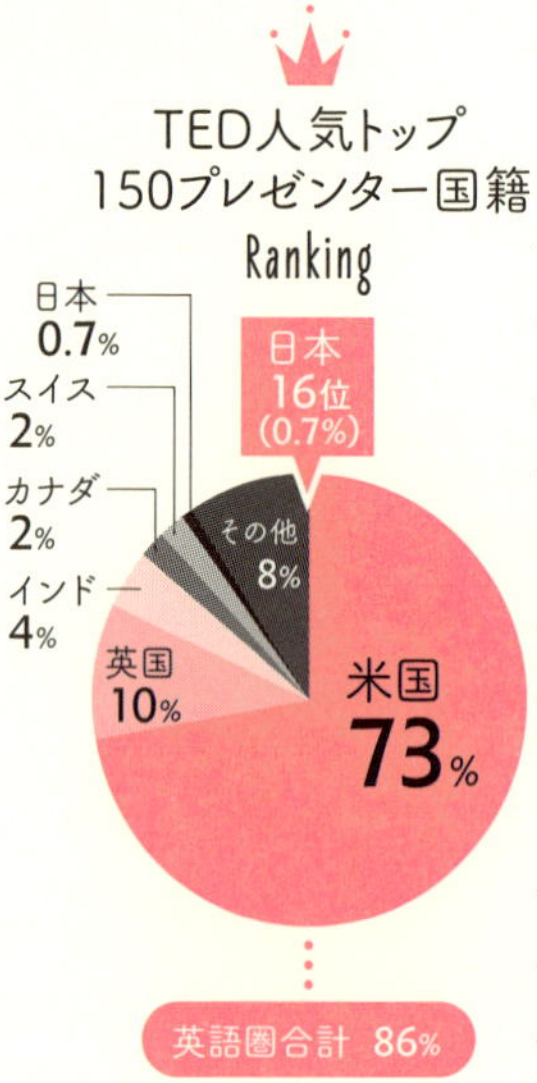

再生回数上位7名

1位	3400万回	Ken Robinson（教育アドバイザー）
2位	2700万回	Amy Cuddy（社会心理学者）
3位	2300万回	Simon Sinek（モチベーショナルスピーカー）
4位	2000万回	Brené Brown（社会福祉学教授）
5位	1700万回	Jill Bolte Taylor（神経解剖学者）
6位	1600万回	Mary Roach（科学ジャーナリスト）
7位	1500万回	Tony Robbins（モチベーショナルスピーカー）

著名人

25位	810万回	スティーブ・ジョブス
34位	720万回	ホーキング博士
48位	550万回	シェリル・サンドバーグ
54位	530万回	モニカ・ルインスキー
119位	320万回	ビル・ゲイツ
132位	310万回	エドワード・スノーデン

日本人

116位	320万回再生	BLACK（ヨーヨー世界チャンピョン）

（2015年10月時点でのTEDホームページ情報に基づく）

Technology Entertainment Designの略語で、その名のとおり、さまざまな分野のエキスパートが招待され、最先端の知識をわかりやすい形で共有しあうためのオープンなプラットフォームです。スティーブ・ジョブズやホーキング博士など著名人も数多く登場し、プロボノと呼ばれる慈善活動として、無償でプレゼンを行います。講演内容は動画ファイルとしてYouTubeなどで拡散され、トップクラスになると世界中で3千万回も再生されるという大きな影響力を持つイベントに育ちました。

このTEDで最も再生回数の多いトップ150名のプレゼンターを

98）データ出所：ted.com

★10-1 150位までのプレゼンの中でこの種のステージパフォーマンスは、確認できたもので5件だった

国籍別に整理してみました（図98）。

結果は、演説分野の最近の結果とほぼ同じ。やはり、米国の西海岸で生まれたイベントということもあって、米国の強さが光ります。英語圏のシェアは86%に達しており、6位より下は各国1名ずつで、その他は団子状態です。日本人のプレゼンは、1件だけありました。BLACKという芸名を持つ日本人で、シルク・ド・ソレイユでも活躍するヨーヨーの世界選手権チャンピオンです。ステージでのパフォーマンスは神業のようなヨーヨーの演技で、言語を使わずにすむ[1]ものでした。このBLACKのおかげで、完封は免れたものの、国別での日本の成績は、シェア0・7%で世界第16位という寂しい結果となりました。

説教の進化版モチベーショナルスピーカー

TEDの人気プレゼンの上位3位と7位に「モチベーショナルスピーカー」という職業の人たちが入っています。日本ではほとんど知られていないこの職種を生業とする彼らこそが、プレゼン超先進国である米国で注目される新型説教パフォーマーたちです。ストレスフルな競争社会のアメリカンライフを乗り切るためには、コーチングやサイコセラピー、セルフヘルプといった心のケアに関する手法の発達が欠かせません。牧師による宗教的な説教さえも、テレバンジェリスト（テレビ伝道師）と呼ばれる人たちがケーブルテレビチャンネルを介してショービ

図99

モチベーショナルスピーカー結果

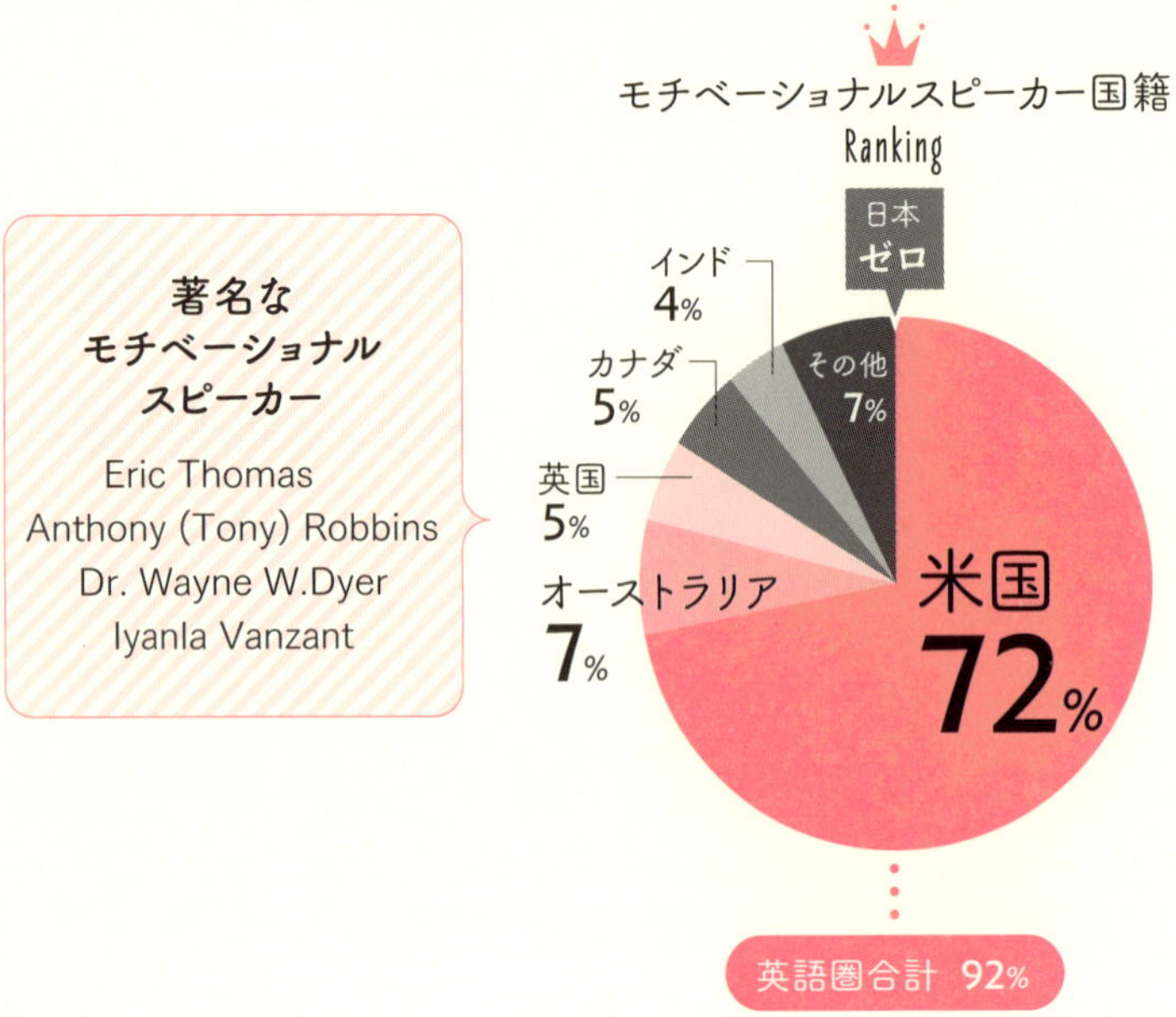

ジネス風に進化させてきたのがアメリカです。これらテレビ伝道師やコーチングの手法と、今風なプレゼンテーション様式が混じり合ってできてきたのが、このモチベーショナルスピーカーです。成功者や宗教者による上から目線のトークではなく、人生の失敗者が、つらい人生経験や失敗からの学びなどをベースに話し、聴衆を元気付けます。スピーカーとして一発当たると、目もくらむような収入を得るスーパースターになれるという、彼ら自身がアメリカンドリームの体現者という側面すら魅力のひとつになっています。

millionaireat24によると、今最も勢いのあるモチベーショナルスピーカーのアンソニー・ロビンズの年収は9百万ドルにも及びます。ここでは、ウィキペディアのMotivational speakers by nationalityに収載されている355名を国籍別に整理してみました（図99）。

99）データ出所：Wikipedia Motivational speakers by nationality

結果は、当たり前のことながら米国の圧勝です。米国だけで7割、オーストラリア、英国とカナダを足すと9割になります。ここは大金の動くステージでもあり、最も能力的に偏差値の高い演者たちが集まってくる話術の最激戦区です。講演会場の雰囲気は神がかっていて、熱狂するファンが集うロックコンサートの様相を呈します。アメリカ人の発信力、セルフプロモーションの能力には舌を巻くばかりです。

講義の達人MOOCsレクチャー

ネットの進化や、オープンソース化の進むビジネス環境の変化は、大学教授による「講義」の風景にも大きな変革をもたらしています。ネット上に出現した講義の新しい形、「MOOCs（大規模オンライン大学講座）」です。MOOCsでは世界中の有名大学の教授による良質な授業を動画ファイルで無料聴講できるだけでなく、実際の大学のように単位や学位まで取得できるように制度が整備されつつあります。

MOOCsはスタンフォード大学などが中心となって始まり、2010年ごろから徐々に加盟する有名校も増えてきました。現在最も広く視聴されているプラットフォームには、スタンフォード系のコーセラ（Corsera）や、ハーバード系のエデックス（edX）などがあり、東京大学も2013年に参入を始めています。単にeラーニングを通じて生徒が無料で学べるだけでなく、教授側にも、人気ランキングという形でユーザー評価を受けるという変化が生まれました。

ここではOnline Course Reportが聴講生の登録者数に応じて発表している人気講義のランキングを、上位50のコースについて、提供する大学の国籍別に整理してみました（図100）。

結果は想像の通りですが、言い出しっぺの米国が圧倒的勝利を収めています。英語圏が96％をも占めているため、英語が諸外国にとってのネックかと思われますが、そうとも言い切れません。たとえば、人気ランクトップのUCサンディエゴの提供する授業は、中国語やアラビア語も含む10の言語での聴講が可能になっています。世界中から優秀な学生を集めるためのプロモーションビデオの役も担っているわけです。最初の基礎知力のところで見た大学ランキングでは、上位を独占する米国の強さを思い知らされたわけですが、守りに入らず、このように最新型のオープン環境にもあえて打って出てくるところに彼らの凄みを感じます。東京大学にもぜひ頑張ってもらいたいところです。

話術総合成績

まとめましょう。話題はまず歴史的な名演説から着手し、TEDで有名になったプレゼンの世界を調べました。ビッグマネーが動き、奥ゆかしい日本人からしてみると若干の怪しさも漂うモチベーショナルスピーカーや、「講義2・0」ともいえるネット講義での陣取り合戦の様

図100

MOOCsレクチャー結果

MOOCs人気講義のトップ10
Ranking

順位	延べ登録者数	所属機関	国	内容	講師
1	1,192,697	UCサンディエゴ	米国	勉強の仕方	Terrence Sejnowski, Barbara Oakley
2	1,122,031	スタンフォード大学	米国	人工知能	Andrew Ng
3	952,414	ジョンズ・ホプキンス大学	米国	プログラミング	Roger D. Peng, Jeff Leek, Brian Caffo
4	846,654	ミシガン大学	米国	ファイナンス	Gautam Kaul, Qin Lei
5	828,837	ジョンズ・ホプキンス大学	米国	統計科学	Roger D. Peng, Jeff Leek, Brian Caffo
6	775,717	デューク大学	米国	分析の仕方	Walter Sinnott-Armstrong, Ram Neta
7	751,089	プリンストン大学	米国	アルゴリズム	Kevin Wayne, Robert Sedgewick
8	736,347	メリーランド大学	米国	起業の仕方	James V. Green
9	690,567	英国文化振興会	英国	英語の習得	Chris Cavey
10	678,451	メリーランド大学	米国	プログラミング	Adam Porter

MOOCs人気授業の大学所在
Ranking

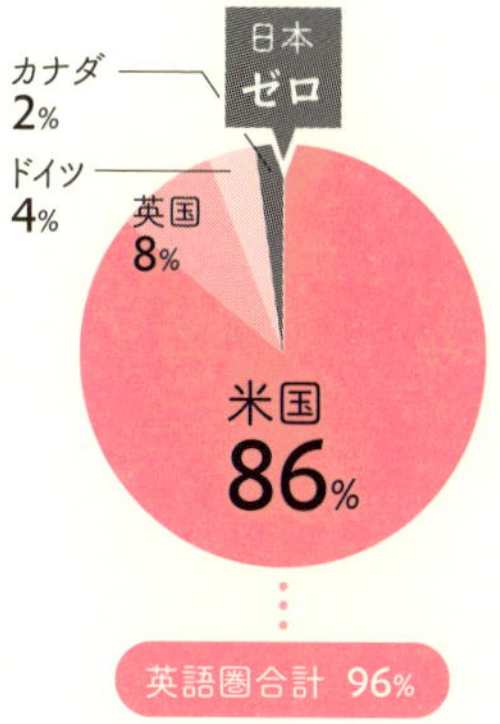

人気授業のプラットフォーム
Ranking

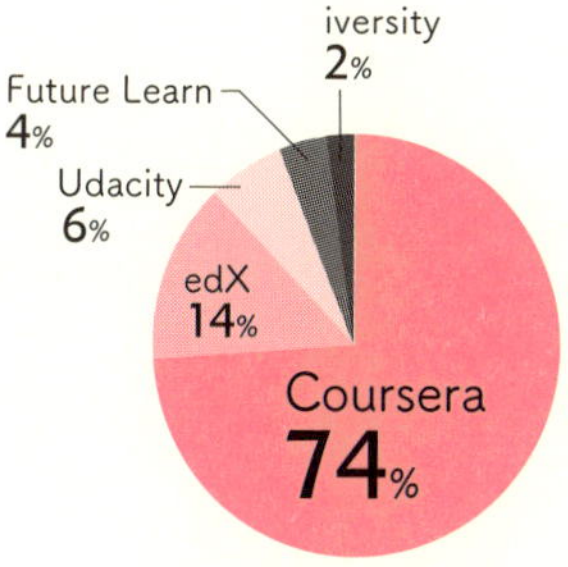

100）データ出所：onlinecoursereport.com

図101

プレゼン総合成績

総合成績 順位	国名	20世紀以降歴史的名演説	TED人気プレゼンテーション	モチベーショナルスピーカー講話	MOOCs無料オンライン人気講義	平均シェア（%）
	開始年度	1900年〜	1984年〜	–	2012年〜	
	対象者数	107人	150人	355人	50人	
1	米国	49.5	72.8	72.4	86.0	70.2
2	英国	12.1	9.9	5.4	8.0	8.9
3	インド	4.7	4.0	3.9		3.1
4	オーストラリア	4.7	0.7	6.8		3.0
5	カナダ	1.9	2.0	5.4	2.0	2.8
6	ドイツ	4.7	0.7		4.0	2.3
7	パキスタン	4.7		0.8		1.4
8	フランス	2.8	0.7			0.9
9	南アフリカ	1.9		0.8		0.7
10	スイス		2.0	0.6		0.6
10	アイルランド	0.9	0.7	0.8		0.6
12	ナイジェリア		0.7	1.4		0.5
12	キューバ	1.9				0.5
12	ソビエト	1.9				0.5
15	日本	0.9	0.7			0.4
16	スウェーデン		1.3			0.3

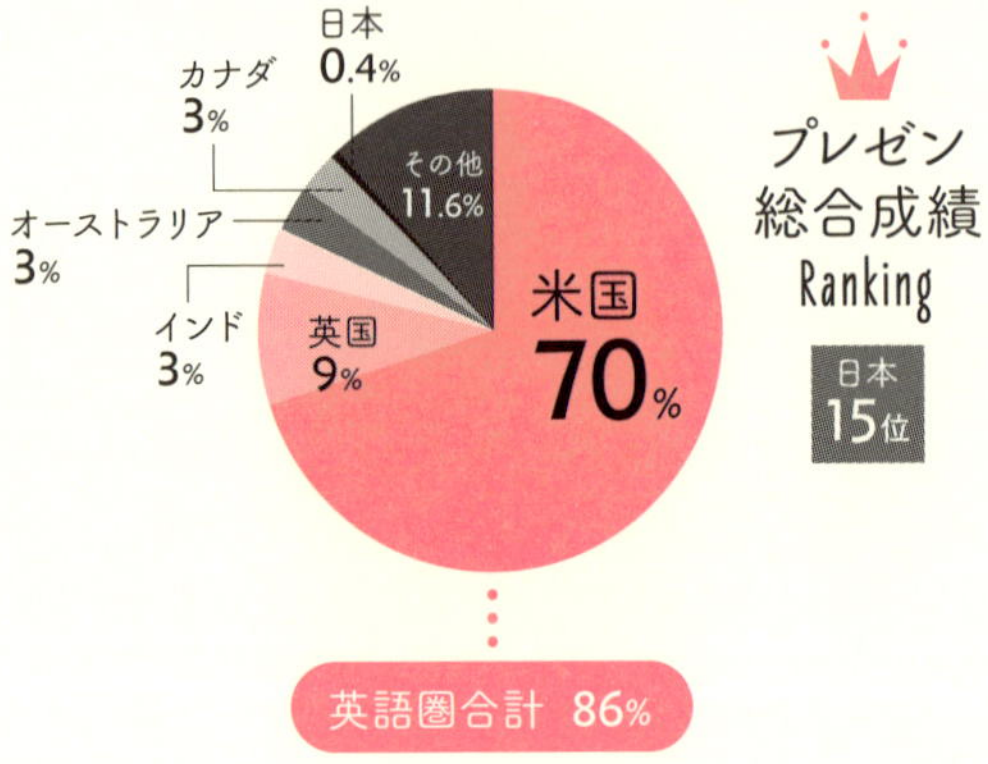

101）著者作成

	1900～1945	1946～1990	1991～2015			
	戦前・戦中	冷戦	冷戦後	ニューウェーブ		
		演説の世界		TEDプレゼン	モチベーショナルスピーチ	MOOCs講義
英語圏	60%	70%	94%	86%	92%	96%
米国	34%	53%	67%	68%	72%	86%
英国	20%	9%	5%	12%	5%	8%
非英語圏	ドイツ 14% フランス 6%	印パ(英語圏) 12% 共産圏 8% (ソビエト／キューバ)	ハンガリー 1名	スイス 3名 スウェーデン 2名	スイス 2名	ドイツ 2名
日本	1件〈玉音放送〉	ゼロ	ゼロ	1件〈ヨーヨー演技〉	ゼロ	ゼロ

子もわかりました。これら4種の話術カテゴリーの成績を横並びにして、各分野における成績を足し合わせてみましょう（図101）。

すべて合わせた平均値をはじくと、日本の成績は世界15位となっています。15位というと聞こえは悪くないかもしれませんが、シェアでは、消え入りそうなたった0・4％です。その0・4％の内実とは、昭和天皇の玉音放送とTEDでのヨーヨーの演技、この2件のみ。哀しくなる現実ですが、日本だけが飛びぬけて弱いというわけでもありません。ドイツもフランスも似たようなレベルですし、イタリアやスペイン、中国、韓国は名前すら出てきません。単純に米国と旧英連邦系が異常に強いというだけのことです。英語圏86％となっていますが、これに旧英領のインドやパキスタンなども入れると9割以上になります。この結果は、語学のハンディだけでなく、セルフプロモートやアピールの観点でも、克服しなくてはならない部分が大きいことを示しているのではないでしょうか。

NEGIMA! 1
MAGISTER NEGI MAGI
by
KEN AKAMATSU
CREATOR OF LOVE HINA!

11 読み物の世界

Literary Creation

読み物界のタレントマップ

前節では演説家の世界を分析しました。本節では、そこで語られるコンテンツ、すなわち原稿を執筆する作家たちが織り成す文学界について考えてみることにしましょう。ここからは心身を使いこなすパフォーマーの領域を離れ、モノやコトを生み出すクリエーターの世界に入ります。

この文学界も多様なジャンルから成り立っていますが、ここでは次の図102「読み物界のタレントマップ」に示す5つの分野について、各国文人たちの筆力を比較検証していきます。

この図の横軸はコンテンツの新旧を表します。最も左側の正統的分野は純文学。国際的な文学

Photo/Getty Images

図102

読み物界のタレントマップ

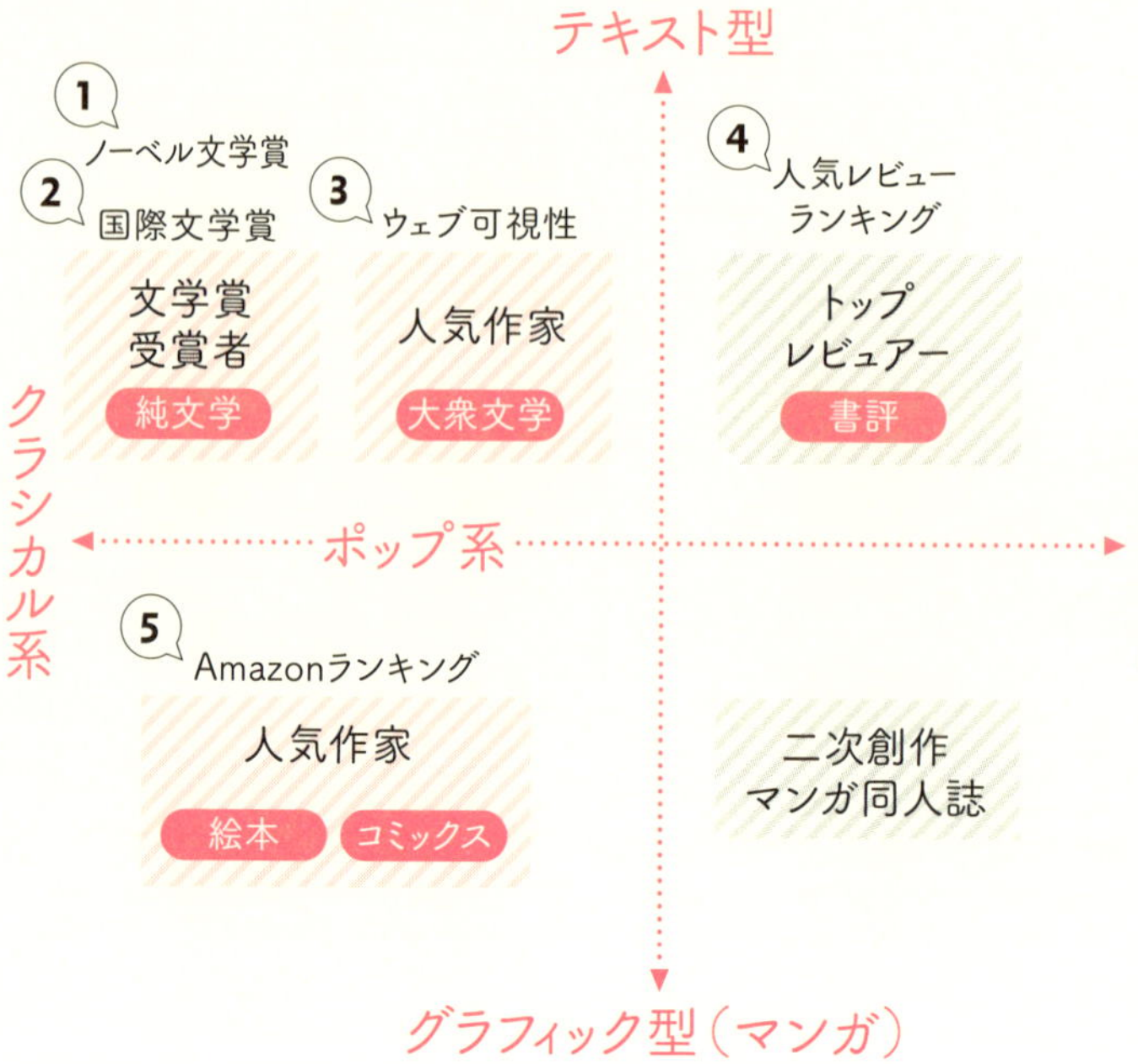

賞の数で評価します。真ん中には大衆文学を、最新型の右端にはブックレビュアーの人気ランキングを持ってきました。プロシューマー[1]と呼ばれる存在が台頭した社会環境では、書評家が力を持つと同時に、彼ら自身もまた一般読者によって格付けされる時代になっています。

一方の縦軸は表現手段の違いを表します。書籍を分類する際、サスペンスや時代小説といった内容による分類を始めるときりがありませんが、表現手段がマンガや絵本のようなグラフィック型かテキスト型かという視点で見るとすっきり2つに切り分けることができます。では、この①から⑤の分野について順に分析を進めていきましょう。

図103

ノーベル文学賞結果

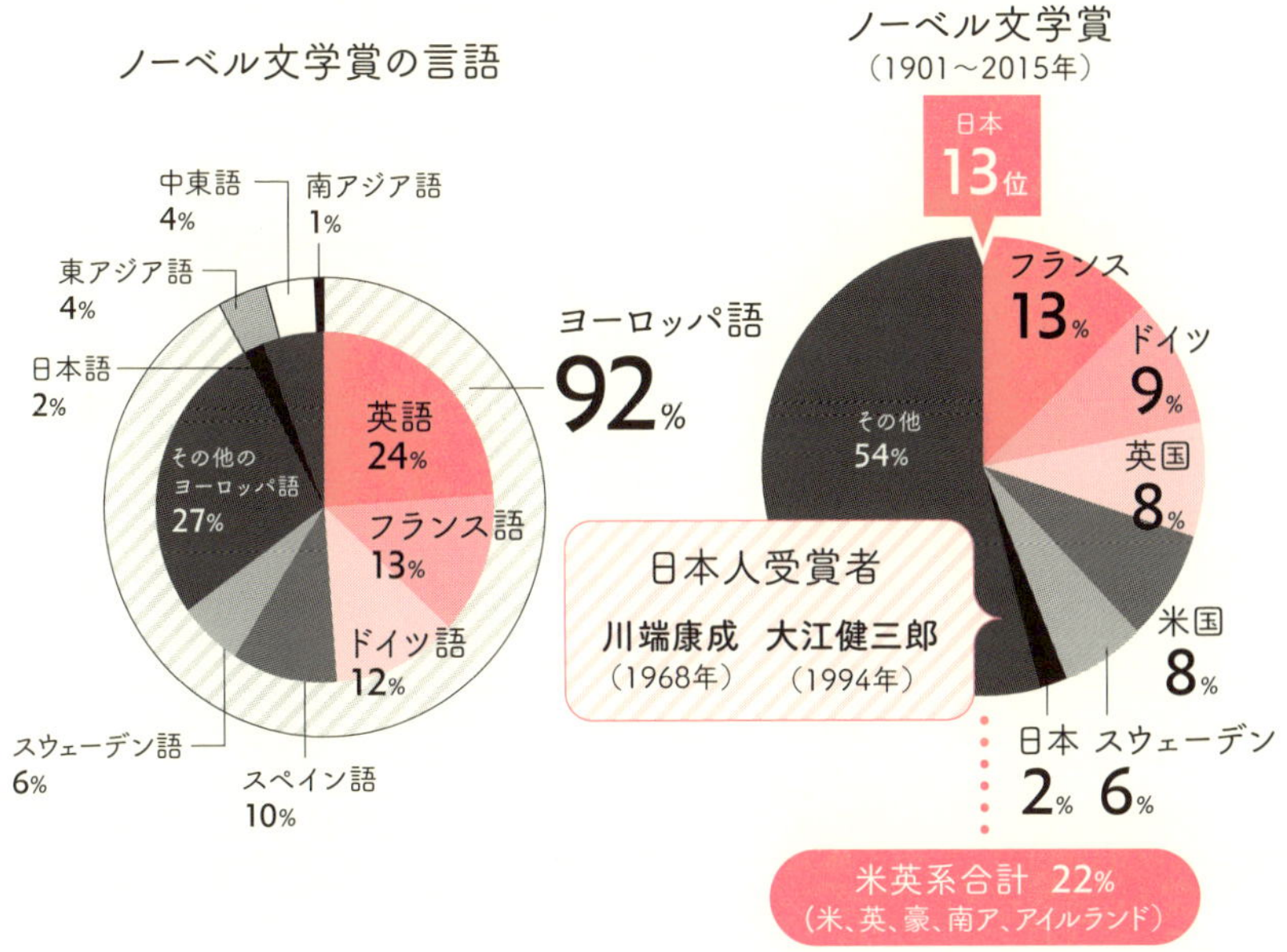

頂上ノーベル文学賞

文学界における最高の栄誉といえば、ノーベル文学賞でしょう。各国を代表する純文学作家たちの成績については、冒頭の基礎知力のところですでに紹介しました。これまで112名の受賞者のうち2名が日本人（川端康成1968年と大江健三郎1994年）で、シェア1・8％の13位となります（図103）。記述言語でみるとヨーロッパ系言語が92％と大部分を占めており、その中では欧州各国に偏り無く受賞者が分散されている様子がわかります。そもそも文学作品に優劣をつけることには困難が伴うわけですが、ノーベル賞ほど影響力を持ってしまうと、受賞作の選別作業には政治的配慮も込められるのかもしれません。

103）データ出所：nobelprize.org

6つの国際的文学賞

政治的な配慮が生じる余地をより減じるため、ノーベル賞に準じる国際的な文学賞の結果も検証してみましょう。世界各地には歴史と権威ある文学賞があり、それらの多くは言語やジャンルにより限定されています。日本でも芥川賞や直木賞を頂点に、数百種類の文学賞が存在しています。ここでは、国際的に権威ある文学賞を6つ選びました（図104）。創設年度の古い順に①ドイツのブックトレード平和賞[2]②イスラエルのエルサレム賞[3]③マケドニアのストルガ詩の夕べ金冠賞[4]④ノイシュタット国際文学賞[5]⑤アメリカ賞[6]⑥フランツ・カフカ賞[7]の6賞です。それぞれの賞の趣旨は注釈に記載しました。

結果の傾向としては、総じてノーベル賞とほぼ相似形であることがわかります。ホスト国が若干優位となるものの、上位を占めるメンバーは概ね同じで、ドイツ、フランス、米国、英国、スペイン、イタリア、ポーランドあたりが評価の高い国々です。日本人受賞者は累計4名（村上春樹3回、大岡信1回）で、シェア2・0%の16位でした。この2・0%という日本の成績も、ノーベル賞の結果（1・8%）とほぼ同じでした。現代詩人として有名な日本人には、鮎川信夫や田村隆一、谷川俊太郎、吉岡実などが挙げられますが、海外での評価が高いのは大岡信で、フランスの芸術文化勲章なども受賞しています。

＊11-1 プロデューサー（生産者）とコンシューマー（消費者）を掛け合わせた言葉。コンテンツの生産と消費を同時に行う存在を意味する

＊11-2 500年以上の歴史を有する世界最大の書籍の見本市

＊11-3 個人の自由や尊厳、社会などをテーマにして活動する優れた作家に与えられる賞

＊11-4 「詩」を対象とした賞。現代において最も古くかつ権威を持つ最大の詩の祭り

＊11-5 アメリカ版ノーベル文学賞とも言われ、ノーベル文学賞に次ぐ権威を持つとされる

＊11-6 コンテンポラリー文学におけるノーベル文学賞を目指した賞

＊11-7 帰属国家や文化にとらわれずに、芸術的に優れた文学作品を評価する賞

図104

国際的文学賞結果

国際文学賞	ブックトレード平和賞	エルサレム賞	ストルガ詩の夕べ金冠賞	ノイシュタット国際文学賞	アメリカ賞	フランツ・カフカ賞
主催国	ドイツ	イスラエル	マケドニア	米国	米国	チェコ
創設年	1950	1963	1966	1969	1994	2001
日本人受賞	なし	村上春樹	大岡信	なし	村上春樹	村上春樹
1位	ドイツ	英国	ロシア・米国	コロンビア	フランス・米国	チェコ
2位	米国	米国・フランス		ポーランド		オーストリア

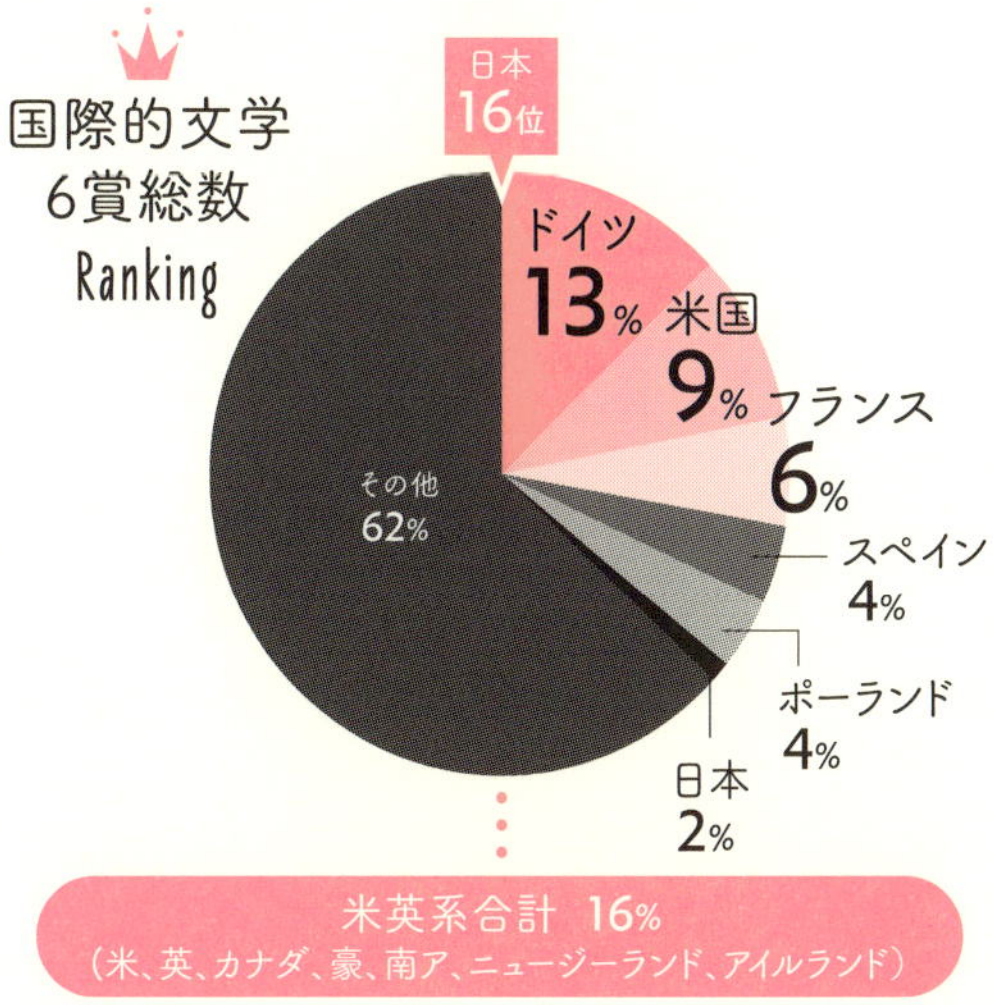

104）データ出所：各イベントホームページ

＊11-8 The Wiplistの作家カテゴリーで上位100位までを抽出し、レファレンス数を国籍別に集計した。調査は念のために2回（2015年8月と11月）行い、その延べ数で評価している

＊11-9 ラテンアメリカ文学を発祥とする表現技法で、現実と幻想の世界が交錯する不思議な物語を総称する

全体像をみたうえで述べれば、ノーベル賞を含めて権威ある文学賞の世界とは、西欧先進国を中心に均等配分されているのが現状のようです。日本はアジアではトップながらも、世界の15位あたりという位置づけに留まっています。

大衆文学の人気作家

文学界において、純文学界の下には広大な大衆文学の世界が存在します。市場的には圧倒的にこちらがボリュームゾーンです。大衆文学は「売れてなんぼ」の世界ですから、その道の権威が評価する文学賞とは違い、大衆の視点で評価したいところです。そのため、ポップシンガーの場合と同様に、ウェブにおける話題の度合いをランク付けするサービスの「The Wiplist」を使った作家の知名度で評価しました[8]（図105）。調査日時点での総合トップは、ブラジル人のパウロ・コエーリョ。代表作の『アルケミスト・夢を旅した少年』（1988年作）は全世界で6500万部売れています。この記録は『ハリーポッター』、『ロード・オブ・ザ・リング』に次ぐもので、世界で歴代3番目に売れた小説です。2位は1982年にノーベル文学賞を受賞したガブリエル・ガルシア＝マルケス（コロンビア）でした。3600万部売れた『百年の孤独』（1967年作）の作者です。両者は南米が得意とするマジックリアリズム[9]文学の旗手としても知られています（日本では村上春樹の『海辺のカフカ』や『1Q84』などがマジックリアリズムの流れを汲む

図105

大衆文学結果

The Wiplistによる作家の話題度
（2015年8月と11月）

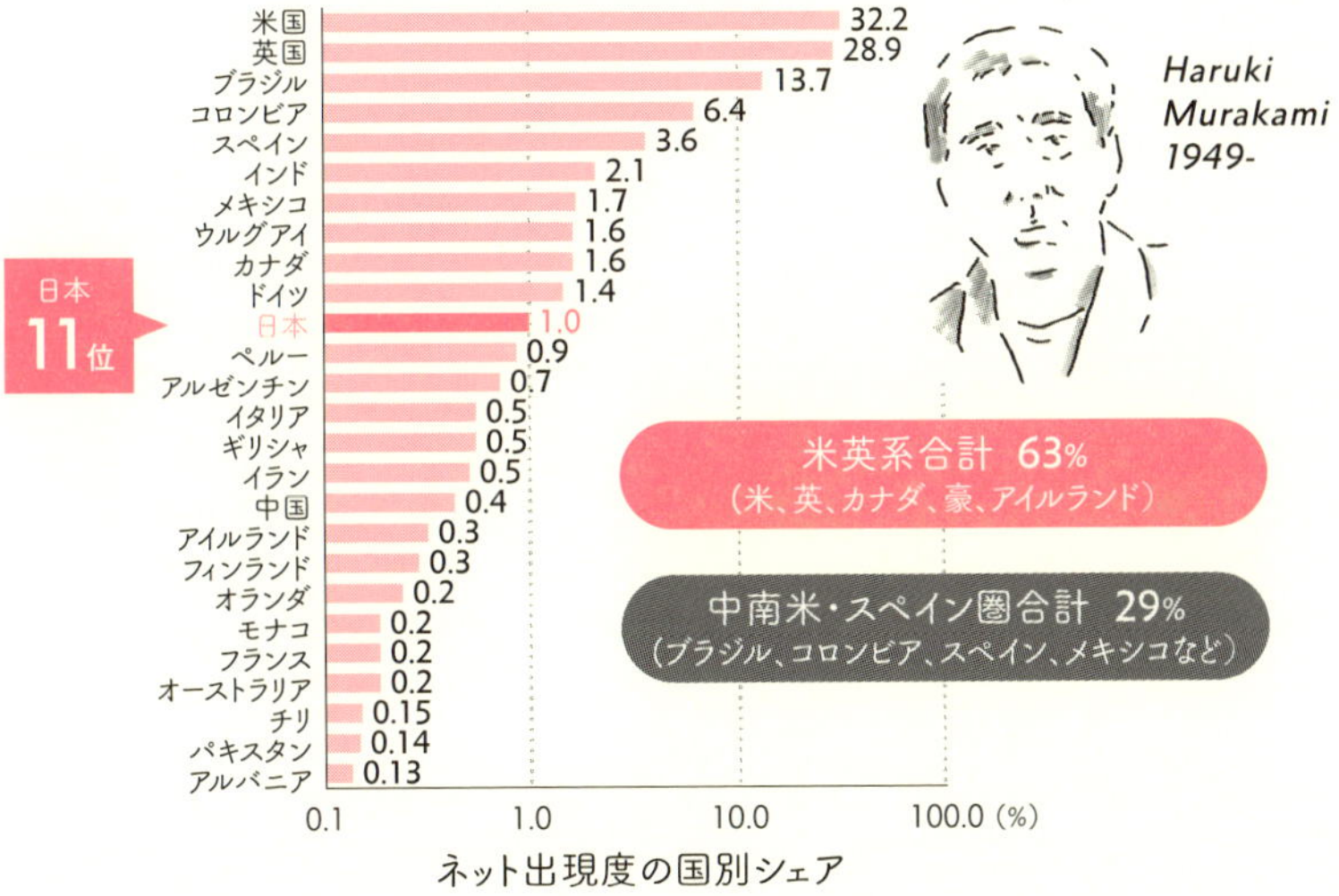

100位内の日本人作家

順位	名前	国籍	代表作
21	村上春樹	日本	『ノルウェイの森』『羊をめぐる冒険』『海辺のカフカ』『1Q84』
68	吉本ばなな	日本	『キッチン』『TUGUMI』『アムリタ』『不倫と南米』

世界トップ10作家

順位	名前	国籍	代表作
1	パウロ・コエーリョ	ブラジル	『アルケミスト―夢を旅した少年』『ベロニカは死ぬことにした』
2	ガブリエル・ガルシア＝マルケス	コロンビア	『百年の孤独』『コレラの時代の愛』『さらば箱舟』
3	ポール・セロー	米国	『モスキート・コースト』『チャイニーズ・ボックス』
4	マヤ・アンジェロウ	米国	『星さえもひとり輝く』『ぼくはまほうつかい』
5	ジェームス・L・ホワイト	米国	『レイ』
6	スティーヴン・キング	米国	『ショーシャンクの空に』『スタンド・バイ・ミー』
7	ディーパック・チョプラ	インド	『M・ナイト・シャマラン／ある映画監督の謎』
8	マイケル・ルイス	米国	『マネー・ショート華麗なる大逆転』『しあわせの隠れ場所』
9	マイク・ハッカビー	米国	『God, Guns, Grits, and Gravy』
10	ジョン・グレイ	米国	『男は火星から、女は金星からやってきた』

105）データ出所：thewiplist.com

作品です)。

トップ2にはいずれも南米の作家が入りましたが、トップ100名の国籍でみると、米英だけで全体の6割強を占めるという、米英帝国の再来となりました。「売れてなんぼ」の娯楽小説の世界には、各国が無難に賞を分け合うというような文学賞で見られた光景は存在しません。興味深いのはスペインと中南米諸国の存在感で、合計で29%にも達します。

非英語圏の欧州主要国は見る影もなくなってしまっていますが、個人総合ランク21位の村上春樹と68位の吉本ばなながランクインし11位となった日本は、その中では気を吐いている方かもしれません。ただし、そのシェアは1・0%と限定的です。国際的文学賞でも、作家の人気度・知名度ランキングでも、日本は大車輪である村上春樹頼みの状況になっています。

ウェブ2・0時代の人気レビュアー

ウェブによるフラット化の波は、文学界にも大きな変化をもたらしています。もともと同人誌や二次創作といった形による読者側からのアプローチも存在したこの世界ですが、近年はオープン化されたネットを介してレビュアー（書評家）の影響力が一気に高まっています。Amazonでも「トップ100レビュアー」などの表記がなされることからもわかるように、レビュアー自身のランキングが称号となり、トップレビュアーによる評価が本の売れ行きを左右

図106

人気レビュアー結果

各国で人気の高い書籍レビュアートップ100名の合計得票数

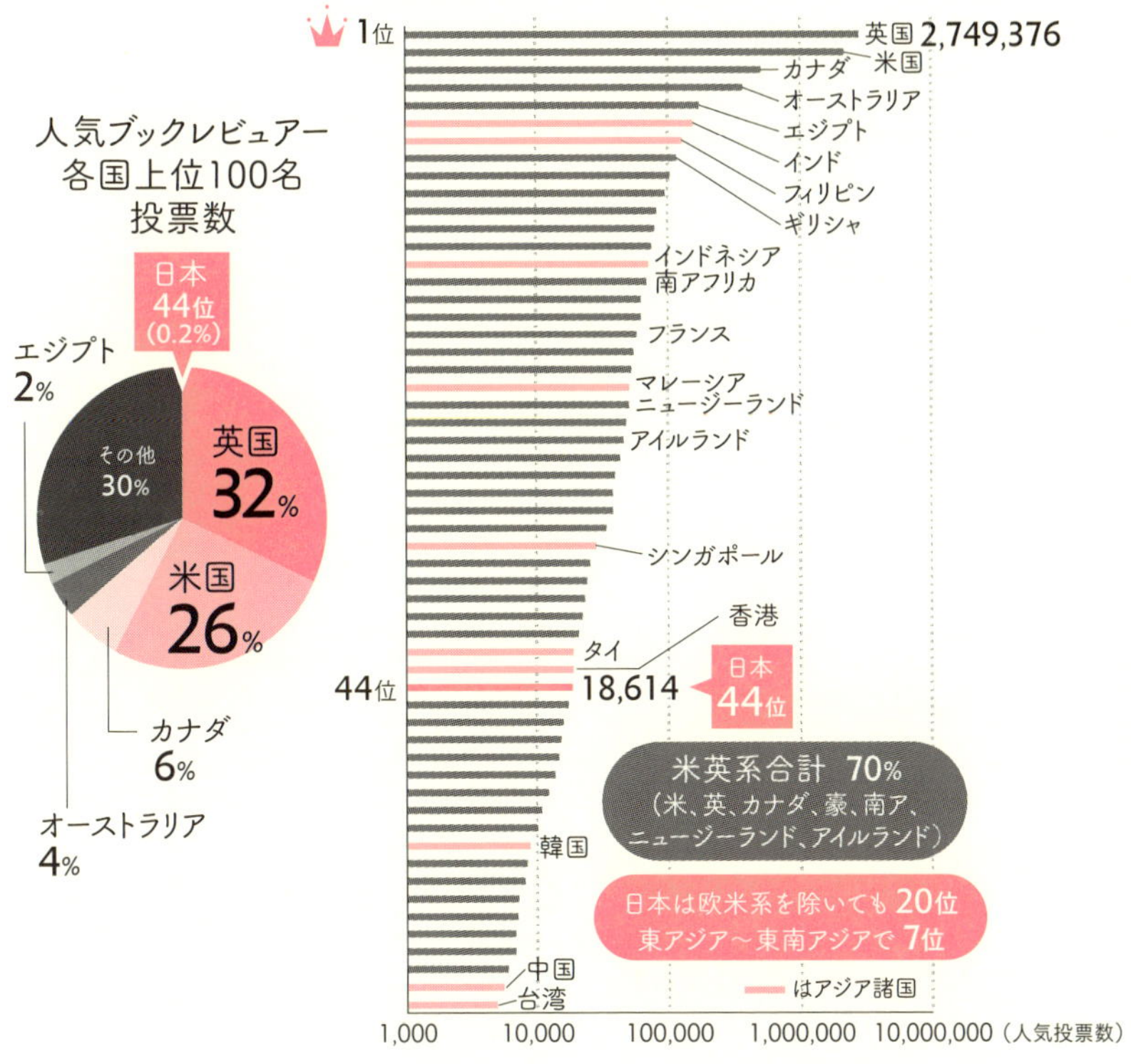

するまでになっています。ここでは、レビュアー格付サービスのなかで最大規模を誇るgoodreadsの集計値をもとに国別対抗戦を行ってみましょう（図106）。映し出されるのは、レビュアーに対する読者人気投票の結果です。イメージを掴むため、世界の超A級レビュアーを紹介しましょう。1位のKarenはニューヨーク在住の女性です。6975冊の蔵書があり、3935冊を読破し、そのうち2162冊について書評を投稿しています。4999人のレビュアー仲間がいて、一般読者から約15万票を集め、1位に選ば

106）データ出所：goodreads.com

★11-10 書籍の実売サービスがある10カ国を対象とした。結果は2015年11月の測定値を用いている。国によってカテゴリーの定義が若干異なり、多くの国でコミックスと絵本、さらにはアダルト系の写真集も同じカテゴリー内に混在する。ただ、いずれの国もトップ100の大半はコミックス系のコンテンツである

れました。

図には各国の上位100名に対する投票数を合計して国別に集計した結果を示しました。ここでも英米圏のシェアがずば抜けて高く、両国で58％を占めて、カナダ、オーストラリアの英語圏を足すと約7割に達します。それ以下は量的にはグッと少なくなりますが、エジプトやインド、ギリシャなどユニークな顔ぶれが上位に登場します。歴史が古く、批評家精神旺盛で一家言ありそうな人たち、いわば「めんどくさそう」な感じの面々が並んでいる、といえるのかもしれません。他人を直接的に批評することを控えるお上品な日本はシェア0・2％の第44位という結果でした。英語の壁に加え、批評家精神をあまり良しとしない文化性が二重苦でふりかかっています。

マンガに勝機を見出す

他の分野と同様、文学の世界においてもサブカルチャー部門であるマンガをチェックしてみましょう。グローバルでの文学的地位は高くないものの、出版される本の冊数を考えると決して無視できません。世界で1億冊以上売れた一般書籍というと、これまで長い歴史で10作あるかないかという超ヒット作品に限られますが、マンガジャンルならその2倍は存在します。『ド

★ 11-11 Amazon社が通販物流拠点を展開する世界13カ国のうち中国、オーストラリア、オランダを除く主要10カ国を選定した

★ 11-12 世界全体の占有率を算出する際、日本市場での日本製作品の数値100%を入れると日本に過剰に有利になってしまうため、各国における自国の作者本は除き、外国の原作者だけをカウントした。円グラフはその結果である

Osamu Tezuka 1928-1989

図107

マンガ結果

Amazon書籍ベストセラー「絵本マンガ部門」シェア Ranking

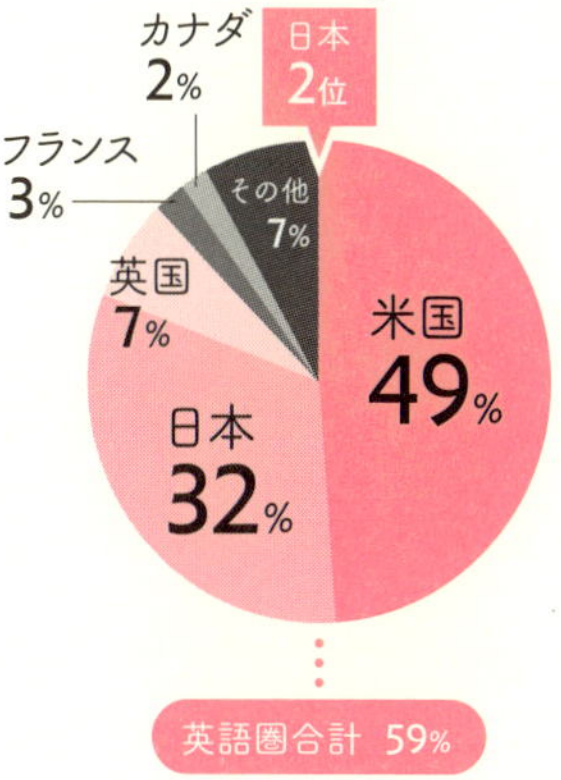

Amazon書籍ベストセラー 各国「絵本マンガ部門」トップ100における日本作品比率

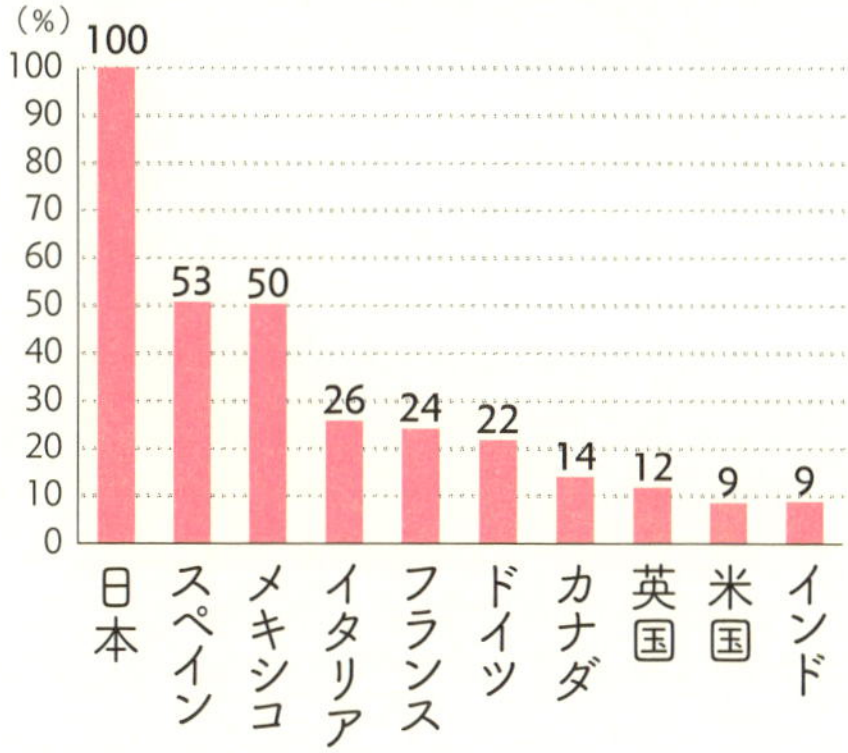

ラゴンボール』は世界で累計2億冊を超え、『ONE PIECE』は3億冊を突破しました。

調査には各国Amazon[10]での売れ筋トップ100冊リストを使用しています。図107[11]でその結果を見てみましょう。

図の棒グラフに示した結果は、各国トップ100冊の中に占める原作が日本人作家、あるいは日本人が作画を担当したマンガの割合です。ホームの日本では100%日本製で、アメコミなど外国マンガの入る余地はまったくありません。以下海外の状況[12]ですが、スペイン、メキシコでは約半数が日本系で、続くイタリア、フランスな

107）データ出所：各国Amazon Best Sellers “Comics & Graphic Novels”

★11-13 Test of English as a Foreign Language(外国語としての英語能力テスト)

ども含めラテン系諸国での人気の高さが窺えます。さすがに世界平均で見るとマーベルを主軸とするアメコミには後れを取りますが、日本はシェア32%の第2位となりました。コミックスの世界では日米の2強が8割を占める超大国となっています。言語の壁が立ちはだかる文学界ですが、画力を併用すればここまでの結果を残せるというのは明るい材料でしょう。日本人が本来内に秘めている物語を創作する能力自体には、自信を持ってよさそうです。

英語力と富裕度の関係

ここまで、日本は歌唱界、プレゼン界そして作家の世界でも「英語の壁」に苛まれてきました。実際、その壁の高さはどれほどのものなのでしょうか。ここでひとつ、日本人の英語力に関する分析を加えてみましょう。海外留学する際の最も標準的な規格であるTOEFL[13]について、運営元のEducational Testing Serviceが公表している各国の平均点数を用いて、各国の一人当たりGDPとの関係を調べてみました。その結果を次の図108に示します。

近似線に見るように富裕度と英語力には正の相関があること、つまりお金持ちほど英語ができることがわかります。逆に言うと裕福になるためには英語力がとても重要であるとも言えるでしょう。世界が右上がり型に正の相関で推移する中で、日本の位置が異様に低い、つまり裕福さの割に異常に英語が下手だということがわかります。日本と似たポジションのご同輩の国々

図108

TOEFLと各国一人当たりGDPの関係

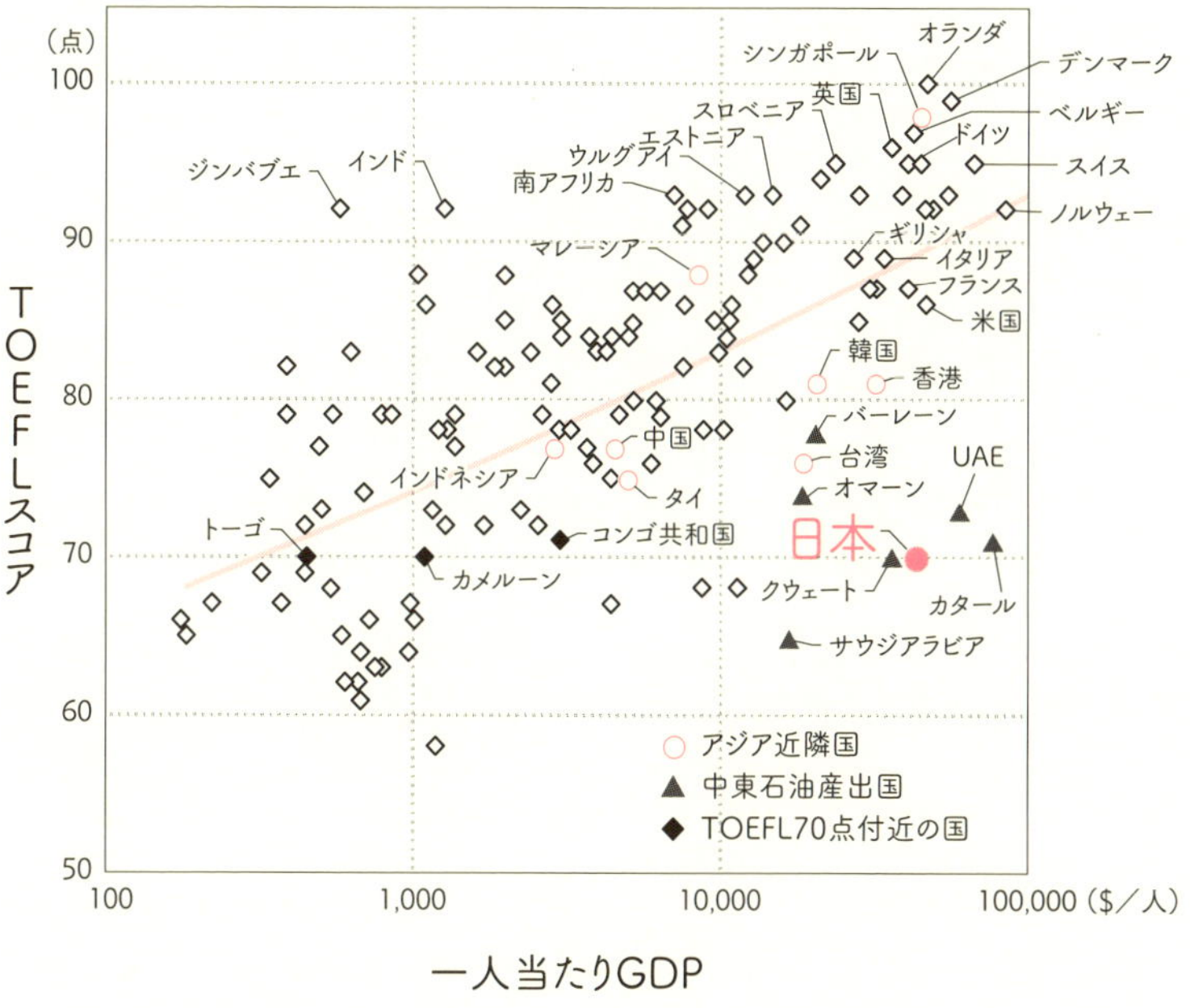

は、ことごとくアラブ系産油国です。彼らにとって英語はたしなみのひとつであって、生活向上をかけてまで習得するものではないのでしょう。日本の得点（70点）は、世界の常識的には一人当たりGDPが1000ドル以下クラス、すなわちカメルーンやトーゴといった最貧国レベルに相当します。この理由についてここでは言及を避けますが、長年にわたり英語力強化が叫ばれ続けてのこの状態には、何か宿命的なものを感じざるをえません。英語力を磨くことに努めつつも、この状況を甘んじて受け入れ、不足分は別のアプローチで埋め合わせるという姿勢で臨

108）データ出所：ets.org (Educational Testing Service)

む方が得策と、この結果は物語っているように思えます。

読み物総合成績

まとめましょう。文学賞の対象となるような純文学の世界から始めて、その対極にある娯楽文学やマンガ、そして今や力を増してきた書評家のセミプロ（レビュアー）たちの世界を眺めてきました。5つの分野での各国成績の平均値を算出した結果を次の図109にまとめました。

結果を見ると、やはり米英が文学超大国として君臨し、2国で4割ほどを持っていきます。それに次ぐ上位集団のドイツ、フランス、ブラジル、スペインあたりが文学主要国になります。老舗のドイツやフランスは正統派の文学賞で点を稼ぎ、新興のブラジルは大衆小説が得点源です。日本はマンガを含まない4部門だけのカウントでは、シェア1・1％の19位、マンガを含めると一気にシェア7・3％の3位と、マンガに全体重を載せた見事な「一本足打法」となっています。英語力さえ人並みに磨けば、よりいい線までいくはずですが、TOEFLの成績からみてもなかなか難しいようです。

図109

読み物総合成績

総合成績 順位	国名	ノーベル文学賞受賞者数比率	6大国際文学賞受賞者数比率	人気作家ウェブレファレンスシェア	人気レビューアー投票数シェア	絵本〜コミックスの人気タイトル比率	平均シェア(%)
1	米国	8.0	8.7	32.2	25.8	48.7	24.7
2	英国	8.0	4.0	28.9	32.5	7.2	16.1
3	日本	1.8	1.5	1.0	0.2	32.1	7.3
4	ドイツ	8.9	12.6	1.4	1.2		4.8
5	フランス	12.5	5.9	0.2	0.7	2.5	4.4
6	ブラジル		0.5	13.7	0.5	0.7	3.1
7	スペイン	4.5	4.2	3.6	1.0	0.3	2.7
8	カナダ	0.9	0.5	1.6	5.9	1.9	2.2
9	イタリア	5.4	3.0	0.5	1.0	0.1	2.0
10	スウェーデン	6.3	2.5		0.9	0.3	2.0
11	ポーランド	3.6	4.0		0.6	0.4	1.7
12	コロンビア	0.9	1.0	6.4	0.2		1.7
13	オーストラリア	0.9	1.2	0.2	4.3	1.2	1.5
14	ロシア(ソビエト)	4.5	2.7		0.2		1.5
15	インド	0.9	1.5	2.1	2.0		1.3
16	アイルランド	3.6	1.0	0.3	0.6	0.1	1.1
17	メキシコ	0.9	2.0	1.7	0.7	0.1	1.1
18	スイス	0.9	3.0		1.4	0.1	1.1
19	中国	1.8	2.5	0.4	0.1		0.9
20	イスラエル	0.9	3.5		0.1		0.9

読み物系総合成績
(マンガ含む)
Ranking

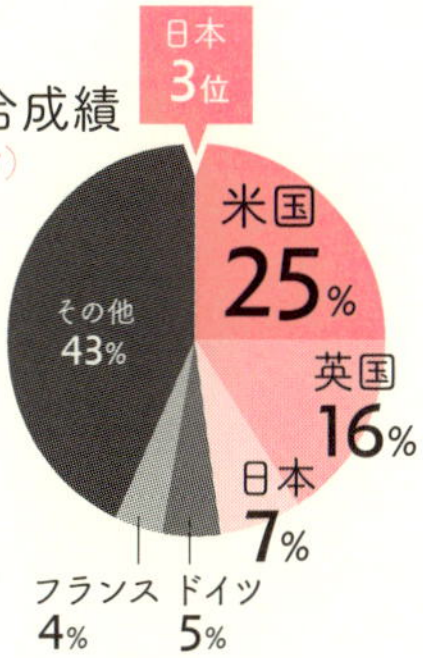

読み物系総合成績
(マンガ除く)
Ranking

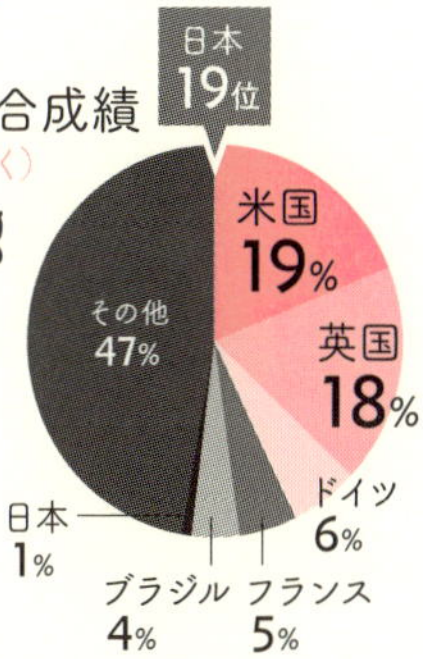

109) データ出所：著者作成

12 総合芸術：動画制作界

Composite Arts : Videography Production

動画制作界のカテゴリー図

ここまで登場したアーティストたちは、舞台で演じる歌手やダンサーたち、演台から語りかけるプレゼンター、そしてストーリーを書き綴る作家などでした。これら異分野のタレントたちを集めて、監督がまとめ上げると映画というひとつの総合芸術作品が生まれます。巨大な労力をかけて創り上げる長編映画から、数秒で終わる手作り動画ファイルまで含めて、映像作品の様式は多様になりました。本節ではこれら動く画像を制作する人たちに着目し、各国の総合芸術の制作能力を検証していきたいと思います。次の「動画制作界のカテゴリー図」に示したような４つの視点で分けて考えてみましょう（図110）。

Photo/Getty Images

図110
動画制作界のカテゴリー図

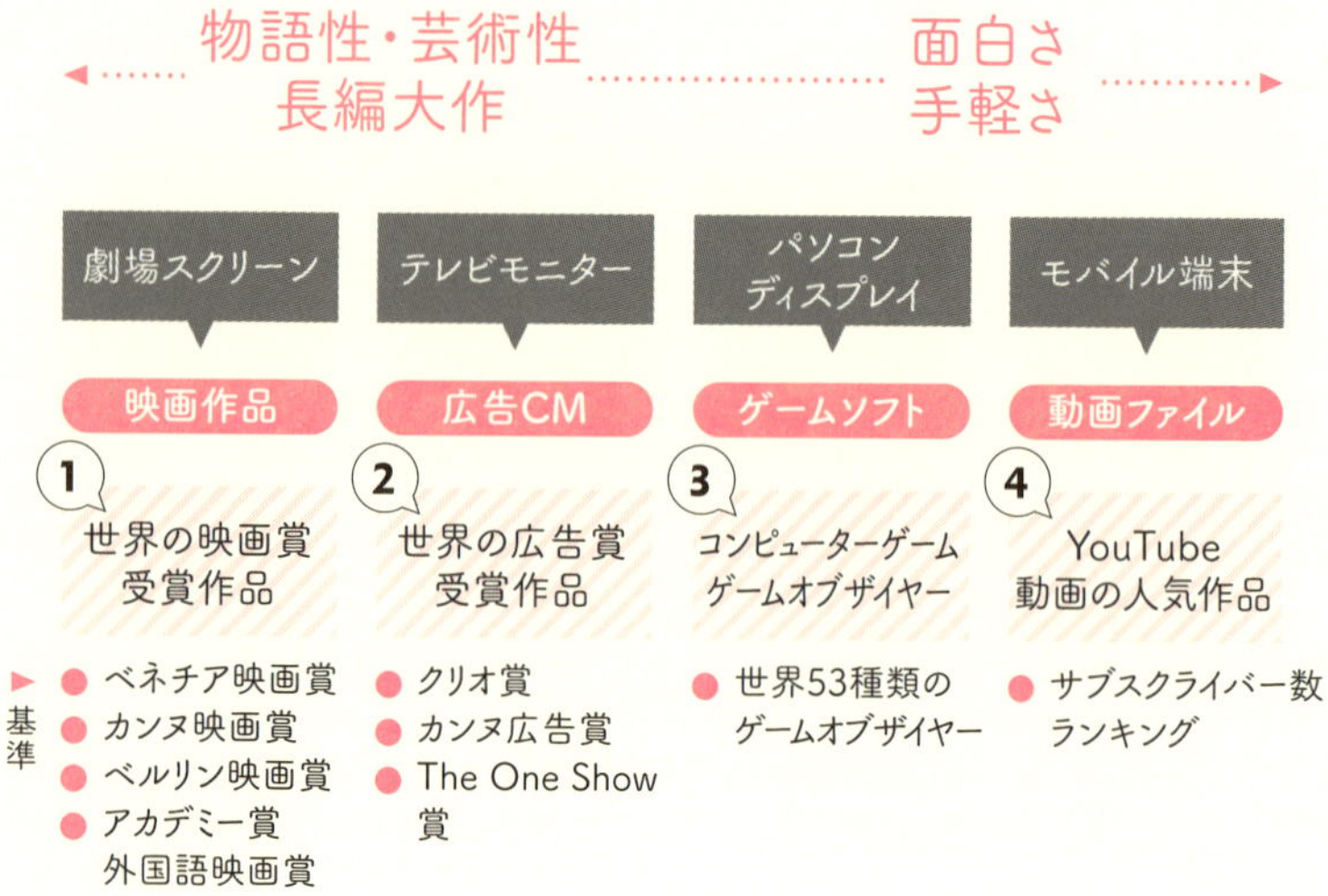

左側は、巨匠監督や名俳優が活躍してきた伝統的な映画の領域になります。その隣、テレビCMを扱う広告業界も巨大な資金を投じて濃密な短編動画を創る業界です。1980年代になると、テレビゲームという新たな総合芸術が登場しました。ヒットしたロールプレイングゲームからは映画化されるタイトルも生まれました。そして右端側、オープン時代の今日では、ユーザーサイドから作品を動画視聴サイトにアップできるようになり、多くの才能がここから発掘されています。以下ここに示した①〜④のカテゴリーを順にみていきましょう。

映画制作

長い歴史を持つ映画界における最高栄誉

といえば、世界3大映画祭へのノミネートでしょう。それぞれベネチア国際映画祭では金獅子賞、ベルリン国際映画祭は金熊賞、カンヌ国際映画祭ではパルムドールと呼ばれる最優秀作品賞が授与されます。これらの賞は当然芸術性の高い作品に与えられるわけですが、ひとつ大きなジレンマがあります。世界の映画ビジネスの主導権は、誰が見ても明らかなようにハリウッドを軸とした米国にあるという点です。その米国にはアカデミー賞（オスカー）という映画賞があり、その華やかな授賞イベントの様子は大々的に報道されます。しかしこのアカデミー賞は、実は米国映画のみを対象とする「ローカル賞」なのです。アカデミー賞作品を集計の対象にすると全数が米国カウントになってしまいます。ただし、1947年からはアカデミー賞に外国語映画賞という別部門が設けられ、外国映画だけを別枠でノミネートしはじめました。同様に欧州の3賞についてもそれぞれ主催国の作品数が増えてしまう傾向があるため、ここでは主催国の作品はすべてカウント対象外にして国別対抗戦を行ってみました（図111）。つまり、お互いに外国映画だけを対象に、選ばれた作品を集計したということです。

結果を見ると、米国にはやや厳し目の集計基準となったにもかかわらず、それでも総合トップは米国です。以下フランス、イタリア、英国と文化大国が並び、5位に日本が登場します。日本人として複数回受賞している監督は黒澤明と今村昌平の2名です。最近はペースダウン気味にも見えますが、長い目で見ると5年に一人のペースで、世界のどこかに優勝作品を出し続

図111

映画制作結果

順位	国名	ベルリン国際映画祭	ベネチア国際映画祭	カンヌ国際映画祭	アカデミー賞外国語映画賞	国際映画祭平均シェア(%)
	カウント対象	金熊賞	金獅子賞	パルムドール	受賞作、ノミネート作、特別賞すべて	
	創設年	1952年	1949年	1939年	1947年	
	ホスト国	ドイツ	イタリア	フランス	米国	
1	米国	18.7	14.3	24.7	カウント対象外	14.4
2	フランス	6.6	24.5	カウント対象外	12.9	11.0
3	イタリア	9.3	カウント対象外	14.4	9.9	8.4
4	英国	11.3	6.9	11.3	0.7	7.5
5	日本	3.1	5.9	5.3	5.0	4.8
6	ロシア	3.1	6.9	2.7	5.0	4.4
7	ドイツ	カウント対象外	6.9	3.6	5.9	4.1
8	スペイン	9.7			5.9	3.9
9	スウェーデン	4.7	2.0	4.0	4.6	3.8
10	中国	6.2	5.9	0.7	0.7	3.4

総合成績

年	映画祭	タイトル	映画監督
1951	ベネチア	羅生門	黒澤明
1954	カンヌ	地獄門	衣笠貞之助
1958	ベネチア	無法松の一生	稲垣浩
1963	ベルリン	武士道残酷物語	今井正
1980	カンヌ	影武者	黒澤明
1983	カンヌ	楢山節考	今村昌平
1997	カンヌ	うなぎ	今村昌平
1997	ベネチア	HANA-BI	北野武
2002	ベルリン	千と千尋の神隠し	宮崎駿
2008	アカデミー賞外国語映画賞	おくりびと	滝田洋二郎

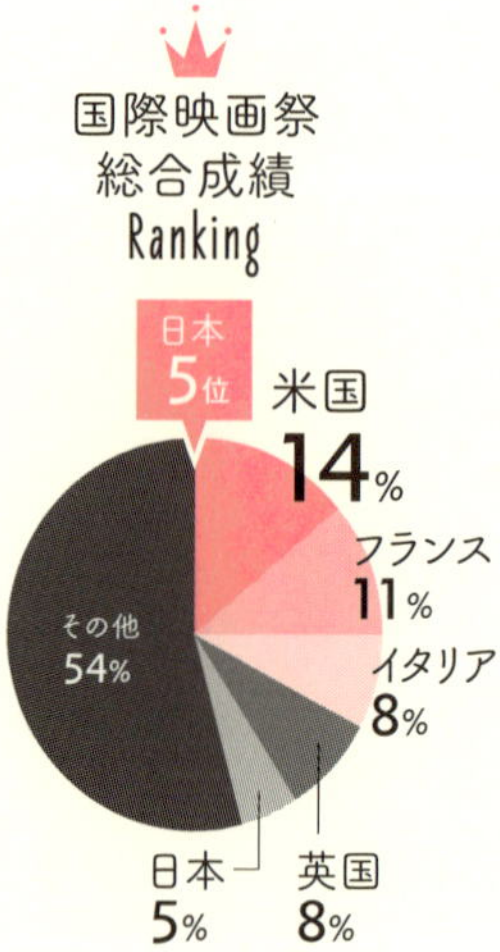

111）データ出所：著者作成

けてきました。今世紀に入ってからは宮崎駿のアニメ映画と、滝田洋二郎が受賞しています。欧米が主役の上位陣の中では明らかに異質の日本映画ですが、芸術作品としての完成度は高く評価されているようです。

広告制作

映画の次はテレビの世界を見てみましょう。テレビドラマ界の権威・エミー賞や、報道分野におけるピュリッツァー賞などもありますが、動画制作全般の能力を広く評価する国際イベントとしては、コンテンツ的にやや偏りがあり不完全でしょう。今回はテレビＣＭという動画に着目しました。スポンサー目線でいえば、テレビ電波で配信する主役はむしろ広告。流される画像１秒当たりにつぎ込まれる予算は、本編の番組よりむしろＣＭの方が圧倒的に高いわけです。その贅を尽くした広告素材の品質を比べるイベントがあります。世界３大広告賞と呼ばれるもので、カンヌ・ライオンズ 国際クリエイティビティ・フェスティバル[1]と、The One Show[2]、クリオ賞[3]の３賞は、広告関係者にとっての最高栄誉とされます。動画以外にもポスター、ネット広告などさまざまな媒体ごとに賞が与えられ、毎年数万件もの応募があり、受賞作品の総数も数千点と膨大な数に及びます。ここでは２０１５年の結果を中心に、全部門の入選作について制作者の国籍別に整理しました[4]（図１１２）。

Akira Kurosawa 1910-1998

＊12-1 フランスにて1954年創設

＊12-2 米国にて1973年創設

＊12-3 米国にて1959年創設

＊12-4 動画以外も含まれますが、広告分野全体のプロデュースには総合芸術のセンスが求められると判断し、そのまま結果に含めることにした

図112

広告制作結果

順位	国名	クリオ賞	カンヌ・ライオンズ	The One Show	平均シェア（%）	2014年広告市場規模シェア（%）
1	米国	30.6	19.2	29.5	26.4	33.3
2	英国	10.4	11.1	7.9	9.8	4.3
3	ドイツ	8.5	6.3	6.4	7.1	4.6
4	フランス	7.3	8.1	4.0	6.5	2.7
5	ブラジル	5.2	9.2	4.9	6.4	3.3
6	オーストラリア	3.6	3.6	7.1	4.8	2.1
7	日本	2.3	2.1	9.5	4.7	7.2
8	カナダ	4.7	2.5	5.6	4.2	2.0
9	スペイン	2.4	3.7	1.7	2.6	1.1
10	インド	1.1	2.1	2.7	2.0	1.2

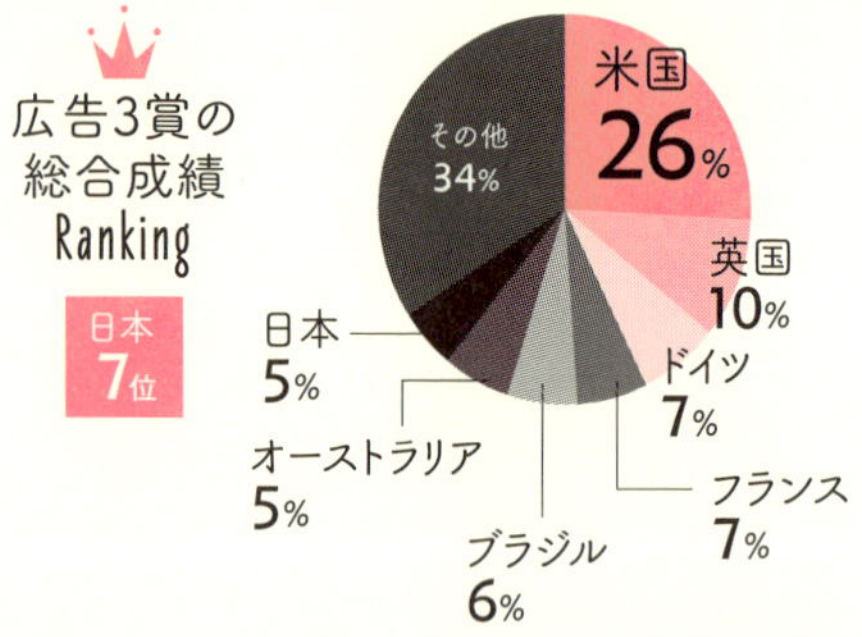

どのような作品が入賞しているかというと、たとえば2015年のカンヌライオンズでの日本から入選した作品としては、博報堂の制作したクイックシルバー社製の「サーフィンもできる水陸両用のビジネススーツ」のCM動画がPR部門で金賞を得ています。また電通が制作したマツコ・デラックスにそっくりなロボットの「マツコロイド」は、プロモ&アクティベーション部門で銅賞を獲得しています。

さて、国別対抗での成績ですが、日本の成績はクリオ賞が10位、カンヌライオンズが11位、

112）データ出所：clioawards.com, oneclub.org, adforum.com

The One Showが2位で、3賞を通しての総合成績はシェア4・7％の7位となりました。国別の星取表を眺めてみると、上位に入る国々の顔ぶれは、カンヌ、クリオ、The One Showで大差ないことがわかります。米国はどの広告賞でもずば抜けていますが、トップ10位に入る国々はほぼ固定メンバー。欧米先進国が並ぶ中に、ブラジルと日本が食い込んでいます。表の右端には、Strategy Analytics社調べによる国別の広告市場規模を世界シェアに換算した数値を掲載しました。日本の広告市場規模は米中に次ぐ世界第3位ですから、広告予算に対する受賞数という目で見ると、日本の成績は必ずしも良いとはいえないかもしれません。

コンピューターゲーム制作

コンピューターゲームも、今や堂々と総合芸術に入れて良いレベルにまで成熟しています。1972年に登場した卓球ゲーム「PONG」に端を発した素朴な電子ゲームは、1976年の「ブロックくずし」を経て1980年の「パックマン」へと進化し、80年代半ばには今も進化し続けている「スーパーマリオブラザーズ」や「ドラゴンクエスト」「ファイナルファンタジー」など累計では数億本が売れた巨大タイトルの原型が登場しました。ここでは売れ行きからは一度離れてゲームの完成度を業界のプロたちが評価する「ゲームオブザイヤー（GOTY）」について論じたいと思います。GOTYとは、さまざまなゲーム誌やウェブサイトによって、その年の最も優れたコンピューターゲームに与えられる賞のことです。世界中に非常に多くのGOTYがありますが、そのうちの主要な53種類（図中にリスト掲載）を選び、各賞の創設以来すべての優勝タイトルについて、図113に開発企業の国籍（本社所在地）別に集計しました。

結果は、時代によって大きく変わります。日本のゲーム業界が最も輝いていたのは1990年代でした。第3〜5世代の数々の名機、スーパーファミコン（任天堂）やプレイステーション（ソニー）、メガドライブ（セガ）が世界を席巻した頃です。グラフィックスの処理能力が格段に向上し、大規模なゲームタイトルが続々と生まれました。しかし90年代後半のインターネットの普及やパソコン性能向上によって、専用ハードは急速に衰退し、それとともに日本発のゲームタイトルも勢いを失ってしまいます。今日では米国勢の勢いが圧倒的で、GOTYを総なめにしています。日本の成績は、80年代からの累計カウントでみるといまだにシェア40％の世界2位というポジションとなっていますが、その多くは過去の遺産によるものです。

動画ファイル制作

ここまで、大規模な予算と人手を投入してでき上がる大作の制作現場を調べてきました。映画も広告もコンピューターゲームも、みな戦艦大和を造り上げるような一大プロジェクトとい

図113

コンピューターゲーム制作結果

世界のGame of the year

#	イベント名称	創設年度	開催国
1	Moby Games	1980	米国
2	Omni	1982	米国
3	Golden Joystick Awards	1983	英国
4	VSDA Awards	1983	米国
5	Video game specific publications	1984	英国
6	Gamest Awards	1986	日本
7	Oh!X	1986	日本
8	Electronic Gaming Monthly	1988	米国
9	GameRankings	1988	米国
10	Game Informer	1992	米国
11	Games	1994	米国
12	Japan Game Awards / CESA Awards	1996	日本
13	Readers choice	1996	米国
14	GamePro	1996	米国
15	GameSpot	1996	米国
16	Metacritic	1996	米国
17	Academy of Interactive Arts & Sciences	1997	米国
18	Eurogamer (UK)	1999	英国
19	GameFAQs	1999	米国
20	GameSpy	1999	米国
21	GDC Game Developers Choice Awards	2000	米国
22	IGN	2001	米国
23	Readers choice	2001	米国
24	BAFTA Interactive Entertainment Awards	2002	英国
25	NAVGTR Awards	2003	米国
26	Spike Video Game Awards	2003	米国
27	Edge	2003	英国
28	GamesTM	2003	英国
29	Readers choice	2003	米国
30	X-Play	2003	米国
31	Famitsu Awards	2004	日本
32	Readers choice	2004	米国
33	GameTrailers	2005	米国
34	Crispy Gamer	2006	米国
35	Gamasutra	2006	英国
36	GamesRadar	2006	英国
37	Joystiq	2006	米国
38	New York Times	2006	米国
39	Time (magazine)	2006	米国
40	Kotaku	2007	米国
41	MMGN	2007	オーストラリア
42	Yahoo! Games	2007	米国
43	G4	2007	米国
44	Good Game	2007	オーストラリア
45	Giant Bomb	2008	米国
46	Inside Gaming Awards	2009	米国
47	Video game specific websites	2009	米国
48	ScrewAttack	2009	米国
49	Game Revolution	2011	米国
50	Slant Magazine	2011	米国
51	Polygon	2012	米国
52	SXSW Gaming Awards	2013	米国
53	The Game Awards	2014	米国

Game of the year 優勝数総計

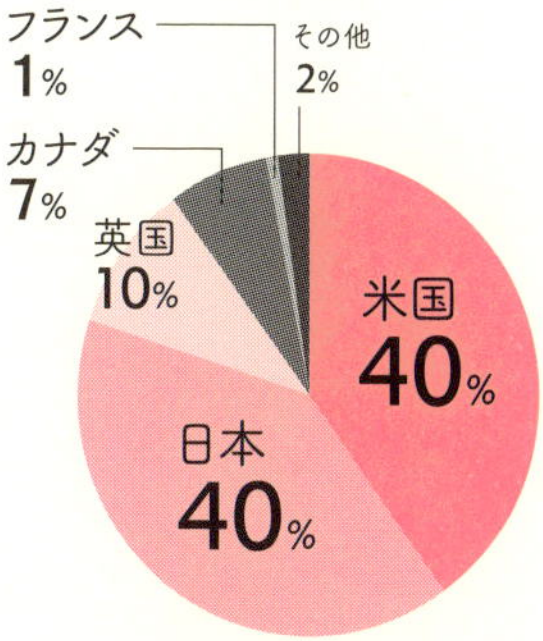

Game of the year 優勝数比率推移

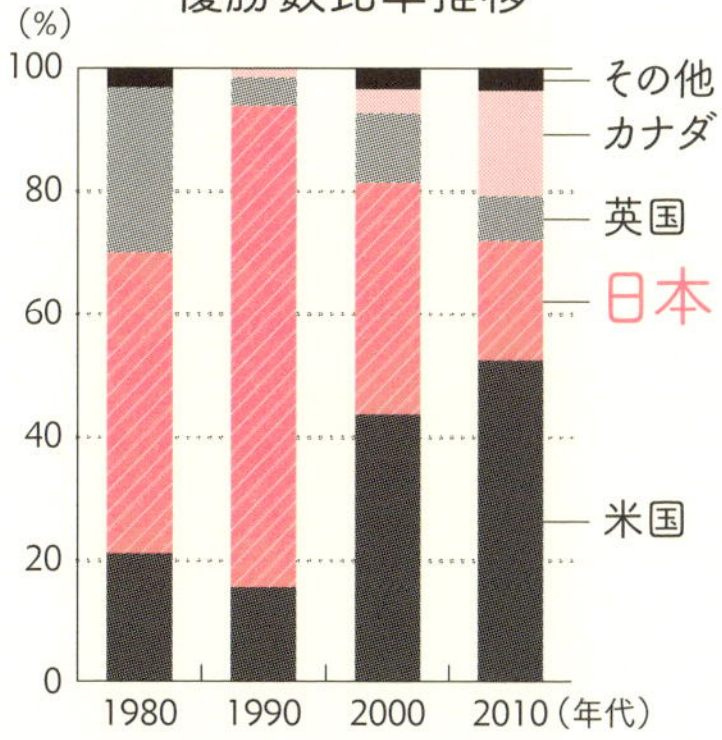

113）データ出所：Wikipedia「List of Game of the Year awards」

＊12-5 世界214カ国について、各国で最も活躍する上位100名のユーチューバーたちが集めるチャンネル登録者の数を足し合わせ、国単位で集計した。ゲームやスポーツなど16の各カテゴリーに分類におけるチャンネル登録者数の1位と、再生回数1位に輝いたアカウントの成績を表にまとめた

う点では共通しています。しかし、オープン化の波は、この動画制作というお金のかかる総合芸術の世界にも、変革をもたらしています。安価な画像編集ツールが自宅でも扱えるようになり、作品を視聴者に届ける配信環境もブロードバンドで整備されたため、無数のアーティストたちが、日々数えきれないほどの動画を制作し、アップロードするようになりました。その中には数千万人のチャンネル登録者を集め、総視聴回数で１００億回を超えるほどの魅力的な動画を制作する強者も現れています。「YouTubeセレブリティーズ」と呼ばれる人たちです。

最も成功した一人を紹介しましょう。ピューディパイ（PewDiePie）というハンドルネームをもつスウェーデンの青年です。彼は自らコンピューターゲームを操作しながら、その様子を実況中継します。投稿される動画に映っているのはそのゲームの画面と、操作中の彼の顔。視聴者はゲーム攻略の様子を観戦するわけで、いわばＮＨＫの将棋番組のようなコンセプトです。チャンネル登録者数は４０００万人にも上り、フォーブス誌の調査によると、彼の年収は１２００万ドルにもなるそうです。元手はほぼゼロですから、映画やＣＭ制作に比べても極めて効率の良いビジネスモデルを生み出したことになります。彼を含め、さまざまなジャンルでのユーチューバーたちの活躍ぶりをSOCIAL BLADEというサイトがまとめていますので、このデータを基に国別対抗戦をしてみました[5]（図１１４）。

全カテゴリーを通してみても、先ほどのピューディパイ（アカウントは英国登録）は二冠王（チャンネル登録者数と再生回数）となっています。中身を子細に見ると、ディズニー（エンターテイメント）

図114

動画ファイル制作結果

世界チャンネル登録者数・再生回数

カテゴリー	チャンネル登録者数トップ チャンネル名	登録者数	再生回数トップ チャンネル名	再生回数
ゲーム	pewdiepie	41,607,235	pewdiepie	10,953,021,605
エンターテイエント	holasoygerman	25,971,959	disneycollectorbr	9,473,495,279
コメディ	smosh	21,748,175	smosh	5,165,040,837
音楽	justinbiehervevo	17,474,389	emimusic	9,691,150,700
ハウツー暮らしの智恵	lady16makeup	12,938,472	Howcast	2,125,992,530
科学技術	vsauce	9,805,032	expertvillage	3,207,230,749
スポーツ	wwefannation	9,133,011	wwefannation	6,779,341,332
人とブログ	buzzfeedvideo	8,772,912	buzzfeedvideo	5,598,912,155
映画	movieclipstrailers	8,440,005	mashamedvedtv	6,104,311,271
ショウ	ThisIsHorosho	5,253,624	luntik	3,752,107,115
教育	littlebabybum	4,788,578	littlebabybum	5,897,009,753
自動車	topgear	4,678,325	topgear	1,142,663,216
動物・ペット	NationalGeographic	4,399,012	NationalGeographic	1,544,087,738
NPO活動	TEDxTalks	3,405,021	supersharij	738,654,172
時事・政治	theyoungturks	2,508,967	theyoungturks	2,358,279,611
旅行	yuyacst	2,353,207	fliptopbattles	567,164,789

日本チャンネル登録者数トップ10 Ranking

順位	チャンネル名	カテゴリー	登録者数
1	HikakinTV	コメディ	2,713,689
2	avex	音楽	2,643,542
3	hajime	エンターテイメント	2,573,480
4	Nameless	ハウツー暮らしの知恵	2,155,329
5	HIKAKIN	エンターテイメント	1,761,441
6	HikakinGames	ゲーム	1,733,819
7	Goosehouse	音楽	1,593,166
8	AKB48	エンターテイメント	1,566,725
9	TheMaxMurai	ゲーム	1,474,538
10	SeikinTV	エンターテイメント	1,431,969

YouTube 各国上位100サイト チャンネル登録者数 Ranking

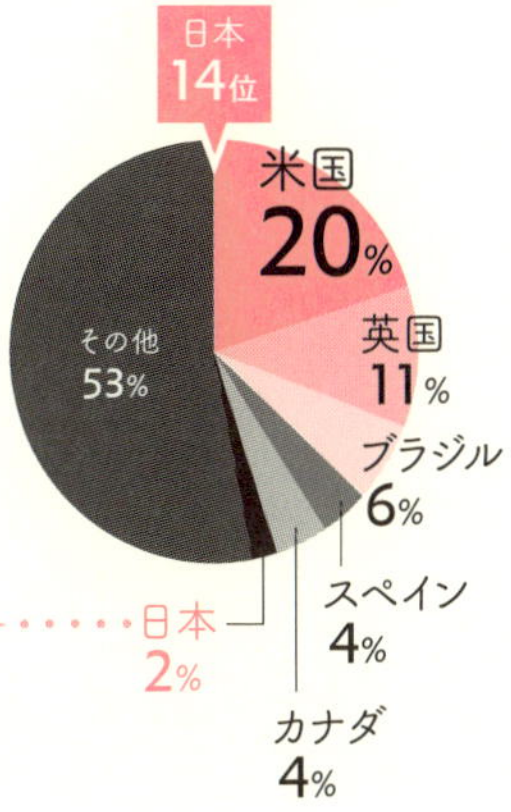

114）データ出所：socialblade.com

やナショナル・ジオグラフィック（動物・ペット）、ジャスティン・ビーバー（音楽）やTED（NPO活動）などのビッグネームも見られます。チャンネル登録者数でみた日本の総合成績は6440万人で、この人数は世界の中ではシェア1・6％の14位になりました。偶然かどうか、日本の世界総人口比率（1・9％）とほぼ同じです。世界トップは米国で、シェアは20％と他を大きく引き離しています。以下英国、ブラジル、スペイン、カナダと続きます。ここでも広告で出てきたブラジルが上位に入りました。日本人トップはHikakinTVで、音楽やコメディ、ゲームカテゴリーなど多岐にわたるコンテンツを配信し、国内で最も成功したユーチューバーとなっています。彼は歌手のところで言及したビートボクサーとしても、トップクラスの実力者です。avexやAKB48を抑えての270万人の登録者数はまさに偉業といっていいでしょう。

動画制作総合成績

まとめましょう。最初に最もオーソドックスな分野である映画界において4つの国際映画祭での成績を調べました。大金がつぎ込まれる広告制作の分野では世界3大広告賞の結果をみました。ゲームコンテンツ制作も立派な動画ということで、世界53種類のゲームオブザイヤーの優勝タイトルを調査し、最後にはユーチューブ投稿動画の世界においてチャンネル登録者数の比較を行いました。他の節と同じく、どの部門が偉いというわけではないため、軽重をつけず平等に各分野での占有率を足し合わせた数値を総合集計します（図115）。

その結果、日本はゲームカテゴリーを算入すると世界2位、ゲームを除外すると6位でした。ゲーム業界はサプライヤーの数が限られていることに加えて、日本の数字が過去の栄光のおかげで過大気味に膨らんではいますが、ゲーム市場はすでに映画の興行収入を上回る巨大な娯楽文化に育っていることもあり、総合成績はゲームも含めた2位と言い切ってよいでしょう。マンガカテゴリーの有無により3位か19位かという大きな落差が生じた読み物の世界と同じく、今回はテレビゲームの有無で2位か6位かと結果が大きくわかれました。文学に比べ順位の落差が小さくなったのは、動画では言語依存性が少ないためでしょう。映画は字幕で十分楽しめますし、広告やゲームもビジュアルでのわかりやすさが重視されます。逆にいうと、もし言語の壁がなくなれば、本来的にはこのくらい高品質なコンテンツを制作できる能力があるということを意味しているのかもしれません。人工知能の開発が進んで、簡単に言語が翻訳される環境が実現した暁には、活躍の場は広がるかもしれない、と期待が膨らみます。

図115

動画制作総合成績

総合成績 順位	国名	国際映画祭（ベネチア、ベルリン、カンヌ、アカデミー賞）	広告賞（クリオ、カンヌ、The One Show）	ゲームオブザイヤー（53タイトル）	YouTube（SOCIAL BLADE登録者数）	平均シェア（%）
1	米国	14.4	26.4	40.3	20.3	25.4
2	日本	4.8	4.7	39.7	1.6	12.7
3	英国	7.5	9.8	10.2	11.4	9.7
4	フランス	11.0	6.5	0.7	3.5	5.4
5	カナダ	1.2	4.2	7.4	4.1	4.2
6	ドイツ	4.1	7.1		3.0	3.5
7	ブラジル	1.6	6.4		5.5	3.4
8	スペイン	3.9	2.6		4.1	2.7
9	イタリア	8.4	0.7		1.5	2.6
10	ロシア	4.4	0.3		3.2	2.0
11	オーストラリア		4.8	0.4	2.2	1.9
12	スウェーデン	3.8	1.9	0.5	1.1	1.8
13	メキシコ	1.3	1.0		3.6	1.5
14	インド	1.6	2.0		2.2	1.4
15	中国	3.4	1.8		0.2	1.3
16	韓国	0.5	0.6	0.3	2.5	1.0
17	アルゼンチン	0.6	1.9		1.1	0.9
17	ポーランド	2.0	0.2		1.4	0.9
19	タイ	0.3	1.1		1.9	0.8
19	オランダ	0.6	1.3		1.3	0.8

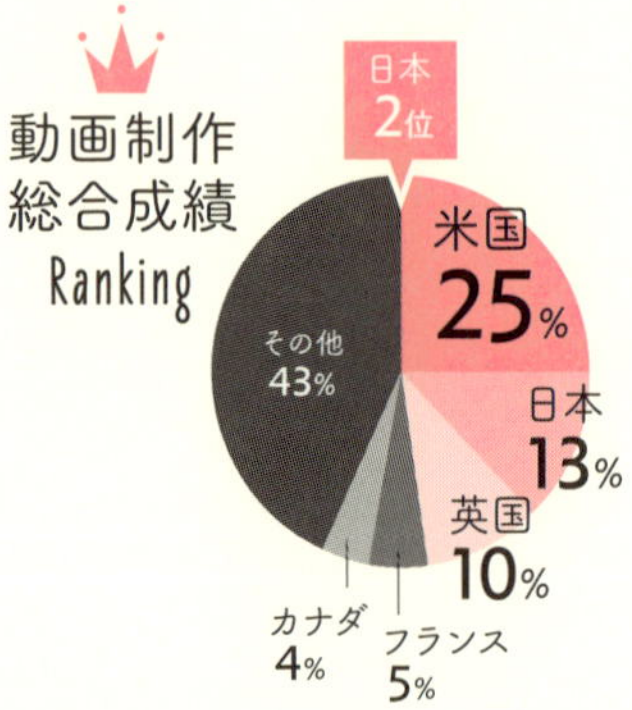

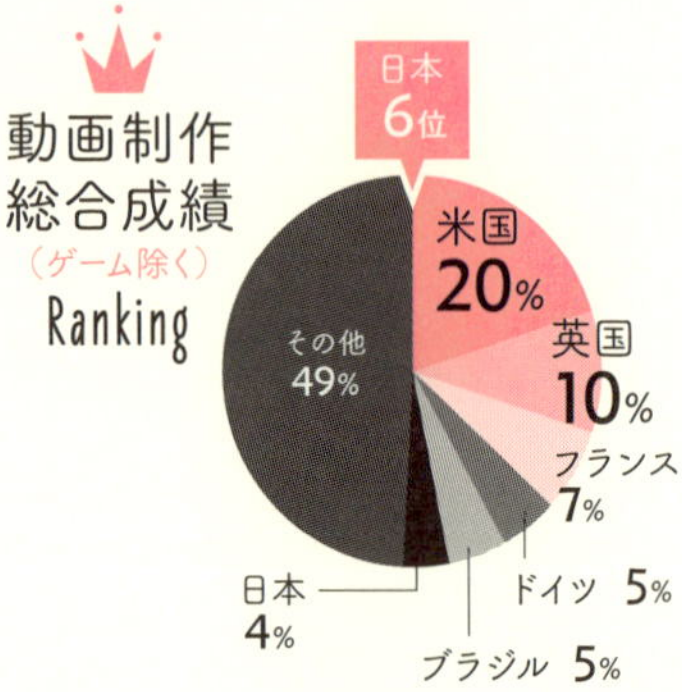

115）著者作成

12　総合芸術：動画制作界　Composite Arts : Videography Production

13 美術デザインの世界

Visual Arts and Design

デザイン界のタレントマップ

アーティストという職業は、ずいぶん広い意味で捉えられるようになりました。元来アーティストとは芸術家、とくに絵画や造形など美術の教科書に出てくるような芸術品を創作する人のことを指しましたが、今やミュージシャンやダンサー、ゲームクリエーターからゲーマーも、創造的な仕事、クールなパフォーマンスに携わっている人は、みなアーティストです。ここでは、本来のアーティストの領域、美術品や工芸品、道具や衣装などのデザインに関わる人々の世界をみていきます。まず、調査する対象を次の「デザイン界のタレントマップ」に従って7つの視点に分けました（図116）。

Photo/Getty Images

図116

デザイン界のタレントマップ

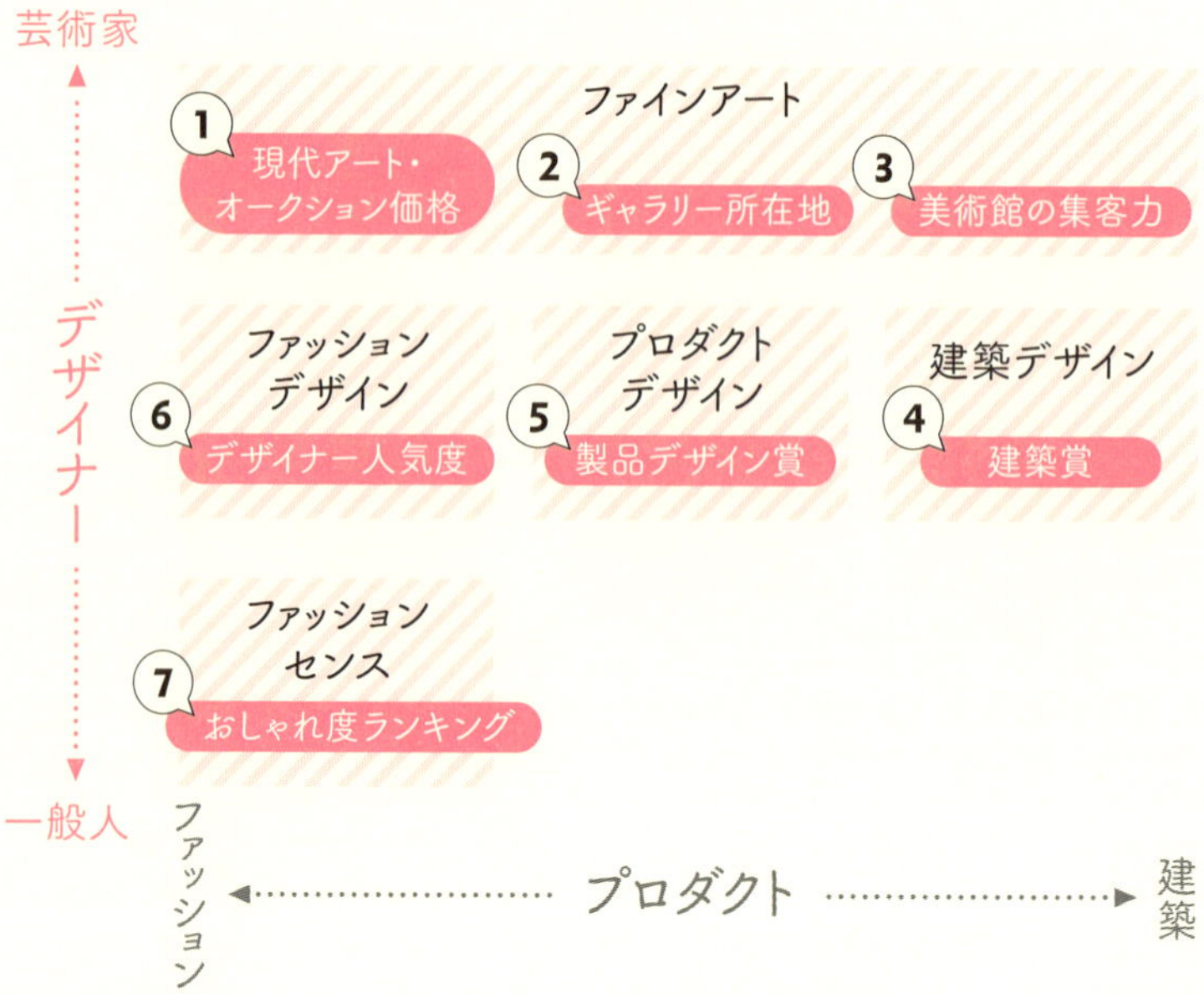

最上位層は、いわゆる芸術家たちが暮らすファインアートの世界です。ここで創り出される作品は、実用性には縁のない観賞用の芸術品です。役に立たない絵画や造形物をこしらえているだけでも食べていけて、かつ世の中から敬意を払ってもらえるわけですから、相当な力量の持ち主である必要があります。芸術家の下にあるのが、実用品を考案するデザイナーの世界。デザインする対象物は、最も人に近い衣類やアクセサリーの領域から日用品や家電品など消費財の世界、そして都市設計にも関わる建築家の世界まで多岐に渡ります。そんなデザイナーたちを育むのは、最下段に位置する一般ユーザーの感性です。ファッションをコー

ディネートして着こなすセンスとは、一朝一夕にでき上がるものではありません。目の肥えた顧客が居るからこそ、デザイナーも鍛えられる、という三段構造になっています。

ファインアートのオークション

まずは頂点に君臨するファインアーティストの実力評価から手を付けましょう。大昔の画家たちまで含めるときりがないので、現代アートのカテゴリーに限定しました。国際的な美術賞もあることはあるのですが、美の基準を標準化することは大変です。ここではよりシンプルに、オークションでの落札価格という数字で芸術家の市場価値を定量化してみます。世界の美術品オークション市場は2014年時点で350億ドル程度あり、そのうちの4割強をサザビーズとクリスティーズという2大オークションハウスが占めています。とくに1億円級の高額商品になると、9割以上がこの2社により落札されるという独占ぶりです。毎年の取引状況をartprice.comが発表しているので、このデータを基に分析を進めましょう。売上額で上位500名のデータを用いました（図117）。

コンテンポラリー部門の芸術家のうち、2014年に最も稼いだトップ10名と、日本人の上位8名を表にまとめてあります。世界1位はジャン＝ミシェル・バスキアという米国のグラフ

図117

オークション結果

世界の上位 Ranking

世界順位	氏名	国	オークション売上（百万ドル）	最高落札価格（百万ドル）
1	ジャン＝ミシェル・バスキア	米国	126	33.0
2	クリストファー・ウール	米国	113	26.5
3	ジェフ・クーンズ	米国	82	23.0
4	ピーター・ドイグ	英国	66	23.0
5	マルティン・キッペンベルガー	ドイツ	65	20.0
6	曾梵志	中国	35	3.6
7	リチャード・プリンス	米国	33	5.0
8	朱新建	中国	25	0.9
9	キース・ヘリング	米国	25	2.6
10	ダミアン・ハースト	英国	23	4.0

オークション市場規模 Ranking

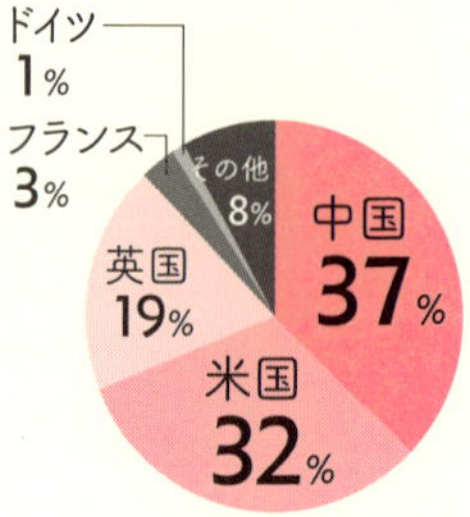

日本の上位 Ranking

世界順位	氏名	カテゴリー	オークション売上（百万ドル）	最高落札価格（百万ドル）
16	奈良美智	ポップアート	15.37	2.13
45	村上隆	ポップアート	6.19	1.10
95	杉本博司	写真家	2.81	0.32
255	石田徹也	画家	0.76	0.44
296	塚本智也	デザイン	0.63	0.02
298	千住博	画家	0.63	0.09
337	名和晃平	彫刻	0.55	0.26
362	タカノ綾	イラスト	0.48	0.11

トップ500 モダンアーティスト オークション売上比率 Ranking

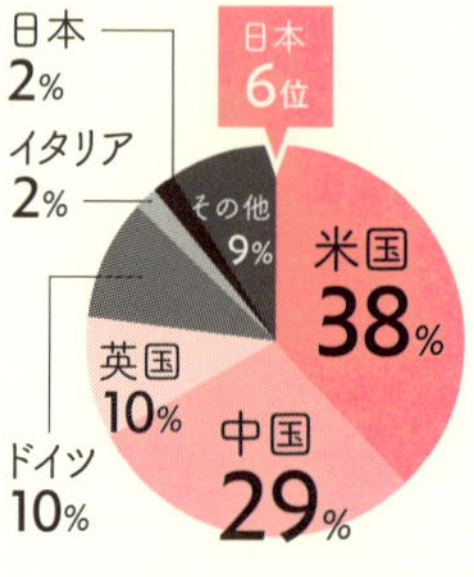

117）データ出所：artprice.com

イックアーティストで、オークション売上総額は1億2580万ドルにも及びます。一般知名度の高い人としては3位のジェフ・クーンズや9位のキース・ヘリング、10位のダミアン・ハーストなども上位に入りました。国籍でみると、10位内に中国人が2名入っています。世界のオークション市場では中国（上海市場）の躍進が著しく、取引額ではすでに米国を抜いて世界一の規模に成長しました。日本人の2トップは奈良美智と村上隆で、世界の16位と45位にそれぞれランクインしています。国別にアーティストの売り上げを集計すると、世界一は米国でシェアは38%。2位の中国が29%と猛追しています。日本人作品の総額は約2800万ドルで、この数字は世界の売り上げの1・8%で6位という位置づけになります。芸術家イメージの強いフランスですが、今日では世界の流れから取り残されつつあるようです。

アートギャラリーの所在地

オークションで高値が付くような著名アーティストたちも、その多くはアートギャラリー（画廊）により発掘され成り上がってきました。ギャラリーの役割とは、無名アーティストの才能を見出して、活動費用を支援したり、有力顧客に作品紹介をしたりとそのプロモーションを図ることにあります。有名なギャラリーに見出されることは、アーティストにとって成功の第一歩なのです。育成機能を担うギャラリーは、その投資対価として平均的には売値の50%程度（造

図118

ギャラリー所在地結果

ランク	ギャラリー名	所在地	代表的なアーティスト
1	David Zwirner デヴィッド・ツヴィルナー	ニューヨーク、ロンドン	Marlene Dumas, Chris Ofili, Karin Mamma Andersson
2	Gagosian Gallery ガゴシアン・ギャラリー	ニューヨーク、ビバリーヒルズ、ロンドン、パリ、ローマ、アテネ、ジュネーブ、香港	Damien Hirst, Yayoi Kusama, John Currin
3	Galerie Perrotin ギャラリー・ペロタン	パリ、香港、ニューヨーク	Sophie Calle, MR. KARS
4	Hauser & Wirth ハウザー＆ヴィルト	ロンドン、ニューヨーク、チューリッヒ	Louise Bourgeois, Paul McCarthy, Rashid Johnson
5	White Cube ホワイトキューブ	ロンドン、香港	Tracey Emin, Gilbert & George, Marc Quinn

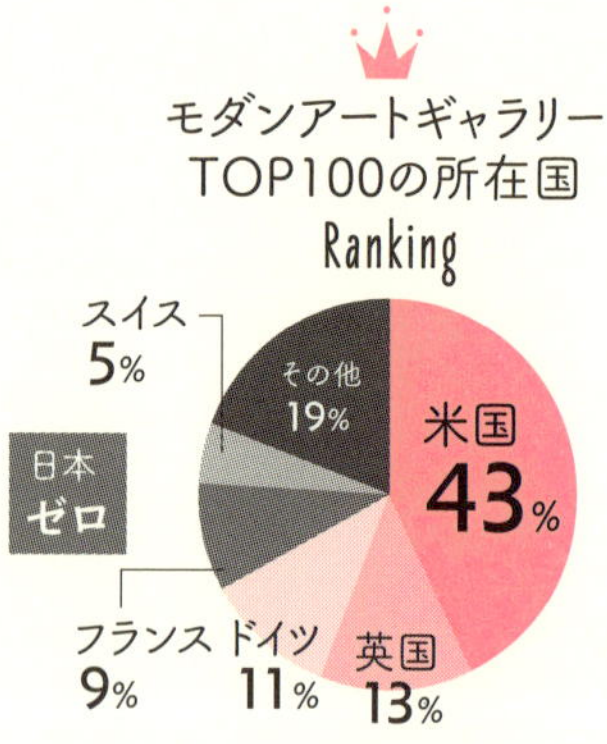

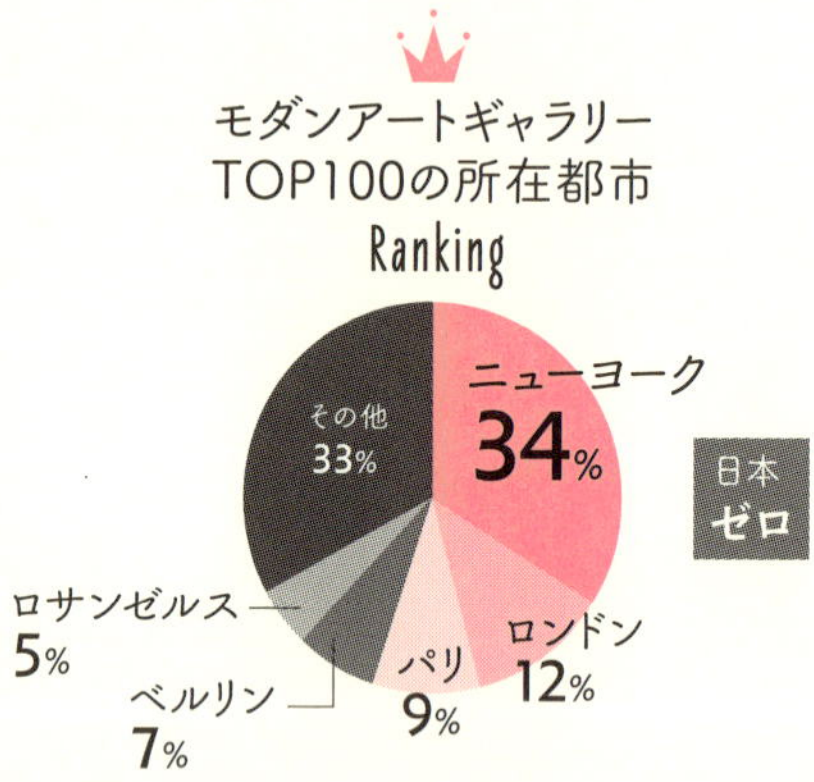

形物では3割）を得る権利を持ちます。COMPLEXというライフスタイル誌が「世界のアートギャラリー100選」という特集記事を編んでいるので、ここに選ばれた著名なギャラリーを所在地別に集計してみました（図118）。

　世界でも最強と目されるギャラリーのひとつに、このリストで第2位にランクされたガゴシアン（Gagosian）があります。先ほどのオークションリストのトップ番付に出てくるジャン＝ミシェル・バスキアやジェフ・クーンズ、ダミ

118）データ出所：complex.com

アン・ハーストや日本の村上隆、草間彌生など名だたるアーティストを扱い、ルーブルやエルミタージュなど世界的な美術館でお抱えアーティストの個展を開催させるほどの力を持っています。1980年に始めた画商ビジネスが、今では世界に15店舗、年商は10億ドルにまで成長しました。

残念ながら、このような世界のアートビジネス最前線に日本の資本は出てきません。トップクラスのアートギャラリーの半数近くは米国にあり、その大半が在するニューヨークのソーホーやチェルシー地区が、世界の中心になります。都市単位でいうと次に続くのがロンドン、パリ、ベルリン。メジャーなギャラリーは欧米以外では香港に拠点を設けていますが、東京は蚊帳の外になっています。

美術館の集客力

ギャラリーとは似て非なる場所に「美術館」があります。ギャラリーも美術館も一流の芸術品と一般市民とが接する場なのですが、ギャラリーが販売の機能をも担うのに対し、観賞するためだけに整備された空間が美術館です。画商としての才覚は芳しくなかった日本人ですが、より多くの入場者を集めるようなクールな美術館をこしらえる能力はどうでしょうか。ここでは、美術館の年間入場者数を比較することで、世界に数ある有名な美術館の吸引力・魅力度を評価してみたいと思います。英国の美術雑誌のTHE ART NEWSPAPERが世界のトップ１０６の美術館に関する数字を調査・公表しているので、このデータ（VISITOR FIGURES 2013）を基に、国別・都市別で入場者数を整理しました（図１１９）。

図中には入場者数トップ15と日本から１０６位内に入った4施設を掲載しました。ルーブルから大英博物館、故宮博物院、エルミタージュなど名だたる美の集積地が並び、トップのルーブル美術館は年間1千万人近くを集客する力を持っています。都市別でみると、ロンドン、パリ、ニューヨークといわゆる世界３大都市が並び、国別でも英米仏の３国が過半数を持っていきます。日本のトップは２００７年に六本木に建てられた国立新美術館で、２００万人強の入場者数は世界第20位。都市別でみると東京が世界7位、国別では日本は第9位という結果となりました。インバウンド観光での海外からの客足が増えてくるのに伴って、和風アートへの注目も高まってくることが期待されます。

建築家の実力

ここからはデザイナーの世界に入っていきます。芸術家と異なるのは、彼らは実生活に役立つモノの形体を考える人たちだという点でしょう。ファッションや家電品といった消費財のデ

図119

美術館結果

順位	美術館名	都市	国	年間入場者数
1	ルーブル美術館	パリ	フランス	9,260,000
2	大英博物館	ロンドン	英国	6,695,213
3	メトロポリタン美術館	ニューヨーク	米国	6,226,727
4	ナショナル・ギャラリー	ロンドン	英国	6,031,574
5	バチカン美術館	ローマ	バチカン市国	5,978,804
6	テート・モダン	ロンドン	英国	4,884,939
7	故宮博物院	台北	台湾	4,500,278
8	ワシントン・ナショナル・ギャラリー	ワシントンDC	米国	4,093,070
9	フランス国立近代美術館	パリ	フランス	3,745,000
10	オルセー美術館	パリ	フランス	3,500,000
11	ヴィクトリア&アルバート博物館	ロンドン	英国	3,290,500
12	ソフィア王妃芸術センター	マドリッド	スペイン	3,185,413
13	ニューヨーク近代美術館	ニューヨーク	米国	3,066,337
14	韓国国立中央博物館	ソウル	韓国	3,052,823
15	エルミタージュ美術館	サンクトペテルブルク	ロシア	2,898,562

TOP106美術館
年間入場者数（国別）
Ranking

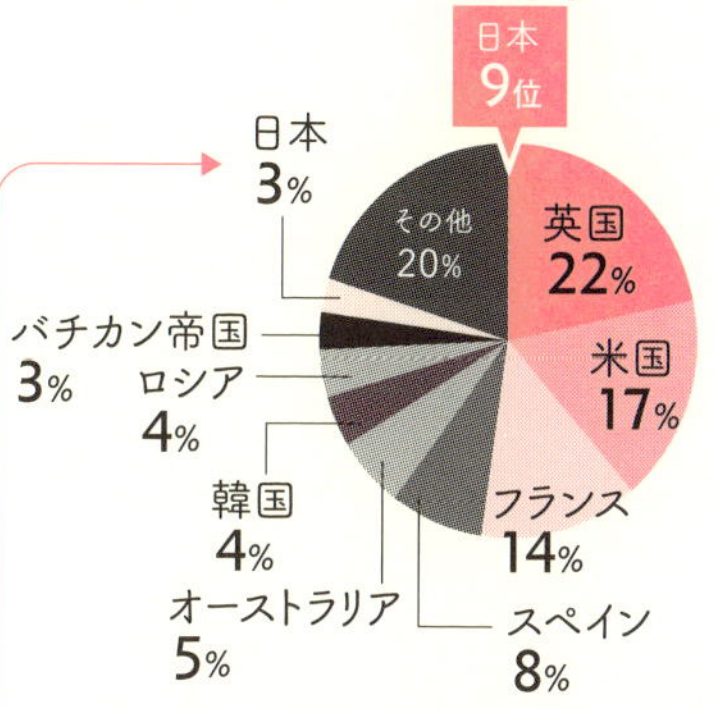

TOP106美術館
年間入場者数（都市別）
Ranking

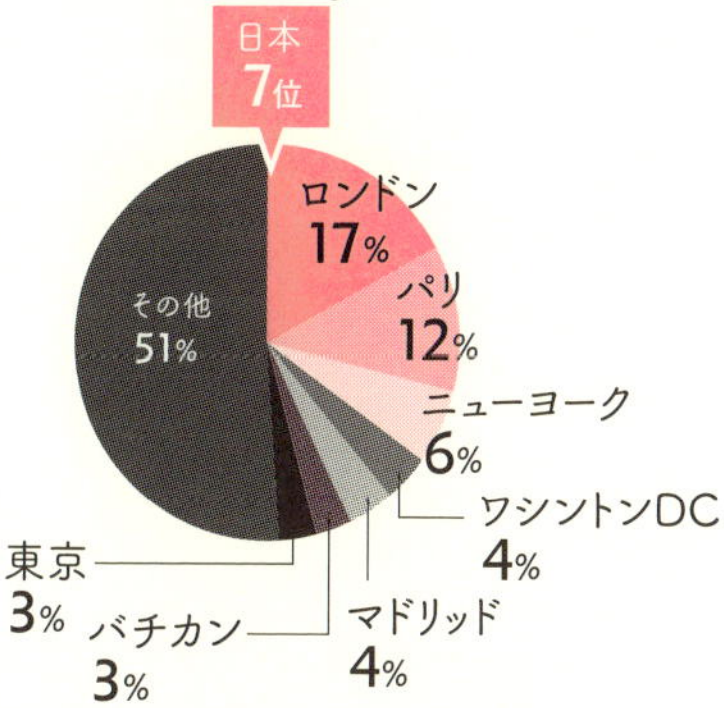

順位	美術館名	都市	年間入場者数
20	国立新美術館	東京／六本木	2,039,947
37	東京国立博物館	東京／上野	1,403,909
48	森美術館	東京／六本木	1,223,198
54	国立西洋美術館	東京／上野	1,155,975

119）データ出所：museus.gov.br

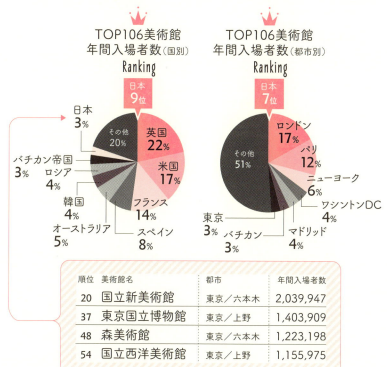

ザイナーから、巨大なインフラを設計する建築家まで、みな等しくデザイナーです。ただ、「等しく」と言いつつも、西洋では建築デザイナー（アーキテクト）は一段位が高い存在となっています。生活の器となる都市の全体設計を考えるプロセスが最上位にあり、次に家の形が決まり、間取りが定まり、そして最後に日用品などのディテールを考えるというトップダウン型の考え方が好まれるためです。その意味において、建築学とは単に強度設計などの工学だけではなく、社会学や経済学、環境学など広い見識を必要とする総合学問として貴ばれます。その由緒正しい西洋建築デザインの世界では、150年以上も前から建築賞が存在し、その時々の最高の建築家を讃え続けてきました。ここでは、特に権威ある8つの賞を選び、各賞創設以来のすべての最優秀賞受賞者を国籍別に集計しました（図120）。

1848年から通算でカウントすると、日本は世界4位、戦後の1960年以降だとシェア9・3％の第3位になっています。経年変化を見ると、ここ半世紀の日本の近代建築家の大活躍ぶりが伝わってきますが、その先駆けとなったのはここに選んだ8つの建築賞のうち5つを受賞した「世界のタンゲ」こと丹下健三でした。丹下氏は高度成長期のさまざまな建築物を手掛けつつ、後進の育成にも貢献しています。旗手の座は、安藤忠雄の世代を経て、坂茂や妹島和世の代へと着実に引き継がれており、日本の建築界は盤石の構えとなっているようです。

図120

建築家結果

世界の建築賞	丹下健三	安藤忠雄	磯崎新	槇文彦	妹島和世	坂茂	谷口吉生	伊東豊雄	日本人合計
AIAゴールドメダル	1966	2002		2011					3名
トーマス・ジェファーソン賞	1970			1990		2005			3名
アルヴァ・アールト賞		1985							1名
RIBAゴールドメダル	1965	1997	1986					2006	4名
プリツカー賞	1987	1995		1993		2014		2013	5名
UIAゴールドメダル		2005		1993					2名
高松宮殿下記念世界文化賞	1993	1996		1999			2005	2010	5名
エーリッヒ・シェリング建築賞					2000				1名

建築8賞の受賞回数累計
（1960年以降）

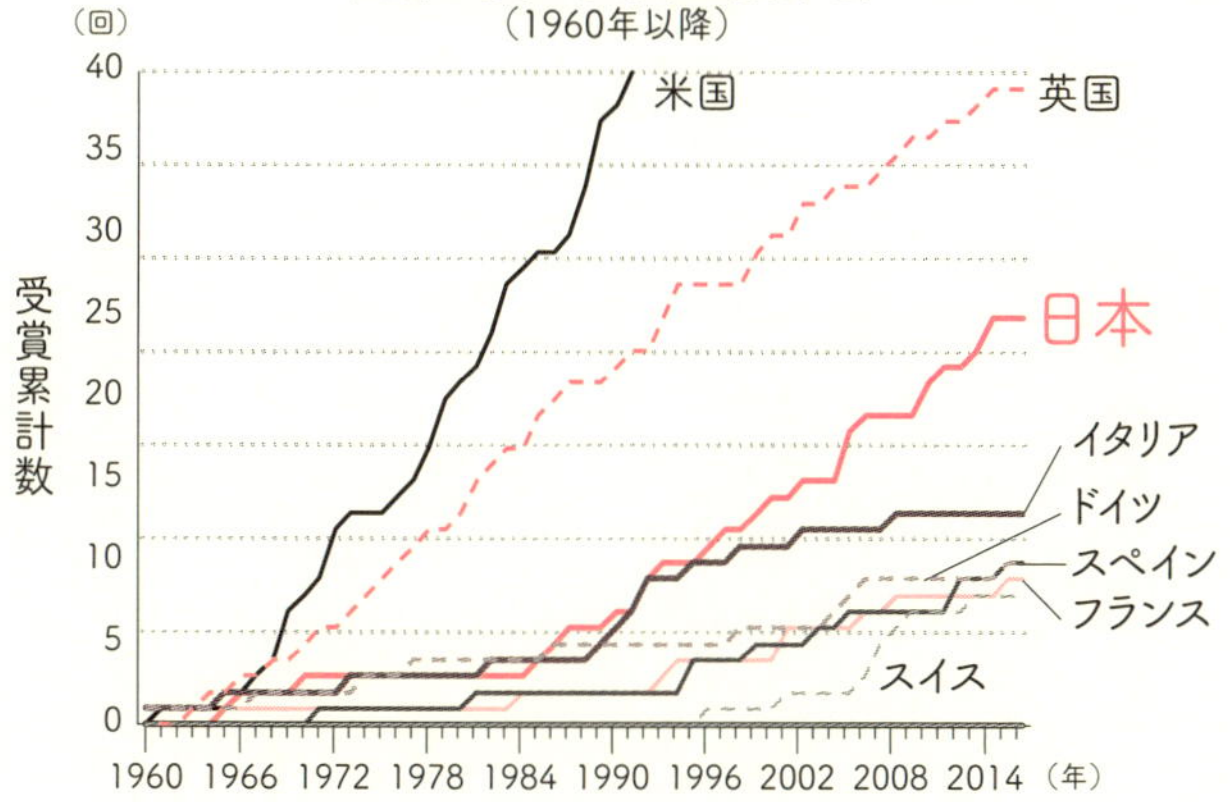

120）データ出所：各賞オフィシャルサイト

★13-1 1919年、ドイツのワイマールに設立された教育機関。純粋芸術と工芸技術を統合させた革新的な方法論を実践し大きな影響を与えた

★13-2 直近3年間の受賞歴をもとに、世界の企業やデザインハウスをランク付けした

製品をデザインする能力

次はプロダクトデザインの世界を見てみましょう。世界の先進工業国にはそれぞれに独特なプロダクトデザインのコンクールがありますが、信頼されているのはドイツ系のものです。バウハウス[1]など、体系的に工業デザインを考察する仕掛けを早くから作り上げてきたドイツ系のコンクールは今日でも最も高い権威を保っています。そのドイツで最古の伝統を持つデザイン賞が「iFデザイン賞」です。「デザイン界のオスカー賞」とも呼ばれるこの賞は、インダストリー・フォーラム・デザイン・ハノーファー（iF）が主催し、1953年から毎年世界中の工業製品類を対象に優秀な商品を選んで表彰しています。評価の対象物はありとあらゆるモノで、食器、文房具、家具、工具、家電品、車両、家屋、事務用品、医療器具、精密機器など万物が集められ、各部門で年間最優秀賞が選ばれます。ここではこのiFが算出するクリエイティブ・ランキングというポイント評価指数（上位100社）を用いて国別評価をしました[2]（図121）。

日本からは100位内に14社がランクインしています。各企業の評価ポイントを国単位で足し合わせると、日本の成績は主催国ドイツに次ぐ2位となりました。14社の内訳をみると、エレクトロニクス系が大半ですが、うち11社はインハウス（=自社内）デザインです。ドイツの場合にはランクインした39社中インハウスデザインは12社しかなく、デザインを外注する産業構

図121

プロダクトデザイン結果

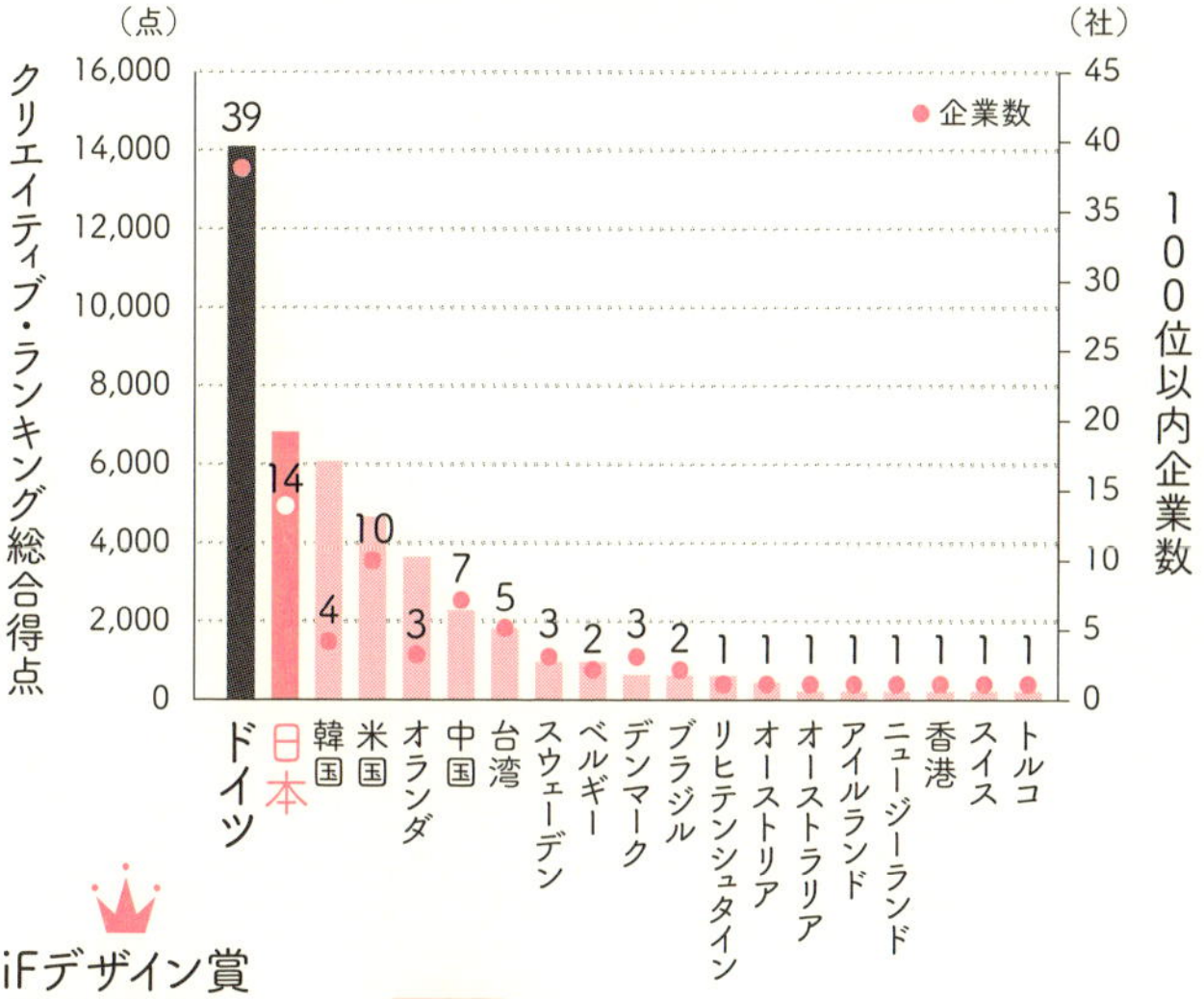

iFデザイン賞 得点占有率 Ranking

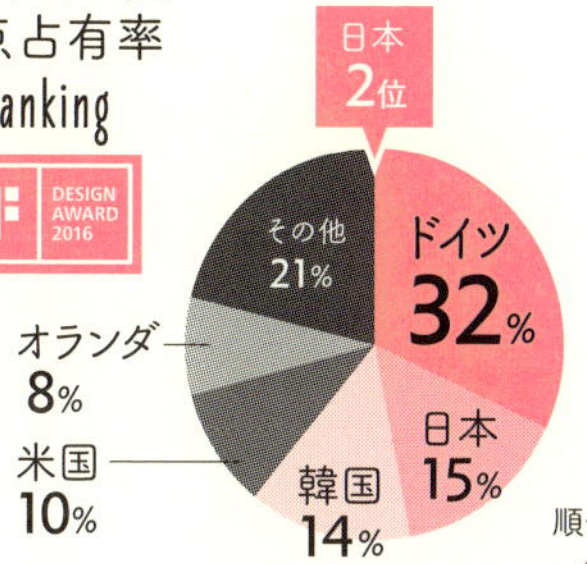

世界ランク上位企業

順位	企業名	国
1	サムスン	韓国
2	フィリップス	オランダ
3	LG	韓国
4	ソニー	日本
5	パナソニック	日本
6	Phoenix Design	ドイツ
7	アップル	米国
8	ボッシュ	ドイツ
9	BMW	ドイツ
10	HP	米国

100位以内にランクインした日本企業

順位	企業名	国
4	ソニー	インハウス
5	パナソニック	インハウス
13	ブラザー工業	インハウス
19	東芝	インハウス
24	キヤノン	インハウス
32	日立製作所	インハウス
41	三宅デザイン事務所	デザイン事務所
44	オムロン	インハウス
53	バルミューダ	インハウス
53	富士フイルム	インハウス
64	有限会社賓角デザイン	デザイン事務所
68	良品計画	デザイン事務所
87	オリンパス	インハウス
87	セイコーエプソン	インハウス

121）データ出所：ifworlddesignguide.com

造になっていることがわかります。韓国は第3位に入っていますが、得点源がサムスンとLGの2社頼みで、まだ厚みがありません。日系トップ評価のソニーを始め、電機業界はいまだ業績改善には苦しんでいますが、デザイン能力に関しては、相当な実力をつけたものと考えてよいでしょう。

ファッションデザイナーの知名度

ファッション界は、一般消費者にとってデザイナーを最も身近に感じられる業界です。同じ消費財でも、家電やトイレタリー、医薬品など工業色の強い製品は、デザインだけではなく性能や機能などスペックが重視されるため、デザイナーの名前が前面に出てくるケースはあまりありません。逆に衣類やアクセサリーなどでは、保温性や肌触りなどの性能面も重要ですが、価値の大半はデザイン性に求められるため、デザイナーの能力は極めて重要になります。

世界的な賞としては、「ファッション界のオスカー賞」とも称されるコティー賞やCFDA[3]ファッション賞などもありますが、文学や絵画と同じく、判定基準を統一することは難しくなります。ここでも、市場に聞くのが手っ取り早い、という発想で、前にも用いた「TheWiplist」を使って、巷の知名度によって定量評価することにしました[4]（図122）。ちなみに登場人物のイメージとしては、調査日時点（2015年10月）での総合トップはジャン・ポール・ゴルチエ（仏）

★13-3 米国ファッション協議会

★13-4 TheWiplistのファッションデザイナーのカテゴリーで、上位281人分を抽出し国籍別に集計した

図122

ファッションデザイナー結果

ネット可視性による
国別ファッションデザイナー人気度
Ranking

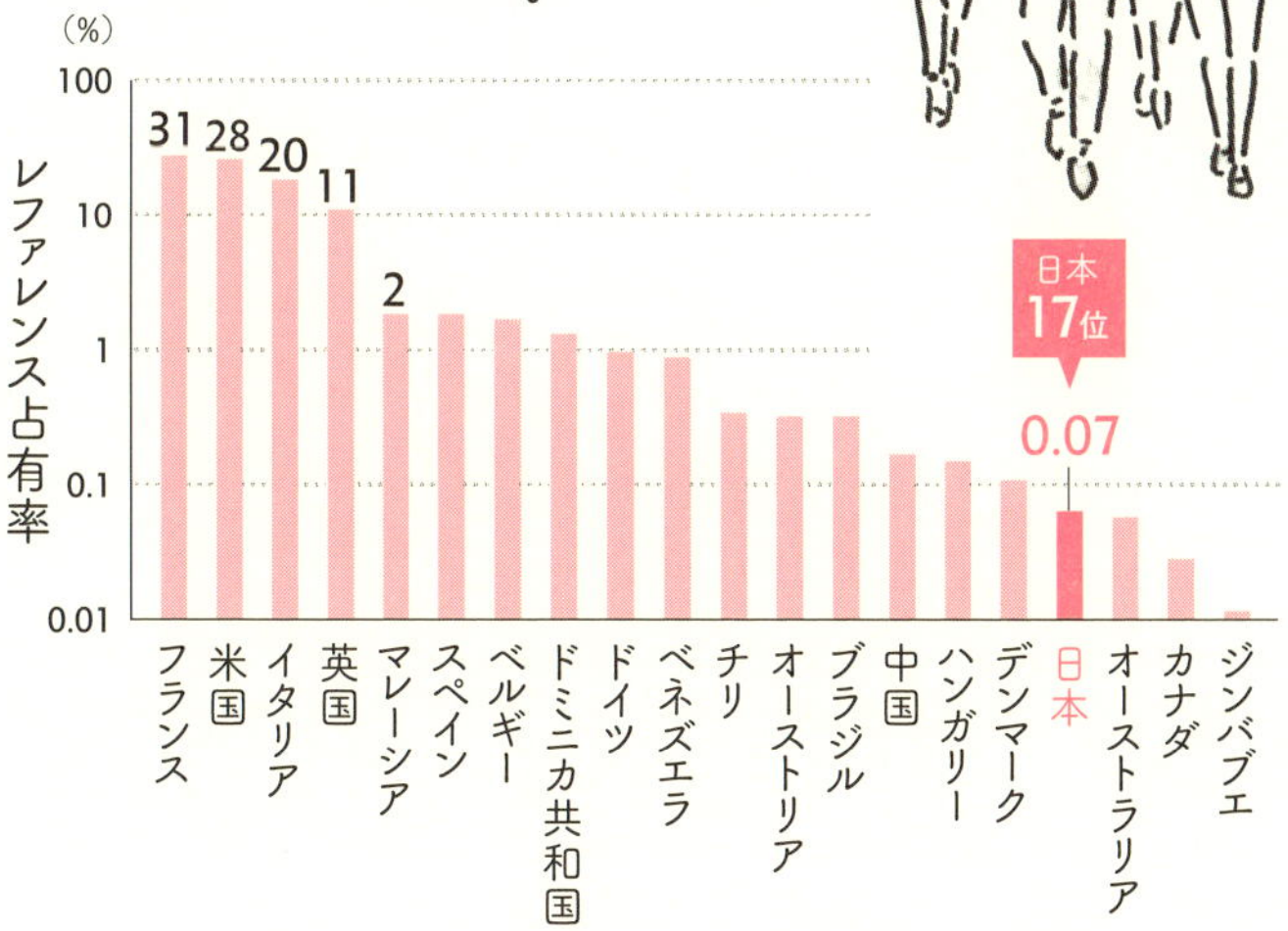

トップ5カ国代表デザイナー

1位　フランス	1位　ジャン・ポール・ゴルチェ 2位　パコ・ラバンヌ
2位　米国	4位　マイケル・コース 5位　トム・フォード
3位　イタリア	3位　ジャンニ・ヴェルサーチ 7位　ロベルト・カバリ
4位　英国	8位　ステラ・マッカートニー 11位　ヴィヴィアン・ウエストウッド
5位　マレーシア	14位　ジミー・チュウ
⋮	⋮
17位　日本	91位　山本耀司 134位　川久保玲 253位　森 正洋

122）データ出所：thewiplist.com

＊13-5 有名デザイナーによる高級既製服のこと。主にパリ、ロンドン、ミラノ、ニューヨーク、東京の5大コレクションで扱われる有力ブランドを指す

で、レファレンス数は約2300万件。イタリア人のトップは3位のジャンニ・ヴェルサーチでレファレンスは約1200万件でした。

上位20カ国分の結果を図に表し、うち上位5カ国については代表的なデザイナーの氏名も掲載しました。各国を代表するお馴染みの名前が勢揃いしています。ボリューム的には仏、米、伊、英の4カ国が圧倒的に抜きん出ていて、世界全体の話題の90%をさらっていきます。2位集団はマレーシアからベネズエラまでの6カ国。マレーシアは靴のカリスマ、ジミー・チュウが、ベネズエラはケネディ大統領夫人ジャクリーンが愛用したことで知られるキャロリーナ・ヘレラというスーパースターの知名度が成績を引き上げています。日本は17位になっていますが、シェアは0・07%とまさに消え入りそうな状況です。日本のトップ2には山本耀司（91位）やコム・デ・ギャルソンの川久保玲（134位）など、我が国を代表するプレタポルテ[5]の重鎮が入っていますが、並み居る強豪の中での存在感というと、まだまだこれからなのかもしれません。

国民のおしゃれ度

市場ユーザーのレベルについてはどうでしょうか。工業製品と違い、ファッションの場合、コーディネートなど着こなす側のセンスも重要です。デザイナーに賞が与えられるのと同様、ユーザー側にもベストドレッサー賞などの栄誉が用意され、その才能が賞賛されています。海

★13-6 「ファッショナブル」や「ベスト・ドレス、スタイリッシュ」などの言葉で形容されるランキング記事を集め「○○な国」というランキング記事12件と「○○な都市」の記事10件のデータを集計した。見つかった記事数は多数あるが、よく調べると元データを同じくする場合が多々あり、結局この程度の数に収まった

外から来た外国人観光客が日本のストリートファッションのレベルの高さに驚いたという話もよく耳にしますが、その実態はどれほどでしょうか。ここでは、世界中のメディア上で語られる「ファッショナブルな都市トップ10」という類の特集記事を探り、それらの結果の平均値をはじいてみることにしました。ではその結果を見てみましょう[6]（図123）。

「おしゃれな国」というイメージでは日本はイタリアに次ぐ世界2位で、都市単位でみると東京は4位という結果でした。ファッションを語る際には、都市単位の方がイメージしやすいかもしれません。たとえば「米国人」だと世界8位と印象は芳しくないのですが、ニューヨークという都市はというとパリに次ぐ第2位です。

そこで、都市バージョンと国バージョンの結果を平均した総合ランキングを算出した結果、街を行く日本人のおしゃれ度はイタリア、フランスに次ぐ世界3位という堂々の結果となりました。日本や東京に対するイメージは、安定してどの記事でも上位にランクインしており、その解説を読むと、東京や日本が持つ世界の他の地域にはない独自性を高く評価しています。街で見るカワイイファッションやゴシックロリータ的なファンタジー系は、それだけですでにユニークで独創的です。しかしこれらのサブカルチャーが着物などの伝統的な民族衣装と共存しているところもまた、日本の特徴として捉えられているようです。山本耀司が高級服を生み出す一方、ユニクロが生み出されている点もしかりで、世界は総じて対極的な文化の混淆性に驚いています。また、奇抜な格好やコスプレなどで公道を自由に歩ける寛容さにも高い評価が与

図123

ファッショナブルな国・都市結果

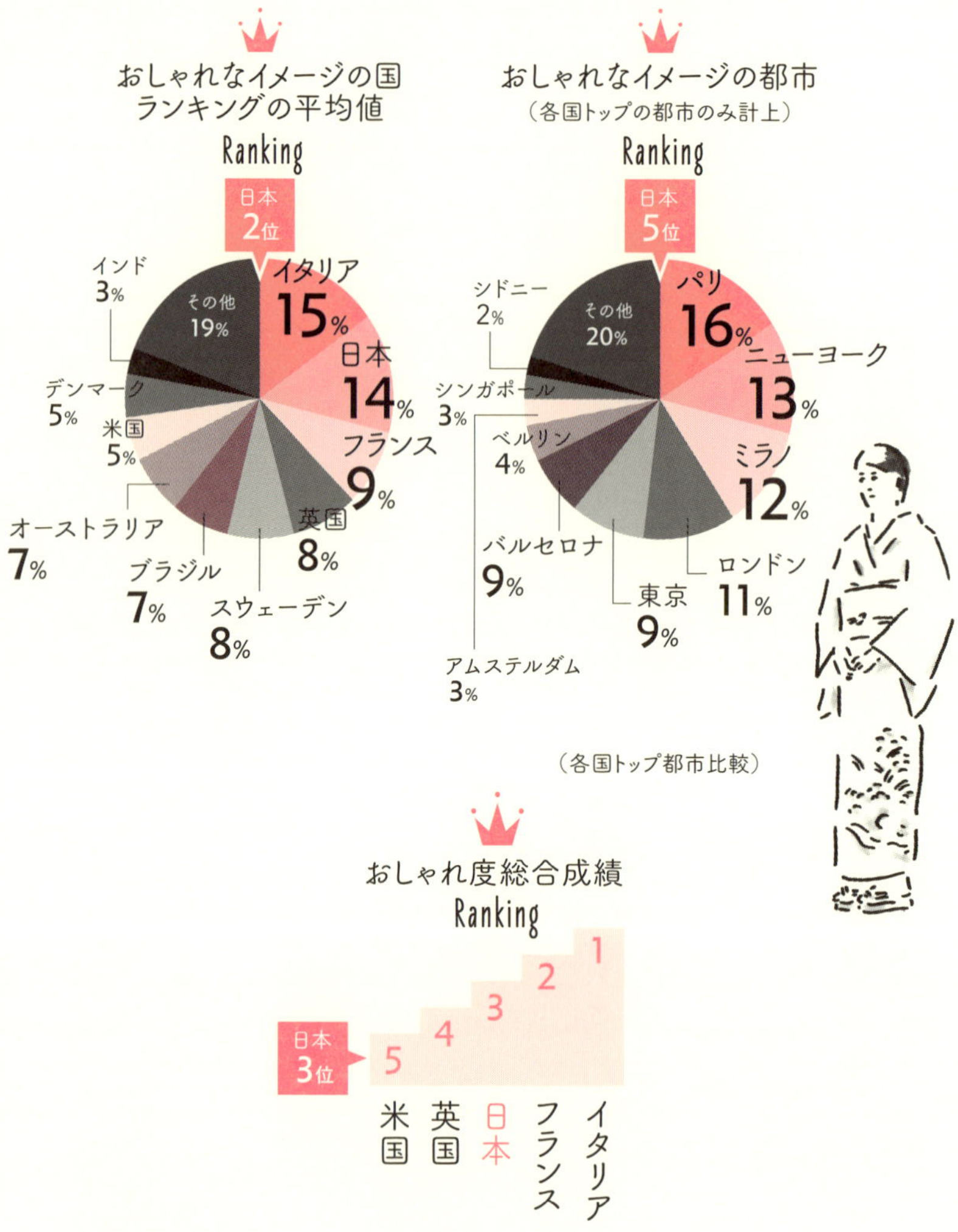

おしゃれな国　データ出所：
1. Popsugar / 2. CNN / 3. Newsonia / 4. MessMagazine / 5. Opentravel / 6. My Dapper Self / 7. Bestourism / 8. Wayn / 9. Fashionstyleguru / 10. Popsop / 11. 1stclassfashion / 12. Calgary Virginradio

おしゃれな都市　データ出所：
1. International Business Times / 2. Express / 3. Splash Magazine / 4. Thefashionfoot / 5. Forbes / 6. Brandongaille / 7. Global Language Monitor / 8. Veryfirstto / 9. Allwomenstalk / 10. Likes

123）データ出所：トラベル誌などの特集記事各種（総計22メディア）

えられています。トップデザイナーではパッとしない成績でしたが、多様なファッションを自在に着こなす一般ユーザーのセンスの高さは、日本の強みといえるようです。

美術デザイン総合成績

まとめましょう。話はファインアートの世界からはじまりました。サザビーズオークションでの落札額やガゴシアンギャラリーの世界など、高額な芸術品の世界では肩身の狭い思いをした日本ですが、実用品のデザイン界に入ると水を得た魚のように元気になりました。最も格式高い建築家の世界では、歴史ある米英に伍して3位と大健闘。工業品のデザインでも戦前からの工業大国ドイツに次ぐ2位です。カリスマファッションデザイナーの知名度では苦戦しましたが、ベストドレッサーとしての庶民のお洒落センスでは、ブランド超大国のフランス、イタリアに肉薄する3位です。

ハイアート界にはまだ手が届きませんが、デザインの領域では存在感十分といっていいでしょう。この光景は、本書の最初に分析した学問領域での姿とも似ています。ノーベル科学賞では、すでに欧州を抜き去って米国に次ぐ2位の力を身に付けつつも、PIAACという「一般人の教養レベル」を計るテストでは見事世界一を獲得しました。デザインの世界においても、街を歩く名もなき人々のおしゃれセンスは、あのフランス、イタリアに肉薄する3位です。数式や化学式というユニバーサル言語が通じる科学の世界と同じく、美術の世界にも言語のハンディはありません。物理学からアートまで、領域に関わらず、言語の壁の少ない領域では、日本は総じてその実力を発揮できています（図124）。

図124

デザイン総合成績

総合成績 順位	国名	芸術家 トップ500オークション落札額	アートギャラリー トップ100ギャラリー所在地	美術館 トップ106美術館入場者数	建築家 8大建築賞受賞数	製品デザイナー iFデザイントップ100社ポイント	ファッションデザイナー ネット投票トップ281名デザイナー	国民のおしゃれ度 22雑誌民のおしゃれ度ランキング	総合成績(%)
1	米国	37.5	42.9	17.2	29.7	10.3	27.5	9.2	24.9
2	英国	9.9	12.5	21.5	15.9		11.0	9.3	11.4
3	フランス	0.4	8.9	13.8	3.7		31.2	12.6	10.1
4	ドイツ	9.8	10.7	1.3	4.1	31.9	1.0	2.3	8.7
5	イタリア	2.2	3.6	3.0	5.3		19.8	13.8	6.8
6	日本	1.8		3.3	9.3	15.3	0.1	11.3	5.9
7	中国	29.0	0.9	2.1	1.2	5.0	0.2	0.9	5.6
8	韓国	0.14		4.0		13.5		1.1	2.7
9	スペイン	0.5		7.8	4.1		1.9	4.4	2.7
10	オランダ	0.06		2.8	2.4	8.1	0.001	1.8	2.2
11	ブラジル	0.7	1.8	2.5	2.0	1.3	0.3	4.1	1.8
12	オーストラリア	0.2		5.4	2.0	0.5	0.1	4.4	1.8
13	スイス	0.8	5.4		3.3	0.5	0.001		1.4
14	デンマーク	0.12	0.9		2.0	1.4	0.1	3.3	1.1
15	メキシコ	0.11	4.5	0.6	2.0		0.001	0.2	1.1
16	台湾	0.5		2.6		4.1			1.0
17	スウェーデン					1.9	0.0	4.3	0.9
18	ベルギー	0.4	0.9	0.4		1.7	1.7	0.8	0.8
19	インド	1.4			1.2			2.3	0.7
20	ロシア	0.06		3.4				1.0	0.6

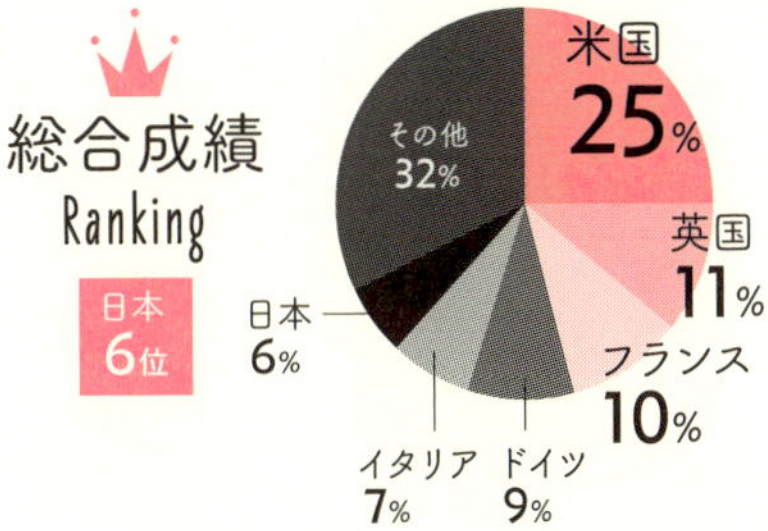

124）データ出所：著者作成

14 味の世界

Culinary Art

グルメ度評価マップ

クリエーター界における才能の評価作業もいよいよ大詰めです。前節ではデザイナーたちの活躍ぶりをみました。彼らは衣食住という生活の基本3要素のうち「衣」と「住」に関わる品々を美しく設計してくれました。残すは食のデザインを担当する、料理の鉄人たちです。本節では味の魅力を追究する鉄人たちの世界を検証していきましょう。いまや和食は世界無形文化遺産に登録され、ラーメンやお好み焼きなどの日本のB級グルメも世界に進出しています。

A級とB級、あるいは和風と洋風など、異なるカテゴリーの料理に順位を付ける作業は困難を要します。ここでは「レストランの格付け・ランキングの結果」と「国際料理コンテストで

Photo/Getty Images

の成績」のふたつのアプローチで定量比較を試みることにしました。前者は、ミシュランガイドのように世界に認められた格付けリストをいくつか集めて整理します。問題はコンテストの方です。これは、料理のカテゴリーを絞らないと比較しようがありません。世界の料理は数あれど、あえてひとつに絞るとしたら、中華でもイタリアンでもなく、やはりフランス料理でしょう。国際行事における饗応接待では、フランス料理が定番です。ということで、フランス料理を軸とした西洋料理の範疇で、「パン」や「スイーツ」など、コース料理を工程単位に分解し、各分野の料理コンテストを厳選しました。具体的には次の「グルメ度評価マップ」（図125）に従って、レストランの充実度と各国の料理人の腕前について分析を進めていきます。

レストランの充実度

グルメ界で最も知られた格付けサービスといえば、ミシュランガイドでしょう。ここで星を獲得することは、世界中の美食家たちの耳目に触れることを意味します。ご存じのとおり、成績は星の数で表現されますが、最高ランクの三ツ星レストランは世界に100軒足らずしかありません。まずは、国別に星の獲得状況をまとめてみました（図126）。

結果は、世界中の星付きレストランの19％が日本にあり、三ツ星クラスに絞ると、その割合

図125

グルメ度評価マップ

フランス料理 料理人の腕前

世界的コンテストでの成績

ボキューズ・ドール（Bocuse d'Or）

料理コンクール

隔年でフランス・リヨンで開催される世界最高峰のフランス料理のコンクール。料理界のオリンピックとも称される。

評価▶1987年からの15大会全メダル

A.S.I. Sommeliers World Competition

ソムリエコンクール

世界中からトップクラスのソムリエが集結し、味覚や嗅覚、知識やサービスを競う世界最高峰のワインイベント。

評価▶1969年からの14大会全メダル

クープ・デュ・モンド・ド・ラ・ブーランジュリー（Coupe du Monde de la Boulangerie）

ベーカリーワールドカップ

フランスの国家最優秀職人たちが主体となる手作りパン振興会が主催するベーカリーのワールドカップ。

評価▶1992年からの8大会全メダル

クープ・デュ・モンド・ドゥ・ラ・パティスリー（La Coupe du Monde de la Pâtisserie）

パティシエ世界大会

数ある洋菓子国際コンクールの中でも、技術と華やかさにおいて世界一と称される大会。リヨンで開催される。

評価▶1989年からの14大会全メダル

レストランの充実度

世界的ランキングでの評価

フランス系

ミシュランガイド

毎年世界で100万部以上を発行する旅行ガイドブック。
世界各都市の90名ほどの調査員が覆面調査する。

英国系

ダイナースクラブ世界のベストレストラン50

ベストレストラン50アカデミーが作成するリスト。レストラン業界で影響力を持つ約1,000名の世界各国のリーダーで構成され世界27の地域に分かれている。

米国系

エリートトラベラー

富裕層向けの米トラベル誌エリートトラベラーが選んだ世界のトップレストラン100のリスト。

フランス系

ラ・リスト

仏外務省で発表された世界のレストランランキング。世界各国の200以上のインターネットの飲食店ガイド、評価サイトの情報、格付け本、ガイドブックの内容をもとに、アルゴリズムによって評価されている。

図126

ミシュランガイド結果

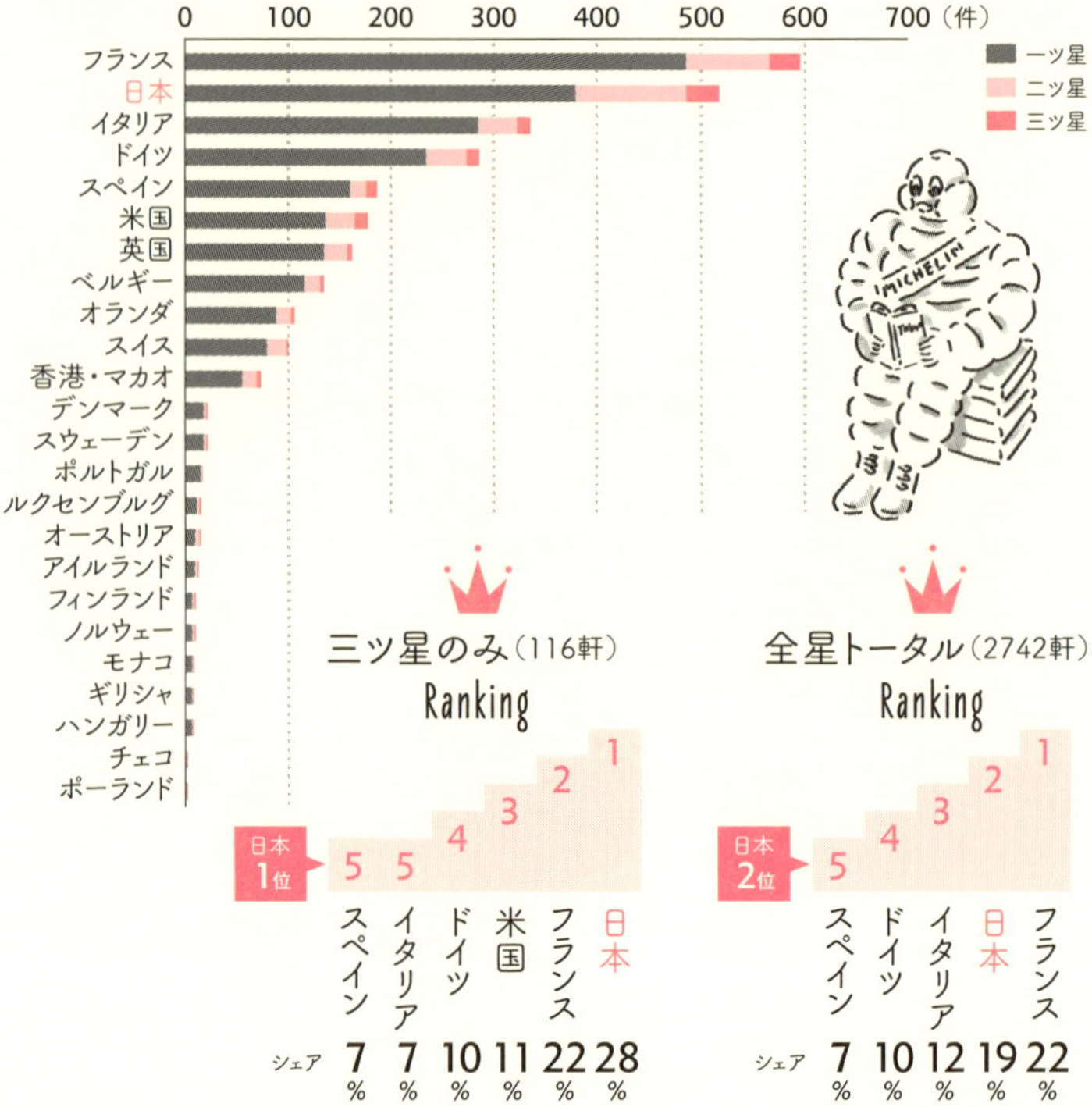

は28%に上がるというものでした。他の上位国の顔ぶれを見ると、大半はお膝元の欧州圏で、欧州以外では日米と香港、マカオに少しあるだけです。本当に、日本という極東の島国がこれほど美味しいもの集積地になっているのでしょうか。にわかには信じられません。そこで、フランス政府お墨付きの世界のレストラン格付けシステムによる結果も見てみることにしました。

フランス外務省で発表されたラ・リスト（La Liste）は、巷にあるさまざまな情報をビッグデータ処理して算出した世界のレストランランキングです。恣意性を排除し公平性を売りとするこのリストには世界中から

126）データ出所：Wikipedia List of Michelin starred restaurants

図127

ラ・リスト　トップ1000結果

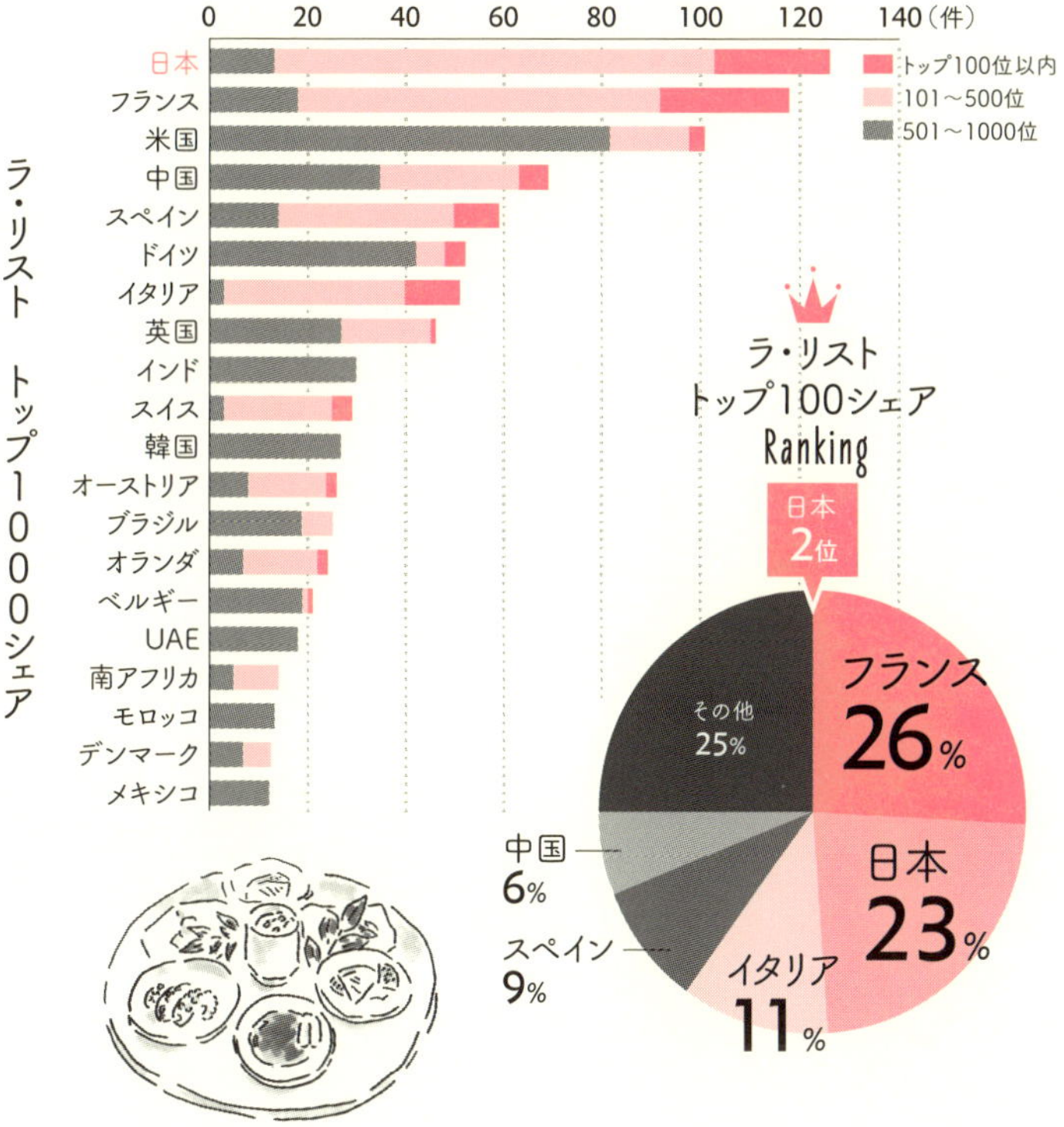

精鋭1000軒が選ばれています。では、この結果を見てみましょう（図127）。

結果は、ミシュランとかなり似たものになっています。トップ100位内では日仏の二カ国でほぼ半数を占め、3位以下はイタリア、スペイン、中国、ドイツという並びで、これら上位6カ国で8割近くを持って行きます。日本の活躍にはやはり目を見張るものがあります。

単にフランス人が日本びいきの可能性もあるので、米英系の作るリストを追加してみました。英国系からは、ダイナースクラブの選ぶ「世界のベストレストラン50」というリス

127）データ出所：laliste.com

トを採用します。これは英国の月刊専門誌「レストラン・マガジン」が主催するもので、1000人近い食のプロが優れたレストランを選ぶ仕組みになっています。米国系は、エリートトラベラー誌の選ぶ「世界のトップレストラン100」を使います。文字通り富裕層向けの旅行誌による特撰100軒です。これら2誌の結果と併せて、4種トータルでのランキングを算出しました（図128）。

米英系はフランス系とは異なり、自分たち米英のランクが大きく上昇する結果となりました。いずれも米国がフランスを超えて世界一となり、英国が少し遠慮して3〜4位あたりになるところや、日本が5〜6位なところが共通しています。ちょっと強引にも感じられる結果ですが、前述のフランス系だけでも偏りが生じますので、双方の結果とも併せて総合成績を算出します。

4つ合わせた総合結果は、日本がフランスとトップを争う二大美食大国のひとつだと物語っています。日本系のメディアによる結果を含めずしてのこの結果ですので、自信を持って言い切ってもよいでしょう。日本の外食レベルは世界最高クラスです。

せっかく4つのメジャーリストを洗い出したので、入選した日本の店を紹介しましょう。今回調べた4リストのすべてに掲載された「四冠」のお店が一軒だけあります。その奇跡のような店は龍吟（日本料理、東京六本木、シェフ山本征治）です。「三冠」を獲ったお店も一軒、未在（日本料理、京都東山、シェフ石原仁司）がありました。二冠は八軒あるので名前だけ列記します。すき

図128

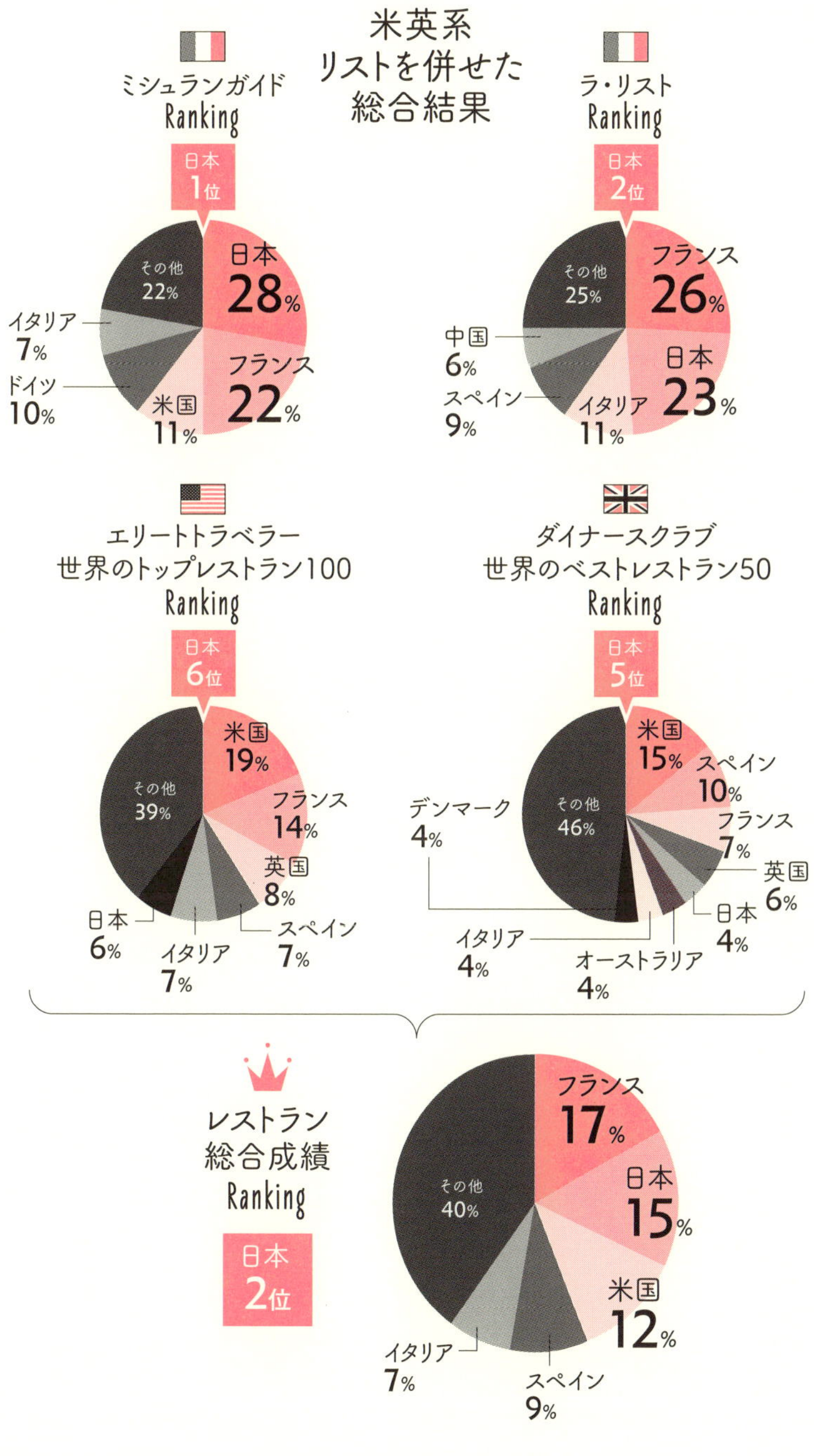

128）データ出所：著者作成

やばし次郎本店（東京）、鮨さいとう（東京）、菊乃井本店（京都）、吉兆（京都）、京料理なかむら（京都）、瓢亭（京都）、ナリサワ（東京）、ジョエル・ロブション（東京）となりました。最後の二軒だけが西洋料理で、それ以外は和食です。

ジョエル・ロブションはフランス人の超A級シェフで、世界中に展開する系列店の獲得したミシュランの星は総数28個にも達し、「世界一星を持つシェフ」として知られています。そのロブションを抑えての四冠の「龍吟」、三冠の「未在」は大したものです。こんなすごい店が東京や京都にごろごろあるというのは、世界の美食家たちから見ると夢のような環境なのかもしれません。

料理人の腕前コンテスト

レストランの格付けでは上出来だった日本の料理界ですが、もうひとつの視点・世界の料理コンテストにおける実績についてはどうでしょうか。もし和食に世界選手権があれば、世界一を争うと思いますが、残念ながら和食カテゴリーはまだまだ世界の標準とまではいえないようです。さて、ではどこの料理なら世界一を決めるのにふさわしいのでしょうか。世界3大料理と聞くと、①フレンチ②中華までは世界の共通認識ですが、3つ目は諸説ありすんなり決まりません。2番目の中華でさえ、これでシェフ世界一を決めますと言われると若干の違和感が漂います。やはり、料理人の世界一決定戦を開催するとしても、料理はフレンチを選ぶしかないでしょう。ただ、フランス人に有利となることは否めないので、少しでも条件をフェアにするため、コース料理全般の腕を見るコンテストだけでなく、西洋料理全般に欠かせないパンやワイン、さらには食後のデザートに関する専門家のコンテストも組み入れ、選び方を工夫しました。

フランス料理コンテストとしては、最高峰といわれるボキューズ・ドール（Bocuse d'Or）大会における歴代の3位入賞者をカウントしました。パン焼き職人の分野では、「ベーカリーのワールドカップ」とも称されるクープ・デュ・モンド・ド・ラ・ブーランジュリー（Coupe du Monde de la Boulangerie）における各部門（パン、菓子パン、飾りパン）の優勝者をカウントしました。パティシエについては、クープ・デュ・モンド・ドゥ・ラ・パティスリー（La Coupe du Monde de la Pâtisserie）での歴代3位入賞チームをカウントし、ワインに関しては、A.S.I.世界最優秀ソムリエコンクールにおける4位内入賞者を集計しました（図129）。

日本の成績は、フレンチコース料理では10位、ワインソムリエの世界大会の総合結果は6位となっています。また、パン焼き職人のワールドカップでは1位、スイーツの世界大会の結果も1位といずれもフランスと同率ながら、世界最高の成績を収めています。

日本からの主な入賞者を紹介しましょう。フランス料理のボキューズ・ドールではブレスト

図129

料理人結果

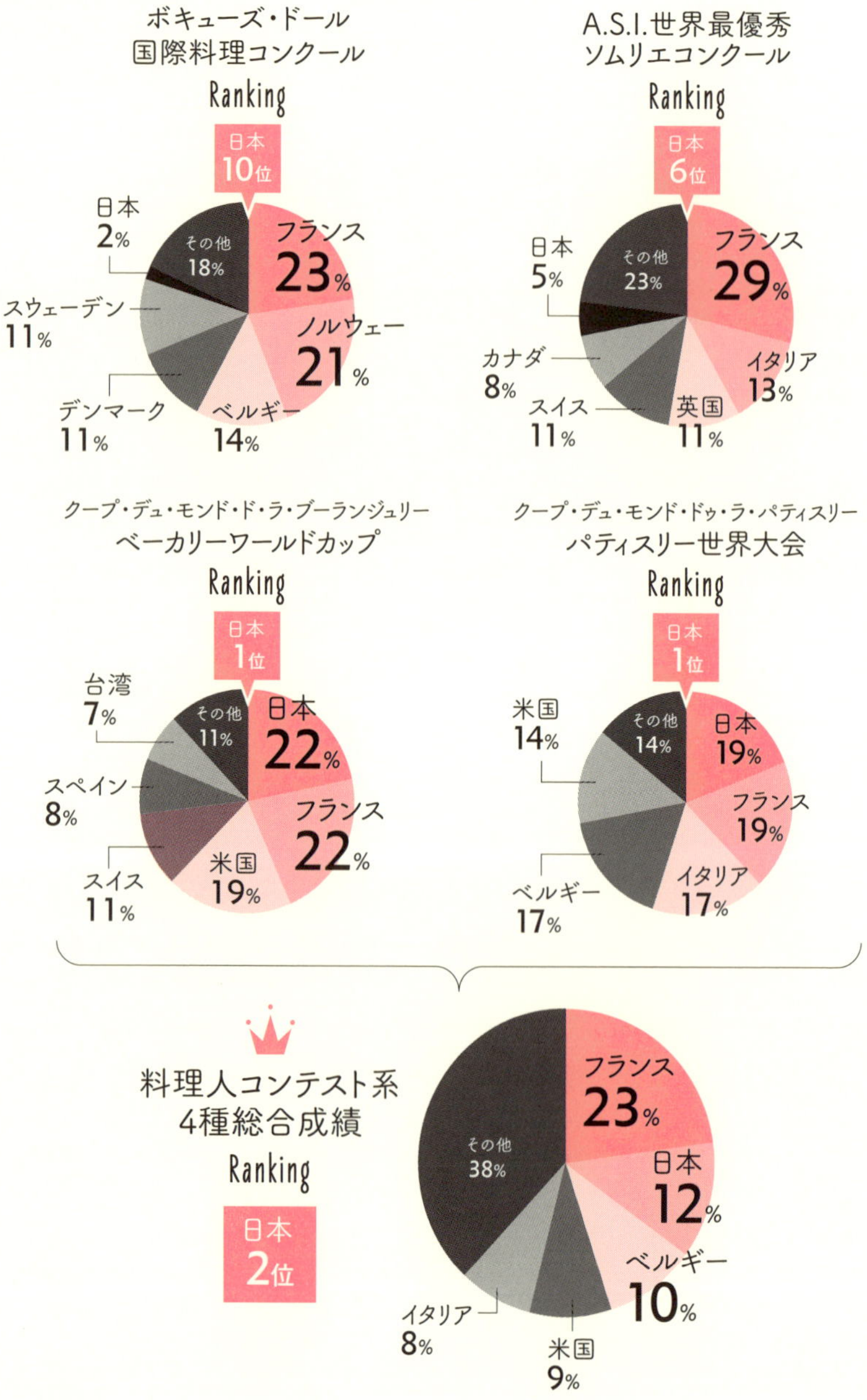

129）データ出所：各イベントのホームページ

ンコート・ユカワタン（軽井沢）の総料理長を務める浜田統之が2013年大会で3位に、ワインソムリエのA．S．I．コンクールでは、1995年にあの田崎真也が優勝、2000年大会では石田博が銅賞を獲得しています。パンのワールドカップでは、日本チームは前回2012年と2002年に優勝を果たしました。前回メンバー3名のうち長田有起氏と畑仲尉夫氏は神戸屋の社員で、佐々木卓也氏はポンパドウルの社員と、いずれも街角でみかける庶民的なパン屋さんの勤め人です。パティシエ世界大会においては、これまで日本チームは二度金メダルを獲っています（直近の2015年大会では銀メダル）。その時のメンバー3名は、中山和大氏（オクシタニアル）、徳永純司氏（ザ・リッツカールトン東京）、杉田晋一氏（アンダーズ東京）でした。パン作りやスイーツの方が文化や嗜好性の依存度が少ないために、出身に関係なくフェアに戦えるのでしょう。

私たちは、ありがたいことに本場欧州まで行かずとも、世界一のパンや洋菓子を日本で食することができる環境で暮らしています。自国での歴史の浅い海外の食材でこの結果を出すのは大変なことです。

彼ら日本代表選手たちの活躍の結果、すべてを併せた総合点をはじくと、なんと日本人は世界2位という結果になりました。

わざわざ遠路フランスまで遠征し、あえて西洋料理という異国のカテゴリーで勝負した結果がこれですから、実質的には世界一の腕前といってもよいのではないでしょうか。

味の世界総合成績

おいしいレストランの数は世界で二番目に多く、板前が欧州にまで出向いて腕試しをしてみると、これまた世界2位の腕前、というのが我が国の食の実力でした。もはや集計しなくとも結論は自明ですが、ふたつの結果を統合すると、日本はフランスに次いで世界2位の食のタレント大国という結果になりました（図130）。

続く上位の顔ぶれを見渡してみると、米国、イタリア、ベルギーと、確かに美食イメージの面々が並びます。この欧米圏一色のメンバーの中で、まったく異色の存在として一人気を吐いているのが日本です。最近の世界の和食ブームも納得の結果となっています。

これまで、さまざまな局面で言語の壁に頭を痛めてきた日本ですが、味覚の世界は、最も言語とは縁遠い感性の世界です。同じ感性でも音楽や映像は視聴覚系で、衣類や家具などは触覚系に訴える世界。これらの感覚系と比べても、嗅覚や味覚は、最も素朴に脳に訴える、言い換えれば、文化や言語に依存せず最もフェアーに実力を発揮できる感覚です。日本の食の鉄人たちの活躍が意味する可能性は、意外と広いのかもしれません。

図130

料理総合成績

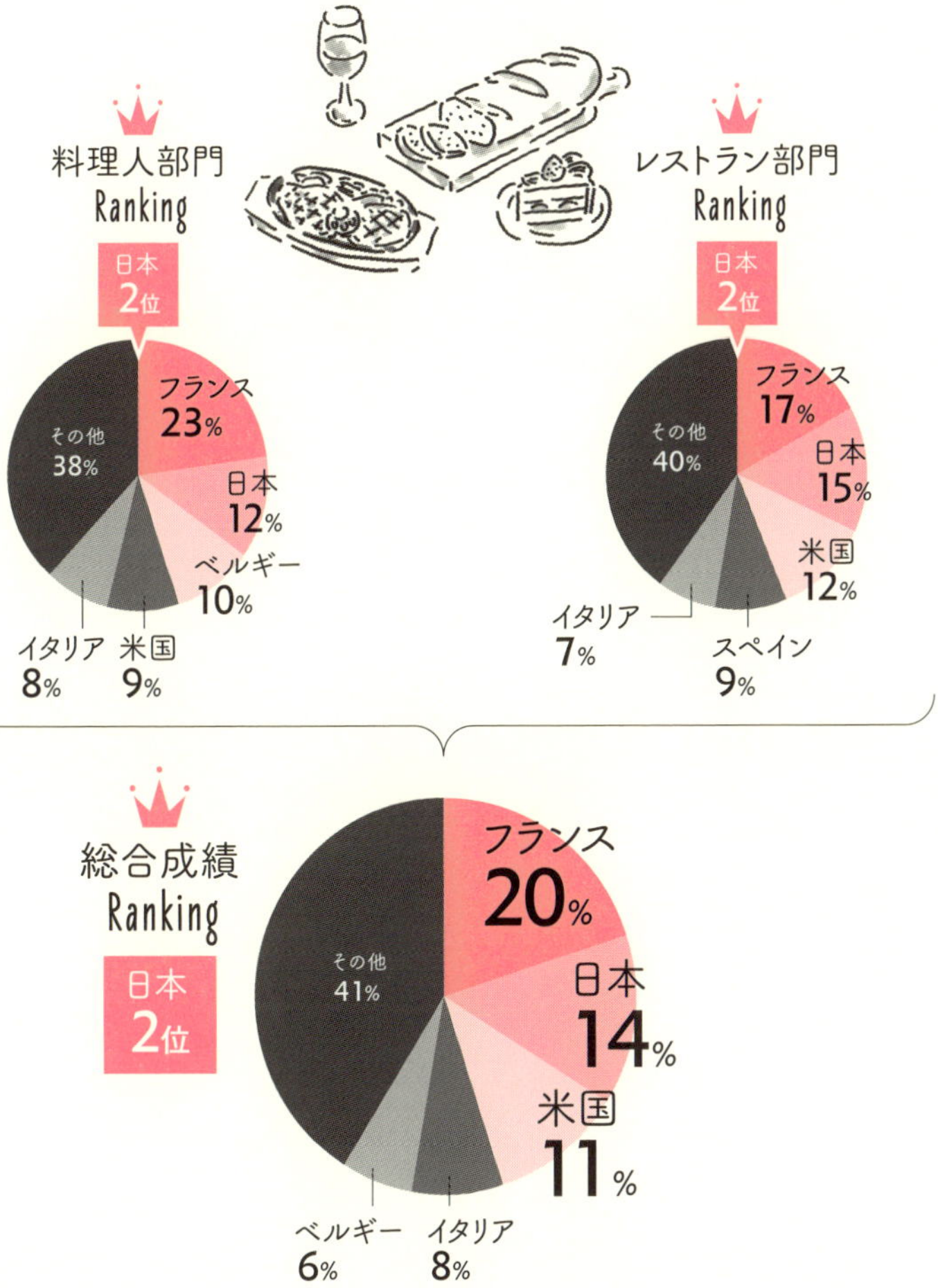

日本は世界に冠たる美食国家

130）データ出所：著者作成

15 リーダーの資質

Leadership Eligibility

リーダーの3要件

これまでさまざまな分野の専門家たちの活躍ぶりをみてきました。アスリートからアーティスト、学者から作家まで、大きくはパフォーマーとクリエーターにわけて、各界専門家たちの成績をランク付けしてきた形です。冒頭で紹介したタレントマップを360度一周する旅路でしたが、その中心部分に坐するカテゴリーが「リーダー」、すなわち全員を統括するタレントです。

各教科の成績が良ければ生徒会長になれるかというと、必ずしもそうでないことは私たちも経験上よくわかっています。リーダーは一芸に秀でればよい専門家と違い、巧みなバランス感

Photo/Getty Images

図131

リーダーの3要件評価フレーム

覚で人々をまとめ、ひとつの方向に動かしていく組織管理能力が求められるのです。人を惹きつける魅力にあふれ、信念をもって人を引っ張る馬力がありながらも、弱い立場の人たちにも目を配る厚い人情も兼ね備えていなければ、リーダーにはなれません。本節では人の上に立つリーダーの器について考えてみたいと思います。

　リーダーに求められる基本要件を3つの視点で図にまとめました（図131）。左側は「力強さ」を示しており、右側は「優しさ」を示しています。それぞれ、一般的には父性と母性という言い方もできるでしょう。そして真ん中には憧れの対象としてのスター性を持ってきました。それぞれの視点で、最も適当と思われる雑誌類の人物ランキングや国際的な人道賞の受賞歴を調査し、国籍別に集計します。イメージを掴んでもらうためタイプ別の個人名を挙げるとするならば、左側には馬力あふれるプーチン、右側には博愛のマザー・

テレサ、そして真ん中には、人望厚いオプラ・ウィンフリーのような面々が並ぶ形になります。

強さが求められるリーダー像

まずは力強さ系の「ボス」を探すところから始めましょう。世界的なビジネス誌の双璧、フォーブスとタイムでは毎年世界のトップリーダーランキングを発表しています。フォーブスはThe World's Most Powerful People（権力、パワーのある人）というタイトルで約70名、タイムはThe 100 Most Influential People（影響力のある人）として約25名を選出します。タイトルのニュアンスは若干異なりますが、登場人物は概ね同じ顔ぶれになっていました。それぞれ直近5年間のリストに出てくる人物、総計400名について集計した結果を見てみましょう（図132）。

両リストを通して上位に何度もノミネートされる固定メンバーは、オバマ、プーチン、習近平という「武闘派」な3強国の最高責任者です。サウジの王様とドイツのメルケル首相もこの流れで定席メンバーに入ります。その他、FRB[1]のバーナンキやECB[2]のドラギ、IMF[3]のラガルドといった国際金融機関の総裁たちも顔を揃えました。要するに、力の源泉とは武力と経済力、資源パワーということでしょう。日本人では孫正義と豊田章男がポイントゲッターで、フォーブスではこの二人だけが3回選ばれています。あとはその時々の総理大臣と日銀総裁が

★ 15-1 米国連邦準備制度理事会
★ 15-2 欧州中央銀行
★ 15-3 国際通貨基金

図132

力強さのリーダー結果

Forbes
The World's Most Powerful People

上位ランクイン

- バラク・オバマ（米大統領）
- ウラジーミル・プーチン（露大統領）
- 第6代サウジアラビア国王
- 習近平（中国国家主席）
- ベン・バーナンキ（FRB議長）
- フランシスコ（ローマ法王）
- アンゲラ・メルケル（独首相）
- ビル・ゲイツ（マイクロソフト創業者）
- デビッド・キャメロン（英首相）
- マリオ・ドラギ（欧州中央銀行総裁）
- マイケル・デューク（ウオールマートCEO）
- セルゲイ・ブリン（グーグル創業者）

日本人ランクイン

- 孫正義（ソフトバンク創業者）
- 豊田章男（トヨタ自動車社長）
- 黒田東彦（日銀総裁）
- 白川方明（日銀総裁）
- 安倍晋三（首相）
- 御手洗冨士夫（経団連会長）
- 菅直人（首相）
- 鳩山由紀夫（首相）

シェア Ranking
（2009～2014年
総計／268名）

日本 4位

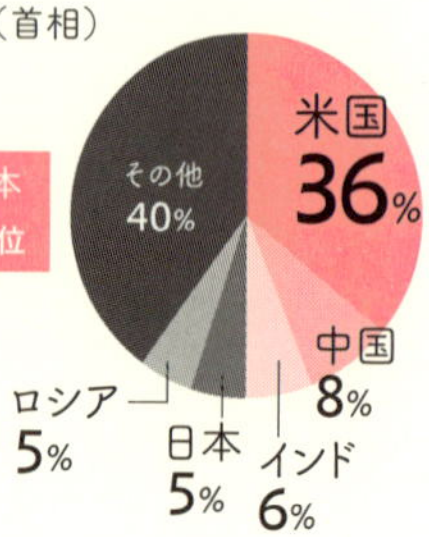

TIME
The Most Influential Leader

上位ランクイン

- バラク・オバマ（米大統領）
- ウラジーミル・プーチン（露大統領）
- 習近平（中国国家主席）
- アンゲラ・メルケル（独首相）
- エリザベス・ウォーレン（米上院議員）
- ナレンドラ・モディ（インド首相）
- ヒラリー・クリントン（米国務長官）
- 金正恩（北朝最高鮮指導者）
- クリスティーヌ・ラガルド（IMF理事）

日本人ランクイン

- 安倍晋三（首相）
- 鳩山由紀夫（首相）

シェア Ranking
（2009～2015年
総計／124名）

日本 6位

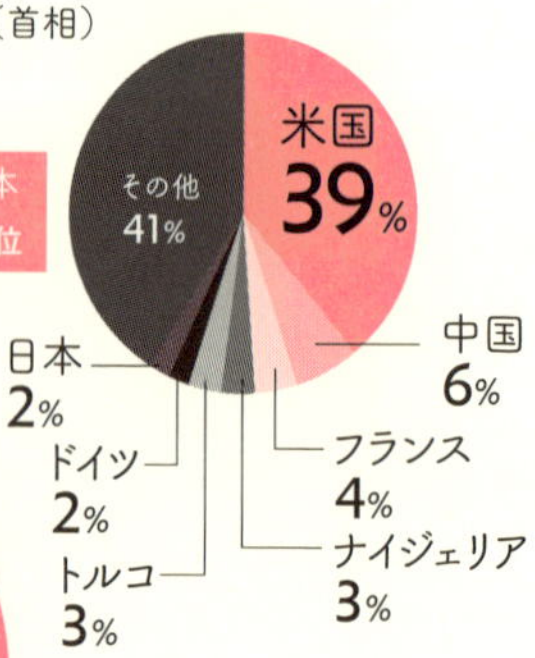

総計 Ranking

日本 5位

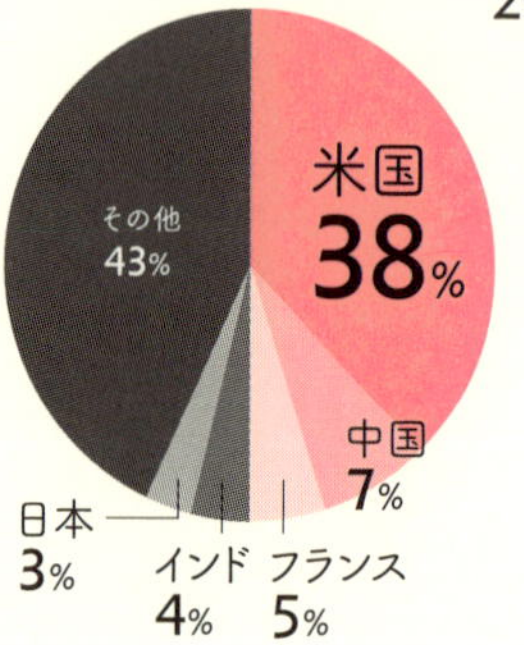

132）データ出所：forbes.com,time100.time.com

30位以降に出てくるというのが定型です。

孫正義と言えば今や日本一の大富豪でソフトバンクを育て上げた業界の風雲児、アメリカンドリームのような栄達を地で行く絵にかいたような英雄です。一方の豊田章男は世界一になった自動車メーカーの創業家の血を引く第6代社長。なんだか秀吉と家康みたいなツートップの活躍のおかげで、総合点では日本は5位に入りました。米国の圧倒的な存在感は毎度おなじみの風景ですが、いつものランキングと様相が違うのは、中国、インド、ロシアなどが上席に並んだところでしょう。世界の軍事力ランキング[4]で上位に来る面々（1位から順に、米国、ロシア、中国、インド、英国、フランス）がずらりと最前列を占めているのがわかります。

人徳者に与えられる栄誉

力強さ系とは対照的な優しさの世界、人道的リーダーを称賛する分野はどうなっているでしょうか。優しさの世界の最高栄誉は何といっても象徴的なノーベル平和賞ですが、ご存じのとおり、選出には国際政治的な思惑も入り乱れる世界なので、これだけでは不十分です。ここでは、ノーベル平和賞に準じる国際的な人徳系の賞を8つほど揃えました。国連人権賞[5]やユネスコ・ビルバオ賞[6]、ナンセン難民賞[7]などは国連系組織の主催する賞です。フルブライト賞[8]やコンラッドヒルトン賞[9]は米国系、ライト・ライブリフッド賞[10]はスウェーデン系の財団が主催するも

＊15-4 英国の軍事分析会社グローバル・ファイヤーパワー（Global Firepower）の調査

＊15-5 人権の促進と擁護に対して、顕著な功績を残した個人と組織に栄誉を与え称賛する賞

＊15-6 人権文化の促進に対し貢献した機関、組織、個人を表彰する賞

＊15-7 難民問題に多大な貢献をした個人または団体を称える賞

のです。テンプルトン賞[11]は宗教関係者を対象とした賞で、インディラ・ガンジー賞[12]はインド政府が主催しています。選考基準は少しずつ異なりますが、世界平和や人権保護、人道支援や弱者救済、環境保全から国際交流活動に貢献のあった個人や団体を表彰しています（図133）。

これら9つの国際的な人道賞において、日本からは延べで8件（7名と1団体）の受賞実績があります。ノーベル平和賞の佐藤栄作（総理大臣）、フルブライト賞の緒方貞子（国連難民高等弁務官）、ライト・ライブリフッド賞の高木仁三郎（反原発運動全国集会事務局長）と生活協同組合連合会、インディラ・ガンジー賞の大来佐武郎（外務大臣）と緒方貞子、ナンセン難民賞の金井昭雄（富士メガネ会長）です。緒方貞子は、8件の日本人受賞のうち2つをダブル受賞している稀有な存在です。次に、各賞個別の結果と合計した平均シェアの結果を示してみました（図134）。

国別の総合点で見ると、相変わらずここでも米国がダントツのトップですが、力強さ系とは違ってこちらは非常にたくさんの国々（106カ国）に分散しています。

貧困や不衛生、政情不安など最も過酷な社会課題の現場は途上国にあります。インドや南アフリカなどはカーストやアパルトヘイトなど身分差別問題の主戦場

＊15-8 国際理解を深め、人道主義の原則を推進する人びとに贈られる賞

＊15-9 世界の人道支援活動で傑出した成果を上げた慈善団体や非政府組織に贈られる賞。賞金額はノーベル賞に匹敵する

＊15-10 「現在のもっとも切羽詰まっている問題に対し実際的模範的な回答を示した者」を表彰する。第二のノーベル賞と称されることもある

＊15-11 宗教間の対話・交流に貢献のあった存命の宗教者・思想家・運動家等に贈られる賞。宗教分野のノーベル賞とも呼ばれる

＊15-12 政治家、学者、経済人等、国際平和に貢献した人に授与される国際平和賞。インド政府から贈られる公的な賞

図133

人徳者のリーダー一覧

ノーベル平和賞

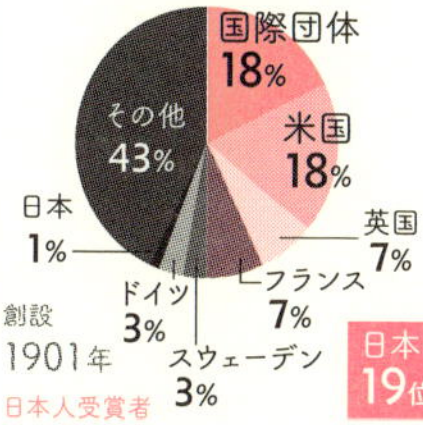

創設
1901年

日本
19位

日本人受賞者

佐藤栄作

代表的受賞者

アルベルト・シュバイツァー
ミハイル・ゴルバチョフ

国連人権賞

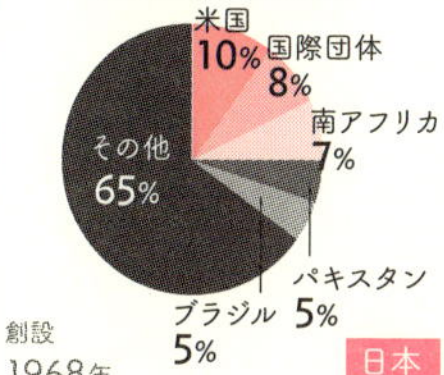

創設
1968年

日本
ゼロ

日本人受賞者

なし

代表的受賞者

サラエヴォ中央病院の医療職員
スーダン女性同盟

ユネスコ・ビルバオ賞

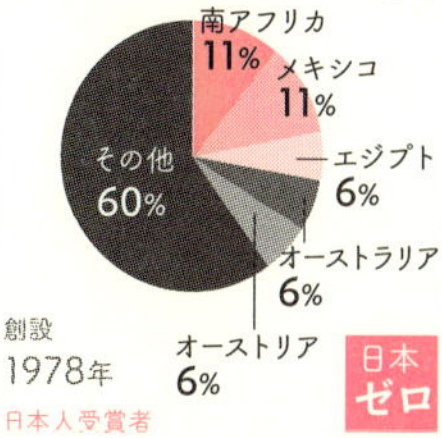

創設
1978年

日本
ゼロ

日本人受賞者

なし

代表的受賞者

デズモンド・ムピロ・ツツ（南ア）
ヴァーツラフ・ハヴェル（チェコ）

フルブライト賞

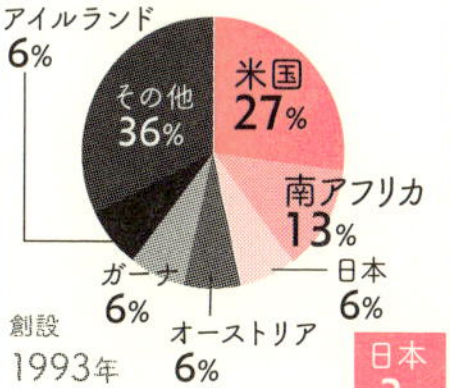

創設
1993年

日本
3位

日本人受賞者

緒方貞子
（国連難民高等弁務官）

代表的受賞者

コフィ・アナン国連事務総長
ネルソン・マンデラ

コンラッド・ヒルトン賞

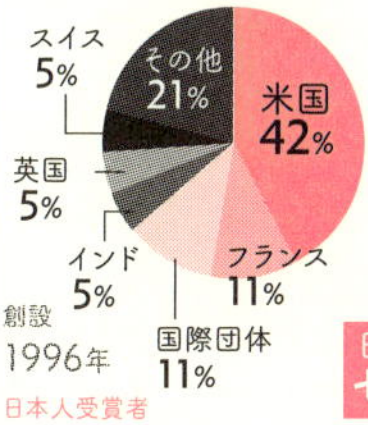

創設
1996年

日本
ゼロ

日本人受賞者

なし

代表的受賞者

SOS子供の村
国境なき医師団

テンプルトン賞

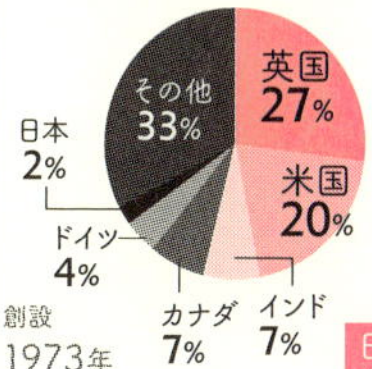

創設
1973年

日本
7位

日本人受賞者

庭野日敬
立正佼成会開祖

代表的受賞者

マザー・テレサ
ダライ・ラマ14世

ライト・ライブリフッド賞

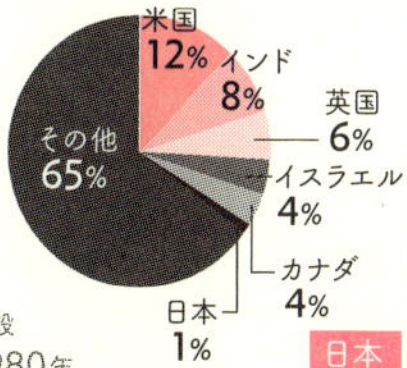

創設
1980年

日本
11位

日本人受賞者

生協（生活協同組合連合会）
高木仁三郎（反原発運動 全国集会事務局長）

代表的受賞者

エドワード・スノーデン
ロシア兵士の母の委員会連合

インディラ・ガンジー賞

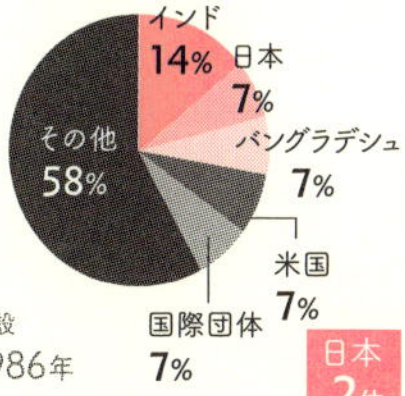

創設
1986年

日本
2位

日本人受賞者

大来佐武郎（外務大臣）
緒方貞子（国連難民高等弁務官）

代表的受賞者

ワンガリ・マータイ
ムハマド・ユヌス

ナンセン難民賞

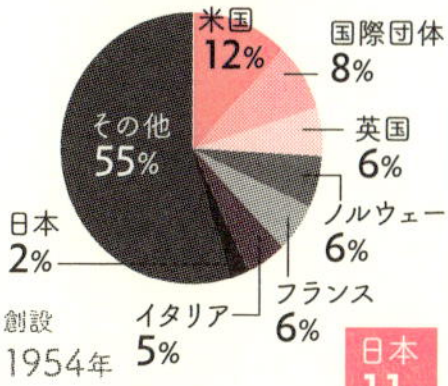

創設
1954年

日本
11位

日本人受賞者

金井昭雄
（富士メガネ会長）

代表的受賞者

ルチアーノ・パバロッティ
アンジェリーナ・ジョリー
（UNHCR親善大使）

133）データ出所：各賞のホームページ

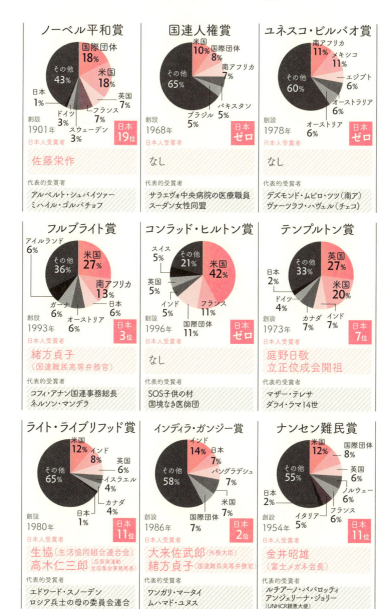

図134

人徳者のリーダー総合結果

総合成績 順位	国名	インディラ・ガンジー賞	コンラッド・ヒルトン財団賞	フルブライト賞	テンプルトン賞	国連人権賞	ユネスコ・ビルバオ賞	ライト・ライブリフッド賞	ノーベル平和賞	ナンセン難民賞	平均シェア(%)
1	米国	7.1	42.1	23.5	20.0	10.0		12.2	17.9	12.1	16.1
-	国際団体	7.1	10.5	5.9		8.3			17.9	7.6	6.4
2	英国	3.6	5.3		26.7	1.7		6.7	7.3	6.1	6.4
3	インド	14.3	5.3		6.7	1.7		7.7	1.6		4.1
3	南アフリカ			11.8	4.4	6.7	11.1	0.4	2.4		4.1
5	フランス		10.5		2.2	1.7	5.6	0.7	7.3	6.1	3.8
6	ドイツ	3.6			4.4	0.0	5.6	2.8	3.3	1.5	2.4
7	日本	7.1		5.9	2.2			1.4	0.8	1.5	2.1
7	チェコ	3.6		5.9	2.2	1.7	5.6				2.1
7	ブラジル	3.6		5.9		5.0		2.8		1.5	2.1
10	オーストリア			5.9			5.6	1.4	1.6	3.0	1.9
11	メキシコ					3.3	11.1	0.7	0.8		1.8
11	カナダ				6.7	3.3		3.5	0.8	1.5	1.8
11	パキスタン				2.2	5.0	5.6	0.7	0.8	1.5	1.8
14	タイ	3.6	5.3				5.6	0.7			1.7
15	バングラデシュ	7.1	5.3					1.4	0.8		1.6
16	エジプト	3.6				1.7	5.6	1.4	1.6		1.5
16	オーストラリア				2.2		5.6	2.8		3.0	1.5
18	フィリピン			5.9			5.6	1.4			1.4
18	ノルウェー	3.6						1.4	1.6	6.1	1.4
20	スイス		5.3		2.2			0.7	2.4	1.5	1.3

国際的な人道賞
9賞総合
Ranking

日本
7位

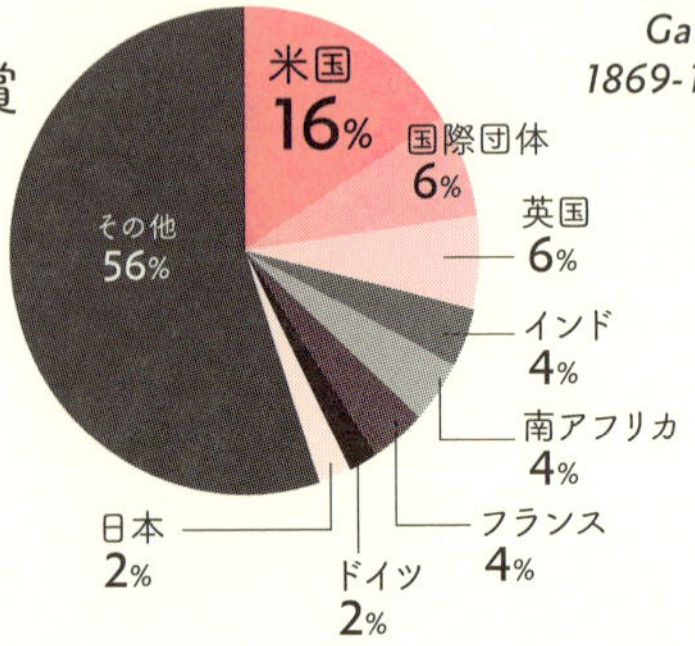

Mahatma
Gandhi
1869-1948

134）データ出所：各賞のホームページ

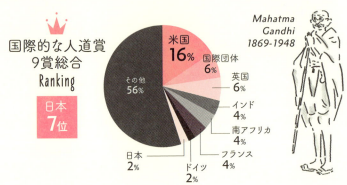

であり、それらの難題に身をなげうって戦うリーダーも出現する必然性があるのでしょう。英国やフランスなど旧宗主国側にも、そのようなリーダーたちが生まれてくる構造を持っています。言い方は悪いかもしれませんが、非常にストレスフルな社会があるがゆえに、それを解決する救世主も生まれ出るというマッチポンプ的な背景があることもまた真実なのでしょう。日本は世界の辺境に位置し、比較的穏やかな社会環境の中で暮らしを営んできました。力強いボスも出にくいし、逆に救済者も生まれにくい構造のようです。

スター性のあるリーダー

リーダーにはもうひとつ重要な天賦の器量が求められます。強いだけでもなく、優しいだけでも足りない何か、それは人を惹きつける、輝くようなスター性です。遥か遠い雲の上の人としての輝きではなく、身近に思わせる親近感も重要です。そんな視点で集められた3つの世界人材リストがあります。英国の世論調査機関YouGovの調べるWorld's most admired 30（憧れる人）と、企業の評判に関するリサーチ大手のReputation Institute が発表するWorld's Most Respected People 10（尊敬される人材）。加えて、米フォーチュン誌が毎年発表するThe World's 50 Greatest Leaders（凄いリーダー）です。これらに集められた延べ140名のリーダー像を分析してみましょう（図135）。

図135

スター性のあるリーダー結果

FORTUNE

FORTUNE：米国の大手ビジネス誌	
タイトル	The World's 50 Greatest Leaders2014, 2015
特徴的対象者	1位　ティム・クック（2015）（アップル社CEO、篤志家）

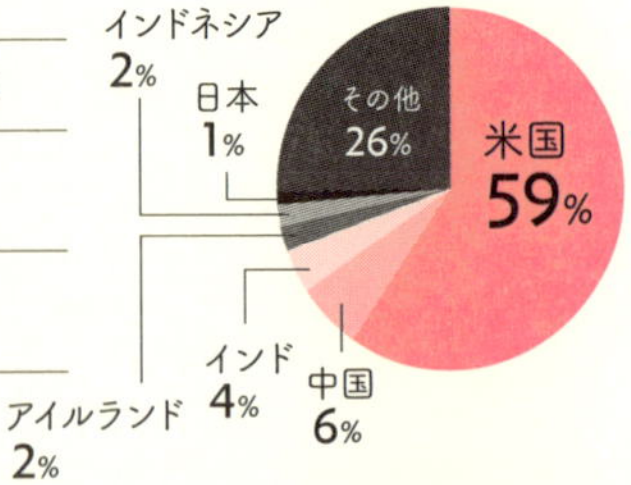

YouGov What the world thinks

YouGov：英国の世論調査機関	
タイトル	World's most admired 2014
特徴的対象者	16位　スティーブン・ホーキング（物理学者） 19位　アンジェリーナ・ジョリー（女優、慈善家）

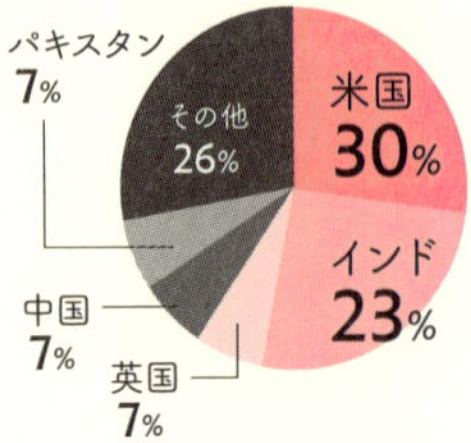

REPUTATION INSTITUTE

Reputation Inst.：企業評判の調査機関	
タイトル	World's Most Respected People
特徴的対象者	2位　ロジャー・フェデラー（テニス、慈善活動家） 7位　オプラ・ウィンフリー（TV司会者、慈善家）

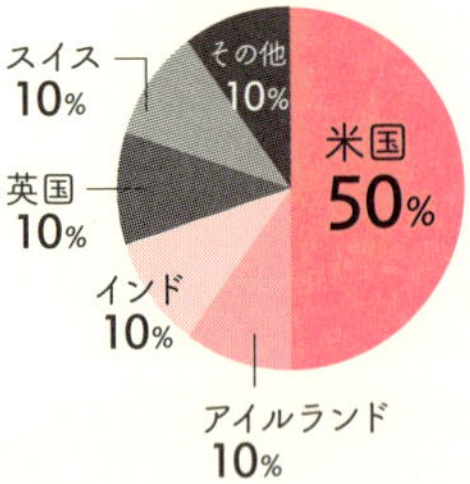

憧れる偉大なリーダー
Ranking

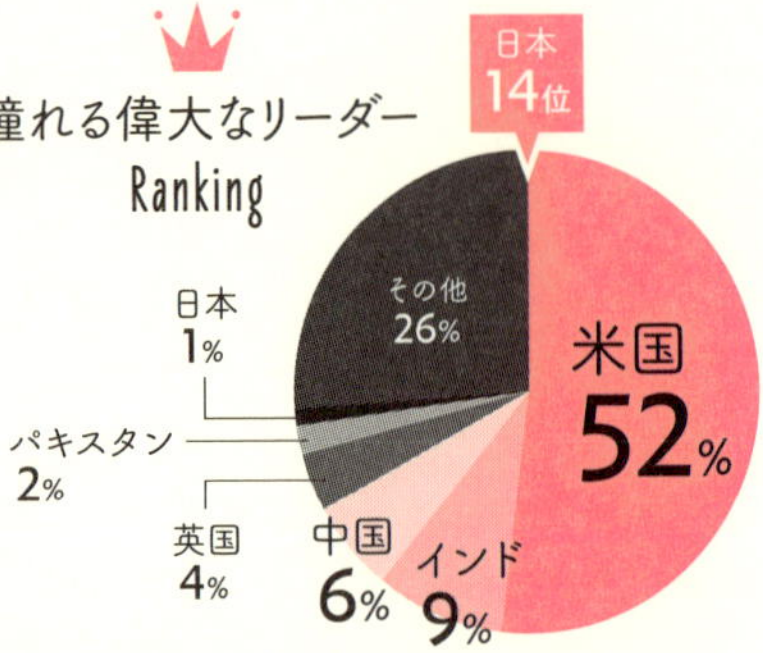

135）データ出所：fortune.com, yougov.co.uk, ibtimes.com

ティム・クックはスティーブ・ジョブズが後継者として指名したアップル社の経営者ですが、ゲイであることを公表した最初のフォーチュン500社のCEOでもあり、140億円もの全資産を寄付することを公表したことでも知られる人格者です。ロジャー・フェデラーはテニス界のトップランカーとして有名ですが、ツアーの選手同士の中から選ばれる「ステファン・エドバーグ・スポーツマンシップ賞」を11度も受賞しており、試合中のマナーやフェアプレーが高く評価されています。また若い頃からチャリティ活動に熱心で、ユニセフ親善大使にも任命される人格者としての評価の高い人です。アンジェリーナ・ジョリーやオプラ・ウィンフリーもメディアで活躍する著名人であると同時に、福祉・慈善活動に熱心なことで広く知られています。超A級のスポーツマンでかつ慈善家であるとか、成功したビジネスマンでかつ篤志家だとか、華やかさとその裏に秘められた人格者としての実践活動という意外性の組み合わせが憧れをくすぐるカギになっているようです。

国別集計の結果は、シェア52%と米国の圧倒的勝利。やはり意外性を生むためには、まず何らかの分野で大成功を収め、経済的にも大きな余裕を築き上げた上でそれをなげうったり、地道な活動に勤しんだりといった差分を生み出す構造が必要になります。いろんな意味で小さくまとまる小市民的な日本の土壌からは、この種のスターは出にくいかもしれません。3つのリスト・延べ140名の中で唯一の日本人は、地球環境戦略研究機関国際生態学センター長の宮脇昭でした。学者でありながら、宮脇方式と呼ばれる独自に考案した植林活動を全国で実践指導していることが評価されたようです。

リーダー総合成績

パワフルな権力者、心優しい人格者、そして憧れのスターと、3つの視点でリーダーの器量をみてきました。それぞれの視点で集められたトップクラスのリーダーたちは延べ数で約1000人に上ります。混沌とし、矛盾に満ちたこの広い世界を率いていくリーダーの役目を期待されているのは一体誰でしょうか。などと、たいそうな前振りをしなくても、結果は自明ですね。どうみても世界の番長・米国の独壇場です。図136をみればわかるように、とくに、パワー系とスター系での強さが光ります。

本書でこれまでみてきたほとんどすべての専門領域において、米国はずば抜けた強さを何度も見せつけてきました。その意味では当然の結果ともいえるでしょう。米国は別格として、ナンバー2を狙う上位国を眺めてみると、いつの間にか次席にはインドが、三席には中国が来ています。他の分野では目立たなかった両国ですが、ボス選びの段ではいつの間にかしれっと三役に滑り込んでいます。中国が習近平や胡耀邦、李克強など中南海の剛腕パワー系で得点を稼

図136

リーダー総合成績

総合成績

順位	国名	パワフルなリーダー2種平均	スター性のあるリーダー3種平均	人徳あるリーダー9種平均	リーダーの器総合シェア（%）
1	米国	37.7	52.1	16.1	35.3
2	インド	4.4	8.6	4.1	5.7
3	中国	7.1	5.7	0.4	4.4
4	英国	2.3	3.6	6.4	4.1
5	フランス	4.5	1.0	3.8	3.1
-	国際団体			6.4	2.1
6	日本	3.4	0.7	2.1	2.1
7	南アフリカ	0.4	0.7	4.1	1.7
8	ドイツ	2.4		2.4	1.6
8	パキスタン	0.8	2.1	1.8	1.6
10	ロシア	3.3	0.7	0.6	1.5
10	メキシコ	2.6		1.8	1.5
12	カナダ	0.8	1.4	1.8	1.3
12	ブラジル	1.5	0.2	2.1	1.3
14	チリ	0.6	1.4	1.3	1.1
14	アイルランド		2.1	1.1	1.1
14	バチカン	1.1	2.1		1.1
14	ナイジェリア	2.0	0.7	0.6	1.1
18	イスラエル	1.9	0.4	0.7	1.0
18	サウジアラビア	2.2	0.7		1.0
20	エジプト	0.6	0.7	1.5	0.9

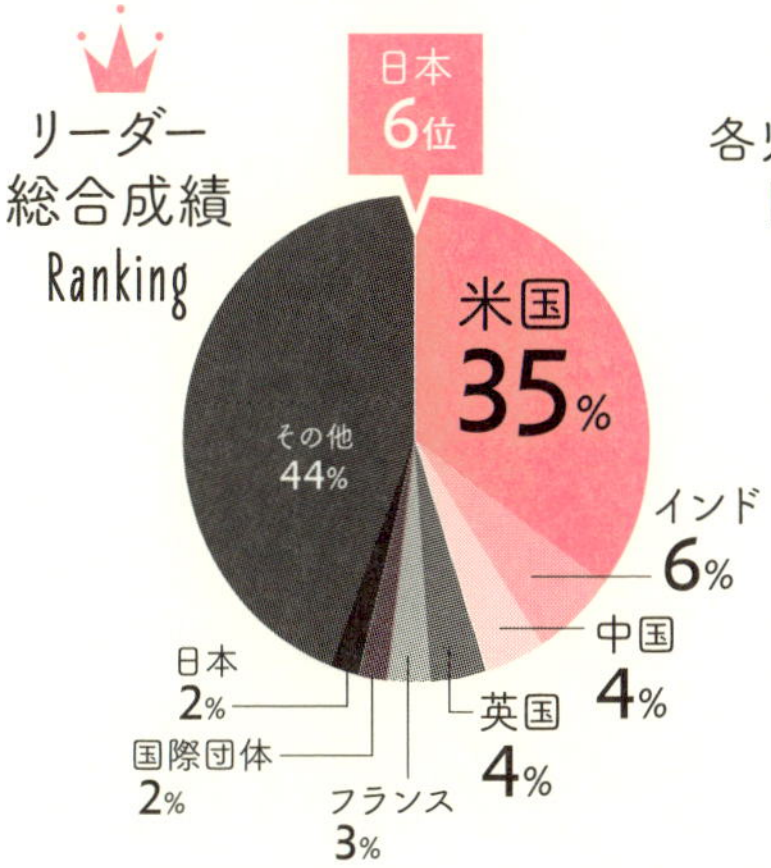

各リーダー性 Ranking

	1位	2位	3位	日本
パワー	米国 37.7%	中国 7.1%	フランス 4.5%	5位 3.4%
スター性	米国 52.1%	インド 8.6%	中国 5.7%	14位 0.7%
人徳	米国 16.1%	英国 6.4%	インド 4.1%	7位 2.1%

インド、中国の躍進

136）データ出所：著者作成

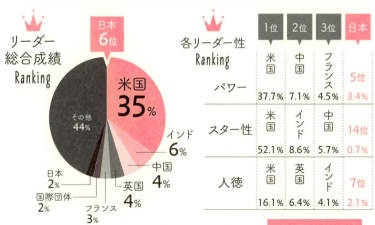

ぐ一方、インドは逆にスター系や人徳系で得点を積み上げています。経済的には貧しいながらも民主主義が根付いており、実はプレゼン界では総合3位に入るなど弁も立ち、リーダー適性が高いようです。次世代を担う人口大国の中印の次には、米国が台頭する以前に世界の覇権を競い合った英仏が続きました。そしてその次に入ってくるのが日本。パワー系の孫正義と豊田章男、人徳系の緒方貞子という3人のスーパースターが日本の得点源となりました。プーチン一人で頑張ったロシアですが、総合10位と存在感がありません。こうしてしみじみ星取表を眺めてみると、各国の発言力やキャラクターがいい塩梅に示されていて、国盗り物語のような歴史模様を見ている気分になります。

III

まとめ

総合成績：GNT（＝グロスナショナルタレント）

ここまで人間の能力を14の領域に分解し、お国を代表する専門家たちの能力を無理やり数値化、格付けすることでひたすら国別対抗戦を繰り広げてきました。競い合うこと自体を目的とするプロスポーツの分野では、競技会での順位や選手のレイティングがしっかり行われているので、楽に評価ができました。同じパフォーマーでも芸術色の強いダンスやミュージシャンの領域になると、競うこと自体に意味がなくなるため、人気度やコンテストの受賞歴などで評価しました。学者の世界にはノーベル賞があり、作家なら文学賞、映画監督なら国際映画コンクール、料理人でさえも国際料理コンテストがあり、それぞれ腕試しをしています。

国別の星取り結果からは、それぞれのお国柄を感じることができました。どの分野でもまんべんなく強い米国や英国。とくに言語が絡む分野ではとてつもない強さを見せた米英帝国のイメージが残っています。逆にどの専門分野でもパッとしなかった割には、最後の締めとなるリーダーの話題になると急にボスキャラを発揮する意外性を見せたのが中国やインドです。芸術や料理といったオシャレ系の話題になると、ランクアップしてくるのはフランスやイタリアなどのラテン系だった印象もあります。それぞれお国柄が出ていたように感じられましたが、結局のところすべてを網羅した総合評価ではどうなるのでしょうか。まず単純に、各分野での順位だけを足し合わせた総合力ランキングを出してみましたので、その結果を見てみましょう（図137）。

表中の数字の意味について少し説明しておきましょう。シェアの話は抜きにして順位だけを気にしてはじいた計算結果で、母数がちょうど100ヵ国しかないとしたら、1位の国が100点、2位なら99点、10位なら90点、100位なら1点という形で計算しています。スポーツの領域は走破力（陸上、登山、水泳やスケートなど）から球技、格闘技、自動車レースやブレインスポーツなど5分野のスポーツの結果をひとつにまとめたので全部で10分野になります。

さて、その総合結果ですが、全分野総合トップはやはり米国。10ある分野のうち7分野で1位というタレント超大国です。次席は英国で、8分野で3位以上と堅実に米国の後を追います。強み弱みの構造はほとんど米国と相似形で、小さな米国といった感じです。料理がおいしくない印象の強い英国ですが、やはり食の項目だけは低い点数でした。無敵の米国もここが唯一の弱点です。そして、その食の領域で主席をとったフランスが総合3位に入賞します。美術、動画やダンスなど、芸術系で得点を稼ぎました。4位のドイツは英国とフランスを足して2で割ったようなプロポーションになっています。そして、その次が日本です。世界のグロスナショナルタレントで第5位に食い込み、知力分野で世界一、スポーツも落穂を拾い集めて世界2位と、輝かしい結果もありました。知力と体力という基礎科目で得点を稼ぎましたが、とくに足

図137

グロスナショナルタレント評価結果

タレント総合力（GNT＝グロスナショナルタレント）

知力	スポーツ5種 走力・球技・格闘技・操縦・頭脳	ダンス	音楽	プレゼン	文学	動画	美術	食	リーダー	平均（%）
98	100	99	100	100	100	100	100	95	100	99
99	97	94	99	97	99	98	99	79	97	96
90	96	97	96	78	96	97	97	100	96	94
95	98	96	97	84	97	95	96	85	92	93
100	99	91	91	56	98	99	93	97	94	92
97	93	93	95	88	93	96	69	64	88	88
94	91	67	89	91	88	90	84	67	78	84
84	95	88	90		92	92	94	92	77	80
88	85	81	79	72	83	71	82	82	79	80
76	90	76	88	50	94	93	88	87	48	79
93	86	85	84	53	91	89	76	74	55	79
80	92	100	98	63	87	91	72	3	90	77
91	88	90	78		82	86	91	69	98	77
77	87	60	76	22	95	94	85	38	87	72
82	82	75	80	22	70	78	75	90	59	71
96	94	61	94	22	53	81	87	62	34	68
87	84	82	93		76	61	68	59	68	68
81	53	64	71	69	85	73	60	33	85	67
92	89	84	70		56	85	90	26	76	67
74	55	15	53	94	86	87	74	15	99	65
63	77	43	72		84	88	79	46	89	64
48	79	39	55	75	77	75	44	44	93	63
85	76	22	64		73	80	81	72	47	60
58	66	73	57	50	68	77	65	8	75	60
89	78	16	65		74	56	59	77	64	58

137）データ出所：著者作成

経済規模GNI

2014年GNI（百万ドル）	国名（経済規模順）	順位
17,823,218	米国	1
10,320,667	中国	2
4,788,376	日本	3
3,956,909	ドイツ	4
2,934,415	英国	5
2,884,949	フランス	6
2,309,774	ブラジル	7
2,140,566	イタリア	8
2,029,167	インド	9
1,794,478	ロシア	10
1,757,181	カナダ	11
1,425,839	オーストラリア	12
1,421,319	韓国	13
1,375,739	スペイン	14
1,251,275	メキシコ	15
890,406	オランダ	16
861,384	インドネシア	17
797,615	トルコ	18
765,578	サウジアラビア	19
696,709	スイス	20
590,907	スウェーデン	21
545,090	台湾	22
539,558	ベルギー	23
533,945	アルゼンチン	24
526,923	ポーランド	25

役職

主要国首脳会議 G5~8	O5	財務大臣・中央銀行総裁会議	順位	国名（タレント順）
G5		G10	1	米国
G5		G10	2	英国
G5		G10	3	フランス
G5		G10	4	ドイツ
G5		G10	5	日本
G7		G10	6	カナダ
			7	オーストラリア
G6		G10	8	イタリア
		G10	9	スイス
			10	スペイン
		G10	11	スウェーデン
G8			12	ロシア
	O5		13	中国
	O5		14	ブラジル
		G10	15	ベルギー
		G10	16	オランダ
			17	オーストリア
			18	アイルランド
			19	韓国
	O5		20	インド
	O5		21	メキシコ
	O5		22	南アフリカ
			23	デンマーク
			24	トルコ
			25	ノルウェー

G5が上位5カ国を独占!

＊1 イタリア加入

＊2 カナダ加入

を引っ張ったのはプレゼン能力の貧弱さです。英語下手に加えてアピール下手という性格がもろに出てしまいました。同じく言語の壁が立ちはだかる文学分野でしたが、マンガ部門に救われています。総合芸術の動画領域でも同様に、テレビゲーム部門のおかげでなんとかしのいだという状況です。言語力の問われない美術や料理の世界になると、潜在力の高さを示しました。とくに食の領域は実質的には世界一といえるレベルの高さを見せつけています。そんな日本の次の6～7位にはカナダ、オーストラリアが続きます。点の取り方を見ると英国の相似形になっていて、まるで小さな英国です。つまり米＞英＞カナダ＞オーストラリアの並びで縮小コピーになっているという寸法です。世界を牛耳る「コモンウェルス4兄弟」ですね。その次の8位がイタリアですが、こちらはフランスの縮小版になっています。

実はここまで述べた8カ国でG7（サミット：主要国首脳会議）のメンバーが勢揃いしました。表の左端にはサミットやG10（財務大臣・中央銀行総裁会議）メンバーという「主要国」の証となる国の肩書をマーキングしてあります。

そもそも、サミットは1975年に第一回目の会議が企画された時点では5ヵ国のG5でしたが、その後G6[1]、G7[2]へと増えました。O5はアウトリーチ5と呼ばれる新興国からの不定期な参加メンバーです。G10の方はグループオブ10と呼ばれ、首脳ではなく財務大臣が集まる経済系の主要メンバーを示すステータスです。こうしてみると、見事にG5が上位5位に並んでおり、G10とO5の各国が中位以下を占めていることがわかります。

参考のために左端には各国のGNI（Gross National Income：国民総所得）を並べました。G5やG10などの重要ポストは、GNIではなくGNT（Gross National Talent：国民総タレント）との相性の方が高いことがわかります。GNIとGNTの間を斜めのラインで結んでいますが、この角度が表すのが、国の成熟度です。米国、ドイツ、イタリアの3国は2つの指標の順位がちょうど同じでフラットになっていますが、それ以外の国々では勾配が生じています。右下がりの線は、経済規模の割には文化的プレゼンスが弱く未熟であることを意味し、右肩上がりの線はその逆を意味しています。中国やブラジル、インドなどは大きく急勾配の右下がり、つまりはまだまだ「ぽっと出」だということですが、逆に大きく右上がりのスイスやスウェーデンは、国の規模の割に世界のあちこちの文化イベントで目立っているということになります。日本は西欧古豪国に比べると若干右下がり型なので、これからまだ伸び代があるということかもしれません。韓国の下がり方は日本と中国の中間くらいになっています。中国は自称世界の超大国で、経済や軍事の面では米国と覇権を争うかのように振る舞っていますが、まだこのレベル（GNT13位）では、世界各国がその地位を納得しないでしょう。元超大国のロシアは、ダンスや音楽の古典分野にその栄光の残滓を見ることができますが、凋落は否めません。このように、学問やスポーツ、文化面での世界貢献の度合いを示すこのGNTという見方は、感情面での各国の席次を代弁するもので、マクロ経済がはじき出す指標とは異なる景色を映し出します。

世界が米国をリーダーとして認める背景には、GNIやGDPといった経済面、あるいはそれを裏付けとする軍事の強さがあることは間違いないでしょう。しかし、それだけでは十分条件には達しません。どんなシーンでも大活躍しているという肌感覚、実生活に役に立つ技術や経済も、実用性の低い風流なイベントも、分け隔てなく世界を牽引する包容力を見せつける必要があります。伝統的な文化を継承・育成しつつも、最先端のストリート系文化などのサブカルチャー領域も進んで開拓する。そんな集団こそ人望と信頼を集めることになります。先の図において、赤線で大きく右上がりだったスイスやスウェーデンが、小さい割には一目置かれる存在感を発揮しているのは、まさにそれを意味しています。

我が国は将来的に人口の減少が不可避で、経済規模もシュリンクすることを覚悟せねばなりません。国民全体の平均年齢を見ると、今や日本の46歳という数字は先輩の西欧を抜いて、生物学的には世界最高齢の成熟国になってしまいました。しかしG5メンバーとしての存在感を保ち続けるための原動力は、経済規模だけではありません。GNTの視点でどれくらいソフトパワーの分野における積極性を維持できるかが、その鍵となるでしょう。伝統的なクラシックバレエやノーベル賞、ダカールラリーやカンヌ映画祭、フランス料理コンテストなどで立派に活躍し、東洋からの新参者ながら、十分に世界の文化を咀嚼できることを証明し続けてきました。明治開国以来の欧米コンプレックスもエネルギー源に換えてここまで頑張り、人口比率が1・9％（10位）で、国土の表面積では0・25％（62位）しかない国にしては上出来なパフォーマンスを見せました。年老いても心は若く、好奇心をもって新たなカテゴリーに首を突っ込み、いや新たなカテゴリー自体を次々と生み出す国になることを期待されており、すでにその準備は整ったといえるでしょう。

国別のタレント生態系

活躍する分野の凹凸から、それぞれのお国柄が見えてきます。冒頭で示したタレントマップを使ってその様子を可視化してみましょう。図138では上段に心身を自在に使いこなすパフォーマーたちが並んでいて、下段にはモノやコトを創作するクリエーターが並んでいます。4つのコーナーはそれぞれ左上から時計回りに、運動能力、演技能力、芸術能力と思考能力を表しています。スポーツだけは5種をひとつに統合して、合計で10の分野における上位6カ国の成績を、国旗の大きさで表現しています。

俯瞰してみると、世界は全面的に星条旗で埋め尽くされ、星条旗の傍にはユニオンジャックが漏れなく付いてくる構図となっています。日本の住処は左下側、時計の時刻でいうと4時から10時あたりが得意分野のようです。英語が苦手で演技アピール下手という性格ゆえに、右側が鬼門になっています。上段のパフォーマンス型というよりは、表に出ない下段の作り手サイ

図138

タレントマップでみる各国生態系

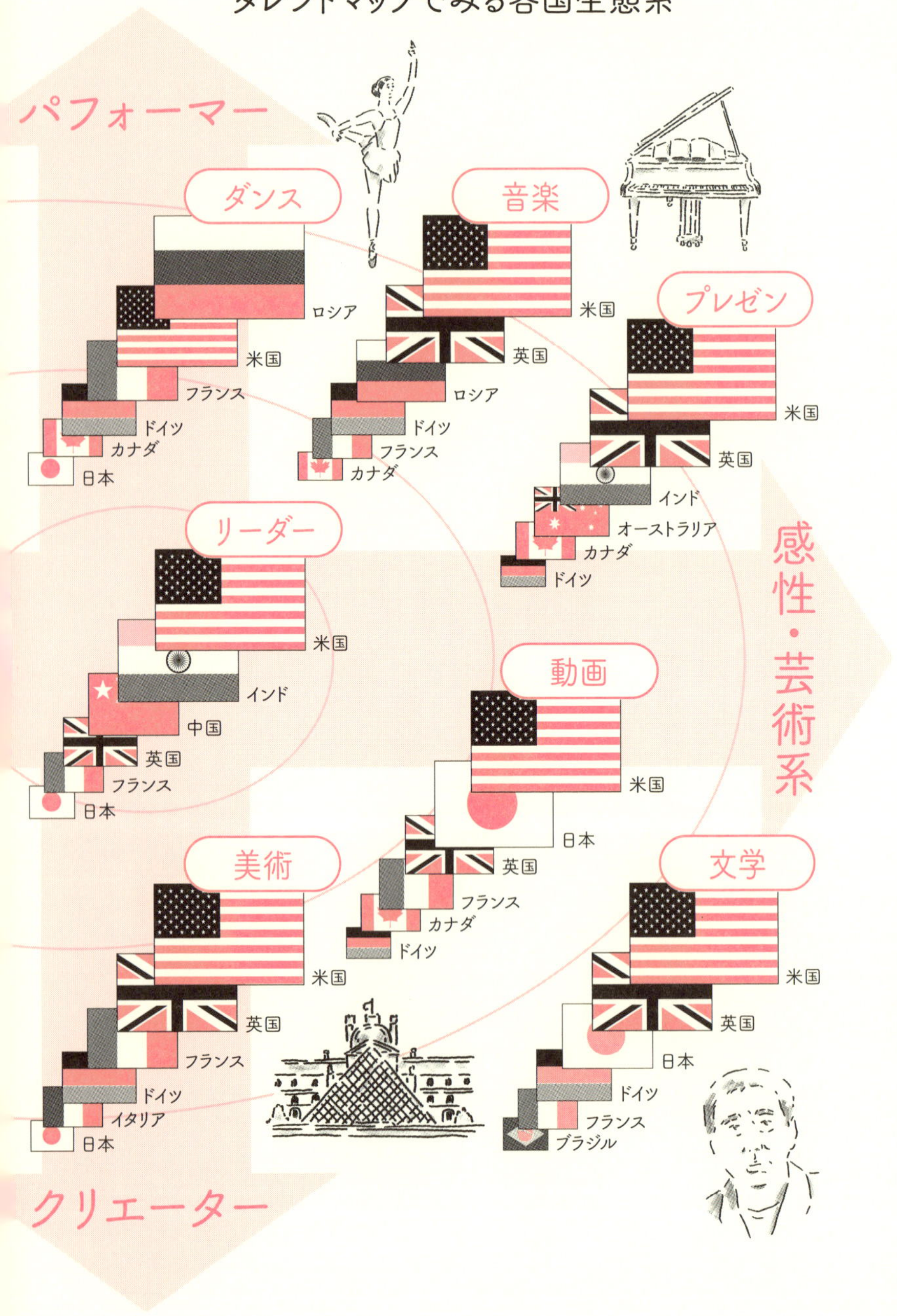

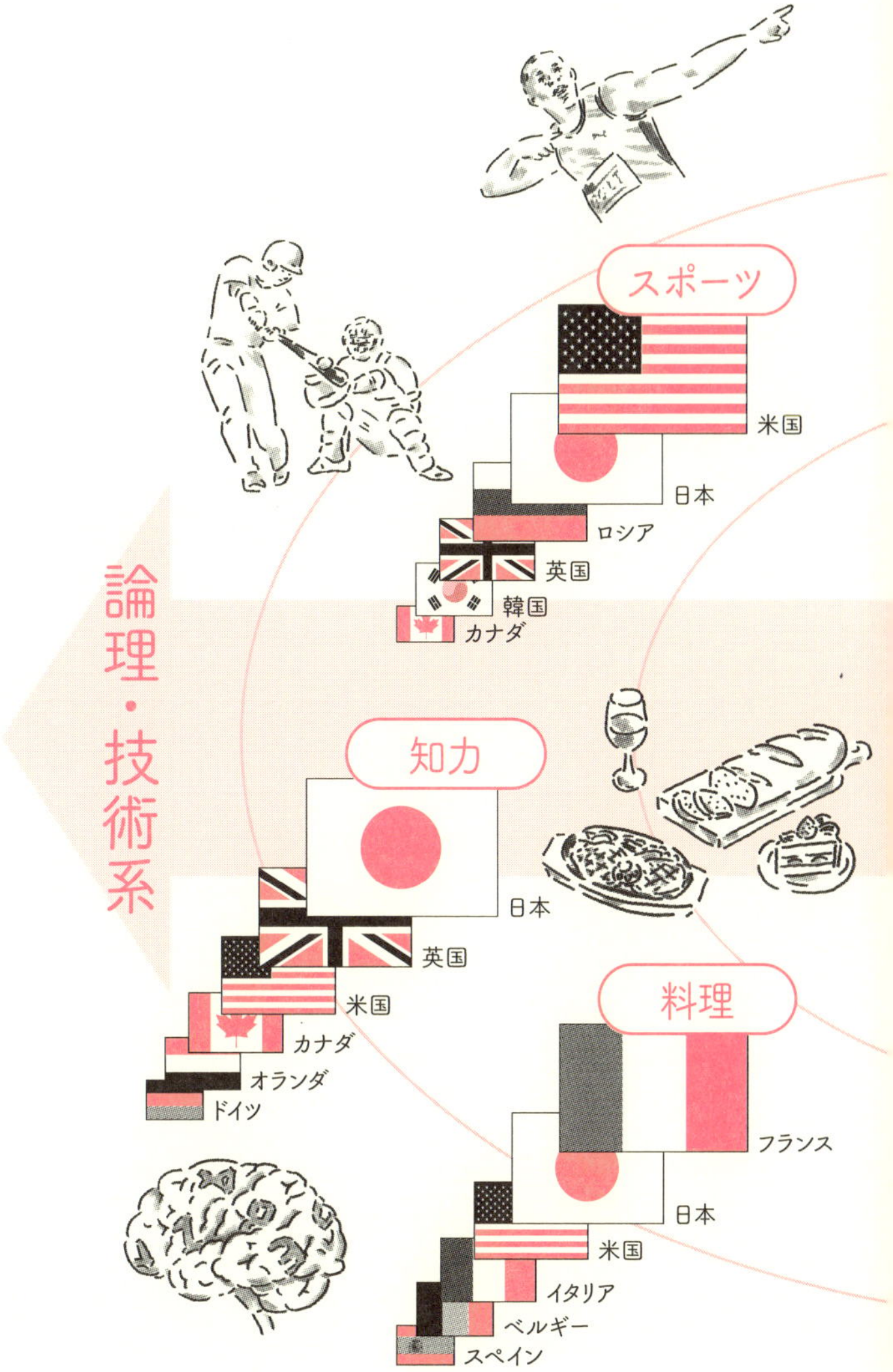

論理・技術系
スポーツ
米国
日本
ロシア
英国
韓国
カナダ
知力
日本
英国
米国
カナダ
オランダ
ドイツ
料理
フランス
日本
米国
イタリア
ベルギー
スペイン

ドの方が性に合っている感じもこの図から伝わってきます。英米系はちょうどその逆張りで、どこでも強いのですが、どちらかというと右上側に重心が寄っているようです。やはり生粋の演技派なんですね。ドイツ人は好き嫌いなく食欲旺盛で、どこにでも顔を出してきます。フランスは感性の世界を好むようで、下側で強い傾向が見えてきます。そのフランスを小振りにしたのが、イタリアとスペイン、ブラジルなどのラテン系で、彼らはみな下段の住民です。逆にロシア人は左上で元気です。一見堅物のようでいて、意外に歌って踊るのが大好きな人たちです。どこにも出てこない中国ですが、ど真ん中のボスの領域には急に出現してきます。やはり唐突な感は否めません。その中心座では濃いキャラの列強リーダーたちが居並ぶ中、末席に坐す風情の日の丸がまるでお供え物のように見えます。

日本の勝ちパターン

さまざまな分野における日本代表選手たちの活躍を見てきました。その一連の作業を通して、日本人特有の処し方のようなものが見えてきました。体格で劣っていたり、言語の壁に悩まされたりという制約の中で、あらゆる分野において真正面から勝負して勝てるほどの人的資源は持ち合わせていませんが、不得手な分野であっても工夫して、それなりに自分たちが活躍できる条件を見つけ出しています。冒頭で紹介した9つの日本の勝ちパターンをあらためてまとめてみましょう。

1　基本的に非力なので正面対決を避ける：「柔能く剛を制す」作戦

絶対的なパワーやスピードでは身体能力的に不利なので、もろもろ条件付きの種目にして勝機を見出すパターン。

事例：高齢者のマスターズ、車椅子レースや義足レース、超長距離の100km走、女性の登山、競泳なら一番低速の平泳ぎ、自動車レースでは24時間耐久レース、格闘技なら軽量級で勝つ、球技は身体接触がなく俊敏性が決め手となる種目の卓球やバドミントン、軟式部門を生み出したテニスやバレーボール・卓球など

2　前に出ず、裏方さんの「大道具役」を担う：「草鞋を作る人」作戦

多分野の才能がチームを組んでひとつの成果物を作り上げるケースでは、最も華やかにスポットライトを浴びるパフォーマー役ではなく、裏方に回ってモノづくり系の役を担うことで勝利に貢献するパターン。

事例：自動車レースのコンストラクターやエンジン供給役、コンピューターチェスなどのプログラマー、ロボットコンテストの設計者、建築賞やインハウスのプロダクトデザイン賞、西洋料理のパン焼き職人

3　外国語の不利を、言語価値を希釈することで解決する：「非言語化」作戦

とにかく英語が苦手なので、プレゼンや演説、歌唱、演劇、映画など、話し言葉によるパフォーマンスから、文学や書評など筆力勝負の領域まで含めて、世界のライバル相手に歯が立ちません。マンガのように画力で補ったり、動画製作でもテレビゲームのように会話の価値が高くない作品領域に持ち込めば、本来の創造力を表現でき、唯一の勝機があります。

事例：小説よりはマンガ、映画制作よりはテレビゲーム制作、肉声でも歌ではないビートボックス、歌唱より楽器演奏

4　競合が少ないうちに早期参入する：「サブカル流行先取り」作戦

分野を問わず、成立した時期が異なる三つの様式が存在します。古典系とモダン〜コンテンポラリー系とサブカルチャー〜ストリート系です。古典系やモダン系では歴史の長い西洋諸国が有利になることが多いのに対して、最新型のサブカルチャー〜ストリート系では条件がイーブンなので、将来伸びる種目に早く目を付けることが大事になります。今回調べた多くの分野において、日本の若者たちがクールな最新カテゴリーにいち早く参入し、活躍をしていました。

事例：イグノーベル賞、マジックカード選手権（トレカ）、ヒップホップダンス、エアギター、ビートボックス、フリースタイルスノーボードなど

5　金儲け色が強くなると食傷気味になって撤退：独り遊びに走る「オタク趣味人」作戦

日本社会には、派手に儲けまくることを美しとしない部分があります。とくに本書で扱うような趣味の延長のような世界ではその傾向が強く、金儲けを臆面もなく前面に出すポーカー世界大会などは食傷気味になります。eスポーツ界のＤｏｔａ２やＬｏＬなども大金が動くようになり、韓国〜中国の賞金稼ぎたちが殺到しているのを尻目に、日本人は金にならない世界パズル選手権などを雅に楽しんでいます。勝ちパターンとは言いづらいのですが、稼ぐ手段ではなく、趣味の世界として楽しむことを目的化してしまう方が心置きなく取り組めるようです。

事例：Ｄｏｔａ２、ＬｏＬ、チェスやポーカーではなく、駆け引きなく純粋に楽しむパズルを好む

6　勝ち方や競技自体の趣旨に美学を求める：「武士道」作戦

日本のアスリートには、スポーツマンシップを貴ぶ武士道的な気質があります。反則技を厳しく規制するラグビー競技で頑張れるのはそのためかもしれません。また競技自体の目的が美しい場合には力が発揮されるようです。

事例：ホワイトハッカーの祭典ＤＥＦＣＯＮ、救難のために砂浜を走るライフセービング、多いフェアプレーと少ないドーピング失格、体格的に不利でも頑張っている紳士のスポーツの

ラグビー、あえてロングトラックで勝負を挑むスケート

7　エリートよりも一般市民のレベルの高さで勝つ：「民度で勝負」作戦

一握りの超エリートの戦いでは敵わない場合でも、国民全体のボトムレベルの高さで勝負すると逆転できるパターン。

事例：成人の学力試験PIAAC、街を歩く人のファッションセンス

8　けん制しあう欧州と米国の両方で活躍してポイントを稼ぐ：「ノンポリ二股」作戦

空手があるゆえにテコンドーが弱い、プロ将棋があるゆえにチェスに疎い、弓道とアーチェリー、剣道とフェンシングなど、規格の重複によって割を食うパターンがありました。その一方で欧州と米国の間にも同様にカテゴリーが重複するケースもあります。互いに自らの規格を世界標準と主張するあまり、相手規格を軽視する場合もしばしばみられます。このようなケースでは、無色の日本は二股をかけて両方で少しずつ得点を稼ぐことができます。

事例：F1レースとインディ500、耐久のル・マン24とデイトナ24、国際的なバレエ団や交響楽団、国際映画祭など

9　どの分野にも首を突っ込み総合成績で勝つ：「子供のような好奇心」作戦

好奇心旺盛なので、百貨店経営さながらさまざまな分野に広く薄く人材が貼り付いて活躍する傾向があります。各分野の成績を足し合わせて総合点を集計すると、落穂拾いのように点数を拾い集める結果、順位を上げることができます。

事例：基礎知力1位、球技全体3位、スポーツ領域全体2位、全タレント総合力5位

今後の日本式

米国のような多民族国家の場合には、それぞれのシーンに最適な人材リソースを選んで投入してくるわけですが、我が国にはそんな手を使うべくもない台所事情があります。

また、国によっては、自国にリソースがなくとも、技能移民などの名目で異能の持ち主に特別待遇で市民権を発行するという荒技も使えます。欧米だけでなく、近年では産油国など裕福な国々も安易にその手を使ってヘッドハンティングをしてきています。日本には移民政策的な事情からなかなかその手が使えない苦しさがあるわけですが、近年、新たなトレンドが顕わになってきました。スポーツのシーンでとくに顕著なのですが、ハーフの選手が注目される機会が増えてきているのです。

本書の最初の話題として取り上げた100Mダッシュでも、ケンブリッジ飛鳥やサニブラウン・アブデル・ハキームというハーフの新星が登場しています。サニブラウンは2014年に

ユース部門では超人ウサイン・ボルトに次ぐ歴代2位の記録を叩き出しました。日本人が苦手とする投てき系の競技でも、考えてみれば金メダリストの室伏広治はハーフでしたし、やり投げのディーン元気も頑張っています。長い歴史を持つ野球界では、これまでハーフの選手と言えば衣笠祥雄、伊良部秀輝など数えるほどしかいなかったわけですが、近年ではダルビッシュ有に続いてオコエ瑠偉も期待の星です。サッカーでは両手に余るほどの多数のハーフ選手が既に活躍していますし、バスケットボールやラグビー、柔道などの分野でもどんどん若いハーフ選手が台頭しています。もう体格不足に唇を噛む必要はなくなってきました。

日本がまだ新興国だった時代が終わり、豊かになったバブル期以降に生まれた選手たちが日本に元気を与え始めています。移民政策にはなかなか踏み切れない事情もありますが、混ざってしまうほどベストな国際化はないわけです。スポーツだけでなく多様な分野において、外国人の親のポテンシャルも併せ持つ彼らが日本人の可能性を大きく広げてくれる未来に期待したいと思います。

あとがき Afterword

ここのところ日本のソフトパワーを再評価する企画が増えてきました。テレビ番組や雑誌などでも、外国人が感激した日本の商品やサービスなどを褒めたたえる特集が目白押しです。よくまあ話題が尽きないものだと感心するほどですが、それほど私たちが長年貯め込んできたお蔵にはユニークなネタが詰まっているということでしょう。オタク文化やギャル文化が注目を集めた90年代にもソフトパワー論がもてはやされましたが、今回は一味違います。訪日観光客数が目に見えて増加し、3兆円を超える旅行消費が落とされるようになりました。食の世界でも、鮨や天婦羅のような代表的な和食だけでなく、おにぎりやラーメンなどストリート系の食材まで世界に広まりつつあり、実体経済に裏打ちされた流れとなっているのです。

2005年ごろからBRICsに代表される新興国の台頭が本格化し、日本の貿易収支もいよいよ赤字転落に追い込まれました。「この国はこの先どうなるのか？」という暗いムードが漂う中で、このように文化資産を活用したストック・ビジネスが救いの手となるかもしれない、という機運になってきました。

私たちの先達は、戦争で疲弊・荒廃し、焼け野原となった国土から復興作業に取り組んできました。技術力を磨き、経済力を蓄えて、G5などの場にもご指名がかかるまでに出世を遂げました。一億総中流と言われる中、子供たちにはピアノやクラシックバレエを学ばせ、次の時代にはどこに出しても恥ずかしくない世代を作り上げようと頑張ったのが昭和一桁世代です。今から考えると切なささえ感じさせるものがありますが、このようにして世代をまたいで紡ぎ続けてきた結果として今日の日本があり、ようやく世界の憧れの対象となる順番が巡ってきたともいえます。一から叩き上げてきた成熟社会ならではの果実を手にする間に、しかしその一方では、気付けば生物的には世界一の高齢国になってしまいました。日本はこのまま枯れた老成国になり果ててしまうのでしょうか？

そんな関心からはじまった本書の分析の結果を一言に集約すると、あっけないほどシンプルです。

「日本のタレント総合力は世界で5位で、かつ上位の5カ国はG5と同じメンバーである」。まことに真っ当な結論に至りましたが、その過程で数々の示唆も得られました。各国のお国柄や、日本らしい処し方やいかにも和風な「勝利の方程式」なども見えてきました。

全体を通して、みなさんはどのように感じたでしょうか。私が率直に感じたのは日本社会の豊かさと奥深さに対する感動でした。どこに行っても何を調べても、そこにはいつも奇特な日本人選手がいて、恥ずかしくない活躍をされているのです。まともに当たっても勝てそうにない場面であれば、いろいろと条件を見つけて、活路を見出していました。

誰が命じたわけでもなく、なかにはお金にならないものもかなり含まれていましたが、どんな辺境の地にも好奇心に溢れる日本代表選手が守備隊のように貼り付いていて、そこに日の丸を立てて世界にアピールしていました。次世代を担う日本の若者たちがクラシックなバイオリン界から最新のビートボックスの領域まで、隅々にしっかりと根を張って、各分野でひとかどの地位を収めてくれている姿を確認する作業は、本当に心強く、安心させて頂きました。

今回の作業を通してわかったこと、それは、今やグロスナショナルタレントの視点で見ても、日本は経済的な成功に恥じないだけの十分な世界貢献をしているということでした。幾世代もかけて築き上げたこのブランドは大変な資産（ストック）であって、簡単に追いつけるものではありません。これから21世紀中盤にかけて、我が国は社会全体が生物的には老いていきますが、好奇心を失わず、新しい妙なものをも寛容に受け入れ、そこに入れ込む若者を推し愛でる器量が求められていくのだと思います。

最後になりましたが、本書の執筆に当たり、妻の川口ユディに感謝の言葉を贈ります。膨大な数の選手やアーティストなどのリストを扱いましたが、中には国籍が不明なケースも多々あり、一人ずつソーシャルメディアなどを使って確認作業をしてもらいました。さまざまに斬新な視点も与えてくれた彼女なしでは、本書は成り立ちませんでした。ミュンヘンから情報を送り続けてくれたベラ・ムンドさんにも改めて御礼申し上げます。お声がけ頂いたディスカヴァー・トゥエンティワン社の井上慎平さんには大変お世話になりました。氏の才能と情熱と編集魂のおかげで本書は日の目を見ることになりました。新井大輔さんには多すぎる図表類を見事に見やすくデザインして頂き心より感謝しております。また相田智之さんに描いて頂いた絶妙な挿絵によって本書はとても読みやすく完成形になりました。皆様のおかげでこの本は形となりました。本当にありがとうございました。

本書は政府の白書や調査レポートではないので、完全無欠に精緻なデータ集というわけではありません。メダル数のカウントもダブル国籍の時は2で割ってあったり、カウントする時期が数年単位で前後していたりする場合もあります。本書は全体の傾向として各国の強弱を知ることが目的ですので、細かい数字には多少のエラーもあるやと思いますが、どうかご了承ください。また「この種目を比べるくらいならこんな新種目も生まれていますよ」という類の情報をご存じの方がいらしたら、ぜひ私のホームページ（morinoske.com）までお知らせください。アップデートしてさらに精度を高めていきたいと思っております。最後まで読んで頂き、ありがとうございました。

２０１６年４月　川口盛之助

日本人も知らなかった

日本の国力《ソフトパワー》

発行日　2016年6月20日　第1刷

Author　川口盛之助

Book Designer　新井大輔
Illustrator　相田智之
Photo　gettyimages

Publication　株式会社ディスカヴァー・トゥエンティワン
〒102-0093　東京都千代田区平河町2-16-1 平河町森タワー11F
TEL　03-3237-8321（代表）
FAX　03-3237-8323
http://www.d21.co.jp

Publisher　干場弓子
Editor　井上慎平

Marketing Group
Staff　小田孝文　中澤泰宏　吉澤道子　井筒浩　小関勝則　千葉潤子
飯田智樹　佐藤昌幸　谷口奈緒美　山中麻吏　西川なつか
古矢薫　米山健一　原大士　郭迪　松原史与志　中村郁子
蛯原昇　安永智洋　鍋田匠伴　榊原僚　佐竹祐哉　廣内悠理
伊東佑真　梅本翔太　奥田千晶　田中姫菜　橋本莉奈　川島理
倉田華　牧野類　渡辺基志　庄司知世　谷中卓
Assistant Staff　俵敬子　町田加奈子　丸山香織　小林里美　井澤徳子
藤井多穂子　藤井かおり　葛目美枝子　伊藤香　常徳すみ
イエン・サムハマ　鈴木洋子　松下史　永井明日佳
片桐麻季　板野千広

Operation Group
Staff　松尾幸政　田中亜紀　福永友紀　杉田彰子　安達情未

Productive Group
Staff　藤田浩芳　千葉正幸　原典宏　林秀樹　三谷祐一　石橋和佳
大山聡子　大竹朝子　堀部直人　林拓馬　塔下太朗　松石悠
木下智尋　鄧佩妍　李瑋玲

Proofreader　株式会社鷗来堂
DTP　朝日メディアインターナショナル株式会社
Printing　株式会社シナノ

ISBN978-4-7993-1917-8